Monika Hauf
Der Mythos der Templer

Monika Hauf

DER MYTHOS
DER TEMPLER

Albatros

Titel der Originalausgabe:
Der Mythos der Templer
© 1995 Walter Verlag
© ppb-Ausgabe 1998, Patmos Verlag GmbH & Co. KG
Walter Verlag, Düsseldorf und Zürich

Bibliographische Information der Deutschen Bibliothek

Die Deutsche Bibliothek verzeichnet diese Publikation
in der Deutschen Nationalbibliographie;
detaillierte bibliographische Daten sind im Internet
über http://dnb.ddb.de abrufbar.

© 2003 Patmos Verlag GmbH & Co. KG
Albatros Verlag, Düsseldorf
Alle Rechte, einschließlich derjenigen
des auszugsweisen Abdrucks sowie der fotomechanischen
und elektronischen Wiedergabe, vorbehalten.
ISBN 3-491-96093-2
www.patmos.de

*Ce livre est dédié à Philippe Marquis de Chérisey,
que je n'ai jamais connu et qui,
pourtant, est devenu pour moi le maître parfait.*

Inhalt

Einleitung 9

DIE GESCHICHTE

Deus lo vult – Der erste Kreuzzug und
die Eroberung Jerusalems (1096–1099) 17

Die Kreuzritterstaaten 32
    Die Konsolidierung 32
    Der Tempel des Herrn und die Miliz Christi 34
    «Nie gekämmt, selten gewaschen» 39
    Die Ritterorden 47
    Der zweite Kreuzzug (1147–1149), Damaskus 53

Wende und Niedergang 57
    Uneinigkeit in den eigenen Reihen 57
    Der dritte Kreuzzug (1189–1192), Löwenherz und Saladin . 68
    Der vierte Kreuzzug (1202–1204), das venezianische
    Debakel 75
    Der fünfte Kreuzzug (1218–1221), Damietta 80
    Der sechste Kreuzzug (1228–1229), «Gebe Gott, daß er nie
    zurückkehrt!» 87
    Der siebte Kreuzzug (1249–1250), Ludwig der Heilige und
    die Mongolen 97
    Das Ende 107

Unter dem Tatzenkreuz 114
    Die Sanftmut des Lammes und die Kühnheit des Löwen ... 114
    «Ihr seht nur die äußere Schale» 139
    «Non nobis, Domine...» 150

    Unter dem Baucéant 157
    Die Zeitgenossen 165

Sic transit 177
    Der Prozeß 177
    Bannockburn 203

DIE LEGENDE

Spekulationen und Theorien 211
    Verdächtigungen 211
    Die Gretchenfrage 215
    Die Provokation 233
    Landsknechte, Ketzer oder Esoteriker? 239
    Der Heilige Gral 249
    Nulle part et partout – die Prieuré de Sion 253
    Das Geheimnis von Rennes-le-Château 267
    Der Schatz der Templer 272

Filiation oder Epigonentum? 277
    Wunschvorstellungen und Realität 277
    Ideale und Kontinuität der Ritterorden 278
    Die Geheimwissenschaften 283
    Die Dynastie Stuart 286
    Die Freimaurer 291
    Die Rosenkreuzer 309
    Esoterisch-okkultistische Cliquen 313

Zurück zu den Templern 319
    Fluchtziel Schottland 319
    Die Spuren 321
    Das Geheimnis der Templer 327
    Konklusion 341

Anmerkungen 344
Bibliographie 366

Einleitung

Es war im Jahre des Herrn 1118, dreiundzwanzig Jahre nach dem Aufruf zum ersten Kreuzzug. Die abendländischen Ritter hatten sich in Outremer, dem Land jenseits des Meeres – so wurden Syrien und Palästina in Europa damals genannt –, in mehreren unabhängigen Kreuzritterstaaten etabliert, und Balduin II. war soeben König von Jerusalem geworden. Aber die politische und militärische Lage war instabil, ständige Sarazenenüberfälle bedrohten die fränkischen Eroberungen, gleichzeitig verringerte sich die Anzahl der Kreuzritter durch eine permanente Rückwanderung: Zahlreiche unter ihnen kehrten nach der Erfüllung ihres Gelübdes wieder nach Europa zurück.

Neun fränkische Kreuzritter, die den Rest ihres Lebens dem Kampf gegen die Ungläubigen widmen wollten, schlossen sich zu einem Orden zusammen, der auf eine neuartige Weise militärische und mönchische Anforderungen verbinden sollte. Sie nannten sich die Armen Ritter Christi und verpflichteten sich, einerseits die klassischen Mönchsgelübde Armut, Keuschheit und Gehorsam zu erfüllen und auf der anderen Seite als Miliz Christi die Pilger auf ihrem Weg zu den heiligen Stätten der Christenheit zu schützen. Zum ersten Großmeister des Ordens wurde ein Ritter namens Hugues de Payens gewählt.

Die Zielsetzung des neuen Ordens wurde von den kirchlichen und weltlichen Autoritäten im Heiligen Land begrüßt und unterstützt; als Sitz wurde ihm das Areal des ehemaligen Salomon-Tempels überlassen. Die Templer waren geboren.

Innerhalb von wenigen Jahrzehnten wurde der Orden zum größten Machtfaktor der damals bekannten Welt. Die Templer verwalteten Staatsschätze, besaßen eine eigene Flotte und schufen eine Art internationales Banksystem. Sie waren so reich, daß selbst Könige bei ihnen verschuldet waren. Ein Netz von Komtureien spannte sich um das ganze Abendland und den Nahen Osten, und auf zehntausend Burgen und Gehöften wies das typische rote Templerkreuz auf weißem Grund kirchliche und staatliche Autoritäten darauf hin, daß ihr Recht an dieser Tür endete und die Souveränität des Ordens begann.

Zweihundert Jahre nach seiner Gründung wurde der Orden vom Papst auf Veranlassung des französischen Königs aufgelöst und verboten, auf ewige Zeiten, so lautete der Bannspruch. Der letzte Großmeister der Templer, Jacques de Molay, wurde 1314 in Paris als Ketzer verbrannt. Die offizielle Geschichte des Ordens war zu Ende. Und die Legende begann.

Die Templer üben noch heute, fast siebenhundert Jahre nach dem Verbot des Ordens, eine geheimnisvolle Faszination aus. *Das Foucaultsche Pendel* von Umberto Eco, die verschiedenen Bücher der englischen Autoren Baigent, Leigh und Lincoln, Veröffentlichungen über Esoterik oder auch nur die chronologische Geschichte der Kreuzzüge – die Templer tauchen immer und überall auf.

Auf den Britischen Inseln und in Frankreich gibt es zahlreiche Dörfer oder Stadtteile, in denen das Wort «Temple» enthalten ist. Diese Orte gehörten einst den Templern, teilweise hatten sie dort Komtureien. Viele der von den Templern erbauten Gebäude sind zerstört worden. Ihre Erben, die Johanniter, ließen speziell die typischen runden beziehungsweise achteckigen Kapellen abreißen, um die Spuren der Templer und die Erinnerung an sie auszulöschen. Die bekannteste erhaltene runde Templerkirche befindet sich in London, eine weitere in Laon in Nordfrankreich. Und es lohnt sich, die Atmosphäre der Orte, an denen die Templer gewirkt haben, aufzunehmen.

Ihr Bannkreis hat eine magische Anziehungskraft, wie der Strudel des Mahlstroms in der gleichnamigen Geschichte von Edgar Allan Poe.

Beruhten die Anklagepunkte, welche gegen die Templer vorgebracht wurden, auf Tatsachen? Hatten sie geheime Aufnahmerituale, bei denen das Kruzifix bespuckt wurde? Verehrten sie statt des christlichen Gottes wirklich einen Götzen namens Baphomet? Wurde die Homosexualität in den Komtureien nicht nur geduldet, sondern allgemein praktiziert, vielleicht sogar in Form von magischen Ritualen? Gelang es einigen Rittern, den legendären Schatz der Templer noch kurz vor Beginn der Verfolgung in Sicherheit zu bringen? Warum wird im Zusammenhang mit den Templern immer wieder der Heilige Gral erwähnt? Hat der Orden als Institution sogar überlebt, wie manche behaupten?

Haben zumindest einige der Organisationen, die ihren Ursprung auf die Templer zurückführen, eine Legitimierung hierfür?

Woher rührt die magische Anziehungskraft, welche die Templer heute noch ausüben? Wer waren diese Templer? Mönche oder Ketzer? Ritter oder Bankiers? Initiierte oder Scharlatane?

Es wäre vermessen, nach fast siebenhundert Jahren eine definitive Antwort geben zu wollen. Die wenigen verbliebenen Hinweise lassen unterschiedliche Interpretationen zu. Aber macht nicht genau diese Tatsache einen Teil der Faszination aus?

Wenn man die zeitgenössischen Quellen liest, hat man bisweilen den Eindruck, daß die Templer damals schon Gefallen daran fanden, Widersprüche herauszufordern, ihre Mitmenschen über ihre Ziele und die Gründe für ihr Handeln im unklaren zu lassen und eine Aura der Macht und des Geheimnisvollen um sich zu verbreiten. Binnen kurzem sollte sich diese in die Rauchfahne des Scheiterhaufens verwandeln.

Je weiter eine Epoche zurückliegt, desto mehr versiegen die zeitgenössischen Quellen. Das Mittelalter hatte auch nicht unsere Vorliebe für Statistiken: Um zum Beispiel die Bedeutung einer Schlacht hervorzuheben, wurde wahllos in übertriebenen hohen Zahlen geschwelgt. Teilweise weichen in den verschiedenen Chroniken sogar die Jahreszahlen voneinander ab.[1]

Manche der von den Inquisitoren erhobenen Anschuldigungen waren schon zur Blütezeit des Ordens in anderer Form vorgebracht worden. Von den mittelalterlichen Autoren auf christlicher Seite scheint Guillaume de Tyr sehr gegen die Templer eingenommen gewesen zu sein, ganz im Gegensatz zu seinem Kollegen Jacques de Vitry. Hinzu kommen arabische, armenische und zypriotische Quellen.

Diese unterschiedlichen Aussagen führen naturgemäß dazu, daß man auch bei modernen Autoren widersprüchliche Interpretationen findet. Schon die gezielte Sichtung des Quellenmaterials kann zu Verzerrungen führen. Es ist nicht nur möglich, sondern sogar wahrscheinlich, daß der Leser in der nachfolgenden Darlegung Punkte findet, die anderen Texten widersprechen.

Wenn ich Quellen direkt zitiert oder einem Buch bestimmte Angaben (Zahlenmaterial, biographische und geographische Einzelheiten) entnommen habe, hielt ich einen Hinweis auf das moderne Werk, bei dem ich sie fand, nicht für nötig, da sie Allgemeingut der Geschichte sind und auch in verschiedenen Veröffentlichungen auftauchen. Anders bei markanten Theorien. Wenn mir bestimmte Thesen speziell bei einem Autor aufgefallen sind, habe ich seinen Namen genannt, gleichgültig ob ich mit ihm übereinstimme oder nicht. Jedes Versäumnis in dieser Richtung wäre unbeabsichtigt.[2]

Dieses Buch ist das vorläufige Resultat meiner persönlichen Suche nach Analogien, die immer wieder genauso hartnäckig auftauchen, wie sie von anderer Seite bestritten werden. Die Spur begann für mich ganz harmlos mit einem Artikel in einer englischen Wirtschaftszeitung und führte über Italien und Frankreich nach Großbritannien und schließlich zurück nach Frankreich.

Wenn sich ein Teil der Faszination, die ich spürte, auf den Leser überträgt, wird sich für ihn die Lektüre lohnen. Aber der Weg ist für mich noch nicht zu Ende. Weitere Vorschläge und Anregungen nehme ich gerne an.

Ravensburg, Juli 1993

DIE GESCHICHTE

Deus lo vult – Der erste Kreuzzug und die Eroberung Jerusalems (1096–1099)

Im Jahre 1096 brach das christliche Abendland in Scharen nach Syrien und Palästina auf, um das Heilige Land von den Ungläubigen zu befreien. Der Weg war lange und beschwerlich, und viele von ihnen erreichten ihr Ziel nicht. Diese Völkerwanderung sollte zweihundert Jahre lang, in mehr oder minder starken Schüben, weitergehen.

Warum? Waren die Menschen des Mittelalters nicht arme Analphabeten mit kurzer Lebenserwartung, die mit primitiven Mitteln auf kargen Böden ums nackte Überleben kämpften und also für einen solchen Luxus gar keine Zeit haben sollten? Und die Elite, die Mystiker und Kathedralenbauer, hätten sie nicht wissen müssen, daß der Dichter Lessing ein paar hundert Jahre später von ihnen religiöse Toleranz gegenüber Andersgläubigen fordern würde?

Pilgerreisen hatte es schon seit den Anfängen des Christentums gegeben. Teilweise mögen sie ein mittelalterliches Pendant zu den modernen Ferienreisen gewesen sein – man denke an die Schilderungen aus Chaucers *Canterbury Tales* –, in erster Linie waren sie jedoch als Kirchenstrafe und Bußübung gedacht. Wenn sie in fremde Länder führten, waren sie langwierig und gefährlich, besonders wenn der Pilger kein reicher Mann war, der sich mit entsprechendem Geleit umgeben konnte. Aus diesem Grund schlossen sich die Wallfahrer in Gruppen zusammen, um gemeinsam den Fährnissen des langen Weges zu trotzen. In Paris steht noch heute der Turm St. Jacques, an dem sich damals die Pilgerzüge nach Santiago de Compostela in Spanien sammelten. Wer Lust hat, kann heute noch auf dem sogenannten Jakobsweg quer durch Frankreich auf ihren Spuren wandeln.

Die christlichen Völker Europas um das Jahr 1000 glaubten, in einer Endzeit zu leben, sie erwarteten den Weltuntergang mit seinen apokalyptischen Schrecken, wie er in den Visionen des Johannes beschrieben wird. Dieser traf nicht ein, aber den Menschen blieben die Höllenstrafen, das Fegefeuer und das Jüngste Gericht weiterhin stets gegenwärtig. Auch brachten nur das Streben nach der ewigen Seligkeit und die Hoffnung auf ein besseres Leben im Jenseits den Menschen der unteren Stände Trost und Zuversicht, denn ihr irdisches Dasein war häufig von Seuchen, Naturkatastrophen, Frondienst und kriegerischen Auseinandersetzungen der Feudalherren untereinander geprägt und beherrscht.

Die wenigsten konnten lesen und schreiben, und der Einfluß der Kirche war allgegenwärtig. Ihr oblag die Vermittlung zwischen Gott und den Menschen, nur sie konnte die sündige Seele vor der ewigen Verdammnis retten. Der Beistand der Kirche war jedoch weniger metaphysischer Art, die einfachen Menschen zu dieser Zeit verlangten nach greifbaren Zeichen, im wahrsten Sinne des Wortes. Die Religiosität drückte sich unter anderem in einer für unsere Begriffe übersteigerten Reliquienverehrung aus. Man machte Wallfahrten zu den Orten, an denen Heilige beziehungsweise einzelne ihrer Körperteile vorgezeigt wurden und berührt werden konnten. Diese Sehnsucht nach Berührung machte auch vor Jesus, dem Fleisch gewordenen Gottessohn, nicht halt. Man wollte sehen und berühren, was er gesehen und berührt hatte.[1]

Es gab zahlreiche Wallfahrtsorte im In- und Ausland, deren Besuch Ablaß versprach, aber keiner Stadt wurde soviel Bedeutung zugemessen wie Jerusalem. Am deutlichsten kommt dies zum Ausdruck, wenn man eine Weltkarte aus dieser Zeit betrachtet: Jerusalem wurde als Zentrum dargestellt. Der Mittelpunkt des mittelalterlichen Abendlandes war der christliche Glaube, und in Palästina befanden sich die Orte, wo sich der

Erlöser selbst auf Erden aufgehalten hatte. Selbst das päpstliche Rom verblaßte zu sekundärer Bedeutung neben dem heiligen Jerusalem.

Begonnen haben die Pilgerfahrten nach Jerusalem im 4. Jahrhundert. Nach den jüdischen Rebellionen in den Jahren 70 und 132 n. Chr. wollten die römischen Cäsaren dafür sorgen, daß die Identität Judäas und seiner Hauptstadt Jerusalem verlorenging, damit aus dieser Richtung dem römischen Reich keine Gefahr mehr erwachsen konnte. Jerusalem wurde in Aelia Capitolina umbenannt und versank langsam in der Bedeutungslosigkeit, Judäa hieß ab diesem Zeitpunkt Syrien-Palästina. Kaiserin Helena, die Mutter Konstantins, des ersten christlichen Herrschers von Byzanz, sprach beim Konzil von Nicäa (325) mit dem Bischof von Jerusalem. Seine Berichte über den desolaten Zustand der Stadt veranlaßten sie, dorthin zu reisen und nach den Relikten der Leidensgeschichte Jesu zu suchen. Gleichzeitig ließ sie Kirchen bauen, welche die Bedeutung des Christentums im oströmischen Kaiserreich verkörpern sollten. Jerusalem, die Heilige Stadt der Juden, nahm nun als Ausgangspunkt ihrer Religion auch bei den Christen denselben zentralen Platz ein.

Das ganze Gebiet um das östliche Mittelmeer unterstand der Oberhoheit des Kaisers von Konstantinopel; die Pilger konnten also ungehindert auf dem Landweg anreisen. An den Pilgerreisen nach Jerusalem änderte sich jedoch auch nichts, nachdem im Jahre 638 der Kalif Omar die Stadt für Mohammed eingenommen hatte. Der Islam vertrat zwar offen eine Politik der Eroberung, aber die Alternative, der eigenen Religion abzuschwören oder zu sterben, galt nicht für Juden und Christen, sie zahlten zwar eine Sondersteuer, durften aber als «Völker des Buches» weiterhin ihrem Glauben nachgehen.

Den sogenannten häretischen christlichen Kirchen und Sekten ging es unter der arabischen Herrschaft sogar besser als unter der byzantinischen: Sie wurden rechtlich der orthodoxen Kirche gleichgestellt. Syrer, Griechen, Jakobiter, Georgier,

Nestorianer, Armenier: Alle Volks- und Religionsgruppen hatten Kirchen, Klöster und Hospize in Jerusalem.

Syrien und Palästina hatten zwar unter den dynastischen Streitigkeiten der Araber untereinander zu leiden, aber Mitte des 11. Jahrhunderts, unter den ägyptischen Fatimiden-Kalifen, waren die einheimische christliche Bevölkerung und die Juden gegenüber den Moslems kaum benachteiligt. Auch die Pilger hatten freien Zugang zu den Heiligen Stätten der Christenheit. Dabei muß man bedenken, daß Jerusalem für die Moslems ebenfalls ein Wallfahrtsort war. Denn in seinen Visionen war der Prophet Mohammed mit seinem Zauberpferd el-Burak von Mekka aus durch die sieben Himmel vor das Angesicht Gottes gefahren, und bei seiner Rückkehr zur Erde war er auf dem Tempelberg in Jerusalem gelandet.

Das relativ friedliche Zusammenleben der unterschiedlichen Rassen und Religionen änderte sich, als die Seldschuken, ein türkischer Stamm, der den Islam übernommen hatte, 1071 den byzantinischen Kaiser Romanos IV. in der Schlacht von Manzikert in Armenien besiegten und im gleichen Jahr Syrien und Jerusalem einnahmen. Die Pilgerrouten waren nicht mehr sicher, Seldschuken, Byzantiner und die verschiedenen arabischen Dynastien und Emirate bekämpften einander im gesamten Nahen Osten.

Trotzdem fand der erste Kreuzzug erst fünfundzwanzig Jahre später statt. Warum gerade zu diesem Zeitpunkt?

Der eigentliche Anlaß des ersten Kreuzzugs war ein offizielles Schreiben des byzantinischen Kaisers Alexios I. Komnenos an Papst Urban II., in dem er um Hilfe gegen die Seldschuken bat, die sein Reich von Asien aus bedrohten und durch ihre ständigen Überfälle die wenigen Straßen in Anatolien unsicher machten.

Dem Papst war diese Gelegenheit, als Führer der gesamten Christenheit aufzutreten, sehr willkommen. 1054 hatten Auseinandersetzungen mit der orthodoxen Kirche in Konstantinopel zu einem Schisma geführt, und das Konzil, in dem er zum Kreuzzug aufrufen wollte, konnte nicht einmal in Rom stattfinden, weil dort der Gegenpapst Wibert herrschte – auch die weströmische Christenheit war gespalten.

Im November 1095 forderte er auf dem Konzil von Clermont in der Auvergne das christliche Europa auf, das Heilige Land von den Ungläubigen zu befreien und den Christen im Orient zu helfen. Der Aufruf zum Kreuzzug fand im Freien vor einer gewaltigen Menschenmenge statt. Man kann sich des Eindrucks nicht erwehren, daß der Papst die ganze Angelegenheit vorher mit einigen Vertrauten unter den Bischöfen und Adeligen abgestimmt hatte, zumindest mit dem Grafen Raymund von Toulouse und Adémar de Monteil, dem Bischof von Le Puy, die beide während des Kreuzzugs eine dominierende Rolle spielen sollten. Auch wenn es sich um ein perfekt inszeniertes Schauspiel handelte – der hohe Klerus und der Adel hatten mit der einfachen Frömmigkeit des Volkes wenig zu schaffen –, die Herzen der Anwesenden wurden bewegt, und als rauschendes Finale brachen sie, souffliert oder nicht, in den Ruf aus, der Geschichte machen sollte: «Deus lo vult!» – Gott will es.

Das Gelübde des Kreuzfahrers und die Teilnahme am Heiligen Krieg sollten jedem die ewige Seligkeit sichern, gleichzeitig winkte die Aussicht auf reiche Beute im Orient. Der Aufruf des Papstes verbreitete sich mit rasender Schnelligkeit und wurde von allen Volksschichten begeistert aufgenommen.

Aus dem fränkischen Adel nahmen speziell die jüngeren Söhne das Kreuz – so nannte man das Ablegen des Eides, sich einem Kreuzzug anzuschließen. Das Gesetz der Primogenitur, nach dem das Erbe an den ältesten Sohn fiel, hielt zwar die großen Güter zusammen, erschwerte aber den Nachgeborenen den Aufstieg. Die Lehen in Europa waren verteilt, und sie sahen in Outremer eine Möglichkeit, ein eigenes Herrschaftsgebiet zu erringen.[2]

Die verschiedenen Heerzüge aus Europa machten sich nicht alle gleichzeitig und außerdem in unterschiedlichen Zusammensetzungen auf den Weg. Für große Menschenmengen war es einfacher und billiger, den Landweg über Bulgarien und Anatolien zu nehmen. Das erste Ziel war Konstantinopel, dort wollten sich verschiedene Pilgerzüge treffen und gemeinsam weiterwandern. Der vom Papst ernannte geistliche Anführer war Adémar, der bereits erwähnte Bischof von Le Puy. Dieser hatte damit auch die undankbare Aufgabe, die einzelnen adeligen Kreuzritter zu koordinieren beziehungsweise zwischen ihnen zu schlichten.

Schon beim Aufbruch bestanden unterschiedliche Vorstellungen über den Ablauf und die Ziele des Kreuzzugs sowie starke Interessenkonflikte. Dies war ein Problem bei sämtlichen Kreuzzügen. Als Faustregel gilt: Je höher der Rang der einzelnen Heerführer, desto größer die Zwistigkeiten untereinander. Kleine Barone konnten leichter für ein gemeinsames Ziel gewonnen werden und waren eher bereit, sich der Geistlichkeit unterzuordnen, als Könige und Kaiser, bei denen die nationalen Interessen immer wieder in den Vordergrund traten und auch die Kreuzzüge nur ein weiterer Schritt in deren Durchsetzung waren.

Gerade der erste Kreuzzug war jedoch auch eine wirkliche Massenbewegung. Neben Fürsten mit politischen Zielen, landhungrigen Baronen, Abenteurern, Landstreichern – nicht zu vergessen die den Heereszug begleitenden Huren – machten sich zahlreiche einfache Leute aus dem Volk auf den Weg, in der ehrlichen Gesinnung, das Heilige Land von den Ungläubigen zu befreien und sich dort als christliche Siedler niederzulassen. Natürlich stand hinter dieser Absicht eine gehörige Portion Eigennutz – die Meinung, daß materieller Wohlstand lediglich ein sichtbares Zeichen von Gottes Segen darstellt, ist auch heute noch nicht ausgestorben. Einer dieser Pilgerzüge wurde angeführt – soweit man bei dieser undisziplinierten Menschenmenge von Führung reden kann – von einem gewissen Peter von Amiens. Dieser Peter, auch «der Eremit» oder «Kukupeter» genannt, muß trotz seines wenig ansprechenden Äußeren eine charismatische Ausstrahlung gehabt haben. Die Verehrung seiner Anhänger ging so weit, daß sie sogar einzelne Haare seines Esels abschnitten und als Reliquien bewahrten. Die Schätzungen, wie viele Menschen sich auf den Weg machten und wie viele tatsächlich in Palästina ankamen, liegen weit auseinander, schon deshalb, weil die Teilnehmer keine homogene Masse bildeten, sondern aus verschiedenen Ländern und unterschiedlichen sozialen Schichten stammten. Die zeitgenössischen Chroniken sprechen zum Beispiel beim Zug, den Peter der Eremit anführte, von mehreren hunderttausend Menschen, heutige Autoren glauben, daß es maximal hunderttausend, vielleicht auch nur fünfundzwanzigtausend waren.

Ein anderer Volkskreuzzug wurde von einem Mann geleitet, der sich Gautier Sans-Avoir nannte, zu deutsch Walter Habenichts. Diesem Zustand suchte er schon auf dem Weg durch Plünderungen abzuhelfen. Wir müssen aber davon ausgehen, daß die meisten Teilnehmer des Volkskreuzzuges tatsächlich von tiefer Religiosität erfüllt waren oder zumindest das zu verwirklichen suchten, was ihnen von der Kirche gepredigt wurde.

Diese Menschen waren militärisch ungeübt und hatten keine Ahnung von den Schwierigkeiten und Strapazen, die sie bereits auf der Strecke erwarteten. Der Landweg nach Palästina war lange und beschwerlich, und natürlich waren die Länder, durch die sich der Kreuzfahrerzug bewegte, nicht begeistert, eine solch gewaltige Schar zügelloser Pilger ohne Nachschubmöglichkeit zu verpflegen oder dulden zu müssen, wie sie plünderten. Einige von den Kreuzfahrern wurden bei Auseinandersetzungen mit der einheimischen Bevölkerung getötet, anderen wurde der Prozeß gemacht, und viele kehrten wieder um, so daß ihre Zahl bereits während der Anreise stark dezimiert wurde. Der beabsichtigte Kampf gegen die Ungläubigen hatte bereits kurz nach dem Aufbruch, noch in Deutschland, zu furchtbaren Ausschreitungen gegen die Juden geführt, die ersten Opfer des Kreuzzugs fielen also im Herzen Europas.

Abgesehen davon war dies nicht die Hilfe, auf die Konstantinopel gehofft hatte. Was die Byzantiner erwarteten, war eine militärisch wohlgeschulte Streitmacht und nicht eine Horde marodierender Idealisten ohne soldatische Ausbildung, aber voller Träume auf ein Land, in dem, nach der Bibel, Milch und Honig fließen sollten. Zahlreiche der Gebiete, die es zu erobern galt, beanspruchte Byzanz schließlich für sich selbst.

Die Byzantiner waren nicht einmal auf einen Kreuzzug christlicher Fürsten gefaßt gewesen: Sie hatten mit einer Art Söldnerheer aus Berufssoldaten gerechnet, das für sie in Anatolien kämpfen sollte, keine weiteren Ansprüche stellte und nach getaner Arbeit wieder verabschiedet werden konnte.

Die Ideale des Rittertums – ständiger Kampf, wenn nicht in Kriegen, dann zumindest auf Turnieren, bei denen es durchaus auch Tote gab, die Suche nach Situationen, bei denen die eigene Tapferkeit unter Beweis gestellt werden konnte, wie in der gerade zu dieser Zeit entstehenden Artussage poetisch verbrämt – waren in Byzanz unbekannt oder galten gar als barbarisch. Zwar war auch Byzanz auf Soldaten angewiesen, aber diese wurden nicht geachtet, sondern eher als notwendiges Übel geduldet; vor allem wurde nicht der Heldentod verherrlicht. Auch machte der Tod im Kampf gegen die Ungläubigen den Soldaten nicht automatisch zum Märtyrer. Daß sich solche gewaltige Menschenmassen und Scharen christlicher Fürsten in der Hoffnung auf himmlischen Lohn auf den Weg machen würden, hatten sich die Byzantiner nicht vorgestellt. Theologie bestand für sie in spitzfindigen Diskussionen, durchdrang aber nicht ihr tägliches Leben und bestimmte nicht ihre innere Haltung.

Der Keim für die späteren Auseinandersetzungen zwischen den Kreuzritterstaaten und Byzanz war also schon mit dem Aufbruch aus Europa gelegt. Kollidierende Interessen mußten zwangsläufig zu Konflikten führen, und die anders gearteten Mentalitäten erschwerten zudem die Kommunikation.

Dicht hinter Konstantinopel wurde der sogenannte Volkskreuzzug endgültig aufgerieben – zumindest fast. Es gibt Berichte über die sogenannten «Tafuren», die noch später, nach der Ankunft im Heiligen Land, im Gefolge des Ritterheeres plünderten und so verwildert waren, daß sie bei der Belagerung von Antiochia 1097/1098 zu Kannibalen wurden.

Die Angriffswaffen dieser Zeit waren beeindruckend. Meist wurden sie erst vor Ort zusammengebaut. Es gab verschiedene Typen von Katapulten, Mangona und Trebuchets genannt. Mit ihnen konnte man große Steine in die belagerten Städte schleudern, bisweilen bediente man sich, zur Demoralisierung der Bevölkerung, auch der abgehauenen Köpfe der gefallenen Feinde.

Die Stadttore gingen die Belagerer mit sogenannten Widdern an, riesigen Blöcken, vorne mit Metall verstärkt, die in einem Gestell aufgehängt waren und geschwenkt werden konnten, um mit relativ geringem Kraftaufwand auf das Holz einzuhämmern. Eine Überdachung schützte die Angreifer während ihres Zerstörungswerks vor den Verteidigern der Mauer, und nasse Tierhäute schirmten die Widder gegen Flammenpfeile ab.

Unter dem berüchtigten «Griechischen Feuer» muß man sich eine mittelalterliche Variante der Napalmbombe vorstellen. Zeitgenössischen Berichten zufolge war schon das Geräusch, mit dem die mit flüssigem Feuer gefüllten und einen Kometenschweif hinter sich herziehenden schweren Krüge durch die Luft brausten, nervenaufreibend. Das Griechische Feuer konnte nicht durch Wasser gelöscht werden, wurde also auch in Seeschlachten eingesetzt.

Eine aufwendige, aber äußerst effektive Art der Belagerungstaktik war das Graben von Gängen unter der Stadtmauer. Wenn die Sappeure ihre Arbeit beendet hatten, zündeten sie die Stützbalken des Ganges an, flüchteten aus dem Gang und warteten, bis dieser einstürzte – samt dem darüberliegenden Mauerwerk. Das Fußvolk unter den Angreifern mußte Material zum Auffüllen der Gräben herbeischaffen, damit man die Belagerungstürme näher an die Mauer schieben konnte. Wenn sie nahe genug an den Zinnen waren, enterte die erste Welle der Belagerer die Mauer.

Die Nachrichtenübermittlung geschah schon damals über Brieftauben, die weite Strecken zurücklegen konnten. Man weiß, daß Sultan Saladin einen Brieftaubendienst zwischen Damaskus und Kairo unterhielt.

Die Angriffstaktik der Ritter in einer offenen Feldschlacht bestand darin, in geschlossener Formation und auf ebenem Gelände zu versuchen, den Feind niederzureiten. Mit ihren schweren Rüstungen und den durch Polster geschützten Pferden hatten sie die gleiche Aufgabe, wie sie in einer modernen Schlacht den Panzern zukommt. Nach dem ersten Aufeinanderprallen löste sich die Schlachtordnung auf, und es begannen die Einzelgefechte der Ritter untereinander, Mêlées genannt. Dabei hatte jeder Ritter die Gelegenheit, seinen Mut und seine Ausdauer unter Beweis zu stellen.

Die Türken und Araber hingegen hatten eine andere Taktik als die fränkischen Ritter mit ihrer bewußt aufrechten und durchsichtigen Kampfart. Die morgenländische Kavallerie bevorzugte unübersichtliches Gelände und kurze Überraschungsangriffe. Die im Vergleich zu den christlichen Rittern nur leicht gepanzerten islamischen Bogenschützen ritten auf ihren wendigen schnellen Pferden heran, schossen ihre Pfeile in rascher Reihenfolge auf die christlichen Ritter beziehungsweise deren Pferde ab, räumten sofort den Platz für den nächsten Zug und waren verschwunden, wenn die Ritter sich an die Verfolgung machen wollten. Dem Klima in Palästina war zweifellos diese Guerillataktik besser angepaßt als das Vorgehen der schwerfälligen Ritter in ihren Panzern.

Wenn die Moslems sich auf eine offene Feldschlacht einließen, siegten üblicherweise die Kreuzritter. Für diese kam es darauf an, das feindliche Heer durch die geballte Kraft der lanzenbewehrten Ritter auseinanderzutreiben. Schwärmten die Sarazenen aus, bevor der Aufprall stattfand, verpuffte die Wucht des Angriffs ins Leere. Dabei kam den Arabern, zumindest am Anfang, die bessere Landeskenntnis zugute. – Hier zeigte sich später ein Vorteil der Ritterorden: Sie waren ständig im Heiligen Land präsent und hatten Zeit, sich mit den örtlichen Gegebenheiten bekannt zu machen, im Gegensatz zu den anderen Kreuzrittern, die nach einer Saison, eventuell auch mehreren, wieder in ihre europäische Heimat zurückkehrten (die Ordensritter verstanden unter dem Begriff Outremer, dem Land jenseits des Meeres, Europa).

Am 7. Juni 1099 standen die Kreuzritter vor Jerusalem. Den Hügel, von dem aus sie die Heilige Stadt zum erstenmal erblickten, nannten sie Montjoie, den Berg der Freude. Die Belagerung Jerusalems selbst dauerte ungefähr fünf Wochen. Jerusalem war stark befestigt, die heutige Stadtmauer um die Altstadt ist zwar neueren Datums, folgt aber dem Verlauf der Mauer, welche die Kreuzritter vorfanden.

Nach der Eroberung Jerusalems verschlechterten sich die Beziehungen zwischen Byzanz und den Kreuzfahrern zusehends. Kaiser Alexios I. hatte die Ritter mit Nachschub und Geleit versehen und dafür das Versprechen erhalten, Gebiete, die früher zu Byzanz gehört hatten, würden nach einer eventuellen Eroberung an ihn abgetreten. Die meisten Kreuzritter hatten sogar einen Lehenseid auf ihn geschworen. Aber nun warf man dem Kaiser vor, daß er die Kreuzritter bei der Belagerung Antiochias nicht unterstützt hatte, obwohl er mit seinem Heer ganz in der Nähe war.[3]

Hinzu kamen religiöse Differenzen. Die lateinische Kirche war nicht bereit, die byzantinische Variante und andere christliche Strömungen als gleichberechtigte Kirchen anzuerkennen. Die Rechte dieser östlichen Kirchen und Sekten wurden nach der Eroberung Outremers durch die Kreuzritter eingeschränkt, und der neugewählte lateinische Patriarch von Jerusalem ließ sogar Anhänger der orthodoxen Kirche foltern, weil diese sich weigerten, das Versteck der Kreuzesreliquie zu verraten. Wieder einmal war es einheimischen Christen unter islamischer Herrschaft besser ergangen als unter ihren eigenen Glaubensgenossen. Juden und Moslems durften nach der fränkischen Eroberung nicht einmal mehr in Jerusalem wohnen.

Die fränkischen Ritter fühlten sich auf jeden Fall nicht mehr an ihren Lehenseid gegenüber dem byzantinischen Kaiser gebunden und etablierten sich in den eroberten Gebieten als souveräne Fürsten. Bohemund von Tarent hatte nach der Eroberung Antiochias im Jahre 1098 das Gebiet zu einem unabhängigen Fürstentum gemacht und sich dort niedergelassen. Im gleichen Jahr übernahm Balduin von Boulogne, der Bruder Gottfrieds von Bouillon, die Grafschaft Edessa. Später sollten noch das Fürstentum Tiberias unter Tankred von Tarent und die Grafschaft Tripolis hinzukommen. Je größer jedoch das eroberte Gebiet war, desto mehr mußten sich die Franken verteilen, und desto geringer wurde ihre Schlagkraft. Edessa wurde schon bald von den Türken zurückerobert.

Es waren die Ritter von niederem Adel und die einfachen Soldaten, welche die Heerführer nach der Eroberung von Antiochia daran erinnern mußten, daß der eigentliche Zweck des Kreuzzugs die Befreiung des Heiligen Landes und nicht das Errichten von Fürstentümern in Syrien war. Sie bestanden darauf, den Feldzug fortzusetzen und den Ungläubigen die Heiligen Stätten zu entreißen.

Nach der Eroberung Jerusalems berieten die Heerführer, wie sie die Heilige Stadt verwalten sollten. Der vom Papst ernannte geistliche Anführer, Adémar von Le Puy, war inzwischen verstorben, und die anstehenden Probleme konnten nicht bis zum Eintreffen eines neuen Legaten aufgeschoben werden. Herrschaft und Krone wurden zuerst Raymund von Toulouse angeboten, aber zum großen Erstaunen der übrigen Adeligen wies er sie zurück, schließlich hatte er immer eine Vorrangstellung gesucht. Hinzu kam, daß er der einzige unter ihnen war, der dem byzantinischen Kaiser gegenüber keinen Lehenseid abgelegt hatte und deshalb völlig frei in seinen Entscheidungen war.

Der nächste Kandidat war Gottfried von Bouillon, in der weiblichen Linie ein Nachkomme Karls des Großen. Gottfried hatte schon vor dem ersten Kreuzzug in Spanien gegen die Araber gekämpft. Er lehnte es zwar ab, sich als König zu bezeichnen, da es seiner Meinung nach in Jerusalem nur einen König geben durfte, den himmlischen, und nur eine Krone, die aus Dornen, nahm jedoch generell die Wahl an. Der von ihm selbst ausgesuchte Titel war «Advocatus Sancti Sepulchri», Verteidiger des Heiligen Grabes.

Die Meinungen über Gottfried von Bouillon gehen weit auseinander. Während die einen ihn für das Urbild des französischen Ritters halten, wagemutig und galant, machen ihn andere zum deutschen Edelmann und betonen seine Treue und Gottesfürchtigkeit. Als Herzog von Lothringen konnte er von Deutschen und Franzosen gleichermaßen beansprucht werden.

Unter seiner Führung gewannen die Christen am 12. August 1099 die Schlacht von Askalon gegen ein riesiges Heer, das die Herrscher von Ägypten, Damaskus und Bagdad, die sonst am liebsten gegeneinander kämpften, gemeinsam aufgestellt hatten.

Gottfried hatte von vornehrein nie die Absicht, nach Europa zurückzukehren: Seine Besitzungen – darunter die Stadt Stenay, um die er kurz zuvor noch erbittert gekämpft hatte – verkaufte er, um damit die Reise für sich und seine Anhänger zu finanzieren. Damit kommen wir zur Vorgeschichte des frommen Streiters für die Kirche, die gerne ignoriert wird. Seine Gegner im Kampf um die lothringischen Besitztümer waren nämlich die Bischöfe von Lüttich beziehungsweise Verdun. Und vor dem ersten Kreuzzug hatte Gottfried an der Seite des deutschen Kaisers gegen den Papst in Rom gekämpft.

Er gehört zu den Männern, die im nachhinein von der Kirche als eifrige Verteidiger des römischen Glaubens in Anspruch genommen wurden, jedoch zu ihrer Zeit alles andere als treue Anhänger des Heiligen Stuhles und der kirchlichen Obrigkeit waren.[4]

Gottfried von Bouillon trat nur kurze Zeit ins Rampenlicht der Geschichte, er starb schon im Jahre 1100. Dennoch war er bei seinen Zeitgenossen äußerst populär, nach seinem Tod wurde er zum Mythos, und um seinen Namen rankten sich die Legenden. Er war das Vorbild für den Gralsritter Lohengrin. Die Menschen seiner Zeit suchten keinen intellektuellen Politiker, ein Herrscher mußte Charisma ausstrahlen, und das hatte Gottfried von Bouillon in reichem Maße getan. – Kein Wunder also, wenn die Kirche sich zu eigen machte, was sie nicht besiegen konnte.

Noch bei dem Renaissance-Dichter Torquato Tasso war Gottfried von Bouillon der strahlende Held der Kreuzzüge, sein Ruhm wurde später zwar von Männern wie Richard Löwenherz überschattet, aber Gottfried war gelungen, was Richard versagt blieb: die Eroberung Jerusalems.

Gottfried von Bouillon hinterließ keine Nachkommen, aber eine prekäre Situation. Nach seinem Tod verlangte der Patriarch von Jerusalem die Herrschaft über Jerusalem und berief sich dabei auf ein Versprechen Gottfrieds.

Die Barone waren damit nicht einverstanden; schließlich wurde der Thron Gottfrieds Bruder Balduin von Edessa angeboten; die Monarchie war noch nicht erblich. Balduin teilte Gottfrieds Bedenken bezüglich Krone und Titel von Jerusalem nicht. Er wurde unter dem Titel Balduin I. König von Jerusalem und soll sich mit orientalischem Prunk umgeben haben. Auch sonst scheint er nicht sehr mit Skrupeln behaftet gewesen zu sein. Noch als Graf von Edessa ließ er einige Bürger, die eine Verschwörung gegen ihn in Gang gebracht hatten, blenden, anderen wurden die Nase oder die Füße abgeschnitten. Als seine erste Frau, die ihn auf dem Kreuzzug begleitet hatte, in Outremer starb, heiratete er eine unbekannte Armenierin, die er jedoch 1104 verstieß. Später ging er eine Ehe mit der Gräfin Adelaide ein, der Witwe des normannischen Königs Roger I. von Sizilien. Als sie herausfand, daß sie in Bigamie lebte, da er offiziell immer noch mit der Armenierin verheiratet war, hatte er ihr riesiges Vermögen bereits durchgebracht. 1117 kehrte sie nach Sizilien zurück und starb ein Jahr darauf, wie es heißt, an gebrochenem Herzen.

Der byzantinische Kaiser war schließlich gezwungen, die Unabhängigkeit der neugegründeten Kreuzritterstaaten Edessa, Antiochia, Tripolis und Jerusalem anzuerkennen. Ebenso mußte er die in Italien an die Normannen verlorenen Gebiete endgültig aufgeben. Das Verhältnis zwischen Byzanz und den Kreuzritterstaaten sollte immer gespannt bleiben. Darunter litt jedoch nicht zuletzt deren politische Stabilität: Die orthodoxen Christen in Outremer hatten sich jahrhundertelang nach Byzanz ausgerichtet und mußten nach den ersten Erfahrungen mit der lateinischen Kirchenhierarchie mehr denn je im Kaiser von Byzanz ihren Schutzherrn sehen.

Die Kreuzritterstaaten

Die Konsolidierung

Was den jungen Kreuzritterstaaten zugute kam beziehungsweise ihre Existenz überhaupt ermöglichte, war die Rivalität zwischen den einzelnen islamischen Gruppen, speziell der Interessenkonflikt zwischen den schiitischen Herrschern in Kairo und den Sunniten-Kalifen in Bagdad. Die Seldschuken sahen zwar im Kalifen von Bagdad ihr geistliches Oberhaupt, hatten aber nicht vor, die Macht, um die es bei den Kämpfen mit den Fatimiden (Ägypten) um die Hegemonie in Palästina ging, später mit Bagdad zu teilen. Hinzu kam ein ethnischer Konflikt: Die Seldschuken waren Türken, während die Schiiten in Ägypten Araber waren. Erst viel später sollte es Sultan Saladin gelingen, die Schlagkraft der Moslems gegen den gemeinsamen christlichen Feind zu vereinigen.

Die europäischen Herrscher konnten auch immer nur einen Teil ihrer Energie den Kreuzzügen widmen, weil sie gleichzeitig mit innenpolitischen Schwierigkeiten zu kämpfen hatten oder untereinander territoriale Auseinandersetzungen austrugen. Hinzu kam der Investiturstreit, der nicht nur eine rein deutsche Angelegenheit war. Der Angelpunkt war die Suprematie im Verhältnis der geistlichen und weltlichen Herrscher. Jesus Christus hatte gepredigt, sein Reich sei nicht von dieser Welt, das des Papstes war es sehr wohl. Dieses Problem wurde im gesamten Mittelalter immer wieder akut und hatte auch Einfluß auf die Kreuzzüge.

Der erste Schritt nach der Einnahme Jerusalems war die Eroberung der Mittelmeerhäfen, um den Nachschubweg aus Europa zu sichern. St. Jean d'Acre, das spätere Akkon, wurde 1104 eingenommen, Tripolis vier Jahre später. Dies war nur dank der aktiven Unterstützung durch die italienischen Stadtstaaten Pisa, Genua und Venedig möglich. Truppentransporte, Warenbeförderung und Kredite waren jedoch keine Akte der Frömmigkeit; die Seestädte ließen sich ihre Dienste durch Steuerbefreiung und Abtretung ganzer Straßenzüge in den eroberten Städten, mit eigener Gerichtsbarkeit, teuer bezahlen. Die reichen italienischen Handelsherren waren nicht beliebt, was sie teils durch ihr eigenes hochmütiges Verhalten verstärkten, wurden jedoch gebraucht.

Die Kreuzritter waren noch in anderer Hinsicht auf die Seerepubliken angewiesen. Die Pisaner zum Beispiel waren bevorzugter Handelspartner Ägyptens und bezogen von dort Gewürze, edle Stoffe und Parfums.

Gleichzeitig waren sie Lieferant; nur mit ihrer Hilfe konnte der Nachschub europäischer Güter, zum Beispiel von Holz für Belagerungsmaschinen, unterbunden werden. Schon König Balduin III. von Jerusalem mußte den Pisanern für ihr Embargo Ägyptens weitreichende Zugeständnisse machen.

Später ließ der französische König Ludwig IX., genannt der Heilige, in Frankreich einen eigenen Kreuzfahrerhafen bauen, Aigues Mortes, unter anderem deswegen, um nicht auf die ungeliebten Italiener angewiesen zu sein.

Die wichtigsten Häfen in Outremer selbst waren Tyrus und St. Jean d'Acre. Dort kann man noch heute unter der Zitadelle die ehemaligen Räumlichkeiten der Johanniter, eines Kreuzritterordens, besichtigen. Weitere wichtige Städte, die unter Balduin I. erobert wurden, waren Arsuf, Caesarea und Sidon.

Nach der Eroberung eines Gebiets pflegten die Kreuzritter an strategisch wichtigen Stellen gewaltige Festungen zu bauen, so zum Beispiel an der einzigen Nord-Süd-Route in Transjordanien, die gleichzeitig die Pilgerstraße nach Mekka und Medina und der Karawanenweg von Damaskus und Bagdad aus nach Ägypten war.

Diese Burgen waren das Rückgrat der fränkischen Eroberungen. Zur Blütezeit der Kreuzritterstaaten gab es zwischen Armenien und Gaza jeweils im Abstand von einem Tagesritt eine Festung, einen Wachturm oder ein befestigtes Lager, deren Besatzungen, meist Ordensritter, den Reisenden Schutz gewähren konnten.

Die Thronfolge in Jerusalem wurde nach der Etablierung der Dynastie so geregelt, daß immer der nächste direkte Erbe die Krone erhielt, wobei ein jüngerer Bruder den Vorrang gegenüber älteren Schwestern hatte. Balduin I. war ein Bruder des kinderlosen Gottfried und hatte ebenfalls keine Nachkommen, die ihn überlebten. Balduin II., der nächste König von Jerusalem, war ein Vetter der beiden. Auch er hatte keinen Sohn, aus diesem Grund wurde nach seinem Tod seine Tochter Melisende Königin. Da jedoch die fränkischen Barone einer Frau nicht die nötige Durchsetzungskraft zutrauten, wurde einer Thronfolgerin in Outremer ein entsprechender Gemahl zugesprochen, sie selbst hatte in Sachen ihrer eigenen Vermählung wenig mitzureden. In Melisendes Fall hielten ihr Vater und der französische König, dessen Aussage bei der Auswahl eines Thronfolgers auch starkes Gewicht beigemessen wurde, den Grafen Fulko von Anjou für einen geeigneten Bewerber. Fulko war übrigens Laienbruder des Tempels, also Tempelritter auf Zeit, und über seine erste Frau der Urgroßvater des späteren Kreuzfahrers Richard Löwenherz.

Der Tempel des Herrn und die Miliz Cristi

Die Existenz der Kreuzritterstaaten war von Anfang an und permanent bedroht, es galt nicht nur, den Sarazenen neue Gebiete abzuringen, sondern auch, das Gewonnene zu verteidigen. Einen wirklich statischen Zustand in Outremer gab es nur während der gelegentlich mehrere Jahre dauernden Waffenruhen. Der Handel und damit der Wohlstand Outremers belebten sich in dieser Zeit, aber die politische Lage verschärfte sich: Beileibe nicht alle Ritter hatten vor, sich in Outremer niederzulassen; sie nahmen solche Friedenszeiten zum willkommenen Anlaß, wieder heimzureisen.

Es bestanden also Interessenkonflikte: Auf der einen Seite die Europäer, die kurzzeitig im Heiligen Land kämpften und sich von ihren Kriegszügen Ruhm, Ablaß und reiche Beute erhofften, nach der Erfüllung ihres Gelübdes jedoch wieder in den Okzident zurückkehrten, auf der anderen Seite die Franken, die zu Hause alles aufgegeben und in Outremer eine neue Heimat gefunden hatten; nachdem sich die erste Eroberungswelle abgeflacht hatte, waren sie durchaus bereit, mit den Andersgläubigen in friedlicher Koexistenz zu leben. Sie sahen durch den Übereifer der immer wieder neu eintreffenden Kreuzfahrer den bestehenden Zustand und damit ihre eigene Existenz gefährdet. Jede Expansion mußte zu einer Reaktion der Moslems, zu Bündnissen der Emirate untereinander, letztlich zu einem Gegenkreuzzug führen.

Dabei vergaßen sie jedoch, daß die fränkische Herrschaft in Outremer nur auf einer dünnen, kaum tragfähigen Basis ruhte; ohne laufenden Zuzug aus Europa waren die Kreuzritterstaaten von der Gnade ihrer arabischen Nachbarn abhängig. Die fränkische Kultur war dem Land gewaltsam aufgepfropft worden; die Moslems standen ihr feindlich gegenüber, und bei den östlichen Christen waren die Franken und die lateinische Kirche ebenfalls nicht angesehen.

Es wurde Zeit, daß sich zwischen diesen Fronten ein Zwischenglied etablierte: Menschen, die sowohl in Outremer als auch in Europa verankert waren, Kosmopoliten des Mittelalters. Dabei konnte es sich weder um einen Staat noch um eine Einzelpersönlichkeit handeln, der Charakter dieser Organisation mußte etwas völlig anderes und Neues darstellen. Eine solche Macht war im Begriff zu entstehen: die militärischen Orden. Sie waren ein typisches Produkt Outremers und hatten dort, wie wir später noch genauer untersuchen werden, auch ihre Vorbilder und Vorläufer – die Christen waren nicht die einzigen und nicht die ersten, die auf die Idee kamen, mönchischen Glaubenseifer mit einem Schwert zu versehen. Sogar auf der Iberischen Halbinsel gab es neben den Burgen der Ordensritter auch die islamischen «Ribats», Zwitter zwischen Klöstern und Festungen. Der Dienst dort war jedoch zeitlich beschränkt und nicht ewigen Gelübden unterworfen.

Man weiß nicht genau, wann sich neun – wahrscheinlich normannische – Kreuzritter zu der Ordensgemeinschaft zusammenschlossen, die später als Templerorden berühmt werden sollte, vermutlich war es 1118 oder 1119. Es gibt auch die Theorie, der Orden sei bereits 1114 entstanden. Ihre Befürworter zitieren ein Schreiben des Bischofs von Chartres an den Grafen der Champagne über dessen Pläne, sich der Miliz Christi anzuschließen und dabei ein Keuschheitsgelübde abzulegen.[5]

Diese neuartige Vereinigung sollte später den obenbeschriebenen dritten Weg suchen. Vorläufig hatten die Mitglieder offiziell recht bescheidene Pläne: Sie wollten in mönchischer Gemeinschaft zusammenleben, aber gleichzeitig als Soldaten für das Kreuz kämpfen. Zuerst wurde ihre Aufgabe lediglich darin gesehen, die Pilger auf ihrem Weg zu den Heiligen Stätten zu beschützen, aber binnen kurzer Zeit nach der offiziellen Etablierung des Ordens griffen sie aktiv in jedes Kampfgeschehen ein und wurden die Elitetruppe Outremers, gut geschult und diszipliniert.

Die Ordensritter hatten mehr Gelegenheit, sich mit den örtlichen Gegebenheiten vertraut zu machen und von den Kampftaktiken der Moslems zu lernen; sie waren vor allem permanent verfügbar und jederzeit abrufbereit. Die Truppen der Templer mußten nicht erst, wie die Gefolgschaft der Barone, zusammengerufen werden; sie konnten kurzfristig ganze Garnisonen zu besonders gefährdeten Punkten verlegen. Es gab Zeiten, zwischen den einzelnen Kreuzzügen beziehungsweise nachdem alles eroberte Land in Lehen verteilt worden war, da die einzigen Neuankömmlinge aus Europa, welche die sich ständig dezimierenden Reihen der Franken auffüllten, die Rekruten der Ritterorden waren.

Diese Gruppe von neun Ordensrittern nannte sich «Pauperes Commilitones Christi», die Armen Soldaten Christi. Balduin II. trat ihnen einen Teil der im Tempelbezirk von Jerusalem gelegenen El-Aqsa-Moschee ab, die bis dahin als Residenz des Königs gedient hatte. Nach seinem endgültigen Umzug in den neuerbauten Palast beim Davidsturm gehörte ihnen die gesamte El-Aqsa-Moschee. Solange Jerusalem christlich war, sollte dies der unbestrittene Hauptsitz der Templer bleiben. Dort wurde der Großmeister gewählt, dort traf er mit seinem Rat Entscheidungen, die für das gesamte Land Bedeutung haben sollten. Man glaubte, daß an der Stelle der El-Aqsa-Moschee einst der Palast König Salomos gestanden hätte.

Das Hauptgebäude auf dem Tempelplatz ist jedoch der Felsendom, auch Omarmoschee genannt, obwohl die Anlage nicht vom Kalifen Omar erbaut wurde, sondern von einem seiner Nachfolger. Omar ließ an dieser Stelle lediglich ein hölzernes Gebetshaus errichten. Dieser Felsendom wurde mit dem Tempel Salomos identifiziert und Templum Domini genannt, obwohl er mit ihm lediglich den Standort teilt. Der Felsendom ist im unteren Bereich achteckig, darüber erhebt sich eine hohe Rotunde mit Kuppel. Während die El-Aqsa-Moschee im Laufe der Jahrhunderte immer wieder verändert wurde, ist der Felsendom noch original erhalten.

Aus der Assoziation mit dem Tempel Salomos entstand schon bald die Bezeichnung «Fratres Militiae Templi», die Brüder der Tempeltruppe, oder «Templarii», die Templer. Später bezeichneten sie alle ihre größeren Niederlassungen als Tempel, bisweilen wurde dieses Wort sogar in den Ortsnamen aufgenommen.[6]

Der Tempelplatz wird im Osten und Süden von der Stadtmauer begrenzt. König Herodes ließ die natürliche Felsoberfläche durch bis zu zehn Meter hohe Unterbauten im Süden vergrößern. Die unterirdischen Gewölbe liegen direkt unter der El-Aqsa-Moschee und sind heute noch erhalten; die Templer nutzten sie als Pferdeställe.

Die Anfänge des Templerordens klingen in den Berichten der Chronisten so bescheiden, daß es beinahe schon unglaubwürdig erscheint. Warum logierten die neun «Armen Ritter» von Anfang an gerade im königlichen Palast? Wie lange waren sie tatsächlich zu neunt? Wie konnten die Ordensgründer sich gleichzeitig von dem ernähren und kleiden, was ihnen mitleidige Seelen zukommen ließen, also als Bettelmönche leben, und andererseits ihrer Aufgabe, die Pilger zu schützen, effektiv nachkommen? Wie schafften es die frommen Brüder ohne weltliche Interessen zehn Jahre später, nach ihrer offiziellen Bestätigung durch das Konzil von Troyes, auf einen Schlag eine politische, militärische und finanzielle Macht aus dem Boden zu stampfen, deren Organisation und Struktur später immer wieder imitiert, aber nie mehr erreicht wurden?

Wahrscheinlicher ist, daß die ersten neun Templer – gehen wir davon aus, daß diese Zahl stimmt – von Anfang an recht genaue Vorstellungen von ihrer späteren Rolle in Outremer hatten und entsprechende Vorarbeit leisteten.

Die Anlage der Templer auf dem Berg Moria wurde bald sehr umfangreich; sie mußte nicht nur genügend Platz aufweisen für die ungefähr dreihundert dort residierenden Templer, sondern auch für ihr Gefolge. Schon das Verhältnis zwischen den Rittern und den Sergeanten, Affiliierten und Knappen betrug ungefähr eins zu zehn. Hinzu kamen noch Handwerker und Knechte.

Nicht zu vergessen die Räumlichkeiten für Besucher. Wenn sich die Templer in Jerusalem zu einem Generalkapitel trafen, fanden sich bisweilen Templer aus ganz Europa und den Burgen und Niederlassungen in Outremer zusammen. Auch weltliche Kreuzritter wußten die Gastfreundschaft der Tempelherren zu würdigen und quartierten sich gerne bei ihnen ein.

Noch heute ist die Klagemauer in Jerusalem für Juden aus aller Welt ein Versammlungspunkt, der einzige Überrest des Tempels, der von König Salomo erbaut worden war. Auch die Menschen des Mittelalters waren von der Heiligkeit des Ortes ergriffen. Es war in ihren Augen nur gut und richtig, daß sich eine Ordensgemeinschaft gerade dort etablierte.

Wer diese neun ersten Templer waren, wissen wir so wenig wie das genaue Gründungsjahr. Der erste Großmeister war auf jeden Fall Hugues de Payens. Des weiteren werden die Namen Roralle beziehungsweise Rossal, Archambaud de Saint-Amand beziehungsweise Saint-Aignan, Geoffroy Bisol, Hugues Rigaud und ein gewisser Gondemar genannt. Ob nun Hugues I., der Graf von Champagne, nach der Trennung von seiner Frau von Anfang an aktiv dabei war oder erst Mitte der zwanziger Jahre des 12. Jahrhunderts in den Orden eintrat, ob der Stellvertreter von Hugues de Payens nun Bisol oder Godefroy de Saint-Omer hieß oder der Vorname des Templers de Montdidier Payens oder Nivard war, lassen wir dahingestellt, ebenso die Frage, ob André de Montbard schon 1118 oder erst 1140 aufgenommen wurde.

«Nie gekämmt, selten gewaschen»

Was in den nächsten zehn Jahren genau geschah, wissen wir nicht. Es gibt keine Dokumente aus der Frühzeit des Ordens. Offiziell blieben die ersten neun Templer bis nach dem Konzil von Troyes unter sich. Die Indizien sprechen allerdings dafür, daß sich ihnen schon vorher weitere Ritter anschlossen.

Ende der zwanziger Jahre des 12. Jahrhunderts begab sich Hugues de Payens auf jeden Fall nach Frankreich, um sich seinen Orden offiziell bestätigen zu lassen und seinen Aktionsradius durch die Aufnahme neuer Mitglieder und die Bitte um Unterstützung auszudehnen.

1128 erhielten die Templer beim Konzil von Troyes ihre offiziellen Statuten, unter Anteilnahme von Papst Honorius II., Etienne de Ferté, dem Patriarchen von Jerusalem, zwölf Bischöfen, vier Benediktineräbten, vier Zisterziensern und anderen Prälaten.

Vor allem in der Champagne, in Belgien, Flandern und in Burgund fand das Werben von Hugues de Payens großen Anklang, sowohl bei den Adeligen als auch den Bischöfen. Die neuen Rekruten brachten ihre eigenen Güter ein, und die Bischöfe forderten die Gläubigen zu Spenden auf. Erst später, als die Templer den Kirchenoberen zu mächtig wurden und diese ihre eigene Stellung durch die Privilegien bedroht sahen, die den Tempelrittern von den Päpsten verliehen worden waren, gab es Reibereien zwischen dem Tempel und den örtlichen Klerikern.

Auf der Iberischen Halbinsel wurden die Templer schon zu den Anfangszeiten des Ordens durch die Könige ebenfalls stark unterstützt, in diesem Falle aus Eigennutz. Dort nämlich sammelten sich die Templer nicht für den Krieg in Palästina, sondern für den Kampf an den südlichen Landesgrenzen gegen die Mauren, wovon die christlichen Könige profitierten. – 1134 wollte der kinderlose König Alfons I. von Aragon und Navarra den Orden vom Tempel, vom Hospital und vom Heiligen Grab je ein Drittel seines Landes überlassen, was aber von seinen Adeligen vereitelt wurde. Die Orden waren vernünftig genug, auf eine gewaltsame Auseinandersetzung zu verzichten, wurden aber durch materielle Zuwendungen teilweise entschädigt.

Besondere Erwähnung im Zusammenhang mit der offiziellen Gründung des Templerordens verdient der Zisterziensermönch Bernhard von Clairvaux (1090–1153), der 1174 heiliggesprochen wurde. Er war einer der berühmtesten Prediger seiner Zeit. König Balduin II. kannte seinen Einfluß innerhalb der Kirche und hatte ihn in einem Schreiben gebeten, sich für die Approbation der Templer beim Heiligen Stuhl einzusetzen.

Bernhard war zwar adeliger Abstammung, aber sein Name rührt nicht von seinem Stammschloß her, sondern von der Abtei Clairvaux, deren Abt er war. Clairvaux war die dritte Niederlassung der Zisterzienser – sie waren erst 1098 gegründet worden –, und dank Bernhards Aktivitäten entwickelten sie sich zu einem mächtigen Orden. Zum Zeitpunkt seines Todes gab es über sechzig Abteien; Bernhard selbst interessierte sich stark für die Architektur seiner Klöster und Kirchen und sorgte für eine entsprechende Ausbildung seiner Mönche.

Bernhards Vorstellung des Mönchtums war universell genug, um sowohl Baumeister als auch Soldaten zu umfassen. Während die frühen Christen noch den Krieg an sich und das Soldatentum abgelehnt hatten, war im Laufe der Zeit eine Änderung eingetreten. Schon der heilige Augustinus hatte im 5. Jahrhundert die These vertreten, es gebe einen gerechten Krieg, aber erst zur Zeit der Kreuzzüge konnte der Mönch Adalbero von Laon mit allgemeiner Billigung schreiben: «Dreifältig ist der Dienst im Hause des Herrn: die einen beten, andere kämpfen, wieder andere arbeiten.» Der heilige Bernhard selbst schrieb an die Templer: «Selig sind, die im Herrn sterben, aber weit seliger sind die, welche für ihn sterben.»

Die Vorstellung der Urkirche, daß Blutvergießen Sünde sei, hatte der Möglichkeit eines gerechten Krieges weichen müssen. Von dort war es nur mehr ein weiterer Schritt bis zum Konzept des Heiligen Krieges.

In einer von Bernhard verfaßten Propagandaschrift für die Templer *De Laude Novae Militiae, Zum Lob der neuen Ritterschaft*, taucht die viel zitierte Beschreibung auf, die Templer seien «nie gekämmt, selten gewaschen, mit wildem Bartwuchs, stinkend und schweißbedeckt, geschwärzt von ihren Harnischen und der Hitze» aufgetreten. So wenig schmeichelhaft sich diese Worte nach heutigen Maßstäben anhören, zum damaligen Zeitpunkt enthielten sie tatsächlich ein Lob. Damit sollten die Armut und die Bedürfnislosigkeit der Templer illustriert werden, im Vergleich zu den anderen Kreuzrittern, die sich dem orientalischen Luxus hingaben. Denn im Mittelalter herrschte die Vorstellung, daß mangelnde Hygiene und Heiligmäßigkeit Hand in Hand gingen.

Die Templer müssen zu ihrer Zeit tatsächlich dadurch aufgefallen sein, daß sie, ganz im Gegensatz zu den anderen Rittern, das Haar sehr kurz geschoren trugen, die Bärte jedoch wachsen ließen. Die Verpflichtung, das Haar nicht über eine bestimmte Länge wachsen zu lassen, war sogar in den sogenannten Retraits, in denen unter anderem der Verhaltenskodex der Templer festgelegt ist, erwähnt. Der Drapier, der in einer Komturei für die Bereitstellung von Kleidung, Decken und Schuhen zuständig war, hatte gleichzeitig dafür zu sorgen, daß die Templer frisiert waren, «wie es sich gehört»; notfalls mußte er sie zu dem Bruder schicken, der auch die Mähnen und Schweife der Pferde kürzte.

Als Ordenstracht war ein weißer Mantel vorgeschrieben, als äußeres Zeichen der Reinheit der Seele. Das typische rote Tatzenkreuz war ein Attribut, das erst später hinzugefügt wurde.

Ob Bernhard nun die aus insgesamt zweiundsiebzig Regeln bestehenden Urstatuten der Templer selbst niedergelegt hat oder zumindest maßgeblich daran beteiligt war, ist nicht genau bekannt. Im Laufe der Jahrzehnte und Jahrhunderte wurden diese Statuten immer wieder überarbeitet und wechselnden Gegebenheiten und neuen Anforderungen angepaßt, aber der Grundgedanke blieb erhalten.

Bei manchen Autoren sieht es so aus, als habe der Graf von Champagne den heiligen Bernhard durch die Überlassung des Landes, auf dem die spätere Abtei Clairvaux entstand, für die den Templern geleisteten Dienste entlohnt. Dies ist unwahrscheinlich – die Schenkung fand bereits 1115 statt.

Bernhard war auf jeden Fall, wie seine Zeitgenossen, von dem Kreuzzugsgedanken erfüllt, später wurde er der wichtigste Prediger des zweiten Kreuzzugs, es paßt also nicht in sein Gesamtbild, daß es sich bei der Unterstützung der Templer lediglich um einen Fall von Protektionismus gehandelt hat. Bernhard selbst wurde in einem Schloß geboren und war mit den edelsten Familien Frankreichs verwandt, sein Interesse an einem neuen Orden, der seine Ideale, Mönchtum und Ritterschaft, vereinigte, ist also glaubwürdig. Gerade weil Bernhard über seine Mutter ein Neffe von André de Montbard war, mit dem er auch in Kontakt stand, wußte er um die Schwierigkeiten in Outremer und die Notwendigkeit für einen solchen Ritterorden.

«Sie haben keinen persönlichen Besitz, nicht einmal ihr Wille gehört ihnen. Einfach gekleidet und staubbedeckt, das Antlitz von der Sonne verbrannt, der Blick stolz und streng: Vor dem Kampf wappnen sie sich innerlich mit der Festigkeit des Glaubens und äußerlich mit Eisen, ihr einziger Schmuck ist ihre Waffe, sie bedienen sich ihrer mutig, auch angesichts der größten Gefahr, sie fürchten weder die Zahl noch die Gewalt der Barbaren. Ihr Vertrauen setzen sie auf den Herrn der Heerscharen, und wenn sie für ihn streiten, suchen sie entweder den sicheren Sieg oder einen heiligen und ehrenvollen Tod. Oh glückliches Leben, wenn man den Tod furchtlos erwarten kann, ihn sogar freudig erwünschen und mit Zuversicht annehmen kann!» – das sind die Worte Bernhards über die Templer.

Bernhard von Clairvaux wird oft nur einseitig dargestellt, entweder gelobt oder verurteilt, obwohl auch er lediglich ein Geschöpf seiner Zeit war. Wenn wir an diese Epoche beziehungsweise ihre Protagonisten die heutigen Maßstäbe von gut und böse, edel und grausam anlegen, werden wir ihnen nicht gerecht. Bernhard war Idealist und Pragmatiker zugleich, er ging in einer Idee auf, beließ es aber nicht dabei, sondern setzte alles ein, sie zu realisieren. Wie unnachgiebig seine Haltung sein konnte, ersieht man an dem Einfluß, den er bei der Verurteilung des Scholastikers Petrus Abaelard (1079–1142) geltend machte. Abaelard wurde aufgrund seiner rationalistischen Interpretation der christlichen Lehren zum Ketzer erklärt.[7]

Die Templer genossen schon zu Beginn ihrer Laufbahn den besonderen Schutz der Kirche. Bereits Papst Innozenz II. (Pontifikat 1130–1134) sorgte dafür, daß sie finanziell unterstützt wurden, und in der Bulle «Omne datum optimum» vom 29. März 1139 gewährte er ihnen sehr weitreichende Privilegien. Die wichtigsten Punkte dieser Bulle waren:

- Die Templer sind nur dem Heiligen Stuhl Rechenschaft schuldig, der sich verpflichtet, sie und ihren Besitz zu verteidigen. Es durfte auch niemand von ihnen einen Lehenseid fordern. Damit waren sie von diesem Moment an weder der weltlichen noch im engeren Sinne der geistlichen Gerichtsbarkeit unterworfen. Das bedeutete eine Änderung gegenüber dem Konzil von Troyes. Dort unterstanden sie nominell noch dem Patriarchen von Jerusalem.
- Der Großmeister muß Mitglied des Ordens sein und wird auch ausschließlich von Templern gewählt. Seine Wahl bedarf keiner Bestätigung von einer anderen Instanz.
- Der Hauptsitz des Ordens sollte Jerusalem sein. Damit war unterbunden, daß sich eventuell die Templer auf der Iberischen Halbinsel selbständig machten.
- Die Statuten dürfen nur vom Generalkapitel, der aus dem Großmeister, seinen Würdenträgern, den Präzeptoren in Outremer und einer bestimmten Anzahl von gewählten Rittern bestehenden höchsten Instanz des Ordens, geändert werden. Auch das stellte eine wichtige Änderung gegenüber der Regel von Troyes dar. Nach der Rückkehr von Hugues de Payens nach Jerusalem hatte der Patriarch eigenmächtig einige Punkte revidiert und neue hinzugesetzt.
- Kein Templer darf den Orden verlassen oder sich einem anderen Orden anschließen, ohne vorher die Genehmigung des Kapitels beziehungsweise des Großmeisters eingeholt zu haben. Ein Templer, der wegen bestimmter Vergehen aus der Gemeinschaft ausgestoßen wurde, mußte in den Orden der Benediktiner oder Augustiner eintreten, es war ihm nicht

erlaubt, zum Beispiel zu den Hospitalitern überzuwechseln. Tempel und Hospital hatten ein Abkommen auf Gegenseitigkeit geschlossen: Keiner durfte einen abtrünnigen Ritter des anderen Ordens aufnehmen.
- Die Templer erhalten eigene Kirchen und eigene Friedhöfe; sie können auch Nichtmitgliedern dort einen Begräbnisplatz zugestehen.
- Der Orden darf seine Seelsorger selbst auswählen, ohne Einflußnahme der Bischöfe. Die Kapläne mußten eine Probezeit durchmachen; sollten sie sich nicht bewähren, konnten sie entlassen und durch andere ersetzt werden. Auch waren sie nicht dem zuständigen Bischof, sondern dem Großmeister der Templer unterstellt.
- Niemand kann die Templer zur Zahlung des Kirchenzehnten zwingen, sie selbst jedoch dürfen den Zehnten einziehen, vorausgesetzt, sie haben die Genehmigung des zuständigen Bischofs eingeholt. Auch die Beute, die sie von den Sarazenen eroberten, sollten die Templer mit niemandem teilen müssen.

Spätere Päpste bestätigten diese Privilegien. Anhand der in den päpstlichen Bullen im Laufe der Jahre neu erteilten oder wiederholten Anweisungen kann man genau ersehen, welche Schwierigkeiten die Templer zu einem bestimmten Zeitpunkt mit den weltlichen und geistlichen Würdenträgern hatten:

Eugen III. bestätigte 1145, daß die Templer ein Anrecht auf eigene Kirchen hatten. Unter Hadrian IV. (Pontifikat 1154–1159) wurde ihnen die Abgabe des Kirchenzehnten nochmals ausdrücklich erlassen.

Alexander III. (Pontifikat 1159–1181) betonte, daß die Templer und all ihre Besitztümer nur dem Papst unterstanden, kein weltlicher Herrscher sollte von den Templern Lehenstreue fordern können. Die Templer durften eigene Geistliche durch Bischöfe ihrer Wahl weihen lassen. Diese Bulle drückte auch den Dank Alexanders dafür aus, daß die Templer sich beim

Kapitel von Nazareth im Jahre 1161 für ihn und nicht für den Gegenpapst Oktavian ausgesprochen hatten. Dieser Gegenpapst war vom deutschen Kaiser Friedrich Barbarossa unterstützt worden. Auch als dessen Enkel Friedrich II. in Auseinandersetzungen mit dem Papsttum verwickelt wurde, standen die Templer auf der Seite des Papstes.

Die Bulle Alexanders III., die auch dem Hospital ähnliche Privilegien zugestand, erregte den Zorn des Patriarchen von Jerusalem, der gehofft hatte, daß der Heilige Stuhl seine eigenen Rechte gegenüber den Ritterorden stärken würde. Die Hospitaliter ließen während seiner Predigten ihre Glocken läuten, so daß er sich nicht verständlich machen konnte, und die Templer sollen sogar Pfeile gegen die Tür der Grabeskirche abgeschossen haben.

Unter dem Pontifikat von Innozenz III. (1198–1216) wurde es den Bischöfen verboten, Templer zu exkommunizieren. Auch hatten die Kapläne der Templer das Recht, die Beichte von Menschen zu hören, die sich auf den Friedhöfen der Templer begraben lassen wollten, und ihnen die Sterbesakramente zu verabreichen. Dieses Privileg hatte weitreichende Folgen: Wer ein Testament machen wollte, also etwas zu vererben hatte, mußte vorher die Beichte ablegen. Und wie oft kam es vor, daß dabei auch der Beichtiger beziehungsweise seine Institution bedacht wurde ...

Gregor IX. (Pontifikat 1227–1241) untersagte weltlichen und geistlichen Personen das Betreten einer Komturei ohne Genehmigung des Präzeptors. Innozenz IV. (Pontifikat 1243–1254) beschnitt die Rechte der Bischöfe noch weiter und hob die Rechenschaftspflicht des Ordens an sich sowie seiner Mitglieder den Bischöfen gegenüber auf. Es durfte auch niemand verwehrt werden, sich den Templern anzuschließen. Jeder hatte das Recht, sich mit Zustimmung der Templer auf einem ihrer Friedhöfe begraben zu lassen, auch wenn er sich damit einer entsprechenden Zahlung an den örtlichen Klerus entzog.

Oft wurde es den Templern aufgetragen, Abgaben der Gläubigen – freiwillige und auferlegte – im Namen des Papstes in den verschiedenen Gemeinden und in den Klöstern zu sammeln und nach Outremer zu transportieren. Sie genossen also eine absolute Vertrauensstellung.

Die Ritterorden

Der Orden der Templer war der erste eigentliche, das heißt als solcher gegründete Ritterorden auf christlicher Seite. Er war stark von französischem Einfluß geprägt, zumindest bis ins späte 12. Jahrhundert. Die ersten Templer stammten alle aus dem Gebiet, das wir heute Frankreich nennen, wo jedoch damals in manchen Gebieten noch unabhängige Fürsten herrschten. Ein großer Teil des modernen Frankreich gehörte sogar den englischen Königen. Diese hatten jedoch erst 1066 unter dem Normannen Wilhelm dem Eroberer das Inselreich eingenommen, waren also von ihrer Sprache und Kultur her ebenfalls Franzosen.

Es war in Frankreich, wo den Templern die ersten Ländereien als Schenkung oder Legat vermacht wurden, und dort fand auch das Konzil statt, mit dem sie offiziell anerkannt wurden.

Das Verhältnis zwischen den Templern und der französischen Krone begann sich zur Zeit Ludwigs VII. von Frankreich und seines Zeitgenossen Heinrichs II. von England zu verschlechtern. Ludwigs Tochter Margarete war mit Heinrichs Sohn, der ebenso Heinrich hieß, verlobt, und der englische König ließ die beiden trauen, als sie noch Kinder waren. Damit gelangte er in den Besitz der Festung Gisors, die mit zwei anderen Festungen zu Margaretes Aussteuer gehörte. Treuhänder von Gisors waren zu diesem Zeitpunkt die Templer. Sie zögerten nicht, dem englischen König die Festung vereinbarungsgemäß zu übergeben, die Vermählung hatte stattgefunden, und

Ehen unter Kindern waren in der Aristokratie durchaus üblich. Dies faßte der französische König als Verrat auf; er hätte die Verhandlungen gerne hinausgezögert, da die Burgen von wichtiger strategischer Bedeutung waren. Er ließ die verantwortlichen Templer in effigie hängen.

Pikant wurde die Affäre dadurch, daß die Gattin des englischen Königs und Mutter des jungen Heinrich, Eleonore von Aquitanien, die erste Gemahlin des französischen Königs gewesen war.

Als dann ihr Sohn Richard Löwenherz, der Abgott des Rittertums, an den Kreuzzügen teilnahm und sogar als Laienbruder Mitglied des Ordens wurde, entfremdeten sich die Templer der französischen Krone noch mehr. Mit seiner absoluten Verachtung gegenüber der Gefahr wurde Richard der Kreuzfahrerfürst par excellence. Hinzu kam, daß er der Urenkel von Fulko von Anjou war, dem dritten König von Jerusalem. Robert de Sablé, der Großmeister der Templer zwischen 1189 und 1193, war ein persönlicher Freund König Richards.

Die Johanniter, ein weiterer mönchischer Ritterorden der Kreuzzüge, auch Hospitaliter genannt, leiten beide Namen von ihrer ersten Niederlassung in Jerusalem ab, dem Hospital zum heiligen Johannes dem Barmherzigen (Name eines früheren Patriarchen von Alexandria). Dieses Hospital für kranke und verwundete Pilger wurde um 1080 von Benediktinermönchen gegründet. Als eigentlichen Gründer verehren die Johanniter heute noch den Seligen Gérard de Provence. Später hatten die Johanniter ihren Hauptsitz auf Golgotha.

Vermutlich wurden sie von Kaufleuten aus Amalfi stark unterstützt, ein gewisser Mauro di Pantaleone wird namentlich genannt. Auf jeden Fall taucht das achtstrahlige Johanniterkreuz auch auf dem Wappen dieser Stadt auf.

Das markante rote Kreuz auf der Kleidung der Templer wurde erst 1147, unter dem Pontifikat Eugens III., hinzugefügt. Es handelt sich dabei um ein sogenanntes Tatzenkreuz: Alle Balken sind gleich lang und verbreitern sich von innen nach außen, die Mitte ist relativ kompakt und die Außenseite eben. Das Kreuz der Johanniter hingegen hat zwar ebenfalls vier gleich lange und auseinanderlaufende Balken, die aber wesentlich schmaler und zudem am Rand eingekerbt sind. Es findet sich heute noch auf den Ambulanzfahrzeugen der Johanniter- und Malteser-Hilfsdienste.

An welcher Stelle das Kreuz genau getragen wurde, ist nicht ganz sicher. Die meisten Darstellungen und Beschreibungen gehen davon aus, daß alle Kreuzfahrer, auch die weltlichen, ein rotes Stoffkreuz auf der linken Schulter trugen. Vermutlich waren jedoch die Tuniken der Templer zusätzlich mit dem Tatzenkreuz auf Brust und Rücken versehen, ebenso die Schilder.

Obwohl der Johanniterorden als eigenständige Institution schon 1113 durch eine Bulle von Papst Pascal II. bestätigt wurde, entwickelte er sich erst nach und nach, durch die Konkurrenz mit den Templern, zu einer kämpfenden Vereinigung. Im Jahre 1155 änderten die Johanniter ihre Satzung, unter Berücksichtigung der speziellen Anforderungen an eine mönchische Ritterschaft. Die neuen Statuten lehnten sich stark an die der Templer an. Bis zu diesem Zeitpunkt waren die Johanniter offiziell rein karitativ tätig gewesen.

Alle Angehörigen des Hospitals waren an ihrem schwarzen Mantel mit einem – laut manchen Berichten rot hinterlegten – weißen Kreuz zu erkennen. Im Gegensatz zu den Templern, bei denen nur die eigentlichen Ordensritter die weiße Ordenstracht und den weißen Mantel trugen, machten sie bei der Farbe ihrer Kleidung keinen Unterschied in der Hierarchie. Laut ihrer Satzung mußten sie die Kranken und Armen in ihren Hospizen als Herren über sich betrachten, daher war der Orden von der Tendenz her mehr auf Demut ausgerichtet. Die Krankenpflege und die Unterbringung mitteloser Pilger verursachten jedoch neben der Kriegsführung zusätzliche Kosten. Das war einer der Gründe dafür, daß die Johanniter nie so reich wie die Templer wurden – aber auch nie so von Neidern angefeindet.

Der Deutschherrenorden entstand erst später. Deutschland

war aufgrund des Investiturstreits und seiner Nachwirkungen am ersten Kreuzzug noch nicht beteiligt. Die Regel, welche die Deutschherren im Jahre 1198 erhielten, orientierte sich ebenfalls stark an der lateinischen Ausgabe der Templerstatuten. Der Mantel der Deutschherren war weiß, das Kreuz darauf schwarz.

Diese drei Orden, Templer, Hospitaliter und Deutschherren, waren die größten und bedeutendsten in Outremer. Es muß immer wieder betont werden, daß sich die fränkischen Kreuzfahrerstaaten ohne die Ritterorden nicht zweihundert Jahre lang hätten halten können.

Es gab zwar viele Ritter, welche sich in Outremer ansiedelten, ihre Gattinnen aus Europa nachkommen ließen beziehungsweise eine reiche syrische oder armenische Erbin heirateten und eine Familie gründeten. Aber die hohe Kindersterblichkeit, speziell unter den Söhnen, und die Verluste an jungen Männern, die im Kampf fielen, ließ keine richtige fränkische Jugend in Outremer heranwachsen. Je besser sich die Kreuzfahrer in bezug auf Kleidung und Lebensweise den Einheimischen anpaßten, desto höher waren ihre Überlebenschancen und desto weniger anfällig waren sie gegenüber den zahlreichen Krankheiten.

Genau diese Anpassung an die orientalische Lebensweise wurde ihnen aber wiederum von kurzsichtigen europäischen Chronisten zum Vorwurf gemacht.

Auf jeden Fall waren die einzigen ständig präsenten Heere die der Ritterorden. Sie hatten immer starken Zulauf. Worin konkret ihre Anziehungskraft bestand, wissen wir heute nicht mehr zu sagen, vermutlich waren es im Laufe der Geschichte auch unterschiedliche Beweggründe. Zeitweise mögen die Orden als mittelalterliches Pendant zur Fremdenlegion gewirkt haben, speziell, was die unteren Ränge angeht. Und jüngere Söhne des Adels, die sonst in den Dienst der Kirche getreten wären, sahen hier eine Möglichkeit, eine abenteuerlichere und ruhmreichere Variante des Gottesdienstes zu wählen. Vielleicht war es auch die Romantik, die Erfüllung der ritterlichen Ideale, welche so viele Ritter verlockte. Das Zeitalter der Kreuzzüge wurde von den Troubadouren beherrscht, es ist kein Zufall, daß die Legenden von König Artus und seiner Tafelrunde und der Suche nach dem Heiligen Gral gerade zu dieser Zeit entstanden.

Die bekannteste Parzival-Geschichte stammt von Wolfram von Eschenbach. Er wußte wohl, warum er die geheimnisvollen Gralshüter Templeisen nannte. Bei einem Besuch in Outremer hatte er die Templer in Aktion gesehen.

Bestimmt machten sich manche Postulanten falsche Vorstellungen über das Leben in den Ritterorden, nicht umsonst warnten die Templer einen Bewerber vor der Aufnahme, sich nicht vom äußeren Wohlstand des Ordens blenden zu lassen, sondern die starke Disziplin innerhalb seiner Reihen zu bedenken.

Zwischen den Orden, besonders den drei großen, bestand immer ein gewisser Antagonismus. Man kann davon ausgehen, daß speziell die Gefühle der Johanniter durch einen gewissen Neid auf den rasanten Aufstieg und die Machtfülle des Templerordens geprägt waren. Aber erst gegen Ende des 13. Jahrhunderts kam es mehrfach zum Eklat, als zwischen Templern und Johannitern in den Straßen Akkons offene Straßenschlachten entbrannten.

Die meisten Orden im Heiligen Land entstanden ursprünglich nicht als kämpfende Vereinigungen, übernahmen aber immer mehr militärische Aufgaben, weil sie, wenn Gefahr drohte, permanent disponibel waren. Auf der Iberischen Halbinsel hingegen wurden die Ritterorden von Calatrava und Santiago direkt als solche gegründet. Sie operierten in Kastilien, Calatrava im Süden und Santiago im Norden. Die Templer waren mehr vertreten in Aragon, Katalonien und Portugal. Der Orden von Montesa in Aragon und der Christusorden in Portugal entstanden später. Beide wurden erst nach dem Verbot der Templer gegründet als quasi-offizielle Nachfolgeorganisationen.

Unter den verschiedenen Orden in diesen Ländern muß zumindest zeitweise der gleiche Konkurrenzkampf geherrscht haben wie in Outremer. Als die Besitztümer der Orden von Montréal, Trujillo und Montjoie im 12. Jahrhundert den Templern übergeben wurden, weil die Kampfkraft dieser Orden anscheinend nicht für die gestellten Aufgaben ausreiche, weigerten sich einige Ritter, zum Tempel überzuwechseln und traten dem Orden von Calatrava bei, vermutlich aus Trotz. Vielleicht fürchteten die Ritter von Montjoie, im Tempel als eine Art arme Verwandte behandelt zu werden.

Der Orden von Calatrava selbst war erst kurz zuvor gegründet worden, um die den Mauren entrissene Festung Kalaat-Rawaah zu verteidigen. Kalaat-Rawaah war nach der Eroberung ursprünglich den Templern anvertraut worden, aber diese waren in der Gegend zu wenig präsent und hatten immer wieder vergeblich um Unterstützung ersucht. Schließlich zogen sie es vor, die Festung dem König von Kastilien und Aragon zurückzugeben, da sie mit der schwachen Besatzung für deren Sicherheit nicht garantieren konnten. Daraufhin wurde der Orden von Calatrava, die spanische Form des arabischen Namens der Festung, gegründet. Erst 1180 waren den Rittern von Calatrava Privilegien verliehen worden, wie sie die Templer schon lange besaßen.

Einen tragischen Hintergrund hatte der Orden zum heiligen Lazarus. In seinen Niederlassungen, aus denen sich der Ausdruck Lazarett herleitet, wurden Aussätzige untergebracht und gepflegt. Aber wie die anderen Orden hatte auch der «Heilige Lazarus» eine militärische Abteilung, kenntlich an einem grünen Kreuz auf weißem Grund. Man kann sich den abergläubischen Schrecken vorstellen, den diese Ritter verbreiteten – schon von der Lepra befallen, aber noch in der Lage, ein Schwert zu führen, und von dem Wunsch beseelt, lieber in der Schlacht den Tod zu finden, als bei lebendigem Leib langsam zu verfaulen.

In den Statuten der Templer ist auch der Fall vorgesehen, daß einer der ihren vom Aussatz befallen wird. Wenn das eintrat, bat man ihn, zum Orden des heiligen Lazarus überzuwechseln, beziehungsweise erhoffte von ihm, daß er selbst seinen Abschied einreichte, weil diese Geste schöner sei und von Großmut zeuge. Er blieb jedoch mit den Templern in Kontakt, sie achteten darauf, wie es ihrem ehemaligen Mitbruder bei Lazarus erging.[8]

Tempel und Lazarus hatten ständig gute Kontakte; 1258 zog sich der damalige Großmeister der Templer, Thomas Béraud, bei einem Angriff der Genueser auf die Niederlassungen der Pisaner und Venezianer in die Lazarus-Komturei in Akkon zurück, da die templerischen Gebäude zu nahe bei der Handelsniederlassung der Pisaner lagen. Die Genueser waren im übrigen, zumindest zeitweise, Verbündete der Hospitaliter. Die Konkurrenz zwischen den beiden Orden der Templer und Hospitaliter zog sich durch alle Bereiche.

1291, als sich der Kampf um Outremer seinem Ende näherte, verteidigten Tempel und Lazarus das belagerte Akkon sogar im gleichen Armeekorps.

Der zweite Kreuzzug (1147–1149), Damaskus

1144 eroberten die Moslems unter Zengi die gleichnamige Hauptstadt des Kreuzritterstaates Edessa. Die Einnahme der Stadt war durch zwei für die Franken unglückliche Umstände erleichtert worden: König in Jerusalem war ein zwölfjähriger Knabe, Balduin III., dessen Mutter Melisende zwar die Regentschaft übernommen hatte, jedoch nicht die Autorität besaß, um ein Heer zusammenzustellen. Und Graf von Edessa war zu diesem Zeitpunkt Jocelyn II. de Courtenay, der in den Quellen als schwacher Herrscher beschrieben wird.

Nach dem Fall Edessas rief Papst Eugen III. zu einem neuen Kreuzzug auf. Stark unterstützt wurde er dabei von Bernhard von Clairvaux, dem geistigen Vater der Templerregel. Dieser war ein gewaltiger Prediger, seine Kreuzzugspredigt in Vézelay am 31. März 1146 vor dem französischen König Ludwig VII. und seiner Gemahlin Eleonore von Aquitanien ging in die Geschichte ein. Schon vorher hatte er durch seine Reden dafür gesorgt, daß Innozenz II. als Papst anerkannt wurde, da mit diesem unter dem Namen Anaklet II. zugleich ein Gegenpapst aufgestellt worden war. Bernhard war es auch, der durch seine ergreifenden Worte im Dom von Speyer den unwilligen deutschen Kaiser Konrad III. zur Teilnahme am Kreuzzug nötigte. Die Anwesenden waren so bewegt, daß Konrad gar keine andere Wahl mehr hatte, als ebenfalls das Kreuz zu nehmen.

Die Anreise der beiden großen Heere fand wiederum über Konstantinopel statt. Die Deutschen erreichten die Stadt als erste und zogen allein weiter in Richtung Kleinasien. Dort wurden sie zuerst von ihren byzantinischen Führern verlassen und dann von einem türkischen Heer überfallen. Kurz darauf holten die Franzosen die Deutschen ein und marschierten mit diesen gemeinsam die Küste entlang. In Ephesus trennten sich die beiden Heere wieder, da Kaiser Konrad aus Gesundheitsgründen nach Konstantinopel zurückkehren und dort den Winter verbringen wollte. Das französische Heer zog allein weiter, und nach einigen Gefechten, bei denen sich herausgestellt hatte, daß die Kreuzfahrer zu undiszipliniert und leichtsinnig waren, wurde das Oberkommando dem Templer Evrard des Barres übertragen. Dieser war Prior von Frankreich gewesen (später war er vielleicht sogar Nachfolger des Großmeisters Robert de Craon). Evrard des Barres führte das Heer sicher nach Attalia. Dort schiffte sich König Ludwig mit einem Teil seiner Armee nach St. Simeon, dem Hafen von Antiochia, ein; der Rest sollte auf dem Landweg folgen, aber die wenigsten von ihnen erreichten Syrien. Vermutlich blieben von insgesamt hundert- bis hundertfünfzigtausend Franzosen lediglich dreißigtausend übrig – und der eigentliche Kreuzzug hatte noch nicht einmal begonnen.

1148 kamen beide Herrscher mit dem verbliebenen Rest ihrer Truppen im Heiligen Land an und trafen sich mit den einheimischen Baronen, der Regentin Melisende und dem jungen König Balduin in Akkon. Zwischen den einzelnen Heerführern aus Europa und Outremer bestanden jedoch große Differenzen über die weitere Vorgehensweise. Raymund von Antiochia wollte mit Hilfe der Kreuzfahrer einige Städte zurückgewinnen, die er an die Moslems verloren hatte. Ludwig VII. war dafür, Edessa zurückzuerobern. Zahlreiche fränkische Barone, die sich in Outremer niedergelassen hatten, stimmten für die Eroberung der Stadt Askalon, da sie ein wichtiger Stützpunkt der Ägypter war. Schließlich einigte man sich auf den Vorschlag, vermutlich auf Anregung von Raymund von Le Puy, dem Großmeister der Hospitaliter, gegen das reiche Damaskus zu ziehen. Von Damaskus wurde nicht viel Widerstand erwartet, es war bereits beschlossene Sache, die Stadt Thierry von Flandern als Lehen zu übergeben. Danach wollten die Kreuzritter sich um Askalon kümmern.

Der Angriff auf Damaskus war die schlechteste Alternative. Schon kurz zuvor hatten die Franken die Rebellion eines anderen islamischen Fürsten gegen Anar, den Emir von Damaskus, unterstützt. Die syrische Hauptstadt hatte sich bis zu diesem Zeitpunkt den Kreuzfahrern gegenüber wohlwollend neutral verhalten, da die dortige Dynastie ihre Unabhängigkeit und eine friedliche Koexistenz mit den Kreuzfahrerstaaten der direkten Herrschaft der Seldschuken vorzog.

Durch den unüberlegten und fehlgeschlagenen Angriff auf Damaskus änderte sich die Situation. Zuerst hatte es den Anschein gehabt, als würde die Stadt in Kürze fallen. Aber aus ungeklärten Gründen gab das christliche Heer seine Position im Westen der Stadt auf, wo es ausreichend Wasser und Schatten hatte und sich aus den Gärten mit frischem Obst versorgen konnte. Schließlich mußten die Franken die Belagerung abbrechen. Da die Lage zuerst verheißungsvoll ausgesehen hatte, wurde ein Schuldiger gesucht und von Verrat gemunkelt. Einige Chronisten machen den Neid der syrischen Barone auf den Erfolg der Kreuzfahrerheere dafür verantwortlich, andere sagen, die Hospitaliter und der junge König von Jerusalem seien bestochen worden – und manche beschuldigten die Templer. Der deutsche Kaiser sah sich schließlich veranlaßt, öffentlich die Anklage gegen die Templer zurückzuweisen, was jedoch ihre weitere Verbreitung nicht verhinderte. Auch König Ludwig schrieb an Suger, den Abt von St. Denis, seinen Regenten in Frankreich, daß er ohne die Hilfe der Templer verloren gewesen wäre, nicht nur in militärischer, sondern auch in finanzieller Hinsicht.

Der zweite Kreuzzug war ein Mißerfolg; er stellte eine politische, militärische und moralische Niederlage dar.

Wende und Niedergang

Uneinigkeit in den eigenen Reihen

Auch die weiteren Ereignisse waren nicht sehr verheißungsvoll. In Zengis Sohn Nureddin, dem Herrn von Aleppo, sollte den Franken ein noch gefährlicherer Feind gegenüberstehen als in seinem Vater. Und der junge König Balduin mußte im Jahre 1153 Krieg gegen seine Mutter Melisende führen, welche die Regentschaft bei seiner Volljährigkeit nicht abgeben wollte. Die Templer unterstützten den jungen König, und als er mit seinem Heer vor Jerusalem erschien, wurde Melisende von ihren Truppen verlassen.

Im gleichen Jahr gelang es Balduin, Askalon zu erobern. Die Belagerung hatte sich monatelang hingezogen, Schiffe aus Ägypten hatten die Blockade durchbrochen, und der König hatte bereits den Rückzug erwogen. Die Templer waren dafür, die Belagerung fortzusetzen. Dabei kam der Großmeister der Templer, Bernard de Tremblay, ums Leben.

Nach dem Tod König Balduins III. im Jahre 1162 wurde sein Bruder Amalrich König von Jerusalem. 1163 unternahm er einen Feldzug gegen Ägypten, der zwar keinen durchgreifenden militärischen Erfolg darstellte, aber reiche Beute einbrachte. Herrscher in Kairo war offiziell der Kalif aus der Dynastie der Fatimiden, der seine Abstammung auf Mohammed selbst zurückführte. In Wirklichkeit regierten jedoch in Kairo die Wesire. Die Franken wurden in die Auseinandersetzungen zwischen den Wesiren Schawar und Dargam hineingezogen. Der abgesetzte Schawar hatte zuerst Nureddin um Hilfe gebeten, und dessen General Schirkah besiegte Dargam, wie vorgesehen, zerstritt sich jedoch kurz darauf mit Schawar, worauf dieser die Franken aufrief, ihn gegen Schirkah und dessen Neffen Saladin zu unterstützen. Einer der Diplomaten, die König Amalrich zu Verhandlungen nach Kairo schickte, war der Templer Geoffroy Foucher.

Während Amalrich und sein Heer in Ägypten beschäftigt waren, eroberte Nureddin mehrere Städte zwischen Tripolis und Antiochia. Die Kämpfe gingen in unterschiedlicher Konfiguration weiter: Amalrich versuchte, auf eigene Rechnung Ägypten zu erobern, worauf Schawar sich wiederum mit Schirkah verbündete. Aber der Antagonismus zwischen den beiden war nicht überbrückbar, und Schirkah setzte Schawar schließlich ab. Kurze Zeit darauf starb er, und sein Nachfolger Saladin machte sich zum Sultan von Ägypten.

Der Großmeister der Hospitaliter, der den Angriff auf Ägypten befürwortet hatte, wurde von seinem Orden für sein Verhalten getadelt und zur Abdankung gezwungen.

Die Templer waren dagegen gewesen, Kairo zu attackieren. Zwar stimmten sie im Prinzip nicht für Bündnisse mit Kairo, sondern zogen Damaskus als Partner vor; aber Damaskus war 1153 ebenfalls von Nureddin erobert worden, außerdem waren sie in diesen Fall persönlich involviert worden und hielten es für unvereinbar mit ihrer Ehre, das an Kairo gegebene Wort zu brechen.

Und sie sollten recht behalten. Der neue Feldzug gegen Ägypten hatte keinerlei Gewinn gebracht und in einem Fiasko geendet. Seine einzigen Folgen waren negativ: Das Verhalten der Franken trug mit dazu bei, die Gegensätze zwischen den Ägyptern und Syriern zu verwischen und sie gegen die wortbrüchigen Fremdlinge zu einigen.

1172 fand Amalrich einen neuen Bundesgenossen, mit dem niemand gerechnet hatte: Die Assassinen, ein politisch-religiöser Orden der Moslems, boten an, zum Christentum überzutreten und die Franken militärisch zu unterstützen. Ihre Bedingung war, daß ihnen die Tributzahlungen, welche sie den

Templern schuldeten, erlassen würden. Die Templer hielten von diesem Plan nichts, sie gingen – vermutlich mit Recht – davon aus, daß es sich hierbei um eine Finte handelte, welche die Franken spalten sollte. Die Assassinen waren zwar erbitterte Gegner der Seldschuken, dennoch war es äußerst unwahrscheinlich, daß sie als fanatische Moslems den christlichen Glauben annehmen würden.

Bei seinem Tod im Jahre 1174 hinterließ König Amalrich drei Kinder: einen dreizehnjährigen Sohn, Balduin, sowie zwei Töchter, Sibylle und Isabella. Schon kurz nach der Krönung Balduins IV. zum König von Jerusalem entwickelte sich ein Streit um die Regentschaft bis zu seiner Volljährigkeit. Außerdem war zu erwarten, daß der junge König nicht allzu lange leben und auch keine Nachkommen hinterlassen würde: Er war von der Lepra, der Geißel Outremers, befallen. Trotz der furchtbaren Krankheit errang er einige erstaunliche Erfolge. Er hatte einen eisernen Willen und ein stark entwickeltes Verantwortungsgefühl, und die Lepra trat schubweise auf, was ihm immer wieder eine Atempause gewährte. – Manche sehen in der tragischen Gestalt des jungen Balduin das Urbild für den siechen König Amfortas in der Gralssage Wolframs von Eschenbach.

Während der große Gegenspieler des Königreichs Jerusalem, der kurdische Sultan Saladin, es schaffte, die untereinander rivalisierenden Moslems zu einigen und gegen den gemeinsamen Feind, die Christen, zu führen, waren diese in zwei Parteien gespalten: die «Tauben» unter Raymund von Tripolis als Anführer der einheimischen Barone, für die Waffenstillstands-Verträge wirtschaftlichen Aufschwung bedeuteten, und die «Falken» unter Reynald de Châtillon, der die neu eintreffenden ruhm- und beutebegierigen Kreuzfahrer durch seine militante Haltung überzeugte. Reynald war mit Ludwig von Frankreich 1153 nach Outremer gekommen und hatte sich seine Stellung dort erheiratet: zuerst durch die Vermählung mit Constanze von Antiochia, nach ihrem Tod durch die Ehe mit Stephanie, der Erbin Transjordaniens.

Die militärischen Orden, wie so oft, schlossen sich zwei verschiedenen Parteien an, die Templer unter dem Großmeister Eudes de Saint-Armand unterstützten die aggressive Politik Reynalds von Châtillon, während die Johanniter mit dem Grafen von Tripolis auf Verständigung mit ihren islamischen Nachbarn aus waren. Die Hospitaliter hatten 1174 das Lösegeld für Raymund III. von Tripolis bezahlt und ihn damit nach langen Jahren aus dem Kerker befreit; durch den Antagonismus der beiden Orden war also die Konstellation Raymund–Johanniter und Reynald–Templer vorgezeichnet.[9]

Trotz ihrer Uneinigkeit gewannen die Christen 1177 die Schlacht von Montgisard, hauptsächlich dank der Templer, die Balduin aus Gaza gerufen hatte. Die Garnison war kurz zuvor noch verstärkt worden, weil die Templer einen Angriff befürchteten. Der Großmeister Eudes de Saint-Armand selbst befehligte die Truppe von ungefähr achtzig Rittern. Dem zahlenmäßig weit unterlegenen christlichen Heer gelang es, die überzuversichtlichen Sarazenen in die Flucht zu jagen.

Danach erbauten die Franken, auf Veranlassung der Templer, am Jordan ein Grenzfort, Gué de Jacob, ohne Rücksicht darauf, daß sie damit eine Abmachung des Königreichs Jerusalem mit Saladin brachen. Die Templer beriefen sich, nicht zu Unrecht, darauf, daß sie selbst keinen Vertrag eingegangen waren. Damit rechtfertigten sie ihr Handeln und betonten gleichzeitig die Souveränität des Ordens. Die Moslems akzeptierten diese Einstellung, denn normalerweise ließen sie solche Verträge nicht nur von den fränkischen Fürsten, sondern auch von den Ritterorden unterschreiben. Auf diese Art wurden die Templer und Johanniter nicht nur Mitunterzeichner, sondern auch Garanten. Speziell die Templer hatten hier durchaus einen Ruf zu verlieren.

Saladin haßte es aus Prinzip, wenn Versprechen gebrochen wurden, konnte aber sehr großzügig sein, wenn jemand die ritterlichen Spielregeln beachtete. 1187, mitten in den Kriegshandlungen um Jerusalem, hatte ihn Balian von Ibelin um sicheres Geleit von Jerusalem nach Tyrus gebeten, um seine Frau aus dem Kampfgebiet zu eskortieren. Dies wurde ihm gewährt, unter der Bedingung, daß er selbst nur eine Nacht in Jerusalem verbrachte.

Als die Bevölkerung Jerusalems Balian anflehte, die Verteidigung der Stadt zu übernehmen, ersuchte Balian Saladin um Befreiung von seinem Eid. Obwohl Saladin sich selbst damit militärisch schadete, gab er Balian nicht nur dessen Versprechen zurück, sondern sorgte auch dafür, daß dessen Frau und Familie mit ihren Besitztümern sicher nach Tyrus gelangten.

Reynald von Châtillon dachte anders. Seine lange Gefangenschaft bei den Seldschuken in Aleppo hatte ihn verbittert, aufgrund seines Grolls nahm er sich das Recht heraus, sämtliche Verträge und Abmachungen mit den Moslems zu mißachten und zu brechen. Er überfiel Karawanen, nicht nur Handelszüge, sondern auch Pilgerzüge auf dem Weg zur heiligen Stadt Mekka, trieb Piraterie vor der Küste Arabiens und versenkte sogar islamische Pilgerschiffe. Damit zog er die ewige Feindschaft Saladins auf sich.

1185 starb König Balduin der Aussätzige, und sein minderjähriger Neffe, der Sohn seiner Schwester Sibylle aus ihrer ersten Ehe mit Guillaume de Montferrat, wurde als Balduin V. König von Jerusalem. Balduin V. starb jedoch schon im Jahr darauf, und ein Kampf um die Thronfolge entbrannte.

Nach dem Testament Balduins des Aussätzigen sollte Raymund von Tripolis Regent sein, bis sich der Papst, der deutsche Kaiser sowie die Könige von Frankreich und England auf einen neuen Herrscher geeinigt hätten, eventuell aus ihren eigenen Reihen. Heinrich II. von England war über Fulko von Anjou schließlich ein Vetter Balduins, notfalls sollte die Krone ihm zufallen.[10] Die Partei von Sibylle sorgte durch einen Staatsstreich in der Abwesenheit Raymunds von Tripolis dafür, daß sie zur Königin gekrönt wurde. Unterstützt wurde Sibylle unter anderem von Reynald de Châtillon, dem Patriarchen Heraclius und den Templern.

Zum Öffnen der Truhe, in der die Königskrone von Jerusalem aufbewahrt wurde, benötigte man drei Schlüssel. Den dritten hatte Roger des Moulins, der Großmeister der Johanniter, inne. Er wurde gezwungen, ihn herauszugeben.

Großmeister der Templer war zu diesem Zeitpunkt Gérard de Ridefort. Gérard de Ridefort war 1173 nach Tripolis gekommen und in den Dienst des Grafen Raymund getreten. Dieser hatte ihm die Vermittlung einer vorteilhaften Partie versprochen. – Gemäß den Feudalgesetzen stand nämlich einem Lehensherrn bei der Heirat einer Waisen unter seinen Vasallen ein großes Mitspracherecht zu. – Als es jedoch so weit war, hatte ein Kaufmann aus Pisa ebenfalls ein Auge auf die reiche Erbin von Botron geworfen und war bereit, Raymund gegenüber die Braut in Gold aufzuwiegen. Das Ergebnis war abzusehen: Gérard mußte seine Ansprüche zurückstecken. Wie der ebenfalls in der Liebe enttäuschte Brian de Bois-Guilbert in Sir Walter Scotts Roman *Ivanhoe* schloß er sich daraufhin dem Templerorden an und machte dort augenscheinlich binnen kurzer Zeit Karriere. Er wurde zuerst Seneschall und war ab 1184 Großmeister. Seine Motivation für die Unterstützung von Guy de Lusignan und Sibylle war also stark von seiner Antipathie gegen Raymund von Tripolis geprägt. Nach der Krönung Sibylles soll er gesagt haben: «Diese Krone wiegt die Heirat von Botron auf.»

Hinzu kommt, daß Guy de Lusignan in der Guienne nicht nur ein Vasall, sondern sogar ein Freund von Richard Löwenherz geworden war und als solcher vom Abglanz seines Ruhms gestreift wurde. Obwohl der englische König nachweisbar zahlreiche politische Fehler machte, sich kaum in England aufhielt und seine Untertanen dort trotzdem Unsummen kostete, war und ist er doch wesentlich populärer als prosaischere Zeitgenossen. Richard Löwenherz war das Symbol des normannischen Kreuzritters und wurde mit allen ritterlichen Tugenden ausgestattet. Sein Mut in der Schlacht ging tatsächlich bis zur Tollkühnheit, hinzu kam, daß er von seiner Mutter Eleonore von Aquitanien, der «Königin der Troubadoure», nicht nur den Charme und das gute Aussehen, sondern auch den Sinn für höfische Poesie geerbt hatte. Er war dafür geboren, das Zentrum romantischer Legenden zu werden, wie schon seine Mutter.

Indem der Großmeister den Staatsstreich von Sibylle und Guy de Lusignan unterstützte, brach er sein Wort, das er dem sterbenden König Balduin IV. bezüglich der Nachfolge gegeben hatte. Ein Verhalten, das eines Templers unwürdig war. Man weiß jedoch, daß Richard ein Affiliierter des Ordens beziehungsweise Tempelritter auf Zeit war. Könnte es sein, daß die Verpflichtung, einen Mitbruder zu unterstützen, früher gegebene Versprechen aufhob?[11]

Es kam beinahe zum Bürgerkrieg zwischen den Anhängern von Guy de Lusignan und den Anhängern des Grafen von Tripolis. Raymund selbst hatte keinen Anspruch auf den Thron, aber er schlug vor, die jüngere Schwester Sibylles, Prinzessin Isabella, zur Gegenkönigin zu krönen. Da deren Gatte, Onfroi von Toron, jedoch einer der ersten war, die Guy de Lusignan huldigten und den Lehenseid leisteten, mußte Raymund diesen Plan aufgeben.

Damit lagen die Geschicke des Königreiches Jerusalem in den Händen von zwei Männern, die beide für ihre Aufgabe völlig ungeeignet waren. Guy de Lusignan war zu leicht beeinflußbar und unfähig, eine Entscheidung zu treffen beziehungsweise sie konsequent zu realisieren, und der Großmeister Gérard de Ridefort ließ sich zu sehr von seinen Gefühlen leiten. Sein Verhalten schwankte zwischen Feigheit und Tollkühnheit. Die Konsequenzen seiner Handlungen trug er jedoch nicht selber. Bei der Schlacht von Kresson, nahe Nazareth gelegen, warf er im April 1182 seinem Marschall Jacques de Mailly vor, seine blonden Locken allzusehr zu lieben, da dieser angesichts der Übermacht von siebentausend

Mamelucken gegen einhundertfünfzig Franken zum Rückzug riet.[12]

Jacques de Mailly gab den Vorwurf der Feigheit an Gérard de Ridefort zurück, nicht in Worten, sondern durch Taten. Nur drei Templer überlebten die Schlacht; Jacques de Mailly gehörte nicht dazu, aber einer von ihnen war Gérard de Ridefort.

Der Wendepunkt in der Geschichte von Outremer war der Sieg Sultan Saladins bei Hattin am 4. Juni 1187. Das fränkische Outremer hatte seine gesamte Heeresmacht aufgeboten: Der König selbst, sein Schwager Onfroi de Toron, Raymund von Tripolis, sämtliche Barone sowie die Armeen der Templer und Hospitaliter fanden sich am Brunnen von Sepphoris bei Nazareth ein und marschierten dann gemeinsam zu einem Hügel, der «die Hörner von Hattin» genannt wird. Es ist wie immer schwierig, die genaue Zahl der Teilnehmer zu ermitteln, Laurent Dailliez spricht von insgesamt dreißigtausend Mann, von denen zirka zwölfhundert Ritter und zweihundertfünfzig Templer waren.

Raymund von Tripolis hatte davor gewarnt, das Heer in der Sommerhitze vom Brunnen weg in das wasserlose Gebiet um die «Hörner Hattins» locken zu lassen. Der Großmeister der Templer und Reynald de Châtillon nannten ihn einen Feigling, und Guy de Lusignan ließ sich von ihnen beeinflussen. Vermutlich war das Ganze eine Kriegslist von Sultan Saladin: Er belagerte die Burg Tiberias, die von Raymunds Gattin Eschiva verteidigt wurde, und die Ritter fühlten sich verpflichtet, die Eingeschlossenen zu unterstützen, trotz der Einwände von Raymund selbst.

Hattin wurde zu einer verheerenden Niederlage des christlichen Heeres. Während der Schlacht vergruben die Templer, denen der Patriarch von Jerusalem das Heilige Kreuz anvertraut hatte, das Kreuz im Sand. Obwohl man es später verzweifelt suchte, konnte es nicht mehr aufgefunden werden. Die Moslems behaupteten, es entdeckt und weggebracht zu haben, waren jedoch trotz einer entsprechenden Abmachung bei den anschließenden Waffenstillstands-Verhandlungen nicht imstande, es zurückzugeben.

Mit seinen weltlichen Gefangenen verfuhr Saladin in unterschiedlicher Weise. Dem eidbrüchigen Reynald von Châtillon soll er eigenhändig den Kopf abgeschlagen haben. Guy de Lusignan mußte als Preis für seine Freilassung die Besatzung von Askalon auffordern, die Burg an Saladin zu übergeben. Die Soldaten verhöhnten Guy de Lusignan, und Saladin eroberte die Festung mit Gewalt. Er nahm der Stadt ihr Verhalten nicht übel, da er die Tapferkeit geschlagener Feinde ehrte.

Die überlebenden Ordensritter wurden vor die Wahl gestellt, ihrem Glauben abzuschwören oder lebendig enthäutet zu werden. Gérard de Ridefort war der einzige Angehörige der Templer und Hospitaliter, welcher nach seiner Gefangennahme von Saladin verschont wurde.

Als Preis für seine Freiheit befahl Gérard de Ridefort der Templerbesatzung von Gaza, die Festung an Saladin zu übergeben. Die Templer waren laut Satzung dem Großmeister zu Gehorsam verpflichtet und taten wie geheißen. – Was sie darüber eventuell dachten, offenbart sich im Verhalten der weltlichen Besatzung von Askalon.

Es ist ungeklärt, ob Gérard de Ridefort, wie ihm von manchen vorgeworfen wurde, insgeheim tatsächlich zum Islam übergetreten war oder ob ihm Saladin als Freund und Berater von Guy de Lusignan, der wiederum ein Freund von Richard Löwenherz war, das Leben geschenkt hatte. Vielleicht handelte es sich um eine weitere Kriegslist Saladins: Die Tatsache, daß der Großmeister die Schlacht und das anschließende Massaker überlebte, gab zu üblen Gerüchten Anlaß. Saladin soll gesagt haben, er wolle die Erde von den Ordensrittern reinigen, die nie von ihrer Feindschaft ablassen würden und als Sklaven keine Dienste leisteten. Wenn er hier eine Ausnahme machte, so mußte er einen Grund haben. Ein anderer Moslem hingegen, der Anführer der Assassinen, hielt es zum Beispiel für sinnlos, einen Großmeister zu töten: Die Ritter würden einfach einen neuen wählen, der die gleiche Politik wie sein Vorgänger verfolgte.

Im gleichen Jahr eroberte Saladin auch Jerusalem, und ein großer Teil der Bevölkerung wurde versklavt. Die griechisch-orthodoxen Christen in Outremer waren nicht unglücklich über die Entwicklung: Die Moslems entzogen der lateinischen Kirche die Aufsicht über die Heiligen Stätten der Christenheit und übergaben sie den Orthodoxen, sofern sie nicht gleichzeitig Kultstätten der Moslems waren. Der Felsendom und die El-Aqsa-Moschee, die Kommandozentrale der Templer, wurden rituell gereinigt und in Moscheen zurückverwandelt.

Nach dem Verlust Jerusalems wurde St. Jean d'Acre die Hauptstadt des Königreiches Jerusalem und blieb es auch bis zum Ende Outremers, abgesehen von einem kurzen Zwischenspiel in der ersten Hälfte des 13. Jahrhunderts. Auch der Großmeister der Templer residierte hinfort in Akkon. Die Stadt Tyrus konnte ebenfalls von den Christen gehalten werden. Ein neuer Kreuzritter, Conrad de Montferrat, hatte die Verteidigung übernommen. Er war nicht bereit, die Stadt aufzugeben, nicht einmal, als Saladin drohte, Conrads alten Vater, der sein Gefangener war, zu töten, was er im übrigen nicht tat.

Normalerweise konnten die Templer beziehungsweise ihre Großmeister aufgrund ihrer umfassenderen Kenntnisse des Landes und der Mentalität der Sarazenen bessere Strategien aufzeigen als die temporären Kreuzritter; zu dieser Zeit war es jedoch umgekehrt. Vielleicht wäre die Niederlage von Hattin vermieden worden, wenn die Templerveteranen ihre Einsprüche geltend gemacht hätten.

Aber durften sie das? Einmal gewählt, war der Großmeister absoluter Herrscher über die Templer, die Gehorsamspflicht wog eigene Ansichten auf. Es zeugt von der starken Disziplin in der Templerhierarchie, daß sich augenscheinlich alle Templer hinter Gérard de Ridefort scharten, obwohl bestimmt viele unter ihnen wußten, daß er falsch handelte. Aber Auflehnung hätte den Bruch ihres Gehorsamseides bedeutet. Und auf Disziplinarverletzungen drohten drakonische Strafen.

Es existiert aus dieser Zeit ein Schreiben des Tempelritters Thierry an die Brüder in Europa. Thierry leitete während der Gefangenschaft Gérard de Rideforts die Geschicke des Ordens als Grand Commandeur. Thierrys Schreiben dokumentiert, wie verzweifelt die politische Lage und die Situation des Templerordens in Outremer waren: Jerusalem in der Hand der Ungläubigen, und innerhalb kürzester Zeit waren Hunderte von Tempelrittern umgekommen.

Das Ansehen der Templer hatte stark gelitten. Auf der einen Seite gab das Verhalten Gérard de Rideforts zu wüsten Spekulationen Anlaß, auf der anderen wurde den Templern vorgeworfen, daß sie nicht ausreichend Gelder bereitgestellt hätten, um nach der Eroberung Jerusalems durch Saladin mehr Bewohner von der drohenden Sklaverei freizukaufen.

Aber auch hier hatten die Templer keine andere Wahl. Die Regel verbot ausdrücklich, in Abwesenheit des Meisters Besitztümer des Tempels herauszugeben. Nicht einmal der Großmeister selbst durfte Gelder in unbegrenzter Höhe verleihen; ab einer bestimmten Summe bedurfte eine solche Maßnahme der Zustimmung des Kapitels. Ein Zuwiderhandeln führte zum Ausschluß aus dem Orden.

Der Tempel kannte, im Gegensatz zu den Johannitern, nicht die Pflicht, die Sache der Bedürftigen zu der seinen zu machen. Obwohl die Statuten vorschrieben, täglich eine bestimmte Anzahl von Armen in den Komtureien zu verköstigen, wurden individuelle Werke der Barmherzigkeit abgelehnt. Die Templer machten kein Hehl aus der Tatsache, daß ihnen am Schicksal des einzelnen nichts lag. Und warum hätten sie, deren Statuten es verboten, die eigenen Würdenträger aus der Gefangenschaft freizukaufen, Gelder für versklavte Krämer und Handwerker aufbringen sollen?

Es heißt, König Wilhelm II. von Sizilien, dessen Gattin Johanna eine Schwester von Richard Löwenherz war, sei über die

Niederlage von Hattin so bestürzt gewesen, daß er sich in Sackleinwand kleidete und für vier Tage zurückzog. Es wäre sinnvoller gewesen, er hätte sich schon früher um die Lage in Outremer gekümmert, anstatt mit seinen Truppen 1185 Thessalonien anzugreifen und Krieg mit Byzanz zu führen. Durch sein spätes Eingreifen trug er jedoch zumindest dazu bei, daß Tyrus und Tripolis gehalten werden konnten.

Der dritte Kreuzzug (1189–1192), Löwenherz und Saladin

Die Truppen, die Wilhelm dann im Juli 1188 nach Outremer schickte, veranlaßten Saladin immerhin, seine Armee vorläufig vom Krak des Chevaliers zurückzuziehen – die Festung war schwer bedroht – und die Belagerung von Tripolis aufzugeben.

Die Eroberung Jerusalems durch die Ungläubigen nach mehr als drei Generationen christlicher Herrschaft schockierte das Abendland zutiefst und ließ den Kreuzzugsgedanken generell wieder aufleben. Der Mann, der in Europa den neuen Kreuzzug predigte, kannte die Verhältnisse in Outremer aus eigener Anschauung: Guillaume de Tyr, zu deutsch Wilhelm von Tyrus. Heinrich II. von England und sein französischer Gegenspieler Philipp II., genannt Philipp Augustus, hatten sich in Gisors getroffen, um einen Waffenstillstand zu schließen. In beiden Ländern sollte eine Sondersteuer, der Saladinszehnte, erhoben werden, um diesen dritten Kreuzzug zu finanzieren.

Er war und ist der bekannteste von allen. Während der Name Gottfried von Bouillon aus dem ersten Kreuzzug heutzutage nur mehr bei wenigen eine konkrete Vorstellung hervorruft, kennt inzwischen – Hollywood sei Dank – wohl jeder die Namen Richard Löwenherz, Friedrich Barbarossa und Sultan Saladin – obwohl Barbarossa nie in Jerusalem ankam, zumindest nicht lebend und in einem Stück, und Richard Löwenherz nur etwas mehr als ein Jahr dort blieb.

Dadurch, daß Saladin im Juli 1189 Guy de Lusignan freiläßt, schafft er es, in die Reihen der Kreuzfahrer wieder Unstimmigkeiten zu tragen: Conrad de Montferrat lehnte es ab, Guy die Stadt Tyrus zu übergeben beziehungsweise ihn weiter als König anzuerkennen. Askalon hatte zwar nicht auf Veranlassung von Guy de Lusignan kapituliert, sondern war von Saladin erobert worden, aber die Tatsache, daß der König bereit war, für seine Freilassung die Stadt zu verkaufen, machte ihn nicht nur unbeliebt, sondern für viele als Herrscher überhaupt nicht mehr tragbar.

Um sein Prestige wiederherzustellen, beginnt Guy im August 1189 mit der Belagerung Akkons, in der Hoffnung, daß die Teilnehmer des Kreuzzugs bald eintreffen. Im Oktober findet bei Casal Humbert eine reguläre Schlacht statt, welche der Großmeister der Templer, immer noch Gérard de Ridefort, nicht überlebt.

Über sein Ende gibt es zwei Versionen. Laut dem Troubadour Ambroise lehnte er es diesmal ab, das Schlachtfeld zu verlassen: «Möge Gott verhüten, daß man mich je wieder irgendwo sieht und daß man dem Tempel vorwerfen kann, ich sei geflohen!»

Die arabischen Geschichtsschreiber hingegen schreiben, er sei – wieder einmal – gefangengenommen worden. Da Saladin ihn 1187 nur auf das Ehrenwort freigelassen hatte, nicht mehr die Waffen gegen ihn zu erheben, hätte er ihn als Meineidigen hinrichten lassen, wie früher schon Reynald de Châtillon.

Es kamen zwar immer wieder kleinere Truppenkontingente in Akkon an, aber gleichzeitig wurden durch den Tod Wilhelms II. von Sizilien im Jahre 1189 und die Auseinandersetzungen um die Erbfolge Truppen abgezogen. Nach dem Tod Wilhelms war Tankred, ein illegitimer Abkömmling der normannischen Hauteville-Dynastie, König von Sizilien geworden.[13]

Die Kreuzfahrer ließen auf sich warten. Friedrich Barbarossa war im Mai 1189 in Regensburg aufgebrochen, mit einem riesigen Heer. Er konnte erst dann beruhigt reisen, als er sich, nach dem Tod von Papst Urban III., mit Rom geeinigt und außerdem dafür gesorgt hatte, daß sein Rivale, Heinrich der Löwe von Sachsen, aus dem Geschlecht der Welfen, seine Abwesenheit nicht zu weiteren Rebellionen ausnützen konnte. Barbarossa kam jedoch schon auf der Anreise um; er ertrank bei der Überquerung eines Flusses. Sein zweitältester Sohn, Herzog Friedrich von Schwaben, übernahm den Oberbefehl über die deutsche Armee. Er hatte jedoch nicht die persönliche Ausstrahlung seines Vaters, und es gelang ihm nicht, das Heer zusammenzuhalten. Zahlreiche der deutschen Fürsten sprangen ab, reisten zurück nach Europa oder versuchten, per Schiff direkt nach Tyrus zu gelangen. Im November 1189 traf ein unabhängiges deutsches Kontingent unter Ludwig von Thüringen in Akkon ein, erst im Oktober 1190 kam auch der Rest des Heeres unter Friedrich von Schwaben an.

Die Position von Guy de Lusignan wurde immer unhaltbarer. Im August 1190 verlor er seine Frau Sibylle und die beiden gemeinsamen Töchter. Damit war sein Anspruch auf die Krone endgültig erloschen; die nächste Erbin war seine Schwägerin Isabella, die jüngere Schwester Sibylles. Die fränkischen Barone wünschten sich Conrad de Montferrat als König, dessen Energie und Organisationstalent nach der Katastrophe von Hattin die Stadt Tyrus gerettet hatten; der Legitimation halber mußte er mit Isabella vermählt werden. Die junge Königin war zwar bereits verheiratet, mit Onfroi de Toron, aber dieses Problem war in dieser Notlage von sekundärer Bedeutung und wurde genauso schnell gelöst wie Isabellas Ehe. Die Kirche drückte in solchen Fällen beide Augen zu. Im November 1190 wurden Isabella und Conrad getraut.

Es heißt, Conrad habe bei der Nachricht von seiner Ernennung Gott auf Knien gebeten, ihm die Königswürde nicht zu gewähren, falls er ihrer nicht würdig sei. Anscheinend war er es nicht. Am 28. April 1192 wurde er von den Assassinen erstochen, da er eines ihrer Frachtschiffe gekapert und es trotz Aufforderung des «Alten vom Berge», so wurde ihr Scheich genannt, nicht zurückgegeben hatte.

Auch mit ihrem nächsten Ehemann, Henri de Champagne, war Isabella kein langes Glück beschieden. Er fiel im September 1197 durch eigene Unachtsamkeit aus dem Fenster. Henri war ein Neffe von König Richard Löwenherz; diesem hatte die Situation nicht ganz behagt: Isabellas erster Mann, Onfroi de Toron, war immer noch am Leben, und sie erwartete ein Kind von Conrad de Montferrat. Outremer brauchte jedoch einen neuen König, und Henri war für diese Rolle wie geschaffen.

Die Barone ließen ihr auch nach seinem Tod kaum Zeit zum Trauern. Knapp ein Vierteljahr später verheirateten sie Isabella mit ihrem Schwager Amalrich de Lusignan, dem älteren Bruder von Guy de Lusignan. Dieser war vom Charakter her gefestigter als Guy. – Hoffen wir für Isabella, daß er trotzdem etwas von dem guten Aussehen und dem Charme der Lusignans besaß.

Auch Richard Löwenherz, der erst im September 1189 zum König von England gekrönt worden war, mußte wie Barbarossa für die Zeit seiner Abwesenheit Vorkehrungen treffen. Gleichzeitig wollte er nur gemeinsam mit dem französischen König Philipp Augustus aufbrechen – er befürchtete Übergriffe auf seine französischen Gebiete und Besitztümer.

Die beiden Heere reisten nicht immer zusammen. Bisweilen ritt Richard mit einer kleinen Eskorte allein durch Italien. Noch zu Lebzeiten Wilhelms II. war Sizilien als Treffpunkt für das englische und französische Heer vereinbart worden; es bot sich an, Wilhelm II. war schließlich mit Richards Schwester Johanna verheiratet. Inzwischen hatte sich die innenpolitische Situation in Sizilien durch den Tod König Wilhelms geändert. Die schlechte Behandlung seiner Schwester Johanna durch Wilhelms Nachfolger Tankred von Hauteville sowie ein Streit über ein Legat Wilhelms an seinen Vater, Heinrich II., veranlaßten Richard, die Stadt Messina anzugreifen. Philipp Augustus warnte König Tankred, daß Richard ganz Sizilien erobern wollte. Trotzdem schloß Tankred lieber mit Richard ein Bündnis als mit Philipp.

Die Auseinandersetzungen in Sizilien hielten die Kreuzfahrer auf. Auf dem Weg, eigentlich im Vorbeigehen, kämpfte Richard noch gegen den selbsternannten Kaiser Isaak Ducas aus der byzantinischen Komnenos-Dynastie und eroberte Zypern, wo er auch seine Braut Berengaria von Navarra heiratete und zur Königin von England krönen ließ.[14]

Im Juni 1191 traf Richard schließlich vor Akkon ein und beteiligte sich an der Belagerung. Schon einen Monat später kapitulierte die Stadt. Am 7. September 1191 gewannen die Franken unter dem Oberbefehl von Richard Löwenherz die Schlacht von Arsuf, bei der sich auch die Templer hervortaten. Die Sarazenen hatten auf die Pferde gezielt, denn die gepanzerten Ritter waren auf der Erde zu unbeweglich und damit fast hilflos. Die Franken deckten daraufhin die Reiter und speziell ihre Pferde durch die großen Schilder der Infanteristen und ließen sie erst hervorpreschen, als sie dicht an den Feind herangekommen waren. Nun konnte die fränkische Kavallerie aus nächster Nähe ihren Sturmangriff starten. Arsuf war die erste offene Feldschlacht nach der Katastrophe von Hattin, und die Franken hatten ihr mit Bangen entgegengesehen.

Diese Niederlage der Sarazenen war gut für die Moral der Kreuzritter, weil sie ihnen bewies, daß es möglich war, den mächtigen Sultan Saladin zu schlagen, weitergehende militärische Bedeutung hatte sie nicht.

Im Januar 1192 sahen die Teilnehmer des Kreuzzugs die Heilige Stadt Jerusalem vor sich liegen. Die einheimischen Barone sowie die Hospitaliter und Templer, ausnahmsweise einig, rieten jedoch von einer Belagerung ab. Selbst wenn die Einnahme Jerusalems trotz der zahlenmäßigen Überlegenheit der Sarazenen gelungen wäre, hätte nach der Heimreise der englischen und französischen Truppen die Stadt nicht lange gehalten werden können, solange die Sarazenen noch die umliegenden Festungen innehatten.

Das Problem der Thronfolge im Königreich Jerusalem war immer noch nicht zufriedenstellend gelöst. Richard Löwenherz unterstützte weiterhin die Kandidatur Guy de Lusignans, aber die Barone waren dagegen. Erst im Mai 1192, als Isabella mit Henri de Champagne verheiratet wurde, fand man eine alle Parteien leidlich zufriedenstellende Lösung: Guy verzichtete freiwillig auf die Krone von Jerusalem und erhielt dafür im Mai 1192 die Herrschaft über Zypern. Richard hatte die Insel kurz nach der Eroberung an die Templer verkauft; sie hatten sowohl zu Richard als auch zu Guy de Lusignan ein gutes Verhältnis und erhoben keine Einwände. Gleichzeitig wurde vereinbart, daß Richard Löwenherz König von Jerusalem werden sollte, falls sowohl Guy als auch Conrad und Isabella kinderlos sterben würden. Auch diesem Plan stimmten die Templer zu.

Im August 1192 schloß Richard mit Saladin einen Friedensvertrag auf fünf Jahre ab. Er war der einzige europäische König, der sich noch in Jerusalem aufhielt, und es wurde für ihn Zeit, daß er in seinem Land nach dem Rechten sah. Vor seiner Abreise hatte er einen Rat von zwanzig Männern um sich versammelt, bestehend aus fünf Templern, fünf Hospitalitern, fünf Kreuzrittern und fünf einheimischen Baronen. Diese sollten eine Entscheidung darüber treffen, ob der Kampf um Jerusalem zu diesem Zeitpunkt fortgeführt werden sollte.

Da die Brunnen nicht mehr verwendbar waren und die trokkene Jahreszeit schon sehr weit fortgeschritten war, rieten sie ab.

1193 starb Sultan Saladin im Alter von fünfundfünfzig Jahren. Sein Einflußbereich hatte sich von der Zyrenaika bis zum Tigris erstreckt. Ohne sein persönliches Charisma zerfiel das Großreich, und die verschiedenen Emirate und Dynastien führten ihre internen Streitigkeiten weiter. Sogar innerhalb seiner eigenen Familie, den Ayubiten, herrschte Uneinigkeit.[15]

Richard verließ das Heilige Land in der Begleitung von vier Templern und auf einem ihrer Schiffe. Er hatte darum gebeten, sich ebenfalls wie ein Mitglied des Ordens kleiden zu dürfen, da er teilweise auf dem Landweg reisen wollte und dabei das Gebiet des deutschen Kaisers durchqueren mußte. Es war ihm bewußt, daß er in dem österreichischen Herzog Leopold nicht nur einen Vertreter des Stauferkaisers, sondern gleichzeitig einen persönlichen Feind hatte.

Denn in Akkon hatten die Engländer 1191 nach der Eroberung der Stadt das Banner des Herzogs Leopold heruntergerissen, da sie es nicht gleichberechtigt neben den königlichen Standarten von Philipp von Frankreich und Richard Löwenherz dulden wollten. Leopold hingegen war der Meinung, als Anführer des deutschen Heeres stünden ihm die gleichen Privilegien wie den gekrönten und gesalbten Königen zu.

Es muß Leopold eine große persönliche Genugtuung gewesen sein, als Richard trotz seiner Verkleidung in der Nähe von Wien erkannt wurde und er den hochmütigen Normannen gefangennehmen und Kaiser Heinrich VI. ausliefern konnte. Erst ein Jahr später kam Richard gegen Zahlung eines riesigen Lösegeldes wieder frei.

Im September 1197 starb Kaiser Heinrich VI. Kurz vor seinem Tod hatte er noch ein weiteres deutsches Heer nach Palästina geschickt, das im August 1197 eintraf. Die Barone waren darüber nicht begeistert. Die Deutschen kannten die prekäre Situation in Outremer nicht und hatten kein Verständnis für das diplomatische Spiel der Kräfte, das Paktieren mit unterschiedlichen sarazenischen Fürsten, um deren Uneinigkeit zum Vorteil des christlichen Reiches auszunützen. Vielleicht wäre das Unternehmen militärisch kein Fiasko geworden – es bot den Sarazenen zweimal den ergötzlichen Anblick eines Kreuzfahrerheeres in voller Flucht, bevor die Kampfeshandlungen überhaupt begonnen hatten –, wenn Heinrich selbst es angeführt hätte. Die einzige Wirkung war politischer Art und negativ: die Ayubiten einigten sich umgehend.

Es war für alle eine Erleichterung, als die Deutschen nach dem Tod Heinrichs VI. und der Nachricht von einem Bürgerkrieg in Deutschland im Februar 1198 wieder abzogen. Philipp von Schwaben, der Bruder Heinrichs VI., hatte sich zum Regenten aufgeschwungen und beanspruchte die Kaiserkrone während der Minorität von Heinrichs Sohn Friedrich. Die Welfen stellten prompt als Gegenkandidaten Otto von Braunschweig auf.

Was vom Kreuzzug blieb, war der Orden der Deutschherren, der 1198 offiziell anerkannt wurde. Er entstand aus einem Hospital, das sich speziell um deutsche Pilger kümmerte. Ein weiteres Relikt des dritten Kreuzzugs war ein von Richard gegründetes Hospital für englische Soldaten, aus dem im Jahre 1235 der Ritterorden St. Thomas von St. Jean d'Acre wurde.

Das zweite Königreich von Jerusalem, zu dem die Stadt Jerusalem gar nicht mehr gehörte, war trotz aller Anstrengungen weiterhin nur ein schmaler Küstenstreifen zwischen Tyrus und Jaffa, neunzig Meilen lang und ungefähr zehn Meilen breit. Das politische Zentrum und damit auch die Zentrale der Templer befand sich weiterhin in St. Jean d'Acre. Als weitere christliche Gebiete existierten noch im Norden die unabhängigen Grafschaften Antiochia und Tripolis.

Das eigentliche Ziel des Kreuzzugs, die Wiedereroberung Jerusalems, war nicht gelungen.

Der vierte Kreuzzug (1202–1204), das venezianische Debakel

Papst Innozenz III. sah 1199 den geeigneten Zeitpunkt gekommen, einen neuen Kreuzzug zu predigen. Heinrich VI., dessen Präsenz in Süditalien die Päpste mit Mißtrauen erfüllt hatte, war tot, und seinen minderjährigen Sohn Friedrich hatte Kaiserin Konstanze in päpstliche Obhut gegeben.

In Deutschland wurde der Bürgerkrieg zwischen den Welfen und den Hohenstaufen fortgeführt, und in England kämpften nach dem Tod König Richards sein Bruder Johann und sein Neffe Arthur um die Krone, unter reger Mitwirkung und Einmischung des französischen Königs: Ein Bürgerkrieg schwächte die englische Krone und erhöhte Frankreichs Chancen, den Anjou-Plantagenet ihre Gebiete auf dem Kontinent abzujagen.

Diese Situation war für Innozenz eine ideale Gelegenheit, sich selbst als Mittler und Einiger des Abendlandes zu profilieren, indem er zu einem gemeinsamen Kampf gegen die Ungläubigen aufrief.

Dabei hoffte er hauptsächlich auf die Beteiligung der Barone; es war einfacher, sie unter einem päpstlichen Legaten zu sammeln als die unbotmäßigen Herrscher. Seine wichtigsten Verbündeten in Outremer waren die ständig präsenten und de jure nur ihm unterstellten Ritterorden, speziell die Templer, deren Heldentaten sich auch auf sein Ansehen positiv auswirkten.

Unter Innozenz und seinem Nachfolger Honorius III. erreichte der Templerorden seinen Zenit, trotz oder vielleicht sogar gerade aufgrund der Kämpfe um Jerusalem und des Verlusts der Stadt an Saladin. Jetzt erst wurde allen klar, welche wichtige Rolle die Ritterorden in Outremer spielten.

Was ihre Stellung und damit auch die des Papstes besonders stärkte, war die Tatsache, daß die Krone Jerusalems sehr oft in der weiblichen Linie vererbt wurde und es nie einen starken König gab; es waren zwar hervorragende Strategen und Verwalter unter den Prinzgemahlen, aber keiner wurde je in seine Rolle hineingeboren, und alle wußten, daß ihre Herrschaft nur temporär war und jederzeit durch den Tod ihrer Gemahlin beendet sein konnte. Die Barone sorgten ebenfalls dafür, daß die Gatten der Königinnen nicht zu mächtig wurden; sie waren wichtige Entscheidungsträger. Aber das militärische Gewicht verlagerte sich immer mehr auf die Ritterorden.

Für den Papst mag auch eine Rolle gespielt haben, daß ein neuer Kreuzzug und die daraus resultierende Verringerung der Anzahl der Wehrfähigen in Europa die Macht der Könige dort weiter schwächen würde – und damit die der Kirche und des Papsttums steigerte.

Kreuzfahrer und Papst sahen im Tod Saladins und in der Uneinigkeit seiner Nachfolger eine neue Chance für einen weiteren Vorstoß, der diesmal wieder über Ägypten führen sollte, wie er schon von Richard Löwenherz vorgeschlagen worden war. Die Ausgangssituation sah also vielversprechend aus; es war nicht abzusehen, daß dieser vierte Kreuzzug eine Pervertierung der hohen Ideale, welche die Zeitgenossen von einem solchen trotz allem noch forderten, darstellen würde.

Die ersten Bedenken kamen dem Papst, als Bonifaz von Montferrat, der Bruder Conrads, zum weltlichen Führer des Kreuzzugs gewählt wurde. Seit der erfolgreichen Verteidigung von Tyrus durch Conrad genossen die Montferrat großes Ansehen. Der Papst befürchtete dadurch eine Einflußnahme der Hohenstaufen, die mit den Montferrat nicht nur verbündet – solche Verträge hielten nicht unbedingt lange –, sondern auch befreundet waren.

Die Heere wollten auf dem Seeweg anreisen, mit Hilfe einer venezianischen Flotte. Da die finanziellen Mittel der Kreuzfahrer nicht für den Transport ausreichten, schlugen die Venezianer ihnen vor, zur Stundung ihrer Schuld die an der Adria gelegene und zu Ungarn gehörende Stadt Zara für Venedig zu erobern. So geschah es, daß 1202 die Ritter unter dem Zeichen des Kreuzes eine christliche Stadt in einem christlichen Land eroberten – im Auftrag einer anderen christlichen Macht. Der Papst konnte zwar die Kirchenstrafe der Exkommunikation anwenden, was er auch mit Nachdruck tat, aber die Leitung des Kreuzzugs war ihm entglitten.

Und es ging im gleichen Stil weiter: Der durch eine Palastrevolution zugunsten eines anderen Verwandten abgesetzte byzantinische Thronerbe Alexios, ein Schwager Herzog Philipps von Schwaben, überredete das Kreuzfahrerheer, Byzanz für ihn zu belagern.[16] Den Venezianern war diese Ablenkung sehr angenehm: denn der geplante Angriff auf Ägypten hätte ihre hervorragenden Handelsbeziehungen mit diesem Land beeinträchtigen können.

1203 wurde Konstantinopel von den Kreuzfahrern erobert. Für ihre Unterstützung hatte der neue Kaiser Alexios ihnen zugesagt, die Venezianer auszuzahlen und das Heer auch weiterhin zu versorgen. Alexios jedoch konnte die hierfür nötigen Mittel nicht aufbringen, obwohl er der Bevölkerung hohe Steuern auferlegte und sogar in den orthodoxen Kirchen Sakralgeräte konfiszieren und einschmelzen ließ, was seiner Popularität nicht gerade zuträglich war. Die Kreuzfahrer stellten ihm daraufhin ein Ultimatum. Als es im April 1204 abgelaufen war, überließen die fränkischen Ritter ihren Soldaten Konstantinopel zur Plünderung.

Schon vorher hatten die Kreuzfahrer, als sie in frommem Eifer eine Moschee anzündeten und der Brand rasend um sich fraß, einen großen Teil der Stadt vernichtet.

Raub der tragbaren Besitztümer, auch der uralten kunstvollen Sakralgeräte, brutale Vernichtung dessen, was sie nicht mitnehmen konnten, Vergewaltigungen, Morde – das Verhalten der Ritter und Soldaten unter dem Zeichen des Kreuzes in einer christlichen Stadt schockierte Abend- und Morgenland gleichermaßen. Im Laufe der Feindseligkeiten wurden nicht nur Andersgläubige, sondern auch zahlreiche griechische Orthodoxe umgebracht. Die einfachen Soldaten plünderten wahllos, ihre Herren mit Bedacht. Die vier Bronzepferde, die sich heute auf der Markuskirche in Venedig befinden, stammen aus Byzanz. Auch unzählige andere Schätze und Kunstgegenstände wurden nach Venedig gebracht.

Der vierte Kreuzzug endete 1204 mit der Ausrufung eines «Lateinischen Kaiserreichs Romania», und der päpstliche Legat entband alle Teilnehmer von ihrem Gelübde; sie brauchten also nicht nach Jerusalem weiterzureisen und dort zu kämpfen. Erster Kaiser wurde Graf Balduin IX. von Flandern, der als Balduin I. den Thron bestieg. Romania konnte sich bis 1261 halten.

Der Papst war zwar gegen die Eroberung von Zara gewesen und hatte die Venezianer unter dem Dogen Enrico Dondolo als Verantwortlichem exkommuniziert. Die Einnahme von Byzanz jedoch hatte seinen vollen Beifall, zumindest am Anfang, als er noch nichts von den Greueltaten der Kreuzritter erfahren hatte – und noch nicht wußte, daß bei der Verteilung der Beute niemand daran gedacht hatte, seine Ansprüche zu berücksichtigen. Die Macht der orthodoxen Kirche war auf jeden Fall gebrochen, und auch viele Reliquien fanden ihren Weg nach Europa.

Die freiwerdenden byzantinischen Lehen stellten einen weiteren Aderlaß für das ausgeblutete Outremer dar. Landhungrige jüngere Söhne von europäischen Adeligen sahen keine Veranlassung mehr, Land in Palästina mühsam zu erkämpfen und zu verteidigen, wenn sie sich ebensogut bequem in Griechenland niederlassen konnten. Nur die Ritterorden erhielten noch Verstärkung aus Europa.

Im September 1204 schloß König Amalrich von Jerusalem mit Sultan al-Adil einen Waffenstillstand auf sechs Jahre, da mit dem Kreuzritterheer nicht mehr zu rechnen war. Im Jahr darauf starb er, Erbin des Thrones war Maria, die älteste Tochter seiner Gemahlin Isabella, aus ihrer zweiten Ehe mit Conrad de Montferrat.

Der einzige Gewinner des vierten Kreuzzugs war Venedig.

Zwischen diesem und dem nächsten Kreuzzug fand noch ein Phänomen statt, das zwar auf die militärischen Ereignisse keinerlei Auswirkung hatte, aber als Kuriosum Erwähnung verdient, der sogenannte Kinderkreuzzug. Dem Aufruf von Papst Innozenz III., das Kreuz zu nehmen, waren unter anderem Scharen von Jungen und auch Mädchen in Frankreich und Deutschland gefolgt.

Die französischen Kinder und Jugendlichen wanderten unter der Leitung eines zwölfjährigen Schäferjungen namens Stephan nach Marseille und erwarteten, daß sich die Fluten des Mittelmeers vor ihnen teilen würden, wie einst vor dem Volk Israel das Rote Meer, damit sie trockenen Fußes ins Heilige Land pilgern konnten. Unschuld und Reinheit des Herzens galten schon immer als Grundbedingungen für Wunder, und die Erwachsenen sahen augenscheinlich dem Phänomen der Kinderwanderung zu, ohne etwas zu unternehmen.

Aber nicht alle Zeitgenossen übernahmen diese fromme Einstellung, die Natur spielte ebenfalls nicht mit; die Wasseroberfläche blieb ein blanker Spiegel. Und nun machten sich skrupellose Geschäftemacher die Situation zunutze. Die Kinder wurden auf christliche Sklavenschiffe gelockt, nach Nordafrika gebracht und dort in die Sklaverei verkauft.

Die Nachricht vom französischen Kinderkreuzzug erreichte auch Deutschland, und das Beispiel wirkte ansteckend. Im Rheinland fühlte ein Junge namens Nikolaus die Berufung, ebenfalls einen solchen Kreuzzug zu predigen. Die jungen Deutschen überquerten die Alpen, unter zahlreichen Verlusten, und warteten in verschiedenen italienischen Hafenstädten auf das Wunder der Wasserteilung. Nachdem es nicht eintrat, machten sich die Überlebenden enttäuscht auf den Heimweg. Zumindest die Sklaverei blieb ihnen erspart.

Der fünfte Kreuzzug (1218–1221), Damietta

Die Meinungen, ob der Kreuzzug von 1218 überhaupt als solcher zu bewerten ist, gehen auseinander. Manche Historiker sehen ihn lediglich als Vorstufe und betrachten den Kreuzzug Friedrichs II. zehn Jahre später als den eigentlichen fünften Kreuzzug. Ab diesem Zeitpunkt wird die Numerierung der Kreuzzüge generell uneinheitlich.

Der Waffenstillstand mit al-Adil lief im Juli 1210 aus. Die Barone verschoben die Entscheidung über einen neuen bis zum Eintreffen eines Bewerbers um die Hand der Thronerbin Maria de Montferrat. Die Johanniter und Deutschherren waren dafür, den Waffenstillstand zu verlängern, die Jahre des Friedens hatten den materiellen Wohlstand in dem kleinen Kreuzritterstaat vermehrt. Die Templer dachten anders: Dem Abendland mußte ständig ins Gedächtnis gerufen werden, daß Outremer noch existierte, aber ständig gefährdet war. Nur durch die Eroberung neuer Gebiete als Lehen konnte man fränkischen Rittern die

Niederlassung in Outremer schmackhaft machen. Selbst wenn al-Adil derzeit damit beschäftigt war, seine eigenen Vasallen niederzuhalten – früher oder später konnten sich die Moslems wieder zusammenschließen, um den Dorn des christlichen Staates aus ihrem Fleisch zu reißen.

Daß die Templer recht hatten, zeigte sich, als es 1210 um die Thronfolge in Jerusalem ging. Maria von Montferrat war inzwischen im heiratsfähigen Alter, und der französische König wurde eingeladen, einen passenden Gemahl für sie zu finden. Der einzige Interessent für die Krone des Königreiches Jerusalem war Jean de Brienne, ein unbemittelter jüngerer Sohn eines Adeligen in der Champagne, der jedoch inzwischen das reife Alter von sechzig Jahren erreicht hatte. Jean de Brienne sollte jedoch nicht nur seine junge Gattin überleben, sondern sogar eine weitere Ehe eingehen und sein Leben erst 1237 beschließen – als Kaiser von Byzanz.

Der Moment für einen neuen Kreuzzug in Outremer war denkbar ungünstig. In Südfrankreich tobte seit 1209 eine Art Bürgerkrieg, der als Katharerkreuzzug berüchtigt werden sollte, gleichzeitig hatte Papst Innozenz 1211 zu einem anderen Kreuzzug gegen die Mauren auf der Iberischen Halbinsel aufgerufen, dem die französischen Adeligen gerne Folge leisteten: Warum die Strapazen der langen Reise nach Outremer auf sich nehmen, wenn man sich in nächster Nähe ebensogut um das Seelenheil verdient machen konnte? Aber jeder Ritter, der über die Pyrenäen zog, fehlte im Heiligen Land.

Die Lage wurde weiterhin erschwert durch die Auseinandersetzungen um die Erbfolge im Fürstentum Antiochia. 1201 starb Fürst Bohemund III. Nachfolger wäre sein Enkel Raymund-Roupen gewesen, einziger Sohn seines ältesten Sohnes. Dieser war jedoch ab 1197 am armenischen Hof aufgewachsen, weil seine Mutter, eine armenische Prinzessin, nach dem Tod ihres Gemahls dorthin zurückgekehrt war. Der zweite Sohn Bohemunds III., ebenfalls Bohemund genannt, übernahm daraufhin Antiochia, um den Einfluß der ungeliebten Armenier auszuschalten. Unterstützt wurde er von den Templern, die mit König Leo II. von Armenien um die Rückgabe einiger Festungen stritten. Diese Burgen hatten den Templern gehört und waren von den Moslems eingenommen worden. Als die Armenier sie zurückerobert hatten, erwarteten die Templer, wieder als rechtmäßige Herren eingesetzt zu werden. Leo von Armenien weigerte sich jedoch.

Die Hospitaliter, ewige Gegner der Templer, schlossen sich daraufhin der Partei König Leos an. 1213 ließen sie Raymund, den ältesten Sohn Bohemunds, durch die Assassinen ermorden, ein Jahr darauf Albert, den Patriarchen von Jerusalem, der, vom Papst zur Schlichtung aufgefordert, die Templer bei der Auseinandersetzung um die Festung Baghras unterstützt hatte.

In der Auseinandersetzung um die armenischen Festungen gab der Papst letztlich den Templern recht.

Innozenz III. hatte lange Zeit Geduld bewiesen, da König Leo mit seinem gesamten Land erst vor kurzem zum Katholizismus konvertiert war und der Papst die Stimmung nicht verderben wollte. 1213 mußte König Leo dem Druck des Papstes nachgeben.

In der nächsten Generation kam es über die Thronfolge in Armenien zu offenen Feindseligkeiten zwischen Templern und Hospitalitern. Es begann 1220 mit dem Tod König Leos. Raymund-Roupen, als Gegner der Templer ein Freund der Hospitaliter, der wieder einmal von Bohemund aus Antiochia verjagt worden war, erhob als Sohn einer armenischen Prinzessin jetzt Anspruch auf die armenische Krone. König Leo hatte jedoch seine Tochter Isabella zur Nachfolgerin ernannt, und seine Barone respektierten diese Entscheidung.

Nicht so die Johanniter. Diese beauftragten die Assassinen, Isabellas Regenten zu ermorden. Sie sahen sich schon im Besitz der Festung Jabala, aber diese übergab Bohemund nach der endgültigen Niederlage Raymund-Roupens den Templern.

Armenien war jedoch auf die Hilfe Antiochias angewiesen, da es von dem Seldschukensultan Kaikobad bedroht wurde. Die

Lösung schien gefunden, als Isabella von Armenien einen Sohn Bohemunds von Antiochia heiratete. Da dieser jedoch für die Armenier zu fränkische Gewohnheiten hatte, vergifteten sie ihn. Die gegenseitige Abneigung kannte nun keine Grenzen mehr. Die Hospitaliter schlugen sich von neuem auf die Seite der Armenier. Die Situation spitzte sich zu, als Bohemund von Antiochia Sultan Kaikobad einlud, Armenien zu besetzen, und der armenische Regent Konstantin die Sarazenen in Aleppo aufforderte, Antiochia anzugreifen. Zwei christliche Staaten riefen also moslemische Nachbarn zu Hilfe, um sich gegenseitig zu vernichten, und das in einer Umwelt, die ihnen beiden vom Prinzip her feindlich gesinnt war.

Dieses armenische Zwischenspiel soll illustrieren, wie es zu dieser Zeit in Outremer zuging: Interessenkonflikte, wechselnde Bündnispartner durch dynastische Verbindungen, eine sich von Tag zu Tag ändernde außenpolitische Situation – das einzig Konstante in Outremer war der Wandel.

Die Templer betrachteten sich als Miliz Christi, aber bisweilen muß es für die Großmeister und das Kapitel schwierig gewesen sein, eine Entscheidung über ihre Loyalität zu treffen. Sie waren zwar dem Papst Gehorsam schuldig, aber dieser war nicht immer imstande, aus der Entfernung eine Situation richtig zu beurteilen. Erschwerend kam hinzu, daß die Päpste in die europäische Realpolitik verstrickt waren. Es konnte nicht ausbleiben, daß der Tempel sich früher oder später als völlig unabhängige Institution betrachtete und auch etablierte und seine eigene Politik verfolgte. Der einzelne Tempelritter fühlte sich sowieso nur dem Orden selbst und seinem Großmeister verpflichtet.

Wenn die Templer 1210 für eine Weiterführung des Kampfes in Outremer plädierten, so wiesen sie damit den anderen Ritterorden und den Baronen eine gemeinsame Linie gegen einen gemeinsamen Feind. 1211 machten die Templer einen Vorstoß nach Damietta, aber das Truppenkontingent war zu klein, um nachhaltige Erfolge zu erzielen. Schließlich wurde ein Kompromiß zwischen den unterschiedlichen Meinungen im christlichen Lager erzielt: Im Juli 1212 trat ein neuer Friedensvertrag auf fünf Jahre in Kraft, gleichzeitig wurde in Europa ein neuer Kreuzzug vorbereitet, der 1217 in Outremer eintreffen sollte.

Der eigentliche Kreuzzug, den Innozenz III. angeregt hatte, aber nicht mehr erlebte, brach also erst 1217 auf – zumindest ein Teil des Heeres, unter Herzog Leopold von Österreich, Hugo von Zypern und dem ungarischen König Andreas II. Letzterer interessierte sich jedoch nur für das Sammeln von Reliquien und reiste bereits 1218 wieder ab, im Gepäck einen Wasserkrug von der Hochzeit zu Kanaan und das Haupt des heiligen Stephan.

Nach einigen Geplänkeln in der Nähe der Templerburg La Fève versuchten die Kreuzritter als erstes, die von Sultan al-Adil auf dem Berg Tabor erbaute Festung zu erobern. Diese Burg stellte eine ständige Bedrohung für St. Jean d'Acre dar. Nach kaum einer Woche wurde Anfang Dezember 1217 die Belagerung erfolglos abgebrochen.

1217 hatten die Templer in der Nähe von Athlit mit dem Bau der Festung Château Pèlerin begonnen, und die Deutschherren fingen an, Burg Montfort zu errichten. Dies sollten die einzigen bleibenden Zeugen dieses fünften Kreuzzugs bleiben.

1218 kamen friesische Kontingente in Outremer an. Mit ihnen begann König Jean die Belagerung der ägyptischen Stadt Damietta. Erst nach und nach trafen noch weitere Heere aus Frankreich und Italien ein, unter der Leitung des päpstlichen Legaten Pelagius; es hatten sich große Schwierigkeiten beim Chartern der notwendigen Schiffe ergeben.

Schon vor der Eroberung Damiettas versuchte der Sultan Verhandlungen aufzunehmen und versprach die Rückgabe von Jerusalem und der Gebiete, die vorher zum Königreich gehört hatten, mit Ausnahme der Burgen Krak und Montréal, unter der Bedingung, daß sich die Kreuzfahrer aus Ägypten zurückzogen. Die Kreuzfahrer waren dagegen, auch die Templer und Hospitaliter, ausnahmsweise einig.

Im November 1219 schließlich wurde Damietta von den Franken erobert. Die Strapazen waren für Belagerte und Belagerer gleichermaßen entsetzlich: Zum Krieg und zum Hunger gesellte sich die Pest, der im August 1219 auch der Großmeister der Templer, Guillaume de Chartres, erlag.

Jean de Brienne war nunmehr bereit, das Angebot des Sultans – Wiederherstellung des Königreichs Jerusalem ohne Transjordanien sowie Zahlung von Reparationen – anzunehmen, aber der päpstliche Legat Pelagius war strikt dagegen, mit den Ungläubigen zu paktieren. Auch die Ritterorden waren gegen den Vertrag: Jean de Brienne wäre damit zum König von des Sultans Gnaden geworden. Outrejourdain hatte eine wichtige strategische Bedeutung, ohne die dortigen Forts wäre Jerusalem hilflos allen etwaigen Angriffen ausgesetzt und permanent auf das Wohlwollen des islamischen Umlandes angewiesen gewesen.

Das christliche Heer hielt sich jedoch zu lange untätig in Damietta auf. Krankheiten dezimierten die Kampfkraft der Armee, und laufend verließen einzelne Truppenkontingente, zeitweise oder für immer, das Lager. Die Templer wurden im März 1220 kurzfristig abberufen, da die Sarazenen unter al-Adils Sohn al-Mu'azzam ihre Festung Château Pèlerin belagerten. Und Jean de Brienne hatte im Sommer 1220 genug von der Einmischung des päpstlichen Legaten und verließ Damietta. Es kamen aber auch noch Truppen aus Europa an, hauptsächlich deutsche. Das Hauptheer des jungen Kaisers Friedrich wurde zwar immer wieder angekündigt, traf jedoch nicht ein.

Das war letztlich der Grund für das Scheitern des Kreuzzugs. Pelagius war dafür, direkt nach Kairo zu marschieren; zu dieser Zeit blühten Prophezeiungen, welche den baldigen Endsieg der Christen über die Ungläubigen vorhersagten und sich dabei auf uralte Überlieferungen beriefen. Wie aus einem Schreiben von Pierre de Montaigu, dem Großmeister der Templer, vom September 1220 hervorgeht, war dafür jedoch die Truppenstärke nicht ausreichend. Der Großmeister beklagte sich bei seinem

Korrespondenten, einem Bischof, bitterlich über die Einmischung des Legaten und über das Ausbleiben des Kaisers. Gleichzeitig hatten die Templer mit finanziellen Problemen zu kämpfen; Papst Honorius III. hatte ihrem Schatzmeister vorgeworfen, zuviel Geld aus den päpstlichen Rücklagen für den Kreuzzug aufgewendet zu haben.

Ohne weitere finanzielle Unterstützung und ohne die Truppen des Kaisers war der Kreuzzug in Ägypten jedoch zum Scheitern verurteilt. Die Söldner wollten bezahlt werden, Vorräte für das riesige Heer mußten herbeigeschafft werden, und der Stellungskrieg vor Damietta konnte nicht ewig fortgeführt werden.

Während der langen Kampfpause hatten die Moslems Zeit, die Mansura-Befestigungen zu errichten. Im Frühjahr 1221 wiederholte der Sultan sein Friedensangebot. Die Ritterorden und die einheimischen Barone waren inzwischen dafür, die Bedingungen anzunehmen. Noch waren sie in einer Position der relativen Stärke, und es war klar, daß von Friedrich keine Hilfe mehr zu erwarten war. Die weltlichen Ritter wurden für ihre Weigerung, den Kampf weiterzuführen, von Pelagius exkommuniziert, die Ritterorden vollführten eine Gratwanderung: Pelagius als päpstlicher Legat war ihnen formell übergeordnet, hatte aber keine Ahnung von der Kriegsführung. Trotzdem verließ sich der Papst stark auf seine Berichte und bestätigte zum Beispiel das Interdikt, das Pelagius gegen die Truppen Jean de Briennes wegen ihres Rückzugs aus Damietta ausgesprochen hatte.

Gleichzeitig hatten Templer, Hospitaliter und Deutschherren auch gegen neu eingetroffene deutsche Kreuzfahrer zu kämpfen, die ebenfalls gegen eine Übergabe von Damietta waren beziehungsweise unter diesem Vorwand versuchten, die Niederlassungen der Ritterorden in der Stadt zu plündern. Es gab sogar Tote bei der Verteidigung des Gebäudes, das den Templern übergeben worden war und wo sie die ihnen anvertrauten Barschaften lagerten.

In einem Schreiben an Alain Martel, den Visiteur von England, beschreibt Pierre de Montaigu einen der letzten Ausfälle gegen die Sarazenen. Der Nil war im Begriff zu steigen, und der Sultan ließ Dämme öffnen und das Lager der Kreuzfahrer fluten. Die Vorräte und ein großer Teil der Ausrüstung waren verloren, und viele aus dem christlichen Heer ertranken.

Es gelang den Sarazenen schließlich, das christliche Heer, das vor der Stadt lagerte, so in die Enge zu treiben, daß Pelagius im September 1221 um einen Waffenstillstand bitten mußte. Nun waren die Kreuzfahrer gezwungen, Ägypten bedingungslos zu räumen. Nachdem Papst Honorius schließlich, als es zu spät war, die Einzelheiten und Hintergründe des fünften Kreuzzuges erfahren hatte, tadelte er den Legaten für seine unvernünftige Verhaltensweise. Gleichzeitig versprach er Jean de Brienne, daß künftighin der König von Jerusalem den Oberbefehl über die Truppen haben sollte.

Der sechste Kreuzzug (1228–1229),
«Gebe Gott, daß er nie zurückkehrt!»

Das waren die Worte des Patriarchen von Akkon, als Friedrich II. von Hohenstaufen, Kaiser des Heiligen Römischen Reiches Deutscher Nation und Vater von Konrad, dem jungen König von Jerusalem, am 1. Mai 1229 unter den Flüchen der Bevölkerung Outremer verließ. Während des fünften Kreuzzugs hatte man Friedrich sehnsüchtig erwartet, und nun dieser Abschied?

Es ist schwer zu sagen, wann dieser sechste Kreuzzug wirklich begann und wann er endete und ob es sich überhaupt um einen Kreuzzug im eigentlichen Sinne gehandelt hat. Friedrich II. traf zwar im September 1228 endlich in Jerusalem ein, aber der von Jean de Brienne geschlossene Waffenstillstands-Vertrag lief bis 1230, und zu diesem Zeitpunkt hatte Friedrich Outremer bereits wieder verlassen.

Schon im Februar 1229 beendete Friedrich den noch gar nicht begonnenen Kreuzzug durch einen neuen Vertrag mit den Ägyptern, der unter anderem einen Waffenstillstand auf weitere zehn Jahre enthielt.

Noch heute zeugen in Süditalien, speziell in Sizilien, zahlreiche Burgen und Kirchen von der einstigen Größe des Stauferreiches. Auch der Name Federico Secondo ist dort noch ein Begriff. Bei den meisten seiner Zeitgenossen war Kaiser Friedrich jedoch nicht sehr beliebt, da er sich auf autokratische Weise über geltendes Recht hinwegsetzte. Es konnte nicht ausbleiben, daß er damit auch in Konflikt mit den mächtigsten Institutionen seiner Zeit geriet: dem Papsttum und dem Templerorden.

Zahlreiche der von ihm gegen die Templer erhobenen Vorwürfe wurden später immer wieder ausgegraben: Die Templer hätten die Sultane und deren Abgesandte in ihren Klöstern mit ungebührlichen Ehren empfangen, sie hätten Mohammed angerufen, falsche Eide geschworen und sich Ausschweifungen hingegeben. Aus diesem Grund lohnt es sich, näher auf diesen umstrittenen Herrscher und die Gründe für seine vehemente Abneigung gegen die Templer einzugehen.

Friedrich II. war ein Enkel des legendären Barbarossa. Sein Vater, Kaiser Heinrich VI., hatte 1194 Sizilien erobert, wo Friedrich auch aufwuchs. Geboren wurde er jedoch in Jesi, und zwar auf Veranlassung seiner Mutter Konstanze in einem Zelt auf dem Marktplatz. Sie war nach neunjähriger kinderloser Ehe als Vierzigjährige zum ersten Mal schwanger geworden und wollte eventuelle Zweifler an der späten Mutterschaft von vorneherein mundtot machen. Böse Zungen unterstellten ihr trotzdem, sie habe sich das Kind einer Metzgersfrau unterschieben lassen.

Ihr Gatte war dreizehn Jahre jünger als sie. Mit ihr erheiratete er jedoch seinen Anspruch auf den Thron von Sizilien, da sie eine legitime Tochter von König Roger I. war. Trotzdem scheint er sich seines Thronanspruchs nach der Eroberung nicht sehr sicher gewesen zu sein. Gegen den gefangengenommenen jugendlichen Herrscher, der von dem illegitimen Tankred abstammte, ging er entsetzlich grausam vor: Um weder von ihm noch eventuellen Nachkommen je etwas befürchten zu müssen und sich trotzdem nicht eines Königsmordes schuldig zu machen, ließ er ihn blenden, entmannen und einkerkern.

Heinrich VI. starb schon 1197, ein Jahr vor seiner Gattin Konstanze. Diese übergab ihren Sohn Friedrich dem Papst als Mündel. Falls Innozenz gehofft hatte, den jungen König dadurch entsprechend formen und zu einem willigen Werkzeug des Papsttums machen zu können, so sollte er sich bald enttäuscht sehen.

Im Jahre 1228 brach Kaiser Friedrich II., genannt «stupor mundi», das Erstaunen der Welt, endlich zu seinem lange erwarteten Kreuzzug auf.[17] Durch seine Heirat mit Yolanda, der Tochter von Maria de Montferrat und Jean de Brienne, war Friedrich im Jahr 1225 nominell König von Jerusalem geworden, aber Schwierigkeiten im deutschen Reich und in Sizilien ließen ihn die Reise nach Outremer immer wieder verschieben. Die erste Eheschließung in Outremer war von Friedrichs Seite nur per procurationem erfolgt, die eigentliche Trauung hatte am 9. November 1225 in Brindisi stattgefunden. Yolanda war zu diesem Zeitpunkt vierzehn Jahre alt und sollte Outremer nie wiedersehen, Friedrich war einunddreißig und bereits verwitwet. Was von seinen Qualitäten als Ehemann zu halten war, bewies Friedrich auf sehr zweideutige Weise, als er in der Brautnacht mit einer der orientalischen Ehrendamen Yolandas eine Tochter zeugte.

Schon kurz nach Friedrichs Ankunft in Outremer kam es zum Konflikt zwischen ihm und der fränkischen Familie der Ibelin um die Regentschaft in Zypern während der Minorität von König Heinrich I. Amalrich von Lusignan hatte die zypriotische Königskrone von Kaiser Heinrich VI. erhalten – nur Kaiser und Papst konnten die Königswürde vergeben – und war daher nominell dem Kaiser als Lehensmann unterstellt. Als

Friedrich die Regentschaft in Zypern forderte, berief er sich auf die Gesetze des Heiligen Römischen Reiches. Die fränkischen Barone hingegen waren der Meinung, in Zypern gelte das Recht von Outremer.

Dieser Widerspruch zwischen den Vorstellungen Friedrichs und den etablierten Sitten und Gesetzen in Outremer sollte immer wieder zu Schwierigkeiten führen, mit den fränkischen Baronen, der Geistlichkeit – und speziell den Templern. Jean d'Ibelin, der Anführer der gegen Friedrichs Anmaßung rebellierenden Barone in Zypern, trat übrigens im Jahre 1232 dem Orden bei.

Friedrichs ganzes Verhalten paßte eher zu einem orientalischen Potentaten als zu einem christlichen Herrscher: Er unterhielt in Palermo offiziell einen Harem, hatte arabische Gelehrte um sich und trug neben «stupor mundi» noch den Beinamen «der Sultan von Palermo».

Es wird oft gesagt, Friedrichs Hof in Palermo habe sich durch seine Liebe zu Wissenschaft, Kunst und Philosophie ausgezeichnet. Friedrich selbst war jedoch nicht der aufgeklärte Herrscher, zu dem man ihn gerne stilisieren möchte. Wenn er religiöse Toleranz übte, geschah dies nicht aus einem inneren Bedürfnis heraus, sondern weil ihm einerseits der Glaube gleichgültig war und er auf der anderen Seite dadurch den Papst reizen und verärgern konnte, vielleicht eine Reaktion auf seine Jugend als Mündel des Papstes.

Erst wenn es um seine Privilegien ging, übernahm Friedrich die Rolle eines Verteidigers des Glaubens und warf mit Vorwürfen der Ketzerei um sich. Friedrich war ein Entwurzelter, er hatte an verschiedenen Kulturen geschnuppert, fand aber keine eigene Linie. Vielleicht hatte er auch zu früh eine zu große Machtfülle besessen. Er vereinigte erschreckend viele negative Eigenschaften: sinnlich-brutal, rachsüchtig, hochmütig, unnachgiebig, machtgierig.

Von den Arabern wurde er zwar auf eine gewisse Weise anerkannt – Friedrich war in Sizilien in einer arabisch geprägten

Umgebung aufgewachsen und sprach fließend ihre Sprache –, was sich sogar noch auf seine Nachfahren und andere Mitglieder der staufischen Familie übertrug, andererseits fanden die meisten unter ihnen einen christlichen Herrscher, der seiner Kirche so wenig Ehrerbietung entgegenbrachte, etwas befremdend. Es ist die Aussage eines arabischen Würdenträgers überliefert, der despektierlich sagte, der etwas fettleibige und kurzsichtige Friedrich würde auf dem Sklavenmarkt keine große Summe erzielen.

Für die anderen Kreuzfahrer, die dem arabischen Selbstverständnis eine eigene Weltanschauung gegenüberstellten, konnten die Araber Verständnis und Achtung aufbringen, aber die dubiose Gestalt des Staufers war für sie nur schwer einzuordnen. Sein Verhalten sah bisweilen zu sehr nach Anbiederung aus. – Friedrichs christliche Zeitgenossen dachten ähnlich.

Im Februar 1229 schloß Friedrich II. in Jaffa mit den Moslems einen Vertrag, den die Geschichte sehr unterschiedlich interpretiert. Die einen sagen, es handle sich um ein diplomatisches Meisterwerk, das Jerusalem, mit Ausnahme des Tempelplatzes, in den Besitz der Kreuzritter brachte und durch einen Korridor zum Meer gleichzeitig den Nachschub für das Königreich sicherte.

Der von Friedrich geschlossene Vertrag war jedoch schlechter als die Bedingungen, die al-Kamil 1219 den Franken für den Rückzug aus Ägypten angeboten hatte und die sie abgelehnt hatten, weil sie strategisch nachteilig waren. In diesem Vertrag hätten sie zumindest die gesamte Küste erhalten.

Die Templer waren über diese Vereinbarung, die ihnen offiziell den Platz streitig machte, dem sie ihren Namen verdankten, selbstverständlich nicht glücklich. Der Papst betrachtete Friedrich als Verräter – er war doppelt exkommuniziert, einmal wegen seines verspäteten Kreuzzuges, dann, weil er schließlich aufgebrochen war, ohne die Aufhebung der Exkommunikation abzuwarten –, und die Kirchenglocken wurden nicht geläutet, als Friedrich in Jerusalem einzog. Nur die Deutschherren[18] und seine engsten Anhänger nahmen an der Krönung am 18. März 1229 in der Grabeskirche teil beziehungsweise waren dabei, als sich Friedrich die Krone eigenhändig aufs Haupt setzte.

Von Hermann von Salza, dem Großmeister der Deutschherren, war ursprünglich der Gedanke ausgegangen, durch die Heirat Yolandas von Jerusalem mit Friedrich II. das deutsche Kaisertum nachhaltig für Outremer zu interessieren. Auch Papst Honorius III. war von der Idee begeistert. Wer sich jedoch aus dieser Verbindung Vorteile für das Land erhofft hatte, wurde bald enttäuscht. Friedrich versuchte, die Barone in Outremer niederzudrücken und ein autokratisches Regime einzuführen, er sah sich als Vertreter Gottes (soweit er einen solchen anerkannte) auf Erden. In Jerusalem jedoch herrschte eine andere Vorstellung von der Rolle eines Königs: Er war lediglich der Vorsitzende des Rates und der Oberkommandierende im Feld.

Die einhellige Ablehnung Friedrichs hatte jedoch noch andere Gründe als die unterschiedliche Konzeption des Königtums in Outremer und die Tatsache, daß Friedrich exkommuniziert war und auch der Erzbischof von Caesarea sich kurz nach seiner Krönung anschickte, Jerusalem, die Heilige Stadt, unter das Interdikt zu stellen.

Die Barone waren grundsätzlich nicht bereit, Friedrich als König anzuerkennen. Die Königin und Kaiserin Yolanda war 1228 nach der Geburt ihres Sohnes Konrad gestorben, und damit war er der Erbe des Thrones von Jerusalem, und Friedrich als sein Vater konnte bestenfalls Regent sein. Die Barone waren vorsichtig genug gewesen, Yolanda bereits 1225 in Tyrus zur Königin von Jerusalem krönen zu lassen, noch bevor sie zu ihrer Hochzeit nach Brindisi reiste. Friedrich machte sich durch sein hochmütiges Verhalten äußerst unbeliebt, nicht nur unter den fränkischen Rittern, wie die Reaktion der Bevölkerung beweist, als er im Mai 1229 Akkon endgültig verließ.

Kurz zuvor hatte er noch bei einer öffentlichen Versammlung vor Akkon Pierre de Montaigu, den Großmeister der Templer, beschimpft und beleidigt. Der konkrete Anlaß waren die deutschen Ritter, die von den Templern für den Kampf gegen die Sarazenen rekrutiert worden waren – die französische Krone hatte entsprechende Geldmittel zur Verfügung gestellt – und denen Friedrich befahl, sich nach Italien einzuschiffen, wo er in der Lombardei mit dem Papst beziehungsweise gegen seinen eigenen Schwiegervater Jean de Brienne, der die päpstliche Armee leitete, Krieg führte. Friedrich nahm auch die zur Verteidigung Akkons dringend benötigten Katapulte nach Italien mit, einige davon schenkte er sogar dem Sultan.

Welche Gründe veranlaßten ihn zu diesem sinnlosen, für die Erbschaft seines Sohnes Konrad sogar schädlichen Verhalten? Friedrich war ein Herrscher, für den nicht nur Staatsraison zählte, sondern der nach orientalischer Manier persönliche Sympathien und Antipathien zum Bestandteil seiner Politik machte. Und Friedrich haßte die Templer. Er hatte versucht, das ihnen unterstellte Château Pèlerin zu erobern, um es den Deutschherren zu übergeben. Vielleicht war er der Meinung, als deutscher Kaiser und König von Jerusalem leichtes Spiel zu haben. Die dortigen Templer schickten ihn im wahrsten Sinne des Wortes zur Hölle: Sie ließen ihm ausrichten, er möge sich von diesem Ort entfernen – andernfalls würden sie dafür sorgen, daß er an einen anderen gelange, den er dann allerdings nicht mehr verlassen werde.

Friedrich rächte sich durch seinen berüchtigten Brief, den er an alle Herrscher Europas schickte. Darin beschuldigte er die Templer, mit den Moslems – speziell mit den Damaszenern – im geheimen Einvernehmen zu stehen und die christliche Kirche durch das Praktizieren islamischer Rituale zu verhöhnen.

1230 hob der Papst die Exkommunikation des Kaisers auf. Unter dem Vorwand, Jerusalem verteidigen zu müssen, sandte Friedrich 1231 eine Armee nach Zypern und Outremer, die dort die rebellischen Barone niederwerfen sollte.

Die Templer waren unschlüssig, wie sie sich verhalten sollten. Einerseits war Friedrich nunmehr vom Papst anerkannt worden, aber auf der anderen Seite verletzte er laufend gültiges Recht in Outremer. Sie hielten sich, so gut es ging, aus den Auseinandersetzungen heraus. Ihre Sympathien lagen bei den Baronen, und wenn sie nicht aktiv in den Kampf eingriffen, so konnten sie doch deren Partei flüssige Mittel zur Verfügung stellen und sich weigern, ihnen anvertraute Festungen den Kaiserlichen auszuliefern, was sie zum Beispiel 1231 bei der Burg Gastria in Zypern taten. Aus dem Dilemma wurden sie 1239 erlöst, da Friedrich zu diesem Zeitpunkt wieder exkommuniziert wurde.

Der von Friedrich geschlossene Waffenstillstands-Vertrag mit al-Kamil lief 1239 aus, und der Papst hatte einen neuen Kreuzzug gepredigt, der jedoch nicht in der Chronologie der Kreuzzüge aufgezählt wird, vermutlich, weil der Papst auf halbem Wege umkehrte und die Ritter des Abendlandes aufforderte, ihn in seinem Kampf gegen Friedrich II. in Italien zu unterstützen – unter Androhung der Exkommunikation, wenn sie es wagen sollten, nach Outremer zu ziehen! Zu diesem Zeitpunkt herrschte in Italien ein offener Kriegszustand zwischen Kaiser und Papst. Trotzdem ließen sich nicht alle Kreuzritter einschüchtern: Eine Armee unter Thibaud von Champagne, der gleichzeitig König von Navarra war, schiffte sich eben aufgrund der besonderen Umstände von Frankreich anstatt von Italien aus ein.

Der Burgfrieden zwischen Tempel und Hospital war zu Ende, als die Ayubiten in Damaskus und Ägypten wieder gegeneinander kämpften und die Templer mit Damaskus einen Vertrag schlossen, den die Hospitaliter mit Zustimmung Thibauds durch einen anderen mit Ägypten brachen, zum Entsetzen der Barone. Es paßte den Hospitalitern nicht, daß der Vertrag mit Damaskus den Templern die Festung Saphet einbrachte. Daraufhin lieferten sich Templer und Hospitaliter offene Straßenschlachten in den Städten Outremers. Die einheimischen Barone standen auf der Seite der Templer, was die Hospitaliter veranlaßte, sich nunmehr den Kaiserlichen anzuschließen, die ebenfalls mit Ägypten paktierten.

Auch der nächste Kreuzfahrer aus Europa, Richard von Cornwall, war als Schwager Kaiser Friedrichs II. den Templern gegenüber feindlich eingestellt. Auf Wunsch der Hospitaliter ratifizierte er ihren Vertrag mit Ägypten und fügte noch einige Klauseln hinzu: Die Gebietsabtretungen, welche Damaskus den Templern gewährt hatten, wurden bestätigt, und Transjordanien sollte ebenfalls an Jerusalem fallen, mit Ausnahme von Nablus und Samaria. Diese territorialen Erweiterungen führten jedoch dazu, daß sich die wenigen Franken auf ein noch größeres Gebiet verteilten. Im Mai 1241 kehrte Richard nach Europa zurück.

Im Frühjahr 1243 gingen einige Hospitaliter sogar so weit, mit den Kaiserlichen unter Richard Filangieri einen Putschversuch in Akkon zu machen. Die Stadt hatte sich 1231 als eine Art unabhängiger Stadtstaat mit Selbstverwaltung etabliert, der Commune genannt wurde. Der Großmeister der Johanniter, Pierre de Vielle Bride, mußte sich für seinen Orden entschuldigen und schwor, selbst mit der Sache nichts zu tun gehabt zu haben.

Im April 1243 war der Thronerbe von Jerusalem, Konrad von Hohenstaufen, volljährig geworden. Die Barone erwarteten, daß er nunmehr persönlich die Herrschaft übernehmen würde. Da er keine Anstalten machte, dies zu tun, fühlten sie sich berechtigt, die nächste Person in der Thronfolge, Königinwitwe Alice von Zypern, zur Regentin zu ernennen. Alice war die jüngste Tochter Isabellas aus ihrer Ehe mit Henri de Champagne.

Die Kaiserlichen wurden schließlich aus Jerusalem verjagt, und 1243 kehrten die Barone und die Templer wieder zu ihrem bewährten Bündnispartner Damaskus zurück. Im gleichen Jahr errangen die Templer noch einen weiteren außenpolitischen Triumph: Durch Hinhaltetaktik und geschickte Diplomatie brachten sie es fertig, die offizielle Zustimmung aller Ayubiten für eine bedingungslose Übergabe des Tempelberges an die Christen einzuholen.

Aber die Freude darüber sollte nicht lange währen. Es gab noch eine weitere islamische Macht in Outremer: die Choresmier oder Chwarismier, die sich abwechselnd mit Ägypten und Damaskus verbündeten. Sie eroberten im August 1244 Jerusalem; es herrschte wieder offener Kriegszustand zwischen Franken und Moslems. Im Oktober 1244 fand bei La Forbie, in der Nähe von Gaza, eine entscheidende Schlacht zwischen den Franken und den mit ihnen verbündeten Damaszenern auf der einen Seite und den Choresmiern und den Ägyptern auf der anderen statt. Man geht davon aus, daß mindestens fünftausend Männer umkamen, darunter auch der Großmeister der Templer und sein Marschall. Das vereinigte Heer der Choresmier und Ägypter eroberte Damaskus. Danach hielten sich die Choresmier für stark genug, um gegen Ägypten selbst vorzugehen, wurden jedoch besiegt.

Als sich die Ägypter dieser Gefahr entledigt hatten, kümmerten sie sich wieder um die Franken. Aber nachdem Sultan Ayub von Ägypten das christliche Askalon erobert hatte, zog er sich nach Damaskus zurück. Outremer war noch eine Atempause vergönnt. Es existierte noch, wenn auch in stark verkleinerter Form.

Es brachen immer wieder einzelne Heerzüge aus Europa auf, aber nicht die Menschenmassen, die nötig gewesen wären, um Outremer zu halten. Der Elan der Kreuzzüge war verraucht, zu oft hatten die Völker Europas miterleben müssen, wie der Gedanke des Kreuzzugs in sein Gegenteil verkehrt wurde. Bei einem Konzil in Lyon 1245 predigte Papst Innozenz IV. drei Kreuzzüge: Die Ritter hatten die Qual der Wahl zwischen dem Kreuzzug im Heiligen Land gegen die Choresmier und Ägypter, der Unterstützung des fränkischen Kaisers von Konstantinopel – und dem Kampf gegen Friedrich II. in Italien, der, zumindest nach Meinung des Papstes, am wichtigsten war.

Die innenpolitischen Schwierigkeiten, zwischen Kaiser und Kreuzfahreraristokratie, zwischen Templern und Johannitern, zwischen den verschiedenen christlichen Kirchen und Sekten, trugen ebenfalls zum Niedergang Outremers bei.

Das einzige Glück für die Franken in Outremer war, daß die Moslems zu diesem Zeitpunkt ebenso uneins waren: Kairo und Damaskus, Choresmier und Seldschuken führten in unterschiedlichen Konstellationen immer wieder Krieg gegeneinander.

Den Sieg über die Franken vor Gaza verdankten die ägyptischen Ayubiten im übrigen nicht eigenen Truppen, sondern den Mamelucken, einer aus türkischen und tscherkessischen Sklaven bestehenden Elitetruppe. Mit der Heranbildung dieser Truppe hatten sie die Saat für ihren eigenen Untergang gelegt. 1250 befreiten sich die Mamelucken durch die Ermordung Sultan Turanshahs aus der Sklaverei und machten ihren eigenen Anführer, Aibek, zum Sultan. In den nächsten Jahrhunderten sollten die Nachkommen der ehemaligen Sklaven den Thron der Pharaonen innehaben. Die Herrschaft der Mamelucken endete erst 1517, als die türkischen Osmanen in Ägypten einfielen.

Der siebte Kreuzzug (1249–1250), Ludwig der Heilige und die Mongolen

Die einzigen, die sich noch um einen neuen Kreuzzug bemühten, waren die Ritterorden, speziell die Templer. Sie stießen auf wenig Entgegenkommen. Die Spanier und Portugiesen hatten ihre eigenen Probleme mit den Moslems, Friedrich II. erlaubte in seinen Ländern keine Mobilisierung für den Kampf in Outremer, da er seine Kräfte für den Krieg in Italien benötigte, und der englische König Heinrich III. beschwerte sich sowieso über die Privilegien der Templer und neidete ihnen ihren Reichtum. Es gab eine Ausnahme: Ludwig IX., König von

Frankreich, der schon zu Lebzeiten «Ludwig der Heilige» genannt wurde und der es als seine Pflicht erachtete, sich auch um das Heilige Land verdient zu machen.

Anscheinend hielt er nichts von christlicher Demut und war mit seinem Ehrentitel durchaus einverstanden. Man tut ihm vermutlich kein allzu großes Unrecht, wenn man sich ihn vorstellt wie einen Angehörigen unserer modernen Sekten und Proselytenmacher: selbstgerecht, aus einem Gefühl der inneren Überlegenheit heraus freundlich bis herablassend gegenüber anderen, aber unduldsam und gnadenlos, wenn es um seine Überzeugung ging.

Damit folgte er einer Familientradition. Unter seinem Großvater Philipp Augustus hatte Anfang des 13. Jahrhunderts der Kreuzzug gegen die Kirche der Katharer in Südfrankreich begonnen. Sein Vater, Ludwig VIII., starb nach nur dreijähriger Herrschaft auf der Rückkehr von einem Feldzug gegen die Albigenser, eine weitere der nach Roms Meinung ketzerischen Kirchen. Damit geriet Ludwig IX. ganz unter den Einfluß seiner Mutter Blanche. Diese, eine Tochter des Königs von Kastilien, muß eine äußerst dominante Persönlichkeit gewesen sein. Sie war bis zur Volljährigkeit ihres Sohnes Regentin und versah auch während des siebten Kreuzzugs die Regierungsgeschäfte für ihn.

1244 beendete Ludwig IX. den Feldzug gegen seine Landsleute im Süden mit der Eroberung der Katharerfestung Montségur. Okzitanien war bis zu Beginn des 13. Jahrhunderts ein Land gewesen, das zwar nominell dem französischen König unterstand, faktisch jedoch unabhängig war. Die Bindung des Südens an die französische Krone wurde durch die Heirat Ludwigs mit Margarete de Provence und die seines Bruders Karl mit Margaretes Schwester Beatrice zementiert.

Im September 1248 trafen König Ludwig und sein Gefolge in Zypern ein. Dort beriet er sich mit den zypriotischen und syrischen Baronen, dem aus England eingetroffenen Heer sowie den Großmeistern der Ritterorden über die weitere Vorgehensweise. Die Templer standen in Verbindung mit den Ayubiten, um deren interne Streitigkeiten für die Franken auszunützen. Nach der Eroberung von Damaskus durch den Sultan von Kairo hatten Templer und Hospitaliter gemeinsam versucht, Ayub zur Herausgabe der Gefangenen zu bewegen. Ayub war dazu nur unter der Bedingung bereit, daß sie Kaiser Friedrich II. dazu bewegten, sich dieser Bitte anzuschließen. Beide Orden waren nicht gewillt, dem Kaiser die Genugtuung zu geben, auf seine Hilfe angewiesen zu sein.

Papst Innozenz IV. hatte von Ayub eine ähnliche Antwort erhalten, als er wegen eines Waffenstillstands anfragte: Verhandlungen könnten laut dem Vertrag von 1229 nur über Friedrich laufen. Die Person des Staufers war für die Sarazenen ein willkommener Keil, den sie in die Front der Kreuzritter treiben konnten. Ludwig verbot den Templern, die Verhandlungen weiterzuführen. Es ging ihm dabei nicht um die Konditionen, seiner Meinung nach war es für einen christlichen Herrscher a priori ungehörig, mit den Ungläubigen überhaupt in Kontakt zu treten. Er selbst hoffte auf eine Art Rückendeckung durch die christlichen Mongolen und sandte 1249 André de Longjumeau als Botschafter dorthin. Ludwigs Meinung nach waren die Mongolen alle christliche Nestorianer und bedurften nur mehr einer Ermutigung, um samt und sonders das abendländische Christentum anzunehmen. Longjumeau kehrte 1251 zurück, ohne etwas erreicht zu haben.[19]

In Zypern wurde beschlossen, wiederum Ägypten anzugreifen. Anfang Juni 1249 trafen die Kreuzritter vor Damietta ein. Sie fanden die Stadt fast ohne Verteidiger. Sultan Ayub wollte Verhandlungen aufnehmen und war bereit, Damietta gegen Jerusalem einzutauschen, aber Ludwig lehnte dies ab.

Bei der Schlacht von Fariskur am 7. Dezember 1249 mißachteten die Templer die Anordnungen des Königs und verfolgten die flüchtende ägyptische Kavallerie. Vermutlich trug ihnen das wieder eine Rüge ein, denn im Februar 1250 handelten sie vorsichtiger. Sie versuchten vergeblich, den Grafen von

Artois, einen Bruder des Königs, davon abzuhalten, die königlichen Instruktionen zu mißachten. Das Heer war dabei, in einzelnen Kontingenten vor Mansura einen Kanal zu überqueren, und Ludwig hatte befohlen, mit dem Weitermarsch zu warten, bis alle am anderen Ufer waren. Der Graf von Artois, der mit den Templern die Vorhut bildete, bestand darauf, mit seiner Truppe und den Templern umgehend eine Attacke zu starten.

Der Überraschungsangriff gelang, das ägyptische Lager wurde erobert. Erneut baten ihn die Templer, nun auf den König zu warten. Der Graf von Artois warf ihnen vor, daß Outremer schon längst christlich wäre, wenn die Templer dies gewollt hätten, und bestand darauf, unverzüglich Mansura selbst anzugreifen. Wieder fühlten sich die Templer verpflichtet, ihm zu folgen, um nicht als Feiglinge und Verräter an der christlichen Sache hingestellt zu werden. Der Mamelukkenemir Baibar ließ die fränkische Kavallerie durch die offenen Tore bis zur Zitadelle vorstürmen. Dort konnten sie ihre Pferde nicht mehr wenden und wurden von der ägyptischen Armee eingekesselt und niedergemetzelt. Nur fünf von den zweihundertneunzig Templern überlebten. Sie hatten bewiesen, daß sie bereit waren, ihr Leben für den Ruf des Tempels bedingungslos einzusetzen. Es ist zu hoffen, daß ihnen der Graf von Artois im Jenseits Abbitte leistete, denn auch er kam in den Kampfeshandlungen um.

Erst ein Teil des christlichen Heeres hatte in der Zwischenzeit den Fluß überquert, die Nachhut unter dem Herzog der Bourgogne war noch auf dem jenseitigen Ufer, und Baibar nützte diese Situation für einen Gegenangriff aus. Es gelang Ludwig schließlich, nach schweren Verlusten seine Armee wieder zu sammeln und die Ägypter zurückzutreiben.

Ein Teil des christlichen Heeres war zerschlagen, und laufende Angriffe setzten den verbliebenen Truppen stark zu. Die Templer hatten nicht nur den gesamten Couvent, sondern auch ihren Großmeister, Guillaume de Sonnac, verloren. In die Enge getrieben, sah sich Ludwig nun gezwungen, mit Waffenstillstands-Verhandlungen zu beginnen. Aber der Vorschlag von fränkischer Seite, Damietta gegen Jerusalem einzutauschen, wurde jetzt nicht mehr angenommen; die Ägypter hatten die fatale Lage ihrer Gegner erkannt.

Schließlich geriet das gesamte fränkische Heer in Gefangenschaft, einschließlich des Königs, der sich geweigert hatte, seine Soldaten im Stich zu lassen. Zuerst forderte der Sultan nicht nur die Aufgabe Damiettas, sondern ganz Syriens. Dies konnte Ludwig mit dem Hinweis darauf abwenden, daß ihm diese Gebiete gar nicht gehörten: König von Jerusalem war nominell nach wie vor Konrad, der Sohn Friedrichs II. und Yolandas von Jerusalem.

Die Palastrevolution in Ägypten, auf die Ludwig schon nach dem Tod Sultan Ayubs im November 1249 gehofft hatte, brach jetzt aus: Die Mamelucken erhoben sich gegen Ayubs Nachfolger Turanshah und machten ihren Anführer Aibek zum neuen Sultan. Schließlich akzeptierten die Mamelucken die mit Turanshah vereinbarten Bedingungen: Aufgabe Damiettas und Freigabe der Gefangenen gegen ein riesiges Lösegeld von fünfhunderttausend Pfund.

Als die Kasse des Königs erschöpft war, wurde die Besatzung des templerischen Schatzschiffes mit Gewalt gezwungen, die Geldtruhen zu öffnen. Der Marschall, Renaud de Vichier, sowie der Schatzmeister hatten keine Berechtigung, nach dem Tod des Großmeisters ihnen anvertraute Gelder herauszugeben. Als Renaud de Vichier nachgab, tat er dies mit dem Hinweis darauf, daß die Templer für den König in Akkon noch einen Teil seines Schatzes aufbewahrten und sich notfalls an diesem schadlos halten könnten.[20] Eine andere Interpretation seines Verhaltens lautet, er habe lediglich sein Gesicht wahren müssen und sei in Wirklichkeit mehr als willig gewesen, dem König zur Verfügung zu stehen.

Die nachfolgenden Ereignisse machen diese Interpretation plausibel. König Ludwig, der sonst sehr leicht zu kränken war, nahm den Widerstand nicht übel, sondern verwandte sich im Gegenteil später beim Papst mit Erfolg für die Wahl von Renaud de Vichier zum neuen Großmeister.

Nach seiner Freilassung beschloß Ludwig, in Outremer zu bleiben. Niemand rechnete mehr damit, daß der eigentliche Thronerbe Konrad je nach Übersee kommen würde, und der Regent Heinrich von Zypern hatte keine Einwände dagegen, daß Ludwig sich um Outremer kümmerte, wo er unter anderem die Küstenstädte befestigen ließ.

Um 1250 hatten die Franken wiederum die Möglichkeit, Vorteile aus dem Zerwürfnis zwischen Damaskus und Kairo zu ziehen. Ludwig setzte auf die Mamelucken in Ägypten, die ihm die Rückgabe des ganzen Königreiches bis zum Jordan versprachen. Die Templer waren für eine Allianz mit dem alten Verbündeten Damaskus, dessen Bewohner inzwischen die ägyptische Herrschaft wieder abgeschüttelt hatten, und weigerten sich lange, ihre Beziehungen zu diesem bewährten Bündnispartner abzubrechen. Erst unter Zwang gaben sie nach. 1252 wurde zwischen den Franken und Ägyptern ein Friedensvertrag auf fünfzehn Jahre unterzeichnet und die entsprechenden territorialen Abgrenzungen getroffen.

Die Templer sollten jedoch wiederum recht behalten. Als der Sultan von Damaskus von den Plänen Ludwigs über eine Verbrüderung mit Kairo hörte, wandte er sich an den Kalifen von Bagdad und bat um Vermittlung. Der Kalif war nicht nur, wie der Sultan, ein weltliches Oberhaupt, sondern hatte auch geistliche Autorität, da er als Nachfolger des Propheten galt. In Bagdad war man sich auch gleichzeitig der drohenden Gefahr aus dem Osten durch die Mongolen bewußt, und es gelang dem Kalifen, Damaskus und Kairo zu einigen, auch gegen die Franken. Im April 1253 wurde der Vertrag zwischen den beiden islamischen Mächten unterzeichnet, der Vertrag zwischen Mamelucken und Franken war damit Makulatur.

Während die Lage der Franken in Outremer immer kritischer wurde, hatte der Papst nichts Besseres zu tun, als zu einem Kreuzzug gegen Konrad von Hohenstaufen in Italien aufzurufen. Dieser hatte nicht nur die Krone seines Vaters Friedrich, sondern auch seinen Streit mit dem Papsttum geerbt.

König Ludwig war inzwischen in der Wahl seiner Bündnispartner nicht mehr so wählerisch: Er hoffte nunmehr, die Feindschaft zwischen den beiden islamischen Hauptströmungen der Sunniten und Schiiten zu seinen eigenen Gunsten ausnützen zu können – und schloß einen Pakt auf gegenseitige Verteidigung mit den Assassinen!

Gleichzeitig schickte er zwei weitere Botschafter zu einem mongolischen Prinzen, der zum Christentum übergetreten war.

Renaud de Vichier, den neuen Großmeister der Templer, und seinen Marschall, Hugues de Jouy, zwang er zur öffentlichen Abbitte, da die Templer wiederum geheime Verhandlungen mit dem Sultan von Damaskus geführt hatten. Ludwigs Chronist Joinville erzählt genüßlich, wie der Großmeister und seine Begleitung zu Fuß durch das ganze königliche Lager marschieren mußten, wo jeder, auch der gemeine Soldat, diese Demütigung des Tempels mitbekommen konnte. Hugues de Jouy wurde sogar des Landes verwiesen. Kurz darauf – war es aus Trotz oder aufgrund seiner Fähigkeiten? – wählten ihn die Brüder zum Meister der Provinzen Aragon und Katalonien.

Es gibt Hinweise, daß die Templer ihrem Großmeister das Eingehen auf die Bedingungen Ludwigs nicht verziehen haben: Laut dem französischen Chronisten, der den Bericht Joinvilles weiterführte, starb Renaud de Vichier im Jahre 1257. Bereits 1252 war jedoch ein Nachfolger als Großmeister im Amt, Thomas Béraud. Wurde Renaud de Vichier, der aufgrund von Ludwigs Einfluß Großmeister geworden war, als Speichellecker gebrandmarkt und zum Abdanken gezwungen?

1254 zwangen innenpolitische Schwierigkeiten in Frankreich den König heimzukehren. Die drohende Gefahr durch die Mongolen veranlaßten Damaskus und Kairo, Friedensverträge mit den Franken zu schließen, aber nach der Abreise des Königs entwickelte sich die Konkurrenz der Seestädte Genua, Pisa und

Venedig zu offenen Feindseligkeiten in Outremer, bei denen alle Partei ergriffen: Die Templer und Deutschherren standen auf der Seite der Venezianer, und die Hospitaliter unterstützten demzufolge die Genueser. Auch die Barone wurden in die Streitigkeiten verwickelt.

Schuld daran war auch die Frage nach der Thronfolge. 1258 waren die Barone es leid, weiter auf Konrad von Hohenstaufen zu warten; Outremer brauchte nicht nur einen Regenten, sondern eine Leitfigur in Gestalt eines Königs. Sie waren dafür, Hugo von Zypern, dessen Mutter Alice eine Tochter Isabellas aus ihrer Ehe mit Henri de Champagne war, zum König zu krönen. Darin wurden sie von den Pisanern, den Venezianern und den Templern unterstützt. Die Hospitaliter und Genueser ergriffen die Gegenpartei und hielten an der Thronfolge Konrads fest.

Die Auseinandersetzungen wirkten sich nicht nur in Outremer, sondern auch auf Konstantinopel aus: Die Venezianer hatten Niederlassungen in Konstantinopel, das zu diesem Zeitpunkt immer noch die Hauptstadt des Kreuzritterstaates Romania war. Die Genueser unterstützten daraufhin den griechischen Gegenkaiser Michael Paläologos von Nicäa. 1261 eroberten die griechischen und genuesischen Truppen Konstantinopel für die Byzantiner zurück.

Templer und Hospitaliter steigerten sich immer mehr in ihren Zwist hinein, das Klima zwischen den fränkischen Baronen im Königreich Jerusalem war vergiftet, und die Deutschherren begannen, sich aus Outremer zurückzuziehen. Sie besaßen schon seit einem Vierteljahrhundert ausgedehnte Niederlassungen im Ostseeraum und konzentrierten sich nun auf die Eroberung des Umlandes. Diese Bemühungen um die Niederwerfung europäischer Völker durch einen Ritterorden wurden als eine Art Kreuzzug gegen die russisch-orthodoxen Stadtstaaten und die heidnische Bevölkerung legitimiert.

1257 eroberte eine unter christlichem Einfluß stehende Mongolenhorde unter ihrem Anführer Hulagu Persien, wobei sie die Niederlassungen der Assassinen zerstörten und diese zu Tausenden massakrierten. 1258 wurde Bagdad eingenommen. Die Einwohner, einschließlich des Kalifen, wurden getötet. Nur die christlichen Gemeinden wurden in allen eroberten Städten verschont.

1259 fielen die Mongolen in Syrien ein. Während die christlichen Staaten Armenien, Georgien und Antiochia es schon lange vorgezogen hatten, sich den Mongolen als Vasallen anzubieten, wollten die fränkischen Barone sich darauf nicht einlassen. Die Moslems kannten sie schließlich seit fast zweihundert Jahren, während dieses merkwürdige Reitervolk aus dem Osten etwas Unheimliches an sich hatte.

Die Barone in Syrien übersahen dabei die Tatsache, daß der Islam keine berechenbare Größe mehr war. Die Mamelukkensultane hatten keinerlei moralische Bedenken, Verträge zu brechen oder Versprechen, die sie für den Fall einer Kapitulation gegeben hatten, nicht einzuhalten. Loyalität gab es bei den Mamelucken nicht einmal den eigenen Sultanen gegenüber – der Stärkste wurde jeweils Nachfolger, wobei die Vorgänger durchaus nicht immer eines natürlichen Todes starben –, geschweige denn gegenüber Ungläubigen.

Und wenn die Franken geglaubt hatten, sich durch eine Schaukelpolitik zwischen den Mongolen und den Mamelucken als Zünglein an der Waage und lachender Dritter profilieren zu können, so arbeitete die Zeit gegen sie.

Am 3. September 1260 kam es bei Ain Jalud zur Entscheidungsschlacht zwischen den Mamelucken auf der einen Seite und den Mongolen und ihren Verbündeten auf der anderen. Die Mongolen wurden besiegt, da durch den Tod des Großkhans Mongku und die Streitigkeiten um die Vorherrschaft ein Teil ihrer Truppen anderweitig gebunden war.

Auf dem Rückweg nach Kairo wurde der Mameluckensultan Qutuz von einem seiner Emire, Baibar, umgebracht. Dieser konsolidierte seine Herrschaft, indem er einen angeblichen Verwandten des Abbasiden-Kalifen von Bagdad in Kairo etablierte. Kairo sollte nicht nur das weltliche, sondern auch das religiöse Zentrum des Islam werden. Bagdad selbst war von den Mongolen erobert worden.

1265 begann Baibar mit der Eroberung Outremers: Caesarea, Haifa, die Hospitaliterfestung Arsuf fielen, nur die gewaltige Templerburg von Athlit hielt ihm stand. Manfred, der Stauferkönig von Sizilien, ein Bastardsohn Friedrichs II., hielt die Familientradition aufrecht und gratulierte dem Sultan.

1266 fiel Baibar in Galiläa ein. Die Templerfestung Saphet konnte er 1268 durch Verrat an sich reißen, auch Toron brachte er fast kampflos in seine Gewalt. In Saphet ließ Baibar die gesamte Garnison hinrichten, einige unter den Templern wurden vorher entsetzlich gefoltert; die Haut wurde ihnen bei lebendigem Leib abgezogen, dann wurden sie mit Ruten gepeitscht.

Ein anderes islamisches Heer besiegte in der Zwischenzeit Armenien und verwüstete Kilikien. 1268 wurden Jaffa und Beaufort erobert, sogar Antiochia fiel. Darauf gaben die Templer ihre armenischen Festungen Baghras, Gastein und La Roche de Bussole auf – sie hatten kein Hinterland mehr, und die Besatzungen wurden dringend anderswo gebraucht.

Während die Moslems die Festungen eine um die andere wie morsche Zähne aus dem Verteidigungswall Outremers herausbrachen, führten die Christen, allen voran die Venezianer, untereinander einen Kleinkrieg um den Hafen von Akkon. Und die fränkischen Barone konnten sich mit den Templern nicht einigen, wer nun der rechtmäßige Thronfolger des Königreiches Jerusalem war, ein Reich, das es schon beinahe nicht mehr gab.

Die Prätendentin der Templer war Maria, eine Enkelin Isabellas und Amalrichs von Lusignan, während die Barone für Hugo von Zypern stimmten.

1270 plante König Ludwig von Frankreich einen weiteren Kreuzzug. Er hatte die Entwicklung in Outremer immer verfolgt und auch bei seiner Abreise ein Truppenkontingent zurückgelassen und dieses finanziell unterstützt.

In Deutschland wurde der Kreuzzug von dem Dominikanermönch Albertus gepredigt, einer rätselhaften Gestalt. Er wurde 1622 vom Papst seliggesprochen, aber während er bei manchen Autoren als «Magnus», der Große, bezeichnet wird, nennen ihn andere «Magus» – den Zauberer. In Paris wurde ein Platz nach ihm benannt – la Place Maubert, laut Gérard de Sède eine Zusammenziehung von mauvais Albert – der böse Albert.

Durch die Einflüsterungen von Ludwigs Bruder Karl von Anjou wurde dieser Kreuzzug umgelenkt – nach Tunis. Karl war der Kandidat des Papsttums für den Thron von Sizilien. Als Konrad von Hohenstaufen starb, war sein Sohn und Nachfolger Konradin noch ein Kind, und 1258 übernahm sein Onkel Manfred, der bereits erwähnte illegitime Sohn Friedrichs II., die Regierung. 1265 wurde Manfred bei der Schlacht von Benevento von Karl von Anjou besiegt. Drei Jahre später versuchte der sechzehnjährige Konradin, Sizilien für die Staufer zurückzuerobern. Er wurde gefangengenommen und in Neapel enthauptet. Karl hatte Ambitionen auf ein Reich, das sich von Italien über Byzanz nach Syrien erstrecken sollte. Dazu konnte er die Hilfe eines neuen Kreuzfahrerheeres gebrauchen.

König Ludwigs Heer wurde durch das Klima Nordafrikas und Krankheiten aufgerieben, auch er selbst fand vor Tunis den Tod. Auf die Geschehnisse in Outremer hatte dieser Kreuzzug keinen Einfluß mehr.

Das Ende

«De par Dieu et le mieux qu'ils purent» – im Namen Gottes und so gut sie es vermochten –, so verteidigten die Templer den mageren Rest des christlichen Outremer.

1271 ging der Eroberungszug Baibars weiter: Der sogar von Saladin vergeblich belagerte Krak des Chevaliers, Akkar, eine weitere Hospitaliterfestung, Montfort, die Hauptburg der

Deutschherren – nichts konnte ihn aufhalten, auch nicht das Eintreffen eines neuen Kreuzfahrers, des Prinzen Eduard von England. Ein eigentlicher Kreuzzug kam gar nicht mehr zustande. Die Päpste hatten den Begriff durch ständigen Mißbrauch zu sehr ausgehöhlt. Kreuzzüge gegen die Byzantiner, gegen die Hohenstaufen, gegen die Katharer – der Kreuzzugsgedanke war ad absurdum geführt worden.

1285 wurde die Hospitaliterfestung Margat von den Mamelucken erobert. Die Besatzung durfte nach Tripolis abziehen, das jedoch kurz darauf ebenfalls fiel.

Und wie war zu diesem Zeitpunkt das politische Konzept der Templer? Vermutlich hatten sie keines, genausowenig wie die anderen weltlichen und geistlichen Anführer in Outremer. Der Großmeister Guillaume de Beaujeu hatte schon zu Beginn seiner Amtszeit die Neutralität des Ordens verletzt, als er Guy de Giblet, einen Affiliierten des Tempels, gegen Bohemund VII. von Antiochia unterstützte. Dieser ließ daraufhin, 1275, die Templerniederlassung in Tripolis plündern. Diese Auseinandersetzungen mit Waffengewalt zogen sich jahrelang hin, schwächten die Position Outremers und schädigten das Ansehen des Tempels.

Hinzu kam, daß Guillaume de Beaujeu ein Vetter Karls von Anjou war und versuchte, dessen Interessen in Outremer durchzusetzen. Hierbei sollte man jedoch nicht vergessen, daß Karl den Bonus hatte, aktiv etwas gegen die Staufer in Sizilien zu unternehmen. Man darf den Templern nicht übelnehmen, daß sie die Feinde ihrer Feinde als ihre Freunde behandelten.

1277 verkaufte Maria von Antiochia beziehungsweise Lusignan ihre Thronansprüche an Karl von Anjou. Jerusalem wurde ab diesem Zeitpunkt von einem Statthalter Karls verwaltet; der vorherige Regent, Hugo von Zypern, hatte es kurz zuvor sowieso aufgegeben, sich noch länger mit den Templern auf der einen und den Baronen auf der anderen Seite auseinanderzusetzen und war wutentbrannt nach Zypern heimgekehrt.

Im gleichen Jahr starb Sultan Baibar. Das war die letzte Atempause für Outremer. Daß sie sich auf Karl von Anjou nicht verlassen konnten, merkten die Franken 1282, nach der sogenannten Sizilianischen Vesper am 30. März. Ab diesem Zeitpunkt war Karl nur mehr damit beschäftigt, um seine italienischen Besitzungen zu kämpfen. Ein starker und allgemein respektierter König hätte es vielleicht vermocht, die feindlichen Lager innerhalb der Christenheit zu einigen; einem königlichen Statthalter, selbst einem durchaus befähigten, fehlte die charismatische Ausstrahlung.

Ein Gesandter aus dem Orient reiste ab 1287 durch Europa, um für einen neuen Kreuzzug zu werben. Er wurde zwar überall freundlich aufgenommen, aber die erhoffte Unterstützung war lediglich moralischer Art. Dies war zu erwarten. Erstaunlich ist jedoch die Person dieses Botschafters: Es handelte sich um einen christlichen Mongolen.

Die Templer hatten unter den ägyptischen Emiren einen Spion. Er benachrichtigte sie 1289, daß der neue Sultan Quelaun im Begriff war, Tripolis anzugreifen. Der Großmeister Guillaume de Beaujeu warnte die Stadt, aber niemand glaubte ihm, vielleicht nahm man ihm die Unterstützung Guy de Giblets beim Angriff auf die Stadt übel. Die Tripolitaner hatten 1287 genug von den Auseinandersetzungen gehabt, die Herrschaft der Erbin von Antiochia abgeschüttelt und sich nach dem Vorbild Akkons als selbständiges Gemeinwesen etabliert, mit Unterstützung der Genueser. Tripolis fiel 1289.

Leider hatte in Europa niemand Zeit, sich mit dem Schicksal Outremers zu beschäftigen. Der Papst, Frankreich und Italien kämpften um Sizilien, und der englische König versuchte, die Auseinandersetzungen unter den schottischen Adeligen für sich auszunutzen und das Land unter seine Herrschaft zu zwingen.

Nur in Oberitalien griff die Idee eines neuen Volkskreuzzugs um sich. Die Italiener trafen in Akkon ein, betranken sich sinnlos, provozierten gewalttätige Auseinandersetzungen und töteten schließlich jeden, der in ihren Augen wie ein Moslem aussah. Als der Sultan davon hörte, forderte er die Stadt auf, ihm die Schuldigen auszuliefern. Die Templer waren dafür, dieser Aufforderung Folge zu leisten, aber sie wurden überstimmt. Damit hatte der Sultan sogar einen formellen Grund, den Waffenstillstand zu brechen, der nach dem Fall von Tripolis geschlossen worden war.

Wieder erfuhren die Templer durch ihren Spion von seinen Absichten. Als niemand ihm glaubte, sandte der Großmeister auf eigene Verantwortung einen Botschafter nach Kairo. Aber der Hohe Rat der Stadt Akkon beschimpfte ihn als Verräter. 1291 wurde Akkon von den Mamelucken erobert, kurz darauf Tyrus.

Guillaume de Beaujeu starb während der Kampfeshandlungen um Akkon an seinen Verwundungen. Da die Burg der Templer in Akkon eigene Befestigungen hatte, konnte sie noch gehalten werden, als der Rest der Stadt bereits von den Mamelucken erobert worden war. Der Marschall, Pierre de Sevry, nahm mit dem Sultan Übergabeverhandlungen auf. Als die Moslems die in die Burg geflohenen christlichen Frauen belästigten, griffen die Templer aufs neue zu den Waffen. Als der Marschall die Verhandlungen weiterführen wollte, wurden er und sein Gefolge geköpft. Die verbleibenden Templer beschlossen daraufhin, bis aufs äußerste weiterzukämpfen und wurden schließlich unter den Trümmern der Festung begraben. Dabei nahmen sie zweitausend Moslems mit, die bereits eingedrungen waren.

Die Templer sahen sich schließlich gezwungen, ihre Festungen Sidon, Tortosa und Athlit zu räumen, konnten sich aber noch bis 1303 auf der vor Tortosa gelegenen Inselfestung Ruad halten. Von dort aus starteten sie einen letzten Angriff auf das Festland, aber vergeblich.

Das Schicksal der christlichen Kreuzritterstaaten war besiegelt.[21]

Die überlebenden weltlichen Kreuzritter kehrten in ihre Heimatländer zurück, und die verschiedenen Ritterorden suchten neue Wirkungsbereiche. Die Deutschherren hatten bereits im Ostseeraum und Ostpreußen eine neue Aufgabe gefunden. Zu ihrem riesigen Einflußgebiet gehörten Ostpreußen, Estland, Lettland und Litauen, wo sie das Land unterwarfen, christianisierten und kolonisierten, was immer man von diesen Aktivitäten halten will. Ihre Gegner waren jedoch keine ebenbürtigen oder in mancher Beziehung sogar überlegenen Krieger wie die Sarazenen; mit den schlecht ausgerüsteten Einheimischen hatten sie leichtes Spiel. Als der Prozeß gegen die Templer in Gang kam, verlegten sie ihr Hauptquartier definitiv von Venedig nach Marienburg, der gewaltigen Ordensburg im Baltikum, sei es aus praktischen Erwägungen heraus, sei es, weil sie sich selbst so weit wie möglich von der Einflußsphäre anderer kirchlicher oder weltlicher Herren fernhalten wollten.

Johanniter und Templer gingen zuerst nach Zypern, waren dort jedoch nicht sehr angesehen, weil der zypriotische König in Outremer direkt miterlebt hatte, welche negativen Auswirkungen die Auseinandersetzungen der beiden Orden in Outremer gehabt hatten. Im Juli 1295 mußte ihn der Papst, Bonifazius VIII., bitten, die Templer auf der Insel zu behalten, da sie einen idealen Ausgangspunkt für eine eventuelle Rückeroberung des Heiligen Landes bot. Aber die Mißstimmigkeiten zwischen den Templern und dem König waren damit nicht behoben; im März 1298 forderte der Papst den Großmeister auf, mit dem König Frieden zu schließen, er mußte also ständig weiter vermitteln und beschwichtigen.

Die Ironie des Schicksals wollte es, daß die Templer nun auf der Insel, die sie einst König Richard Löwenherz abgekauft hatten, nur mehr geduldet waren. Hätte sich das Schicksal des Ordens anders gestaltet, wenn die Templer Zypern Ende des 12. Jahrhunderts selbst behalten und dort einen Ordensstaat gegründet hätten? Schwerlich, die Insel war relativ dicht besiedelt, und die Templer hätten sich nur mittels starker Garnisonen halten können – diese Männer wurden jedoch in Outremer dringend gebraucht.

Immerhin waren die Templer auf Zypern mächtig genug, um sich bis zum 1. Juni 1308 behaupten zu können, als der Prozeß gegen den Orden bereits begonnen hatte. Erst an diesem Tag ergab sich Aimé d'Oselier, Marschall des Tempels. Diesen Aufschub verdankten sie auch Amalrich, dem Bruder von König Heinrich. Dieser hatte sich 1306 gegen seinen Bruder erhoben und war dabei von den Templern unterstützt worden.

Die Johanniter ließen sich später zuerst in Rhodos, dann in Malta nieder und bemühten sich, die christlichen Handelsrouten im Mittelmeer vor den Seeräubern zu schützen.

Am reichsten und mächtigsten war der Templerorden zu Beginn des 14. Jahrhunderts im Gebiet des heutigen Frankreich, wo er auch zweihundert Jahre früher beim Konzil von Troyes seine offizielle Anerkennung gefunden hatte.

Villeneuve-du-Temple, heute im dritten Arrondissement und damit im Zentrum von Paris gelegen, war damals eine Stadt für sich, außerhalb der Stadtmauern. Diese von den Templern eigens erbaute Hochburg des Ordens ist nicht mehr erhalten. Der Hauptturm wurde 1809 abgerissen. Nur mehr die Namen einiger Straßen und Plätze im Marais – Rue du Temple, Rue Vielle du Temple, Rue des Blancs-Manteaux, Square du Temple – erinnern noch an die ehemaligen souveränen Herren dieses Gebiets.

Trotz ihrer imposanten Besitzungen in Paris seien die Ambitionen der Templer in eine andere Richtung gegangen. Manche meinen, sie hätten die Absicht gehabt, in Okzitanien einen Ordensstaat zu gründen, wie es den Deutschherren im Ostseeraum und den Johannitern in Rhodos und Malta gelang. Diese Pläne wurden vom französischen König hintertrieben. Die Templer hätten dort keine eigentliche Aufgabe gehabt, und der König sah in ihrer Präsenz eine Bedrohung seiner Macht. Denn trotz der großen Verluste unter den Ordensrittern bei den Kämpfen um die letzten Bastionen in Outremer hatte doch ein Rückfluß an hervorragend trainierten und disziplinierten Templern stattgefunden.

Ob die Templer, wie manche meinen, tatsächlich das Projekt einer paneuropäischen Theokratie hatten, mit einem der ihren als Papst, ist fraglich. Im Laufe ihrer Geschichte beschränkten sie sich darauf, die Fäden im Hintergrund zu ziehen, indirekt Macht auszuüben. Ihren finanziellen Möglichkeiten und ihrer militärischen Gewalt hatte kein europäischer Herrscher etwas entgegenzusetzen; stehende Heere gab es noch nicht.

Schon vor dem Rückzug aus Outremer hatten sich die Templer nicht nur um die Pilgerrouten im Heiligen Land gekümmert, sondern auch für die Sicherheit der Pilger auf dem Weg nach Palästina und innerhalb Europas gesorgt. Schließlich gab es noch andere Wallfahrtsstätten, und räuberische Überfälle waren an der Tagesordnung. Spuren ihrer Anwesenheit findet man zum Beispiel noch in den abgelegenen Gebieten Cornwalls: Irische Pilger ließen sich gerne zur Westküste Englands übersetzen und schifften sich in Südengland nach dem Kontinent ein.

Insgesamt besaßen die Templer um die zehntausend Burgen, Komtureien und andere Besitztümer in Europa.

Unter dem Tatzenkreuz

*Die Sanftmut des Lammes und die
Kühnheit des Löwen*

— Sucht Ihr die Gemeinschaft des Templerordens, und wollt Ihr an seinen geistlichen und weltlichen Werken teilhaben?
— Ja, Sire, wenn es Gott gefällt.
— Ihr verlangt viel, und Ihr wißt nicht um die harten Vorschriften, denen der Orden unterworfen ist. Ihr seht uns wohlgewandet und auf schönen Pferden und mit guter Ausrüstung, aber Ihr kennt das strenge Leben des Ordens nicht. Wenn Ihr Euch nämlich auf dieser Seite des Meeres aufzuhalten wünscht, werdet Ihr auf der anderen sein, und umgekehrt, wenn Ihr schlafen wollt, müßt Ihr Euch erheben und aufbrechen, und hungrig bleiben, wenn Ihr lieber gegessen hättet. Ertragt Ihr das, um der Ehre Gottes und des Heiles Eurer Seele willen?
— Ja Sire, wenn es Gott gefällt.
— Wir möchten von Euch wissen, ob Ihr dem katholischen Glauben anhängt, ob Ihr einig seid mit der Römischen Kirche, ob Ihr Euch bereits einem anderen Orden verpflichtet habt oder ob Ihr durch eine Ehe gebunden seid. Seid Ihr Ritter und ehelich geboren? Seid Ihr exkommuniziert worden, durch eigene Schuld oder auf eine andere Weise? Habt Ihr einem Bruder des Tempels etwas versprochen oder ein Geschenk gemacht, um aufgenommen zu werden? Habt Ihr ein körperliches Gebrechen, das Euch davon abhalten könnte, dem Tempel Dienst zu leisten oder Euch am Kampf zu beteiligen? Habt Ihr Schulden?

– Ihr müßt vor Gott und der Jungfrau schwören und versprechen, daß Ihr immer dem Meister des Tempels gehorcht, daß Ihr keusch bleibt und die Sitten und Gebräuche des Tempels einhaltet, daß Ihr kein persönliches Eigentum haben werdet, daß Ihr nur das besitzen werdet, was Euch Eure Vorgesetzten geben, daß Ihr alles tun werdet, was in Eurer Macht steht, um die Eroberungen im Königreich Jerusalem zu schützen, zu erobern, was noch nicht errungen wurde, daß Ihr Euch niemals freiwillig dorthin begebt, wo man Christen zu Unrecht tötet, plündert oder enterbt, und wenn Euch Güter des Tempels anvertraut werden, so schwört Ihr, gut auf sie achtzugeben. Und Ihr werdet ohne die Genehmigung Eurer Vorgesetzten den Orden nicht verlassen, sei es um besserer oder schlechterer Umstände willen.

Dies waren laut den erhaltenen Dokumenten die wichtigsten Bedingungen für die offizielle Aufnahme in den Templerorden, die meist erst nach einer bestimmten Probezeit stattfand. Wenn ein Templer Dinge verschwieg oder abstritt, die seinen Eintritt in den Orden verhindert hätten, so wurde dieser ungültig. Die Templer anerkannten früher eingegangene Bindungen, sei es durch ein Eheversprechen oder die Verpflichtungen einem anderen Orden gegenüber.

Auch die anderen Templer wurden aufgefordert, eventuelle Bedenken gegen den Kandidaten vor seiner Einkleidung vorzubringen. Waren sie mit der Aufnahme des Postulanten in den Orden einverstanden, wurde dieser wieder hereingerufen und mußte nochmals seine Absicht bestätigen, hinfort Leibeigener und Sklave des Tempels zu sein und seinem eigenen Willen abzuschwören. Nach abschließenden Gebeten wurde dem neuen Templer der weiße Mantel umgelegt, der Rezeptor hieß ihn sich erheben und küßte ihn auf den Mund, ebenso die anderen teilnehmenden Tempelritter.

Nachdem sich alle gesetzt hatten, wurden dem neuen Bruder die Statuten und Vorschriften des Tempels vorgelesen.

Der Templerorden war eine streng hierarchisch geführte Vereinigung, bei der die unteren Ränge ihren Vorgesetzten absoluten Gehorsam schuldeten, wie in jedem anderen Kloster auch. Die gewählten Würdenträger vertraten den Orden auch nach außen; innerhalb der Zusammenkünfte, die Kapitel genannt wurden, hatten sie jedoch nur eine Stimme. Dadurch bestand auch eine strenge Kontrolle von unten.

Der Ausdruck Kapitel stammt aus der Verkleinerung des lateinischen Ausdruckes «caput», Kopf, und bezieht sich auf die Sitte, zur Einleitung der Zusammenkünfte kurze Abschnitte, Kapitel, aus der Bibel vorzulesen.

Die wenigsten Komtureien hatten für diese Kapitel einen eigenen Saal, sie fanden daher meist in den Kapellen statt, unter strengem Ausschluß der Öffentlichkeit. Dinge, die in einem Kapitel besprochen wurden, unterlagen absoluter Geheimhaltung. Dazu gehörten nicht nur Verwaltungsfragen, sondern auch disziplinarische Strafen.

Wenn sich ein Bruder eines Vergehens schuldig gemacht hatte, mußte er während der Beratung der anderen den Raum verlassen, man teilte ihm nur den Urteilsspruch mit, nicht jedoch, welcher Ritter eine bestimmte Empfehlung als Strafmaß ausgesprochen hatte.

Die Art der Strafe stand im großen und ganzen fest, aber die Liste der Verfehlungen wurde immer wieder erweitert und geändert, um sich den wechselnden Gegebenheiten anzupassen. Die Höchststrafe, die vom Kapitel ausgesprochen werden konnte, war der Ausschluß aus dem Templerorden, der sogenannte Verlust des Hauses. Sie wurde bei folgenden Vergehen verhängt:

– Weitergabe von Dingen, die im Kapitel besprochen worden waren.
Diese Regel galt nicht nur gegenüber Außenstehenden, sondern auch dann, wenn ein Bruder sich während des Kapitels entfernen mußte, weil über ihn eine Strafe beschlossen wurde.

- Üble Nachrede über einen Mitbruder.
Damit sollte verhindert werden, daß die Einigkeit der Templer eines Hauses durch Gerüchte und Klatsch unterminiert wurde. Die Strafe wurde jedoch meist nur in extremen Fällen verhängt, zum Beispiel, wenn ein Templer einen anderen eines Vergehens beschuldigte, das die Ausweisung nach sich zog. Der Denunziant wurde dann unnachsichtig aus der Gemeinschaft entfernt.
- Diebstahl oder durch Nachlässigkeit verursachter Verlust eines anvertrauten Besitzes.
In Gelddingen waren die Templer extrem streng. Ein Templer durfte nicht einmal Geld mit sich führen. Wenn nach seinem Ableben bare Mittel in seiner Hinterlassenschaft gefunden wurden, hatte er kein Anrecht mehr auf einen Begräbnisplatz unter seinen Brüdern, man verscharrte ihn wie einen Hund.
Schon die unerlaubte leihweise Herausgabe von Geldern des Tempels wurde bestraft, wenn auch nicht mit dem Verlust des Hauses. Der Schuldige mußte seinen Mantel und seine Waffen hergeben und wurde zu niederen Arbeiten verurteilt. Diese Bestimmung erklärt auch, warum manche Templer sich unter bestimmten Umständen von der Mitwelt lieber als geizig beschimpfen ließen, als ohne die Einwilligung ihrer Oberen aus der Kasse des Tempels zu schöpfen, mochte der Anlaß auch gerechtfertigt sein. Noch Jacques de Molay lobte in seiner Schrift gegen eine Verschmelzung des Ordens mit den Hospitalitern die Sparsamkeit der Templer: Um die beiden Orden vereinigen zu können, müßten entweder die Templer sich einen aufwendigeren Lebensstil zulegen oder die Hospitaliter sich einschränken.
- Flucht vor den Sarazenen, wenn der Gonfanon Baucéant, die schwarzweiße Kriegsfahne der Templer, noch aufrecht stand. Als der Großmeister Guillaume de Beaujeu 1291 bei der Schlacht vor Akkon tödlich verwundet weggetragen wurde,

bestand er darauf, den Pfeil in der Wunde an seiner Schulter zu belassen; niemand sollte behaupten können, er habe sich aus Feigheit zurückgezogen.
- Heimliches Verlassen der Komturei bei Nacht sowie das Verschwinden für mehr als zwei Tage.
Diese Bestimmungen hatten mit dem Ansehen des Ordens zu tun. Auch bei Tag wurde das unerlaubte Weggehen aus der Komturei bestraft, wenn auch nicht mit gleicher Strenge.
- Überlaufen zu den Sarazenen.
Darunter verstand man das Verleugnen des christlichen Glaubens, um sein Leben zu retten. Obwohl solche Anschuldigungen immer wieder auftauchten, unter anderem im Zusammenhang mit Gérard de Ridefort, ist kein Fall bekannt, wo ein Templer tatsächlich aufgrund dieser schweren Verfehlung ausgestoßen wurde.
Selbst die im Zorn geäußerte Drohung, zu den Sarazenen zu gehen, wurde bereits bestraft, mit dem Verlust des Ordenskleides für einen bestimmten Zeitraum.
1313 kehrte Bernard de Fuentes, ein ehemaliges Mitglied des Tempels, als Abgesandter des Herrschers von Tunis nach Aragon zurück. Da er jedoch eine christliche Miliz in moslemischen Diensten befehligte, kann ihm vermutlich keine Abtrünnigkeit in Glaubensdingen vorgeworfen werden. Und zu den Moslems war er erst 1310 übergelaufen, als es ihm gelungen war, aus den Kerkern der Inquisition zu fliehen.
- Ketzerei.
Darunter verstand man die ablehnende Haltung gegenüber einzelnen Glaubenssätzen der Kirche.
- Tötung eines Christen.
Hier waren die Templer wesentlich fortschrittlicher als ihre Glaubensgenossen. Die Kreuzritter, welche gegen die Katharer im Languedoc kämpften, machten wahllos alles nieder, ob «Ketzer» oder regulärer Christ.
Es ist der Fall bekannt, daß eine Gruppe Templer, die einen christlichen Kaufmann aus Habgier getötet hatten, durch

vier Städte in Outremer gepeitscht wurden, anschließend kerkerte man sie in Château Pèlerin bis zu ihrem Lebensende ein.
- Simonie.
  Darunter verstand man allgemein im kanonischen Recht den Verkauf von Kirchenämtern und Pfründen. Auf den Templerorden bezogen, bedeutete sie die Aufnahme eines Mannes gegen Geld. Nicht umsonst wurde der Bewerber bei der Aufnahme gefragt, ob er sich den Eintritt in den Orden hatte erkaufen wollen.
- Sodomie.
  Im Klartext: Homosexualität.

Es ist auffallend, daß einige der Vergehen, für welche die Templer selbst die Verstoßung aus dem Orden vorsahen, später als offizielle Anklage gegen sie vorgebracht wurden.

Die nächste Strafe bestand im Verlust des Ordenskleides für einen bestimmten Zeitraum, maximal jedoch für ein Jahr und einen Tag. Sie wurde unter anderem gegen Brüder verhängt, die Beziehungen zu Frauen eingegangen waren, einen Sklaven umgebracht oder verloren hatten oder im Zorn ein Lasttier getötet hatten. Sklaverei war, wie die Unfreiheit und Hörigkeit in Europa, mit dem mittelalterlichen Feudalgefüge und damit auch mit der Struktur des Tempels durchaus vereinbar. Wenn die Templer eine höhere Strafe für den Verlust eines Pferdes als für den eines Sklaven vorsahen, so war dies im Einklang mit der Denkweise ihrer Epoche.

Während der Zeit seiner Buße trug der Bruder ein schwarzes Gewand, aber ohne Kreuz, auch wurden ihm die niedrigsten Arbeiten zugewiesen. Im Refektorium mußte er sein karges Essen – mit dieser Strafe war Fasten verbunden –, auf dem Boden sitzend und getrennt von den anderen, einnehmen.

Wenn das Kapitel Gnade vor Recht ergehen lassen wollte, konnte es dem Bruder während seiner Buße den Entzug der weißen Ordenskleidung und des Mantels erlassen.

Auch die weiteren Strafen bestanden in Fasttagen und in der Verrichtung von schweren und schmutzigen Arbeiten für einen bestimmten Zeitraum. Jede der Strafen war mit einer körperlichen Züchtigung im Kapitel verbunden, während der die anwesenden Brüder das Vaterunser rezitierten.

Aus diesen Strafen ersieht man, daß sich der sprichwörtliche Stolz der Templer nur nach außen richtete. Die Regel sorgte unnachgiebig dafür, daß die mönchischen Gebote von Armut, Keuschheit und speziell Gehorsam eingehalten wurden. Wer dagegen verstieß, wurde durch Demütigung zur Einsicht gezwungen.

Es gab drei verschiedene Arten von Kapiteln. Wo immer mehr als vier Brüder zusammenlebten, trafen sie sich einmal in der Woche, meist am Sonntag, um die laufenden Angelegenheiten zu besprechen, Verwaltungsfragen zu lösen und kleinere Verstöße gegen die Regel zu ahnden. Das waren die normalen Kapitel der unteren Ebene.[22]

Die nächsthöhere Stufe, das Provinzkapitel, wurde von den Visiteurs oder Komturen angeregt, wenn konkret ein Anlaß bestand. Laut manchen Unterlagen wurden sie einmal pro Jahr anberaumt, und die notwendigen Entscheidungen innerhalb der jeweiligen Provinz wurden bis zu diesem Termin aufgeschoben.

Die höchste Autorität des Ordens war das Generalkapitel. Es bestand aus dem Großmeister und seinem Rat, den Provinzverwaltern und speziell ausgewählten Tempelrittern; Sergeanten waren ursprünglich nicht zugelassen. Solange der Großmeister in Outremer residierte, versammelte sich das Kapitel dort. Zeitweise soll es in regelmäßigen Abständen alle fünf Jahre abgehalten worden sein, wobei auch die Würdenträger aus Europa eingeladen wurden.

Nur das Generalkapitel durfte die Statuten und die inneren Strukturen des Ordens ändern oder die Ernennung von Würdenträgern beschließen. Der Großmeister konnte zwar provisorisch einen Visiteur bestimmen, aber dieser mußte vom nächsten Kapitel bestätigt werden. Auch strittige Fragen, die in den Provinzen aufgetaucht waren, wurden im Generalkapitel diskutiert. Hier konnte auch gegen Beschlüsse der niederen Kapitel Berufung eingelegt werden. Erzielte man im Generalkapitel keine Einigung, war der Papst die letzte Instanz für ungeklärte Fälle.

Alle Templer schuldeten dem Großmeister beziehungsweise seinem Stellvertreter absoluten Gehorsam. Laut einer erhaltenen Version der Statuten mußte er, zumindest solange Jerusalem beziehungsweise Outremer noch in christlicher Hand waren, auch dort gewählt werden. Bis 1184 gaben alle Brüder des Generalkapitels ihre Stimme ab, nach diesem Zeitpunkt wurde der Großmeister von einem Kollegium von dreizehn Wahlmännern gewählt, das aus acht Tempelrittern, vier Sergeanten und einem Kaplan bestand.

Die Besatzung des Stammhauses in Jerusalem, bestehend aus zirka dreihundert Rittern und einer entsprechenden Anzahl von Sergeanten, wurde «Couvent» genannt. Dieser Couvent war die Sturmtruppe der Templer, die als erste in die Kampfeshandlungen verwickelt wurde. Oft liest man, daß bei einer bestimmten Schlacht um die dreihundert Templer umgekommen seien: Mehr nahmen nicht daran teil. Beispiele hierfür sind die Schlachten von Banyas 1156, von Kresson und Hattin unter Gérard de Ridefort sowie von Gaza im Jahre 1244. Gegebenenfalls mußte der Couvent wieder aufgefüllt werden, durch neue Rekruten aus Europa oder Versetzung von den Garnisonen der anderen Festungen in Outremer.

Zum Großmeister wurde bisweilen ein früherer Seneschall gewählt, die bekanntesten sind André de Montbard, einer der Mitbegründer des Ordens, sowie Gérard de Ridefort. Konnte man sich nicht auf einen der Würdenträger im Heiligen Land als neuen Großmeister einigen, fiel die Wahl gerne auf einen der spanischen Provinzmeister. Damit war gewährleistet, daß der neue Meister über ausreichende Kampfeserfahrung verfügte. Es gibt wenige Großmeister, die katastrophale taktische oder strategische Fehlentscheidungen trafen, die schlimmste Ausnahme ist Gérard de Ridefort.

Die Siegel der Großmeister haben mehrere Grundmuster:

- Am häufigsten findet man das Tatzenkreuz, bisweilen mit Fuß.[23]
- Das bekannteste, weil berüchtigste Siegel ist die Darstellung von zwei Templern auf einem Pferd. Für dieses Symbol gibt es verschiedene und äußerst kontroverse Erklärungen. Es wird von manchen als Sinnbild für die ursprüngliche Armut der Templer gesehen, die sich selbst als «pauperes» bezeichneten und laut der ursprünglichen Regel von Troyes zu zweit aus einem Teller zu essen pflegten. Andere betrachten es als einen Hinweis auf die doppelte Aufgabe der Templer, kriegerischer und geistlicher Art. Zum Zeitpunkt des Prozesses wurde es als homoerotische Anspielung ausgelegt.
- Das seltenste Siegel ist das Agnus Dei, bisweilen in Verbindung mit einer Lanze, eventuell in Anspielung auf das zeitgenössische Lob der Templer, daß sie im Krieg wie Löwen seien, aber wie Lämmer im Frieden. «Sie vereinigen in sich die Sanftmut des Lammes mit der Kühnheit des Löwen, so daß man nicht weiß, ob man sie Mönche oder Ritter nennen soll», so sagte schon der heilige Bernhard. Die Abbildung eines solchen Siegels befindet sich auch in der Templerkirche von Laon, in der Mitte des Kuppeldaches.

Der Großmeister hatte Anrecht auf mindestens vier Reittiere – bisweilen wird ein Araber-Hengst ausdrücklich erwähnt – und durfte teilweise wertvolle Geschenke machen, deren Umfang jedoch von den Statuten genau definiert wurde. Er hatte ein großes Gefolge, laut einer der erhaltenen Regeln unter anderem bestehend aus einem Kaplan, einem sarazenischen Sekretär mit Dolmetscherfunktion, zwei Rittern von Rang, die ihm in allen Gefahren zu folgen hatten, Edelknappen und Bediensteten. Trotz seiner Vorrangstellung war seine Macht durch das Kapitel eingeschränkt. Vor allem hatte er nicht die Möglichkeit, die Statuten eigenmächtig zu ändern, um seine eigene Einflußsphäre zu erweitern.

Der Großmeister durfte sich nicht aus der Gemeinschaft ausschließen; wenn er nicht gerade ermüdet von einem Ritt zurückkam, sich einem Aderlaß unterzogen hatte oder Gäste hatte, mit denen er etwas besprechen mußte, nahm er die Mahlzeiten mit den anderen Rittern im Refektorium ein. Bei Krankheit durfte er jedoch in seinem eigenen Zimmer gepflegt werden. Dies war schon deswegen notwendig, weil er auch im Krankenstand Besucher empfing und mit diesen verhandeln mußte. Der Großmeister Armand de Périgord besprach auf dem Krankenbett mit dem Bischof von Marseille den Wiederaufbau der Festung Saphet.

Zum Zeichen der Demut wurde die Kleidung, die ein Großmeister abgelegt hatte, an Aussätzige weitergegeben. Der Großmeister hatte zwar das Recht, einem Mitbruder ein Kleidungsstück zu schenken, aber in diesem Fall mußte er dann ein anderes als Almosen einem Aussätzigen überreichen. Es ist nicht auszuschließen, daß er diese beiden Funktionen bisweilen verbinden konnte und einem vom Aussatz befallenen Mitbruder ein Gewand überließ.

In den letzten Jahren des Tempels, als der Großmeister in Paris logierte, galt er als den Prinzen von Geblüt ebenbürtig, und in England gehörte der Meister des Tempels dem Parlament an. Meister Aymeric de Saint-Maur war Berater von König John Lackland und gehörte im Jahre 1215 zu den Mitunterzeichnern der Magna Charta.

Es ist keine einheitliche offizielle Liste der templerischen Großmeister erhalten; man kann nur versuchen, eine solche anhand der noch existierenden Unterlagen zu rekonstruieren.[24] Offiziell soll der Tempel zwischen 1118 und 1307 zweiundzwanzig Großmeister gehabt haben. Wenn man jedoch die von verschiedenen Autoren genannten Namen zusammenzählt, kommt man auf eine wesentlich höhere Zahl.

Beschränkt man sich hingegen auf die Namen, bei denen allgemein Einigkeit besteht, daß es sich tatsächlich um einen Großmeister gehandelt hat, sind es entschieden weniger als zweiundzwanzig.

Der erste Großmeister des Ordens war *Hugues de Payens*, es ist jedoch nicht sicher, ob er sein Amt bis 1131 oder bis 1136 innehatte.

Man weiß überhaupt nicht sehr viel über ihn, nicht einmal, ob er in Payns in der Champagne geboren wurde, wie Guillaume de Tyr behauptet, oder im Jahre 1070 in der Ardèche, wo ein entsprechendes Dokument gefunden wurde. Vielleicht war er vor der Gründung des Ordens verheiratet und hatte Familie. Thibaud, der Abt von Sainte-Colombe-de-Sens, wird bisweilen als sein Sohn bezeichnet; es könnte sich jedoch genauso um seinen Neffen handeln, den Sohn seiner Schwester Adelaide und ihres Gemahls Hugues de Chaumont. Diesen soll er wie einen Sohn geliebt haben.

Auf jeden Fall kann man davon ausgehen, daß Hugues de Payens 1118, als er von den ersten Brüdern zum Großmeister gewählt wurde, kein junger Mann mehr war. Es kam im übrigen auch später häufig vor, daß ein Ritter erst in reiferem Alter dem Tempel beitrat.

Der zweite Großmeister, *Robert de Craon*, bisweilen auch Pierre de Craon oder nach seinem Großvater «le Bourguignon» genannt, stammte aus dem Hochadel Frankreichs und war sogar mit dem Königshaus der Kapetinger verwandt. Es gibt Anzeichen, daß er sich aus Enttäuschung dem Orden zuwandte: Vermutlich zerschlugen sich seine Heiratspläne mit einer reichen Erbin. Daraufhin begab er sich nach Palästina und trat gegen 1126 dem Templerorden bei. Schon kurz darauf muß er zum Seneschall gewählt worden sein, auf jeden Fall kehrte er als solcher in den dreißiger Jahren nach Europa zurück, um dort Verstärkung anzufordern.

Auch von Robert de Craon weiß man mit Sicherheit, daß er Großmeister war, ihm wurde von Papst Innozenz II. am

23. März 1139 die Bulle «Omne datum optimum» gewidmet. Vermutlich sind zahlreiche Anregungen hierzu von Robert de Craon selbst ausgegangen. Während seiner Amtszeit entwickelte sich die interne Gesetzgebung des Ordens, er ließ auch die Regeln ins Französische übersetzen, mit einigen Änderungen. Laut Guillaume de Tyr schloß er sich 1148 der Armee Ludwigs VII. an, anderen Chroniken zufolge war sein Nachfolger bereits 1147 eingesetzt worden.

Dabei könnte es sich laut manchen Berichten um *Evrard des Barres* gehandelt haben. Guillaume de Tyr erwähnt ihn jedoch nicht als Großmeister. Evrard des Barres war auf jeden Fall Präzeptor von Frankreich und hielt am 14. Mai 1150 ein Generalkapitel in Paris ab. Er wird auch im Zusammenhang mit dem zweiten Kreuzzug und der Führung des französischen Heeres durch Kleinasien erwähnt.

Als er 1174 starb, war er Mönch im Zisterzienserkloster Clairvaux. Wir wissen nicht, ob er sich freiwillig zurückzog oder aufgrund einer disziplinarischen Strafe vom Templerorden ausgeschlossen wurde.

Bernard de Tremblay oder Trémelay wurde 1151 Großmeister und soll Nachfolger eines gewissen *Hugues* gewesen sein. In anderen Listen wird als sein Vorgänger *Robert de Bourgogne* genannt, womit Robert de Craon gemeint wäre. Es ist sicher, daß de Tremblay im August 1153 bei der Schlacht von Askalon starb, zusammen mit ungefähr vierzig weiteren Brüdern. Sie hatten sich durch eine Bresche in der Stadtmauer gekämpft, fanden sich plötzlich vom Rest des Heeres isoliert und wurden niedergemetzelt.

Über die nächsten beiden Jahre, bis zur Wahl von Bertrand de Blanchefort, gibt es widersprüchliche Hinweise. Der Großmeister war entweder *Guillaume de Chamaleilles* oder ein gewisser *Evrard*, also Evrard des Barres; vielleicht folgten sie auch dicht aufeinander. Alternativ wird auch der Name von *André de Montbard* genannt. André de Montbard, einer der Gründer des Ordens, war von 1148 bis 1151 Seneschall und wurde eventuell

1154 zum Großmeister gewählt; dies ist jedoch nicht sicher. Seine Amtszeit war auf jeden Fall nur kurz, da 1156 bereits *Bertrand de Blanchefort* als Nachfolger erwähnt wird.

Daß Bertrand de Blanchefort Großmeister war, gilt als unbestritten. Aber während Dailliez seinen Namen als Blanquefort buchstabiert und als Herkunftsort Aquitanien nennt, geben Michael Baigent, Richard Leigh und Henry Lincoln die Schreibweise Blanchefort an. Eine Familie sowie eine Burg dieses Namens existierten in Okzitanien, in der Nähe von Rennes-le-Château, und zwar bis in die Neuzeit.

Wenn Baigent und seine Kollegen recht haben, entstammt Blanchefort einer Katharerfamilie. Auch befindet sich das Stammschloß der Blanchefort ganz in der Nähe von zwei ehemaligen Templerniederlassungen, Bézu und Campagne-sur-Aude. Blanchefort ist bei Baigent, Leigh und Lincoln eines der Bindeglieder zwischen den Merowingern, den Katharern, den Templern und der geheimnisvollen Prieuré de Sion. Damit sind wir jedoch schon mitten in den Spekulationen über die Funktion des Templerordens in einem breiten historischen Kontext. Wir werden auf diese Zusammenhänge später noch eingehen.

1156 geriet Bertrand de Blanchefort nach der Belagerung von Banyas am Meronsee in Gefangenschaft, zusammen mit ungefähr hundert anderen Brüdern, dreihundert weitere Templer kamen in den Kampfhandlungen um. Nach einigen Monaten wurde er wieder freigelassen. Warum sich der byzantinische Kaiser Manuel Komnenos bei den Türken für seine Freilassung eingesetzt hat, weiß man nicht. Vielleicht war es im Zusammenhang mit den anderen Bestrebungen, den Konflikt zwischen dem Königreich Jerusalem und dem byzantinischen Kaisertum zum Wohle aller Christen im Nahen Osten aus der Welt zu schaffen.

Blanchefort soll der Autor der *Retraits* sein, in denen die hierarchische Struktur der Templer niedergelegt ist.

Nach seinem Tod sei, irgendwann zwischen 1167 und 1170, ein gewisser *Philippe de Milly*, auch de Naplouse genannt, zum

Großmeister gewählt worden. Schon ein Jahr später muß er aus ungeklärten Gründen sein Amt wieder aufgegeben haben. Vielleicht war er demoralisiert: König Amalrich von Jerusalem führte Feldzüge in Ägypten, begleitet von zahlreichen Truppen und den Hospitalitern, und die Templer waren für den Schutz des Heiligen Landes verantwortlich und wurden dabei aufgerieben.

Es ist jedoch nicht sicher, ob er überhaupt je als Großmeister fungierte. Ein anderer Name, der alternativ für den Zeitraum 1170–1171 genannt wird, ist *Geoffroy Foucher*. Geoffroy Foucher war auf jeden Fall ein hoher Würdenträger des Ordens und hatte nacheinander verschiedene wichtige Funktionen inne, zeitweise war er Commandeur des Königreiches Jerusalem, Grand Commandeur in Abwesenheit des Meisters, Visiteur von Frankreich und England sowie Schatzmeister in Akkon. Er war einer der Gesandten, die im Auftrag von König Amalrich von Jerusalem zu Bündnisverhandlungen nach Ägypten reisten.

Der nächste Großmeister war Odon oder *Eudes de Saint-Armand*. Vor seiner Amtsübernahme im Jahre 1170 war er Marschall des Königreichs Jerusalem, hatte also Gelegenheit gehabt, seine militärische Eignung unter Beweis zu stellen. Er gehörte zu den Großmeistern, die besonders energisch die Privilegien, aber auch die Pflichten des Ordens verteidigten, ohne Rücksicht auf die eigene Person.

Es gibt eine bezeichnende Anekdote um diesen Großmeister: Als er gefangengenommen wurde, entweder nach der Schlacht von Montgesirat 1177 oder nach der Schlacht bei Gué de Jacob zwei Jahre später, hätte er die Möglichkeit gehabt, durch Zahlung eines Lösegeldes oder durch Austausch gegen einen wichtigen sarazenischen Kriegsgefangenen seine Freiheit zu erlangen. Saint-Armand lehnte beides stolz ab. Die Zahlung eines Lösegelds kam nicht in Frage, da dies generell gegen die Politik des Tempels war.

Was den Austausch anging, so soll Eudes de Saint-Armand gesagt haben, man müsse schon Saladin selbst fangen, um einen würdigen Partner für seine Auslösung zu finden. Er starb 1180, ohne seine Freiheit wiedererlangt zu haben.

Arnaud de Toroge (oder de La Tour Rouge) war der letzte Großmeister, der noch vom gesamten Generalkapitel gewählt wurde, danach wurde die Entscheidung von einem Gremium von dreizehn Wahlmännern getroffen. Seine Wahl muß unmittelbar nach dem Tod von Eudes de Saint-Armand erfolgt sein.

Zu diesem Zeitpunkt war er Meister der Provence und von Spanien, hatte also bereits die nötige Erfahrung in Kampfhandlungen mit den Arabern und auch in Verwaltungsangelegenheiten gesammelt. Ironischerweise starb er jedoch nicht in der Schlacht, sondern 1184 in Verona, auf der Reise nach Frankreich, wo er zusammen mit Roger des Moulins, dem Großmeister der Hospitaliter, und Heraclius, dem Patriarchen von Jerusalem, um weitere Unterstützung für das Heilige Land werben wollte.

Manche Berichte nennen zwischen ihm und dem nächsten Großmeister noch einen gewissen *Thierry*. Aller Wahrscheinlichkeit nach handelt es sich aber hierbei nicht um einen Großmeister, sondern um den Präzeptor des Tempels von Jerusalem. Er korrespondierte mit dem Papst und benachrichtigte auch nach der Niederlage von Hattin, vermutlich weil kein anderer Würdenträger zugegen war, die Brüder in Europa. Auf diese Art erschien sein Name auf Schriftstücken, die immer wieder zitiert werden.

Mit Hattin kommen wir zu einer der umstrittensten Gestalten aus der Geschichte des Templerordens: *Gérard de Ridefort*. Es gibt kaum positive Urteile über diesen Großmeister, er wird im günstigsten Fall als unfähig betrachtet und von einigen sogar als Verräter Outremers gebrandmarkt.

Gérard de Ridefort stammte aus Flandern und war gegen 1174 nach Outremer gekommen. Bevor er 1184 zum Großmeister gewählt wurde, war er Seneschall des Ordens gewesen, also für die zivilen Angelegenheiten zuständig. Er hatte auch schon als Marschall des Königreiches Jerusalem fungiert. Das bedeutet jedoch nicht unbedingt, daß er auch große militärische Erfahrung besaß, da die Einflußmöglichkeit des Marschalls von vornherein durch die direkte Anwesenheit des Großmeisters eingeschränkt war.

Das Generalkapitel nahm die Geschehnisse während seiner Amtszeit zum Anlaß, nach seinem Tod die Statuten zu ändern, um künftig disziplinarisch einschreiten zu können, wenn der Großmeister es am nötigen Verantwortungsgefühl fehlen ließ.

Gérard de Ridefort hatte nicht die Prinzipientreue von Eudes de Saint-Armand und verstieß gegen einen der Ordensgrundsätze, als er sich nach der Schlacht von Hattin 1187 durch die Aufgabe der Festung Gaza freikaufte.

Auch der Vorwurf der Feigheit wurde gegen ihn erhoben. Ridefort veranlaßte 1187 den Angriff bei Casal Robert, bei welcher der Meister der Johanniter umkam, er selbst jedoch die Flucht ergriff.

Ob die konkrete Anschuldigung, er habe Jerusalem an Saladin verkauft, berechtigt ist, ist nicht nachweisbar. Gérard de Ridefort trug jedoch durch sein früheres Verhalten dazu bei, daß ein solches Gerücht überhaupt entstehen konnte. Er hat dem Ansehen des Ordens geschadet.

Robert de Sablé oder Sabloil, der Nachfolger Gérard de Rideforts, stammte aus Okzitanien und wurde Ende 1189 oder Anfang 1190 gewählt. Seine Amtszeit war relativ kurz, er starb Anfang 1193. Vor seinem Eintritt in den Tempel war er zweimal verheiratet; er hatte auch Kinder. Vermutlich war er schon vorher dem Orden affiliiert gewesen, vielleicht verdankte er seine Wahl zum Großmeister auch dem Einfluß von Richard Löwenherz, dessen Freund er war.

Der nächste Großmeister, *Gilbert Erail* oder Horal, war bereits 1184 zur Wahl gestanden, als sich das Wahlgremium für Gérard de Ridefort entschied.[25] Während der Amtszeit von Gilbert Erail wurde Innozenz III. zum Papst gewählt. Naturgemäß hatten die Päpste eine längere Lebenserwartung als die Großmeister, Innozenz starb erst achtzehn Jahre später und hatte somit auch mit anderen Großmeistern zu tun, aber Gilbert Erail trug dazu bei, daß das Verhältnis zwischen dem Tempel und dem Heiligen Stuhl von vornherein positiv geprägt war. In zahlreichen Bullen bestätigte Innozenz die dem Tempel von seinen Vorgängern verliehenen Privilegien und erweiterte sie sogar noch.

Es ist im nachhinein müßig, Spekulationen anzustellen, wie die Geschichte Outremers verlaufen wäre, hätte Erail sein Amt schon zehn Jahre früher angetreten. Auch hier wäre der Ausgang ungewiß gewesen: Vielleicht hätte sich dafür das Verhältnis zwischen dem Tempel und Richard Löwenherz schlechter gestaltet – vorsichtige Diplomatie und akribisches Verwalten lagen dem ungestümen Richard fern, und vermutlich schätzte er solche Charakterzüge auch nicht bei anderen.

Nach dem Tod Gilbert Erails Ende 1200 wurde *Philippe du Plaissis* Anfang 1201 zum neuen Großmeister gewählt. Bedeutende militärische Ereignisse fanden während seiner Amtszeit in Outremer nicht statt. Der dritte Kreuzzug verlief nach der Eroberung Konstantinopels im Sande, und 1204 hatte König Amalrich einen Waffenstillstands-Vertrag auf sechs Jahre geschlossen.

Dafür existieren Hinweise, daß sich innerhalb des Templerordens disziplinarische Probleme ergeben hatten. Einige der Würdenträger lehnten sich gegen Philippe du Plaissis auf, da ihnen seine Anordnungen nicht behagten. Während des Generalkapitels von 1202 müssen Entscheidungen getroffen worden sein, die bei den Komturen Mißfallen erregten. Einige Templer beantragten daraufhin die Aufnahme in den Zisterzienserorden. Papst Innozenz III. griff mittels der Bulle «Licet quibusdam» direkt ein: Kein Templer konnte den Orden ohne Genehmigung des Großmeisters verlassen, und die anderen Orden durften keine abtrünnigen Templer aufnehmen.

Philippe du Plaissis starb 1209, und der neue Großmeister, *Guillaume de Chartres*, trat sein Amt 1210 an. Er war es, der mit dem Papst und König Leo von Armenien um die Festungen der Templer verhandeln mußte.

Guillaume de Chartres erlag 1218 bei der Belagerung von Damietta der Pest, wie zahlreiche andere Kreuzritter. Zu diesem Zeitpunkt war sein Nachfolger, *Pierre de Montaigu*, Präzeptor in Spanien.

Während der Amtszeit von Pierre de Montaigu war ein gewisser Garin de Montaigu Großmeister der Hospitaliter. Bei den beiden soll es sich um Brüder gehandelt haben.

Nach dem Tod von Pierre de Montaigu wurde 1232 *Armand de Périgord* zum neuen Großmeister gewählt. Da er vorher Präzeptor in Sizilien und Kalabrien gewesen war, mußte er Friedrich II. bereits kennen. So wußte er zumindest, was ihn erwartete.

Die beiden Großmeister der Templer und Johanniter gerieten im Oktober 1244 bei der Schlacht von Gaza in Gefangenschaft, wo Armand de Périgord kurze Zeit darauf starb. Der Großmeister der Deutschherren hatte die Flucht ergriffen.

Im Jahre 1245 wurde der nächste Großmeister gewählt:[26] *Guillaume de Sonnac*. Über seine Amtszeit wissen wir relativ viel, da Joinville, der Hofchronist von Ludwig dem Heiligen, auch die Beteiligung der Templer laufend erwähnt.

Der Tod von Guillaume de Sonnac ist ein weiteres Beispiel dafür, wie wenig sich die Würdenträger der Templer schonten. Er hatte bei der Schlacht von Mansura 1250 ein Auge verloren, bestand jedoch darauf weiterzukämpfen. Einige Tage später raubte ihm das Griechische Feuer das andere Auge. Der Brand fraß sich nach innen, und Guillaume de Sonnac starb eines qualvollen Todes.

Sein Nachfolger *Renaud de Vichier* war vermutlich ein persönlicher Freund Ludwigs des Heiligen, der sich stark für seine Wahl einsetzte und ihn sogar zum Paten seines Sohnes Jean Tristan machte. Dieser wurde während des siebten Kreuzzugs in Outremer geboren. Ludwigs Gattin, Margarete de Provence, hatte den König begleitet.

Vor seiner Wahl zum Großmeister war Renaud de Vichier Kommandant des Tempels von Akkon, dann Meister der Provinz Frankreich. Als Guillaume de Sonnac vor Mansura fiel, war Renaud de Vichier sein Marschall.

Die Amtszeit von *Thomas Béraud* oder Bérard, dem nächsten Großmeister, war geprägt von internen Differenzen des Tempels und der immer wieder aufflackernden Rivalität mit den Johannitern. Hinzu kamen Überfälle der Tartaren in Palästina und die Uneinigkeit der Barone.

Bei der Außenwelt genoß Thomas Bérard keinen besonders guten Ruf, es heißt, die Korruption des Ordens habe während seiner Amtszeit begonnen. Auch die Brüder selbst waren mit seinen Entscheidungen nicht immer einverstanden. Als er bei einem Tatarenüberfall die nur mehr aus zwölf Templern bestehende Garnison von Jerusalem aufforderte, sich nach Jaffa zurückzuziehen, weigerten sie sich, da die Johanniter keine entsprechenden Instruktionen erhalten hatten. Die Templer wollten sich augenscheinlich nicht dem späteren Vorwurf des Verrats aussetzen, der so gerne geäußert wurde. Der Doyen des Ordens in Jerusalem wies die Rebellen darauf hin, daß sie sich unter allen Umständen den Regeln des Ordens unterwerfen mußten, und diese forderten den absoluten Gehorsam gegenüber dem Großmeister. Wir sehen hier wieder das gleiche Dilemma, dem die Templer schon zur Zeit Gérard de Rideforts gegenüberstanden.

Nach dem Tod von Thomas Bérard wurde im Jahre 1273 *Guillaume de Beaujeu* Großmeister. 1274 nahm er an einem Konzil in Lyon teil, wo ein neuer Kreuzzug besprochen wurde. Dabei tauchte zum ersten Mal der Gedanke auf, die beiden größten Orden, Templer und Johanniter, zu vereinigen.

Diverse Einzelheiten über seine Amtszeit finden wir in der Chronik von Gérard de Montréal, seinem Schreiber und Dolmetscher. Dieser war selbst nicht Mitglied des Templerordens. Ihm verdanken wir aber bewegende Einzelheiten über die Belagerung von Akkon im Jahre 1291 und die Aufgabe dieser letzten Bastion Outremers.

Guillaume de Beaujeu überlebte den Kampf um Akkon und den Untergang des fränkischen Königreiches nicht.

Nach Beaujeus Tod wurde *Thibaud Gaudin* von den wenigen überlebenden Brüdern in Sidon zum neuen Großmeister gewählt. Er veranlaßte den Transport der restlichen Archive des Ordens nach Zypern, worauf ihm prompt unterstellt wurde, er habe das Heilige Land aus Feigheit verlassen.

Vermutlich starb Gaudin 1292, da der nächste Großpräzeptor von England, Guy de Foresta, bereits von Jacques de Molay ernannt wurde.

Nach dem Tod von Thibaud Gaudin gab es zwei Bewerber um das Amt des Großmeisters: Hugues Perraud, auch Pairaud geschrieben, den Visiteur von Frankreich, und *Jacques de Molay*.

Letzterer wurde der letzte offizielle Großmeister des Ordens. Einen großen Teil seiner Amtszeit verbrachte er in Zypern, wo der Orden aber nie richtig Fuß fassen konnte.

Auch war Jacques de Molay augenscheinlich nicht bei allen seinen Mitbrüdern anerkannt und beliebt. Der Papst forderte mehrmals die kirchlichen Würdenträger auf, sich dafür einzusetzen, daß die Templer in ihren Diözesen dem Großmeister gehorchten – die Fronten hatten sich verkehrt: Nicht mehr der Großmeister war es, der seine Brüder vor der kirchlichen Willkür schützen mußte, nein, die revoltierenden Templer wurden von den örtlichen Klerikern zur Raison gebracht.

Jacques de Molay ging als Märtyrer in die Geschichte ein. Ob er nun tatsächlich, wie Gérard de Montréal behauptet, borniert, knauserig und uneinsichtig war, lassen wir dahingestellt. Die Würde, die er zumindest gegen Ende des Prozesses zeigte, und die Tatsache, daß er den Tod zum Schluß freiwillig auf sich nahm, wiegen das Vorangegangene auf. – Auch andere historische Gestalten wie die schottische Königin Maria Stuart und Marie Antoinette von Frankreich wären lediglich als mittelmäßige Statisten in die Geschichte eingegangen, hätten sie sich der Nachwelt nicht durch ihre heroische Haltung angesichts des Todes eingeprägt.

In dieser Aufstellung der Großmeister wurde für die Namen die französische Schreibweise gewählt, selbst wenn diese nicht immer einheitlich ist. Der Templerorden wurde von französischen Rittern gegründet und fand bei einem Konzil in der Champagne seine offizielle Anerkennung. Auch waren die französische Kultur und Sprache in weiten Kreisen Europas und Outremers vorherrschend, der Normanne Richard Löwenherz war zwar König von England, sprach jedoch kein Wort Englisch. Auch die meisten erhaltenen Dokumente des Templerordens sind in Französisch abgefaßt oder dann in Lateinisch, der Kirchensprache.

Der zweite Würdenträger des Ordens und Stellvertreter des Großmeisters in seiner Abwesenheit war der Seneschall. Zum Zeichen seiner Vollmacht benützte er das gleiche Siegel wie der Großmeister. Er war für die zivilen und administrativen Angelegenheiten zuständig, arbeitete also im Hintergrund und trat nicht so auffällig in Erscheinung wie der Marschall, der für militärische Belange zuständig war.

Der Seneschall hatte Anrecht auf vier Pferde und wurde von einem Ritter von Rang, zwei Knappen, einem Kaplan, einem sarazenischen Schreiber, zwei Fußknechten, einem Sergeanten und einem Turcopolen begleitet. Der Seneschall durfte wie der Großmeister Geschenke machen, deren Wert jedoch nicht so hoch war und ebenfalls in den Statuten genau vorgeschrieben wurde.

In der Hierarchie stand der Marschall unter ihm, obwohl es äußerlich oft umgekehrt aussah. Der Marschall war verantwortlich für die Disziplin, die Arbeitsaufteilung, die Rüstung und die Pferde. Im Krieg hatte der Großmeister zwar den Oberbefehl, der Marschall jedoch führte den Angriff an.

Der Marschall bestimmte nach einer Konsultation mit anderen Würdenträgern den Bannerträger und den Untermarschall. Diese waren keine Tempelritter im eigentlichen Sinne, sondern gehörten zu den Sergeanten.

Nach dem Ableben oder der Gefangennahme eines Großmeisters war es die Aufgabe des Marschalls, alle Brüder in Outremer, laut anderen Berichten auch nur die Würdenträger des Ordens, zu einem Kapitel beziehungsweise zur Wahl des Grand Commandeur einzuberufen, der dann die laufenden Geschäfte erledigte, bis ein neuer Großmeister sein Amt angetreten hatte. Der Grand Commandeur war also ein Interims-Würdenträger, dessen Macht und Aufgabengebiet von vornherein eingeschränkt waren.

Vor der eigentlichen Wahl des Großmeisters wurde ein Commandeur de l'élection bestimmt, der für die Einhaltung der formellen Vorschriften zuständig war. Es war also dafür gesorgt, daß nach dem Tod eines Großmeisters kein Würdenträger der Templer zuviel Macht in seiner Hand vereinigte und sich auf keinen Fall eine Art Kronprinzenregime herausbildete, das die nächste Wahl beeinflussen konnte.

Der Ausdruck Commandeur, zu deutsch Komtur, wurde auf verschiedenen Ebenen verwendet, wie auch der Ausdruck Meister. Schon die Vorsteher einzelner Häuser werden bisweilen Komture genannt. Wenn der entsprechende Würdenträger es also nicht für nötig hielt, seine Funktion in seinen Briefen und Urkunden näher zu erläutern, wissen wir heute nicht mehr, welchen Status innerhalb des Ordens er tatsächlich hatte.

In Outremer gab es noch den Commandeur du Royaume (des Königreichs), auch Commandeur de la Terre de Jérusalem genannt. Er darf nicht verwechselt werden mit dem Commandeur de la Ville de Jérusalem, welcher, wie der Name schon sagt, lediglich für den Stadtbezirk zuständig war. Weitere wichtige Komture des Tempels in Outremer residierten in Tripolis und Antiochia.

Der Commandeur du Royaume befehligte zehn Brüder, die während der Feldzüge das Heilige Kreuz bewachten und ansonsten die Aufgabe hatten, die Pilger zum Jordan zu geleiten, damit sie in den heiligen Wassern baden konnten. Der Jordan war zeitweise der Grenzfluß, wo sich unter Umständen Scharmützel abspielen konnten. Diese zehn Templer hatten also innerhalb des Ordens die Aufgabe zu übernehmen, welche ursprünglich, der offiziellen Version nach, zu seiner Gründung geführt hatte.

Von Jerusalem beziehungsweise später von Akkon aus wurden auch die neu aus Europa eintreffenden Tempelritter und Soldaten auf die einzelnen Festungen und Komtureien verteilt. Hierfür war ebenfalls der Commandeur du Royaume zuständig.

Gleichzeitig hatte er die Funktion des Schatzmeisters, zumindest für Outremer. Nach einer Schlacht fiel ihm die zivile Beute zu, also Sklaven, Saumtiere und anderes, was zu Geld gemacht werden konnte. Die Reitpferde, Rüstungen und Waffen hingegen wurden dem Marschall zur weiteren Verwendung übergeben.

Alle Komtureien, in Europa und Palästina, mußten Einkünfte, die einen bestimmten Betrag für den Eigenbedarf überstiegen, an den Commandeur du Royaume weiterleiten. Damit wurden der Orden und die Kriegsführung in Outremer finanziert.

Später gewannen die Schatzmeister des Tempels in Paris und London immer mehr an Bedeutung; sie waren ständig in direktem Kontakt mit den Königen, deren Staatsschatz sie aufbewahrten – und die sich von ihnen Geld liehen. Die Einnahmen des Tempels selbst, Spenden, Erträge der Komtureien und Erlöse aus den Handelsgeschäften, flossen jedoch weiterhin nach Outremer.

Der Commandeur de la Voûte d'Acre war laut den Statuten immer ein Sergeant, also kein vollwertiger Tempelritter. Trotzdem hatte er gemeinsam mit dem Commandeur de la Terre de Jérusalem den Oberbefehl über die Flotte inne.

Auch die Position des Untermarschalls war einem Sergeanten vorbehalten. Er kümmerte sich um organisatorische Maßnahmen, auch die Herstellung und Wartung von Rüstungen und Waffen, und entlastete dadurch den Marschall, damit dieser sich vermehrt um die militärischen Belange kümmern konnte.

Der Turcopolier war der disziplinarische Führer der Sergeanten und Turcopolen. In der Schlacht unterstand er dem Großmeister beziehungsweise dem Marschall. Die Turcopolen-Abteilungen setzten sich aus einheimischen Soldaten zusammen, welche nicht dem Orden angehörten, sondern entlohnt wurden. Sie waren eine Art leichter Kavallerie, die, mit Pfeil und Bogen bewaffnet, auf türkische Art kämpften. Die Turcopolen waren die Antwort des Tempels auf die Kampfweise der Moslems in Syrien und Palästina.

Die Chevaliers waren, im Gegensatz zu den sie begleitenden Sergeanten, Turcopolen und Affiliierten, die eigentlichen Tempelherren, nur sie trugen den typischen weißen Mantel mit dem markanten roten Kreuz. Jeder von ihnen hatte ein Anrecht auf mehrere Reittiere und einen Knappen. Während der Feldzüge mußte ein Chevalier sein gesamtes Gepäck, einschließlich Rüstung, Zelt und Bettzeug, mit sich führen; wenn möglich wurden für die eigentlichen Kampfhandlungen die Pferde gewechselt.[27] Jeweils zehn Templer standen unter dem Oberbefehl eines sogenannten Commandeur des Chevaliers.

Ohne Erlaubnis durfte sich ein Tempelritter weder aus seiner Komturei noch während eines Feldzugs von seinem Zelt entfernen. Auf die Einhaltung dieser Vorschrift wurde streng geachtet. Ein Ritter durfte auch nicht seinen Knappen auf einen Botengang schicken, der ihm selbst untersagt war, nicht einmal sein Pferd konnte er für solche Zwecke ausleihen. Damit war unterbunden, daß ein gewitzter Ritter die Regel umging, indem er zwar selbst an dem ihm zugewiesenen Ort blieb, aber durch andere etwas erledigen ließ, was seine Vorgesetzten nicht duldeten oder für das er eine Erlaubnis hätte einholen sollen. Er konnte sich auch nicht auf Nichtwissen berufen. Aus den Regeln wissen wir, daß er seinen Vorgesetzten nicht nur vor einem Aderlaß um die Genehmigung bitten mußte, sondern sogar bevor er ein Bad nahm. Die strikte Disziplin galt also nicht nur im Feld, sondern umfaßte, ganz in Übereinstimmung mit dem mönchischen Gehorsamseid, alle Bereiche des täglichen Lebens.

Wenn ein Templer starb, wurde eine feierliche heilige Messe für ihn abgehalten, und jeder Bruder betete an sieben Tagen einhundert Vaterunser für sein Seelenheil, beim Tod eines weltlichen Ritters, der sich dem Orden auf Zeit angeschlossen hatte, waren es dreißig Vaterunser.

Manchmal bestatteten die Templer ihre Brüder in steinernen Sarkophagen, bisweilen wurde ihre Ruhestätte auch nur von einer liegenden Grabplatte bedeckt. Fast alle der als solche identifizierten Templergräber sind anonym, sowohl die in Europa als auch die im ehemaligen Outremer aufgefundenen. Bestenfalls waren sie mit einem Schwert oder den Attributen der Funktion, welche der Verstorbene zu Lebzeiten innegehabt hatte, geschmückt: einem Anker für den Admiral der Flotte, Hammer und Winkelmaß für einen Baumeister.

Ein Ritter, der sich dem Orden auf Zeit angeschlossen hatte und damit zum «frater ad terminum» – Bruder auf Zeit – geworden war, wurde, wenn nötig, mit einem Pferd und Waffen versehen. Falls er das Pferd verlor, mußte er beim Austritt, meist nach einem Jahr, die Hälfte des Preises, den das Tier wert war, dem Tempel entrichten.

Die Entscheidungen wurden von den Rittern getroffen, galten disziplinarisch aber auch für die Sergeanten. Erst ab dem Generalkapitel von 1293, das in Montpellier stattfand, durften die Sergeanten zumindest ihre Meinung äußern.

Die Sergeanten des Tempels waren, wie die Ordensritter auch, an dem typischen roten Tatzenkreuz zu erkennen, nur trugen sie es auf schwarzem Grund. Sie waren keine vollwertigen Ordensmitglieder.

Wie bereits erwähnt, waren einige der hohen Stellen innerhalb der militärischen Hierarchie den Sergeanten vorbehalten: Die Positionen des Untermarschalls, des Bannerträgers und des Admirals der Flotte wurden immer von einem Sergeanten eingenommen. Diese Würdenträger hatten Anrecht auf zwei Pferde, während die anderen Sergeanten nur eines besaßen.

Die Ecuyers, zu deutsch Knappen, gehörten ebenfalls nicht dem Orden an beziehungsweise waren ihm nur auf Zeit unterstellt und legten keine mönchischen Gelübde ab. Oft waren sie verheiratet. Wenn sie vor ihrer Frau starben, fiel die Hälfte ihres Besitzes an den Orden.

Die Affiliierten des Ordens trugen das rote Tatzenkreuz auf einem braunen Mantel. Damit hatten die Templer die gleichen Farben wie die Zisterzienser des heiligen Bernhard: weiß für die Mönche, braun für die Laienbrüder.

«Ihr seht nur die äußere Schale»

Wie in jeder anderen mönchischen Gemeinschaft war auch bei den Templern das tägliche Leben von ihrer Ordensregel geprägt. Diese lehnte sich, was das klösterliche Leben betraf, an die bestehenden Regeln der Augustiner und Benediktiner an, unter Berücksichtigung der besonderen Anforderungen an die Templer als Soldaten. Auch die Gebäude, zumindest, wenn sie eigens von den Templern für eine größere Anzahl von Brüdern erbaut wurden, zum Beispiel im Falle einer Komturei, waren wie die Klöster konzipiert: Man konnte sich trockenen Fußes, zum Beispiel mittels eines überdachten Ganges, von den Schlafräumen in die Kapelle begeben.

Die mönchischen Stundengebete wurden zu ihren bestimmten Zeiten abgehalten. Entsprechend den Anforderungen des Dienstes, gab es jedoch Möglichkeiten, sich davon befreien zu lassen. Dies galt nicht nur für die Templer auf einem Feldzug oder die Wachhabenden in einer Komturei, sondern auch für

Handwerker, die gerade bei einer diffizilen Arbeit waren. Schon die erste Regel von Troyes berücksichtigte, daß ein Angehöriger des Tempels vielfältigen Aufgaben außerhalb seiner Komturei nachkommen mußte, und schrieb vor, wie viele Vaterunser er für jedes Stundengebet rezitieren mußte, dem er nicht beiwohnen konnte: dreizehn für die Matutin, neun für die Vesper und sieben für jede andere Hore des kanonischen Offiziums.

Vermutlich haben sich jedoch die Templer in den gefährdeten Gebieten nicht zur Matutin, also um Mitternacht, erhoben, sondern erst zur Prima, also um vier Uhr im Sommer beziehungsweise sechs Uhr im Winter. Schließlich sollten sie laut der Regel im Interesse ihrer Kampfbereitschaft alle asketischen Exzesse unterlassen.

Diesen Unterschied zwischen den Komtureien, die als wirtschaftliche Unternehmungen Geld für den Krieg in Outremer gegen die Sarazenen beschaffen sollten, und den Besatzungen der Festungen und Burgen, die in Kampfeshandlungen verwickelt waren, muß man generell hervorheben. Das bedeutet nicht, daß die Burgen im Heiligen Land nicht teilweise auch selbst für ihren Unterhalt sorgten, durch Anbau von Obst, Getreide, Gemüse, eigene Mühlen: In einer der größten Festungen, Saphet, wurden täglich siebzehnhundert Personen verpflegt. Aber nur um die fünfzig davon waren Ritter; ein großer Teil bestand aus Söldnern und Bediensteten, die regelmäßig entlohnt werden wollten. Dafür waren die Templer auf laufende Zuwendungen aus den Komtureien Nordeuropas angewiesen.

Gleichgültig, ob gerade ein Papst zu einem offiziellen Kreuzzug aufgerufen hatte oder ein Waffenstillstand geschlossen worden war: Der Tempel befand sich in einem permanenten Kriegszustand. Auf ihm ruhte die Verantwortung für Outremer. Die Festungen und Garnisonen in Outremer mußten ständig bemannt sein, Patrouillen die langen Grenzen und die Straßen schützen.

Relativ autark waren die Templer auf der Iberischen Halbinsel: Hier konnten die im Süden gegen die Mauren kämpfenden Brüder auf die wirtschaftliche Unterstützung der nördlichen Komtureien rechnen.

Was heute über den Alltag der Templer bekannt ist, stammt aus unterschiedlichen Quellen. Es sind einige Exemplare der eigentlichen Regel erhalten. Da sie in verschiedenen Sprachen abgefaßt sind und nicht alle aus der gleichen Epoche stammen, kann man ihnen wichtige Informationen über die Entwicklung des Ordens in den einzelnen Ländern entnehmen.

Daneben verraten die sogenannten Retraits und Egards viel über den Tagesablauf der Templer und die immer neuen Anforderungen. – Die Retraits enthielten die Rechte und Pflichten der Würdenträger und Ritter, während die Egards die disziplinarischen Strafen bei Verstößen gegen die Ordensregel vorgaben. Speziell die Egards mußten immer wieder überarbeitet werden.

Auch zeitgenössische Berichte und Briefe von Herrschern sowie Hinweise in Verträgen tragen zu dem Bild bei, wie ein Tempelritter damals lebte. Hinzu kommen noch die päpstlichen Bullen, in welchen verschiedene Päpste immer wieder auf Bitten der Templer bestimmte Privilegien vergaben oder bestätigten.

Im Laufe der zweihundertjährigen Ordensgeschichte gab es zwar immer wieder Änderungen, aber das grundsätzliche Konzept blieb erhalten.

Wie in jedem Mönchsorden wurde größten Wert auf das Leben in der Gemeinschaft gelegt. Schon beim heiligen Augustinus galt das Leben miteinander und füreinander als die Schule der Barmherzigkeit: Es zwingt zu Rücksichtnahme auf die anderen und zum Verzicht auf die Durchsetzung von Eigeninteressen. Der einzelne soll in der Gemeinschaft aufgehen.

Die Regel schrieb den Empfang der Heiligen Kommunion dreimal im Jahr vor, an Weihnachten, Ostern und Pfingsten.

Alle Tempelritter waren nach der Aufnahme in den Orden gleichgestellt, und die dort erworbenen Titel oder Ämter hatten mit der früheren Stellung des Ritters in der Welt nichts zu tun. Als der Graf von Champagne kurz nach der Gründung dem Orden beitrat, unterstellte er sich damit bedingungslos seinem ehemaligen Vasallen, dem Großmeister Hugues de Payens.

Es war den Templern auch untersagt, mit ihren Verfehlungen vor dem Eintritt in den Orden, speziell den amourösen Abenteuern, zu prahlen.

In der ersten Regel von Troyes gab es noch keine Beschränkung der Aufnahme: «Wenn ein Ritter oder ein anderer Mann sich von der für das Verderben bestimmten Masse entfernen oder das Weltliche hinter sich zurücklassen möchte und Eure Gemeinschaft wählt, so zögert nicht, ihn aufzunehmen.»

Auch der heilige Bernhard schreibt in seiner Erläuterung: «Zwischen ihnen gibt es keinen Standesunterschied, man schaut auf die Tugend und nicht auf den Adel. Sie übertreffen einander an Ehrgefühl, sie tragen gegenseitig ihre Bürden und erfüllen so das Gesetz Jesu Christi.» Zu diesem Zeitpunkt brauchte der Orden dringend Verstärkung, und offensichtlich machte sich Bernhard auch keine Illusionen über die Männer, die seinem Aufruf folgten: Ihre Abreise sei eine Erlösung für Europa, da unter ihnen viele Raubritter seien, die ihre Mitchristen unterdrückt hatten, und das Heilige Land freue sich über ihre Ankunft, da sie dort große Dienste leisten könnten. So wisse Christus sich an seinen Feinden zu rächen, er bezwinge sie nicht nur, sondern sichere sich durch sie einen nie dagewesenen Triumph. Er mache diejenigen, die ihn seit langem unterdrückt hatten, zu Verteidigern seiner Sache, aus einem Feind einen Beschützer, wie er einst aus seinem Verfolger Saul den Apostel Paulus gemacht hatte.

Erst im 13. Jahrhundert wurde der Postulant bei der Aufnahme gefragt, ob er ehelich geboren war und aufgrund seiner Herkunft Anrecht auf den Ritterstand habe. Zumindest sein Vater mußte Ritter gewesen sein. Die umgekehrte Möglichkeit entfiel: Zumindest in Outremer war es den Söhnen von Bürgerlichen verboten, ein adeliges Mädchen zu heiraten. Speziell die Würdenträger des Tempels waren häufig mit den besten Familien des europäischen Adels und Hochadels verwandt, dies erklärt auch den diplomatischen Einfluß des Ordens. Es steigerte das Ansehen einer Familie, wenn einer der jüngeren Söhne der prestigeträchtigen Gemeinschaft der Tempelritter beitrat.

Aber der Tempel nahm nicht nur Soldaten auf. Je mehr Komtureien in Europa entstanden, je mehr Landgüter den Templern vermacht wurden, desto höher wurden der Verwaltungsaufwand und der Bedarf an Arbeitskräften. Die Templer hatten auch eine Art Feudalwesen: Es schlossen sich ganze Familien dem Tempel als Affiliierte an, um seinen Schutz und den des Heiligen Stuhls zu genießen. Sie arbeiteten für den Orden oder lebten als Pächter auf Bauernhöfen des Tempels, manche hatten auch ihren eigenen Hof schon zu Lebzeiten dem Tempel übergeben und genossen für den Rest ihrer Tage Wohnrecht. Die Affiliierten des Tempels entgingen auch der Zahlung des Kirchenzehnten.

Das templerische Tatzenkreuz wies darauf hin, daß ein Haus dem Tempel unterstand. Sogar Tiere, die dem Tempel gehörten, waren mit dem Tatzenkreuz auf einem Stück Stoff als sein Eigentum markiert. Die Templer ließen es oft genug auf Auseinandersetzungen mit dem örtlichen Klerus ankommen, um ihre Privilegien durchzusetzen.

Der zivile Arbeitsaufwand in den Komtureien und Gehöften und das Affiliationssystem erklären auch die Aufnahme von Frauen, meist Witwen, wie sie in manchen Dokumenten bestätigt wird. Als vollwertige Ordensmitglieder waren Frauen nicht zugelassen. Die Regel weist ausdrücklich auf diesen Punkt hin. Im Gegensatz zu anderen Orden nahmen die Templer auch keine Kinder auf. Sie dachten hier recht modern: Es sei besser, nicht in früher Jugend ein Gelübde abzulegen, da es später bereut und gebrochen werden könnte. Die Laienbrüder und -schwestern wohnten außerhalb der eigentlichen Ordensgebäude.

Die Templer hatten in ihren Klosterfestungen und Komtureien keine Einzelzellen, sondern schliefen in einem großen Gemeinschaftsraum, eventuell durch Alkoven oder Zwischenwände voneinander getrennt. Die Einrichtung war denkbar einfach: ein Strohsack mit Leintuch, ein Kopfpolster, eine dünne und eine dicke Wolldecke. Laut manchen Berichten kamen eine Truhe, ein Tisch und Stühle hinzu. Diese Truhe durfte jedoch nicht abschließbar sein.

Die Meister und Komture hatten etwas mehr Luxus: Sie hatten Einzelzimmer und eine abschließbare Truhe. Der Templer schlief in Hemd und Unterhose; es mußte die gesamte Nacht ein Licht brennen. Damit war gewährleistet, daß er auch bei nächtlichem Alarm sofort abrufbereit war.

Weltliche Vergnügungen, wie zum Beispiel die Jagd, waren nicht gestattet. Da jedoch Wildbret auf dem Speiseplan stand, bezog sich dieses Verbot vermutlich nur auf unproduktives Jagen zum Vergnügen, wie die Falkenjagd. Die Jagd auf Löwen war ausdrücklich gestattet. Es kam immer wieder vor, daß Reisende auf den Pilgerrouten von wilden Tieren angefallen wurden, diese zu töten entsprach also der ursprünglichen Hauptaufgabe der Templer, für den Schutz der Pilger im Heiligen Land zu sorgen.

Die Nahrungsaufnahme war, wie die anderen Tätigkeiten innerhalb einer Komturei, von der klösterlichen Regel bestimmt und paßte sich in den Tagesablauf zwischen Gebet und Arbeit ein.

Bevor er sich zu Tisch setzen durfte, mußte der Templer seine obligatorischen sechzig Vaterunser gebetet haben, je dreißig für die Lebenden und Toten, welche den Orden durch Spenden und Vermächtnisse unterstützt hatten. Wenn alle versammelt waren, betete noch jeder aufrecht stehend ein weiteres Vaterunser, erst dann wurde mit dem Essen begonnen.

Die Teilnahme an den gemeinsamen Mahlzeiten war Pflicht, nicht einmal der Großmeister war im Regelfall davon ausgenommen. Es durfte sich auch niemand ohne triftigen Grund vor Ende der Mahlzeit vom Tisch entfernen. Als hinreichende Begründung galten unter anderem ein Brand oder ein Streit unter den Hengsten. Während des Essens wurde das Schweigegebot eingehalten, und ein Bruder las, zur geistigen Nahrung, etwas vor, meist aus der Bibel.

Die eigentlichen Tempelritter waren zwar mit den anderen Bewohnern der Komturei im gleichen Raum versammelt, aßen jedoch an getrennten Tischen. Sowohl die Ritter als auch die Knappen durften Freunde einladen, diese mußten sich aber den Gepflogenheiten des Hauses anpassen, zum Beispiel das Schweigegebot beachten.

Es durften keine Lebensmittel nach draußen mitgenommen werden, auch waren die Templer angehalten, Fleisch und Käse sauber anzuschneiden, damit allfällige Reste noch den Armen gegeben werden konnten. Zusätzlich wurden in jeder Komturei an den Tischen vier Bedürftige verpflegt.

Wenn ein Templer starb, wurde sein Platz vierzig Tage von einem Armen eingenommen, beim Tod eines weltlichen Ritters, der sich auf Zeit dem Tempel angeschlossen hatte, waren es sieben Tage.

Der Komtur, welcher generell eine doppelte Portion erhielt, konnte seinen Überschuß entweder für die Armen übriglassen oder einen Ritter, der aufgrund eines Verstoßes gegen die Regel zum Fasten verurteilt war und auf dem Boden essen mußte, damit bedenken.

Am Dienstag, Donnerstag und Sonntag wurden zwei Sorten Fleisch zur Auswahl auf den Tisch gestellt, am Sonntag erhielten die Ritter, nicht jedoch die Knappen und Sergeanten, eine doppelte Portion. An den übrigen Tagen gab es Gemüse, außer am Freitag, an dem Fisch gegessen wurde. Bei der Austeilung des Weines wurde kein Unterschied in der Hierarchie gemacht.

Wein durften die Templer sowieso nur unter ihresgleichen, mit Bischöfen oder den Johannitern trinken. Befürchtete man eventuell Ausfälle, oder waren solche vorgekommen und hatten zu dem mittelalterlichen Sprichwort «Saufen und fluchen wie ein Templer» geführt?

In der Fastenzeit, vom Montag vor St. Martin bis Weihnachten beziehungsweise von Aschermittwoch bis Ostern sowie vor bestimmten Festen, wurde das Fleisch durch Fisch ersetzt. Viele Komtureien waren in der Nähe von Gewässern, notfalls wurden eigene Teiche angelegt: Fisch war wegen der vorgeschriebenen Fastentage ein Grundnahrungsmittel.

An Feiertagen während der Fastenzeit wurde eine Ausnahme gemacht, also Fleisch gereicht. Fasttage wurden auch als Buße verordnet. Eigenmächtiges Fasten außerhalb der vorgeschriebenen Zeiten war jedoch nicht erlaubt; die Regel sollte dafür sorgen, daß alle ausreichend ernährt waren und gesund blieben – ein durch Selbstkasteiung entkräfteter Ritter war im Kampf nicht einsetzbar. Bernhard von Clairvaux hatte am eigenen Leib erfahren, daß übertriebene Askese die Gesundheit auf Dauer ruiniert.

Woher also der legendäre «Seigneur Pain et Eau» stammt, die Geschichte von einem Templer, der sich vor Entkräftung nicht auf seinem Pferd halten konnte, ist rätselhaft.

Es gab nur eine Hauptmahlzeit pro Tag, die Gestaltung der Abendmahlzeit unterlag dem Ermessen des Meisters. Nach jeder Mahlzeit wurde ein weiteres Vaterunser gebetet und danach Dank in der Kapelle gesagt.

Eine Komturei war jedoch nicht nur Kloster, sondern auch Kaserne. Während die Benediktiner in der Zeit, die sie nicht im Gebet verbrachten, ihrer Arbeit nachgingen, bestand das Leben der Templer aus Vorbereitung auf den Kampf. Sie verbrachten auch nur einen Teil ihrer Zeit hinter Klostermauern. Die Erfordernisse des Dienstes brachten es mit sich, daß sie viel reisten.

Die Weißmäntel, wie die Templer in Frankreich genannt wurden, müssen einen beeindruckenden Anblick geboten haben. Laut den Statuten durfte kein Templer allein die Komturei verlassen, und man kann angesichts der anspruchsvollen Aufgaben des Tempels davon ausgehen, daß sie meist als Gruppe auftraten, begleitet von einer entsprechenden Anzahl von Sergeanten: als Geleitzug für Pilger oder einen Geldtransport, als Patrouille, oft auch als Truppenbewegung in Richtung Outremer.

Keine farbig leuchtenden Stoffe über den Kettenhemden, keine pelzverbrämten weiten Ärmel, keine heraldischen Symbole auf den Schildern, ohne das Gepränge der weltlichen großen Herren, zogen die Templer schweigsam, wie es die Regel gebot, stolz und diszipliniert durch die Länder Europas und Outremers.

Der weiße Mantel, Sinnbild der Reinheit seiner Seele, war das wichtigste Attribut des Tempelritters. Auch die Kapläne trugen einen weißen Mantel und waren dem Großmeister und nicht dem zuständigen Bischof unterstellt. Der Orden hatte vergeblich Einspruch erhoben, als auch die Deutschherren sich den weißen Mantel anmaßten.

Er sollte die mönchischen Ritter beständig an die Wichtigkeit eines keuschen Lebenswandels erinnern. Das Zölibat für Priester war erst unter Papst Gregor VII. (Pontifikat 1073–1085) eingeführt worden und wurde auch nicht überall mit gleicher Strenge beachtet. Schon die ursprüngliche Templerregel zitierte jedoch den heiligen Paulus, der in seinem Brief an die Hebräer (12,14) die Keuschheit als Grundbedingung angeführt hatte, um Gott zu sehen.

Pelze, außer Schaf und Lamm, waren nicht gestattet. Gebrauchte Gewänder der Tempelritter wurden an die Knappen abgegeben. Die Kleidung konnte innerhalb der Komtureien hergestellt oder gefärbt werden; auch alle anderen anfallenden Arbeiten an Sätteln, Rüstungen und Zaumzeug sowie die üblichen Handwerkerarbeiten wurden innerhalb des Ordens erledigt.

Kopfbedeckungen waren gestattet, es wird in den Statuten darauf hingewiesen, daß sie beim Eintritt in den Kapitelraum abzunehmen sind.

In den Komtureien trugen die Templer weiße hemdartige Gewänder, darunter eine Art weiter Unterhosen, die von einem Stoffgürtel gehalten wurden. Die Kleidung war üblicherweise aus Wolle, wegen des heißen Klimas war es jedoch den Brüdern im Orient gestattet, zwischen Ostern und Allerheiligen ein Leinenhemd zu tragen.

In der Schlacht waren sie wie die weltlichen normannischen Ritter ausgerüstet: ein Kettenpanzerhemd, lang oder kurz, das «Haubert» genannt wurde, darunter ein gepolsterter Schulterschutz, auf dem Kopf eine Panzerkapuze, darüber eventuell noch einen Eisenhelm, offen oder mit Wangen- und Nasenschutz.

Wenn der Ritter ein kurzes Panzerhemd trug, waren die Beine separat entsprechend gepanzert. Die Pferde wurden im Sommer mit einer Decke gegen die glühende Hitze Outremers geschützt.

Ein knielanges ärmelloses Gewand über der Panzerung war üblicherweise mit dem Familienwappen des entsprechenden Ritters geschmückt: Bei den Templern prangte dort das rote Tatzenkreuz auf weißem Grund. Die wichtigste Waffe des Ritters beim Sturmangriff war die Lanze. Ein in dichter Formation vorpreschendes Ritterkontingent konnte ohne weiteres ein zahlenmäßig stärkeres Heer auseinandersprengen. Danach trat das Schwert in Aktion. Es war zirka neunzig Zentimeter lang, an beiden Seiten geschärft und vorne leicht abgerundet, konnte also nur als Hieb-, nicht jedoch als Stichwaffe benutzt werden. Stoßschwerter kamen erst im 14. und 15. Jahrhundert auf. Zu dieser Zeit wurden die eigentlichen Ritterrüstungen entwickelt, und es kam im Kampf darauf an, einen empfindlichen Punkt zwischen den Panzerplatten zu treffen.

Das Gedicht von Ludwig Uhland über den wackeren schwäbischen Kreuzritter, der einen Feind in der Mitte spaltet, so daß rechts und links des Pferdes zwei Körperhälften heruntersinken, ist keine Übertreibung. Die Sarazenen waren nur leicht gewappnet; wenn ein Ritter mit seinem Schwert ausholte, steckte sein volles Körpergewicht dahinter, und der Schlag konnte eine unheimliche Wucht entwickeln.

Die Schilder dieser Zeit waren dreieckig und leicht gewölbt. Sie bestanden aus Holz und waren mit Leder überzogen. Die Schilder der Sarazenen werden auf den zeitgenössischen Bildern etwas kleiner und rund dargestellt.

Hinzu kam noch eine Art Morgenstern an einem Holzstiel, der wie eine Keule verwendet wurde, sowie mehrere Messer.

Der Mantel wurde sowohl im Kampf, über der Rüstung, angelegt als auch während der Gottesdienste und Stundengebete, ebenso zu den Kapiteln. Den Mantel im Zorn auf den Boden zu werfen wurde bestraft: Der Schuldige mußte den Mantel, seine Waffen und Pferde für eine bestimmte Zeit abgeben und sich Bußübungen unterziehen.

«Den Mantel niederlegen» bedeutete, den Orden beziehungsweise Palästina zu verlassen – eine Drohung, welche die Templer bisweilen kollektiv äußerten, wenn sie das Gefühl hatten, daß ihnen von kirchlicher Seite Unrecht widerfuhr. Das war im Jahre 1199 der Fall. Der Bischof von Tiberias verlangte von den Templern die Herausgabe des Geldes, das von seinem Vorgänger bei ihnen deponiert worden war. Obwohl die Templer innerhalb der gesetzten Frist die Auflagen erfüllten, exkommunizierte der Bischof von Sidon in Tyrus in einer feierlichen Zeremonie alle Templer diesseits und jenseits des Meeres. Zum Glück für das Heilige Land machten die Templer ihre Drohung letztlich nicht wahr, sondern wandten sich an den Papst, Innozenz III., der die Templer unterstützte. Er suspendierte den Bischof und nahm allen geistlichen Würdenträgern das Recht, je wieder einen Templer zu exkommunizieren.

Der Enthusiasmus für die Kreuzzüge war im Schwinden, als Jerusalem von den Moslems erobert wurde. Aber anstatt die

Tore des Tempels weiter zu öffnen, schränkte der Orden sich auf Postulanten aus adeligen Familien ein. Was waren das für Männer, die freiwillig die Befehlsgewalt eines Feudalherren gegen die Gehorsamspflicht des Mönches eintauschten, aus den Privatgemächern eines Schlosses in einen Massenschlafsaal umzogen, die einen großen Namen zu vererben hatten und Keuschheit gelobten – alles um eines weißen Mantels willen?

Kein Wunder, daß dieses Sammelbecken von fränkischen Adeligen zum Brennpunkt mystischer Spekulationen wurde.

«Non nobis, Domine...»

Die Templer hatten Europa und Outremer in Provinzen eingeteilt. Diese großen Verwaltungsgebiete orientierten sich nicht immer an den Landesgrenzen. Wenn sie in einer bestimmten Gegend wenig präsent waren, wurde das Gebiet zur nächsten großen Provinz gezählt. Teilweise richteten sie sich auch nach den Sprachgrenzen. Das Heilige Römische Reich zum Beispiel wurde nicht als Einheit gesehen, sondern in die einzelnen Länder unterteilt. Und bevor die Provinz Lombardei gegründet wurde, gehörten die norditalienischen Besitzungen des Tempels zum Verwaltungsgebiet der Provence. Die englischen Besitzungen auf dem Kontinent wurden zeitweise zur Provinz Frankreich gerechnet, die eigentliche Provinz England entstand erst später.

Jede Provinz hatte ihren eigenen Meister, der mit seinem Kapitel bis zu einem bestimmten Grad die Provinzangelegenheiten selbst regeln durfte.[28] Die Namen von manchen unter ihnen sind bekannt, dazu gehören Aymeric de Saint-Maur und Brian de Jay in England, Amaury de la Roche, der zur Zeit Ludwigs des Heiligen die Geschicke der Templer in Frankreich leitete, und Hugues de Jouy, welcher Provinzmeister auf der Iberischen Halbinsel wurde, nachdem er mit König Ludwig in Outremer aneinandergeraten war. Brian de Jay soll Sir Walter

Scott in seinem *Ivanhoe* als Vorbild für den Templer Brian de Bois-Gilbert gedient haben.

Die Templer waren eine internationale Organisation, und ihre Würdenträger waren bisweilen für die Könige in diplomatischer Mission unterwegs. Sie handelten hier jedoch nicht als Vertreter der jeweiligen Krone, sondern hatten das Gesamtinteresse des Tempels im Auge: Auf diese Weise waren sie über Geschehnisse auf höchster Ebene informiert und konnten nötigenfalls eingreifen.

Genau sind die Anzahl sowie die Grenzen der Templerprovinzen nicht mehr feststellbar. In einem Dokument wird von siebzehn Provinzen und fünf Unterprovinzen gesprochen, andere Unterlagen erwähnen nur zehn Provinzen. Vermutlich hat ab der Mitte des 12. Jahrhunderts eine Zentralisierung stattgefunden. Die grobe Unterteilung könnte wie folgt gewesen sein:

in Outremer:
Jerusalem, unterteilt in Stadt und Königreich
Tripolis (Libanon)
Antiochia (Syrien)
Zypern
Morea (der Peloponnes zur Zeit des Kaiserreiches Romania)
Armenien

in Italien:
Sizilien/Apulien
Toskana/Lombardei (wichtigste Niederlassungen: Florenz und Bologna)
Rom

auf der Iberischen Halbinsel:
Portugal (Hauptsitz: Tomar)
Kastilien (Hauptsitz: Zamora, wichtige Komtureien in Salamanca, Ponferrada, Villapanco, Toro, Tabara, Alcanices)
Aragon

Katalonien (Hauptsitz: Barcelona)
das Königreich von Valencia und Murcia (Hauptsitz: Valencia)

Deutsches Reich und Osteuropa:
Magdeburg-Halberstadt
Mainz
Trier
Österreich, Ungarn, Böhmen, Mähren
In diesen Gebieten hatten die Templer nie den beherrschenden Einfluß wie in England oder Frankreich; deutsche Ritter schlossen sich eher den Deutschherren an oder unterstützten diese durch Zuwendungen.[29] Die Templer hatten jedoch auf dem Landweg nach Konstantinopel Niederlassungen, unter anderem werden Ulm und Regensburg genannt. Wien ist lediglich die Verlängerung dieser Linie.

Britische Inseln:
England (Hauptsitz: London)
Schottland (Hauptsitz: Balantrodoch)
Irland

Gallien:
Frankreich
Darunter verstand man lediglich das Königreich Frankreich in der heutigen Ile-de-France; die inzwischen zu Frankreich gehörenden unabhängigen Fürstentümer waren autonom beziehungsweise unterstanden teilweise den englischen Königen. Der Hauptsitz der Templer war in Paris, in dem Gebiet, das wir heute Marais nennen.
Normandie
Poitou-Aquitanien (Hauptsitz: Poitiers)
Provence-Languedoc (Hauptsitz: Saint-Gilles du Gard/Montpellier)
Bourgogne (Hauptsitz: Voulaines-les-Templiers)
Auvergne (Hauptsitz: Angoulême)

Über die konkreten Aufgaben eines Visiteurs oder Visitators weiß man nichts Genaues. Da der letzte Visiteur des Ordens in Frankreich, Hugues de Pairaud, als Schatzmeister fungierte und gleichzeitig in jedem Land ein Visiteur residierte, hat es sich eventuell um eine Art Revisor gehandelt, der, wie der Name schon sagt, die einzelnen Niederlassungen besuchte und abrechnete.

Die Visitatoren müssen unmittelbar dem Großmeister unterstanden haben und waren eine Art Kontrollinstanz gegenüber den Provinzmeistern und Präzeptoren, ihre Einsetzung mußte vom Generalkapitel in Jerusalem bestätigt werden. Vermutlich waren sie von den Komturen und Prioren vor Ort nicht immer gern gesehen: Alle Mittel und Männer, die der Visitator für den Krieg gegen die Sarazenen nach Outremer abzog, fehlten der Komturei, um sich gegen die örtlichen Feudalherren zu behaupten; und da jedes System zu Mißbrauch führt, ist nicht auszuschließen, daß manche Komture die für den Eigenbedarf benötigten Summen immer so hoch wie möglich ansetzten und auch ihren Personalbedarf übertrieben.

Dieser Mißbrauch war jedoch, so gut es ging, eingedämmt, auch hier, wie in den anderen Bereichen der Templerhierarchie, bestand ein bemerkenswertes reziprokes Überwachungssystem: Es gewährleistete die Unabhängigkeit der Provinzen mit ihren nationalen Eigenheiten, zumindest bis zu einem bestimmten Grad, vereinheitlichte die Verwaltung, da die Visitatoren überall gleich vorgingen, und sorgte gleichzeitig dafür, daß der Großmeister keine von ihm abhängige Oligarchie etablieren konnte.

Jede Provinz war in kleinere Unterprovinzen oder Verwaltungseinheiten unterteilt. Bei den Provinzkapiteln fanden sich alle Komture und verschiedene eigens geladene Tempelritter zusammen, aber auch in kleinerem Rahmen, auf lokaler Ebene, wurden laufend Kapitel abgehalten. Das Verwaltungsprinzip der Templer ist auf der einen Seite streng zentralistisch – die Entscheidungen des Generalkapitels in Jerusalem waren für alle

Templer in Europa und Outremer verbindlich –, auf der anderen Seite dezentral. Besondere lokale Anforderungen konnten durchaus berücksichtigt werden.

Je nach der Größe und Funktion der Niederlassung wurde sie Komturei, Präzeptorat oder Priorat genannt. Es gibt unterschiedliche Definitionen, welche Kriterien dabei angewandt wurden.

Vermutlich wurden größere Besitztümer Präzeptorate oder Priorate genannt, die kleineren Komtureien. Die Komture waren nicht nur Befehlsempfänger, sondern hatten durchaus Entscheidungsspielraum.

Als kleinere Verwaltungseinheit findet man auch die Bezeichnung Baillie. Dieser Ausdruck ist jedoch nicht spezifisch für die Templer, er wurde auch für die Territorialabgrenzungen weltlicher Fürsten verwendet. Bei den Templern verstand man darunter mehrere zusammengehörige Komtureien.

Die Art der Verwaltung war in den einzelnen Ländern unterschiedlich beziehungsweise paßte sich den örtlichen Gegebenheiten an. Hinzu kommt, daß im Laufe der zweihundert Jahre, die der Templerorden bestand, eine Entwicklung stattfand, so daß alle Aussagen, die anhand von erhaltenen Unterlagen gemacht werden, nur bedingt gelten können.

Die militärischen Erfolge der Templer gründeten in ihrer hervorragenden Ausbildung und in der strengen Disziplin. Da sie sich permanent in Palästina aufhielten, kannten sie nicht nur das Land, sondern auch Mentalität, Strategie und Taktik der Sarazenen.

Während der Eroberungsphase oder bei der Zurückgewinnung eines Gebietes legten die Templer generell Wert darauf, zuerst die Häfen und die Forts in ihre Gewalt zu bekommen, dann erst stießen sie ins Landesinnere vor. Sie sahen keinen Sinn darin, ein Gebiet unter Verlusten zu erkämpfen, wenn sie nicht sicher waren, es unter den gegebenen Umständen auch halten zu können. Von den eroberungswütigen

Baronen wurde diese Haltung bisweilen als Verrat aufgefaßt. Es zeugt von dem hohen Kenntnisstand der damaligen Baumeister, daß viele dieser Festungen die Jahrhunderte relativ unbeschadet überstanden haben. Bisweilen war der Schaden durch starke Erdbeben größer als die Zerstörungen durch Belagerungen und den Zahn der Zeit.

Ein gutes Beispiel für die Schwierigkeiten beim Bau und Unterhalt einer Festung ist die Burg Saphet. Sie wurde 1169 den Templern übergeben, aber schon 1220 zerstört. 1240 wurde Saphet wieder aufgebaut, mit vierzehn Meter tiefen und zwölf Meter breiten Burggräben und ausreichend Platz für eine Besatzung von siebzehnhundert Mann. Benoît d'Alignan, der Bischof von Marseille, auf Pilgerfahrt im Heiligen Land, machte sich sehr verdient um den Wiederaufbau der Festung. Der Großmeister der Templer, Armand de Périgord, hatte ihm seine Schwierigkeiten geschildert: Die Kreuzritter und einheimischen Adeligen hatten ihm zwar die Unterstützung für den Wiederaufbau dieser Festung zugesagt, taten aber nichts, um ihr Versprechen zu halten.

Auch die Festung Tortosa in der Grafschaft Tripolis erhielten die Templer schon relativ früh, 1165. Tortosa war ein berühmter Marien-Wallfahrtsort, der heilige Petrus selbst soll dort das älteste Marienheiligtum der Christenheit geweiht haben. Es war also sehr sinnig, die Anlage gerade den Templern mit ihrem ausgeprägten Marienkult zu übergeben.

Gaza wurde von König Balduin III. um die Mitte des 12. Jahrhunderts erbaut und den Templern übergeben. Die Templer von Gaza machten von sich reden, als sie kurz darauf nach einer Palastrevolution in Kairo einen gewissen Nasreddin, den Mörder des Kalifen und seiner Brüder, bei der Durchreise in der Nähe ihrer Burg festnahmen und an die Schwester der Getöteten ausliefern ließen. So berichten die arabischen Quellen. Bei dem Chronisten Guillaume de Tyr übergaben sie den schon beinahe zum Christentum konvertierten Nasreddin aus schnöder Geldgier seinen Häschern.

Die eigentliche Blütezeit der Burgen und Festungen im Heiligen Land begann erst nach dem dritten Kreuzzug, zu Beginn des 13. Jahrhunderts. Eine der von den Templern selbst erbauten Burgen ist das bereits erwähnte Castel oder Château Pèlerin, in Athlit, direkt am Meer gelegen. Diese Festung wurde erst zu Beginn des 13. Jahrhunderts unter dem Großmeister Guillaume de Chartres erbaut. Nach dem Fall Akkons 1291 segelten die letzten Templer von Athlit aus nach Europa zurück; da sowieso alles verloren war, überließen sie den Belagerern die Festung kampflos.[30]

In Caesarea wurde die ehemalige Kreuzritterstadt beziehungsweise deren Ummauerung teilweise restauriert und vermittelt eine Vorstellung, wie die Kreuzritter damals gelebt haben. Es handelte sich nicht nur um Kasernen und Junggesellenwohnungen. Zahlreiche Kreuzfahrer waren schließlich verheiratet.

Sogar die französische Königin Eleonore von Aquitanien (1122–1204) begleitete ihren Mann, Ludwig VII., als dieser zu einem Kreuzzug aufbrach. Auch Ludwig der Heilige wurde von seiner Gattin begleitet. Vom Komfort her müssen die Häuser in Outremer den wuchtigen Burgen in Europa eindeutig überlegen gewesen sein. Edle Stoffe, Parfums, exotische Früchte und das Klima taten ein übriges, um den Aufenthalt in Outremer auch für die verwöhntesten Europäerinnen angenehm zu machen.

Gab es nun, wie viele behaupten, eine eigentliche Architektur der Templer? Standen ihre Baumeister und ihre finanziellen Möglichkeiten sogar hinter dem Bau der romanischen beziehungsweise gotischen Kathedralen?

Waren die ursprünglichen Templerkapellen tatsächlich rund oder achteckig, wie die von Athlit, von London und Dover in England, Laon und Le-Puy-en-Velay in Frankreich, Segovia, Tomar und Eunate auf der Iberischen Halbinsel, um nur einige zu nennen?

In der ehemaligen Komturei von Garway (Herefordshire) wurde erst in den zwanziger Jahren dieses Jahrhunderts das

Fundament der ehemals runden Templerkirche entdeckt. Und die rechteckige Kirche in der ehemaligen schottischen Templerzentrale Balantrodoch wurde nachweislich nach 1309 erbaut.

Nicht alle runden Kirchen sind Templerkirchen, aber bisweilen ist eine Einflußnahme nicht auszuschließen. Die Burgkapelle von Ludlow (Shropshire) steht zwar nicht in einer Komturei, wurde aber der Grabeskirche in Jerusalem nachempfunden. Und sie ist Maria Magdalena geweiht. Diese war mit der heiligen Katharina die einzige weibliche Heilige, welche von den Templern neben der Jungfrau Maria verehrt wurde.

Die Templer wurden auf jeden Fall mit Oktagon-Türmen identifiziert: Eine Illustration in einer französischen Chronik aus dem Jahre 1493 stellt als Sinnbild der Vernichtung des Ordens den Brand eines achteckigen Turmes dar. Dies mag mit der Form des Tatzenkreuzes zusammenhängen: Wenn man die vier Eckpunkte verbindet, entsteht ein Oktagon.

Ob sie sich nun an der Architektur Justinians orientierten, ob eine dreifache Umfriedung gleichzeitig esoterische Bedeutung hat – es wäre in diesem Zusammenhang müßig, die Argumente dafür und dagegen zu wiederholen. Sicher ist, daß sich in den Reihen der Templer hervorragende Baumeister befanden.

Unter dem Baucéant

Unter Baucéant, auch Bauseant, Beauseant oder Baussant geschrieben, verstand man die Kriegsflagge und auch den Kriegsruf der Templer. Vor allem in den alten Chroniken wird auch vom Gonfanon gesprochen. Gonfanon ist dabei die allgemeine Bezeichnung für eine Standarte, die im Krieg vorangetragen wurde, der vollständige Ausdruck für die Kriegsflagge der Templer wäre also Gonfanon Baucéant.[31]

Jacques de Vitry beschreibt den Baucéant wie folgt: «Die Templer haben eine schwarze und weiße Fahne, die sie Baucéant nennen. Sie sagt aus, daß sie offen und wohlwollend ihren Freunden gegenüber, aber schwarz und fürchterlich ihren Feinden gegenüber sind. Löwen im Krieg, Lämmer im Frieden.» Schon der heilige Bernhard hatte sich ähnlich ausgedrückt.[32]

Laut manchen Autoren ergänzte man später den Gonfanon mit dem roten Tatzenkreuz sowie dem Motto der Templer: «Non nobis, Domine, non nobis, sed nomini tuo da gloriam.» – Nicht uns, o Herr, nicht uns, sondern Deinem Namen sei Ehre.[33]

Bisweilen liest man, daß diese Fahne auch über den Komtureien der Templer in Europa geweht habe. Das stimmt jedoch nicht mit zeitgenössischen Berichten überein. Wenn die Templer den Gonfanon Baucéant entfalteten, war dies eine Kriegserklärung. Man weiß auch, daß sie die ihnen gehörenden Gebäude mit einem Tatzenkreuz aus Metall und sogar ihr Vieh mit einem weißen Stofflappen mit rotem Kreuz kennzeichneten. Es ist daher wahrscheinlicher, daß sie auch für ihre Komtureien lediglich die Fahne mit dem Tatzenkreuz verwendeten.

Der Baucéant wurde nur im Ernstfall gezeigt oder als Legitimationsmittel in kritischen Fällen. Es ist ein Schreiben von König Leo von Armenien an den Papst erhalten, in dem er sich über die Templer beschwert. Er hob darin ausdrücklich hervor, daß diese ihm gegenüber den Baucéant entfaltet hatten. Und als 1268 für die Burg Gastein kein Entsatz mehr möglich war, wurde ein Bote mit dem Baucéant dorthin geschickt, um den Templern aufzutragen, die Festung zu zerstören.

Die Heraldik entwickelte zur Zeit der Kreuzzüge ihre festen Gesetze, und das Rittertum wußte um die Bedeutung der verschiedenen Farben und Motive auf den Bannern, Schildern und Schabracken. Die Farben und Symbole mußten sich voneinander unterscheiden; sie waren weniger zur Zierde als zur Erkennung gedacht. Wenn sich der Kampf nach dem Aufeinanderprallen der feindlichen Truppen in die Mêlées auflöste, so rief die Standarte eines Ritters immer wieder seine Leute um sich zusammen.

Bis zum eigentlichen Sturmangriff wurde der Gonfanon Baucéant vom Untermarschall verwahrt, der ihn dann dem Marschall übergab. Er hatte eine Schar von Rittern um sich, wenn er sich trotzdem nicht mehr verteidigen konnte, übernahm ein Commandeur des Chevaliers die Spitze des Angriffs. Dieser Commandeur hatte einen zweiten Baucéant um seine Lanze gewickelt, der bei Bedarf entfaltet wurde.

Es war jedoch strengstens verboten, den Baucéant als Lanze zu senken, da er in diesem Fall nicht mehr im Schlachtgetümmel gesehen werden konnte und die kämpfenden Templer dann davon ausgingen, daß er gefallen war. Wenn dies tatsächlich geschah, mußte der Templer sich vorläufig unter das nächste christliche Banner stellen, vorzugsweise das eines anderen militärischen Ordens. Erst wenn auf dem Schlachtfeld kein christliches Banner mehr sichtbar war, durfte der Templer sein Heil in der Flucht suchen. Das erklärt hinreichend, warum bei einer verlorenen Schlacht so wenige Templer überlebten.

Non nobis, Domine, non nobis, sed nomini tuo da gloriam. Ehre und Ruhm waren also kein Selbstzweck, sondern mußten der Verherrlichung Gottes dienen. Es war jedoch unausweichlich, daß der Widerschein dieses Ruhms auf die Templer zurückfiel, die das Kreuz des Gottessohnes auf ihren Mänteln trugen.

So anspruchslos die Flagge der Templer aussieht, so demütig ihre Losung klingen mag – in Wirklichkeit zeugen sie von maßlosem Stolz. Ein Ritter, der sich dem Orden anschloß, ging darin auf und opferte alle anderen Loyalitäten. Er war sich der Tatsache bewußt, daß er einer der einflußreichsten Organisationen seiner Zeit angehörte, daß ohne ihn und seine Brüder Outremer nicht zu halten war, daß er für die Außenwelt hinfort nur mehr «der Templer» sein würde, kenntlich sofort an seinem langen weißen Mantel – und daß er vielleicht schon am

Tag nach der Aufnahme mit seinem Leben den Preis des Ruhmes zahlen würde.

Der Normanne Richard Löwenherz, ein würdiger Sohn der Königin der Troubadoure, hatte eine charmante Art, dies zu formulieren. Als der Wanderprediger Fulques de Neuilly ihn aufforderte, von seinem Stolz, seinem Geiz und seiner Fleischeslust abzulassen, bot Richard an, seinen Geiz mit den Zisterziensern zu verheiraten, seine Fleischeslust mit den Bischöfen – und seinen Stolz mit den Templern. Er als Templer ehrenhalber mußte wissen, von was er sprach.

Wer den weißen Mantel des Templers trug, überwand bewußt das Feudalgefüge seiner Epoche, bis in den Tod. Selbst wenn er das Glück hatte, nicht im heißen Wüstensand in einem Massengrab verscharrt zu werden, sondern auf einem christlichen Friedhof bestattet wurde, verging sein Name mit ihm.

Vor der Kirche von Inchinnan in Schottland werden heute noch Grabplatten gezeigt, die von Templergräbern stammen. Im Gegensatz zu den mit keltischen Mustern verzierten Steinen auf der anderen Seite der Kirche sind diese Templergrabsteine einfach und schmucklos, vielleicht mit einem Schwert für einen Ritter und einem Kreuz für einen Kaplan versehen. Niemand weiß mehr, wer einst unter diesen Steinen bestattet wurde. Aber die Erinnerung an den Orden an sich ist noch siebenhundert Jahre nach seiner Vernichtung lebendig: Der originale Friedhof und die frühere Kirche gehören heute zum Areal des Flughafens von Glasgow und sind nicht mehr zugänglich, die Grabsteine jedoch wurden zur neuen Kirche mitgenommen und legen heute noch stummes Zeugnis ab für die Präsenz der Templer in dieser Gegend.

Mit dieser gewollten Anonymität unterschieden sich die Tempelritter von den anderen Adeligen, bei denen größter Wert auf das Geblüt und den Nachweis der Abstammung gelegt wurde, auch noch im Tod. Familienwappen, persönliche Abzeichen, Name und Herkunft sollten noch auf den Grabplatten von der Zugehörigkeit zu einer adeligen Familie zeugen und die Erinnerung an den Verstorbenen wachhalten.

Wer Mitglied des Tempels wurde, sah seine Familie unter Umständen nie wieder und verzichtete auf Nachkommen, obwohl er eventuell einen großen Namen und Besitz zu vererben hatte; mit dem Tode verlor er seine Identität völlig. Wenn der Orden es sich ab dem 13. Jahrhundert leisten konnte, nur mehr Adelige als vollwertige Mitglieder aufzunehmen, so kann dies nur bedeuten, daß kein Mangel an Postulanten aus den edelsten Familien Europas herrschte. Aber selbst die Tatsache, daß sie sich mit dem schwarzen Habit der Sergeanten begnügen mußten, hielt die anderen nicht davon ab, sich um die Aufnahme in den äußeren Dunstkreis der exklusiven Bruderschaft zu bewerben.

Die Templer fühlten sich zwar den Idealen des Rittertums verpflichtet, aber ihr Lehensherr war nicht der Kaiser, nicht einmal der Papst, sondern der Herr der Heerscharen. In ihrem Selbstverständnis sahen sie sich als die Nachkommen der alttestamentlichen Makkabäer unter Judas, die von ihnen immer wieder zitiert wurden.

Die individuelle Bedürfnislosigkeit der Templer ging jedoch mit einem ungeheuren kollektiven Reichtum einher. Wohin ein Templer auch immer reiste oder geschickt wurde, in ganz Europa und Outremer fand er Komtureien und Niederlassungen, er besaß überall eine Heimat und Brüder, mit denen ihn mehr verband als Blut.

Wir dürfen weder an diese Epoche im allgemeinen noch an die Templer unsere Wert- und Moralvorstellungen anlegen. Für einen Kreuzritter gab es keinen moralischen Zwiespalt, wenn er das Schwert ergriff, um das Grab Jesu zu erobern – obwohl dessen Lehre die Gewaltlosigkeit predigte. Wenn auch in der Bergpredigt «Selig sind die Friedfertigen» stand, er war der Meinung, sich durch die Teilnahme am Heiligen Krieg verdient zu machen, Vergebung für begangene Sünden zu erlangen, der ewigen Seligkeit einen Schritt näher zu kommen.

Und das Wort «Liebe deinen Nächsten wie dich selbst» galt bestenfalls für den christlichen Nächsten. Erwiesenermaßen wurden bei der Eroberung von Städten auch christliche Bewohner niedergemetzelt, teils im Blutrausch, teils um reicher Beute willen. Notfalls konnte man immer davon ausgehen, daß der vermeintliche Christ in Wirklichkeit ein verkleideter Sarazene war.[34]

Wenn man die zeitgenössischen Berichte liest, so werden darin sowohl von den Christen als auch von den Moslems meist nur die von der anderen Seite begangenen Massaker beklagt. Die eigenen Greueltaten werden entweder als Vergeltungsschläge für erlittene Unbill oder als heiliger Eifer in einem Heiligen Krieg dargestellt. Das Toleranzmaß für Grausamkeiten war allgemein höher. Bei den Byzantinern war es schon fast salonfähig, nach einer Palastrevolution dem besiegten Gegner die Augen auszustechen.

Nach der ersten Eroberung Jerusalems am 15. Juli 1099 sollen die Kreuzritter den Quellen zufolge die gesamte Bevölkerung niedergemetzelt haben, insgesamt dreißigtausend Menschen. Der Statthalter hatte vor der Belagerung alle Christen aus der Stadt verwiesen, es wurde also noch weniger Rücksicht als sonst genommen. Nachdem die Kreuzritter bis zu den Knöcheln im Blut gewatet waren, und dies im ehemaligen Tempel Salomos, begaben sie sich zum Heiligen Grab, um Gott zu preisen.

Mit Sicherheit ist dieses Blutbad nicht nur durch die Lust am Plündern zu erklären. In den Köpfen der Kreuzfahrer muß auch die Vorstellung von der Notwendigkeit einer Reinigung der heiligen Stätten durch das Blut der Ungläubigen, die sie so lange entehrt hatten, geherrscht haben. Noch im 17. Jahrhundert konnte Cyrano de Bergerac mit allgemeiner Zustimmung schreiben: «Befleckte Ehre kann nur durch Blut wieder reingewaschen werden.»

Einige Sarazenen, die sich bei der Eroberung Jerusalems auf das Dach des Tempels gerettet hatten und denen Gaston de

Béarn und Tankred ihre Standarte zum Zeichen des Schutzes gegeben hatten, wurden am nächsten Tag von anderen Soldaten enthauptet oder von den Zinnen hinabgeworfen. Ein unbekannter zeitgenössischer Autor sagt, Tankred sei empört darüber gewesen. Nicht immer waren die Kreuzritter so ehrenbewußt, wenn es um einen Wortbruch den Sarazenen gegenüber ging ...

Anscheinend erhob auch keiner der zeitgenössischen christlichen Heiligen, Mystiker und Philosophen gegen die Kreuzzüge Einspruch – zumindest nicht bis zur Niederlage von Hattin. Ab diesem Zeitpunkt tauchten Stimmen auf, die sich fragten, ob Gott angesichts des Verlustes von Jerusalem tatsächlich noch mit den Kreuzfahrern war.

Die Mystikerin Hildegard von Bingen, die – so sagt man – in ihren Visionen die Welt der Erscheinungen als Illusion durchschaute, die heilige Klara, die 1212 den Klarissenorden gründete und gegen 1255 heiliggesprochen wurde, der heilige Franz von Assisi – protestierten sie gegen die Kreuzzüge? Franziskus war naiverweise 1219 nach Palästina gereist, um die Heiden zu bekehren, er wurde von Sultan al-Kamil freundlich empfangen und mit Geschenken wieder ins christliche Lager geschickt. Bestimmt hat sich Franziskus nie die Frage gestellt, wie es wohl einem Botschafter der Moslems ergangen wäre, der sich ähnlich unbedarft beim Papst vorgestellt hätte.

Viele der Prediger, welche im Auftrag der Päpste zu einem Kreuzzug aufriefen, wurden später von der Kirche für ihr Wirken entsprechend geehrt: Bernhard von Clairvaux, der 1622 seliggesprochene Dominikaner Albert, der heilige Edmund, der im Auftrag von Gregor IX. den Kreuzzug predigte und 1247 kanonisiert wurde, nicht zu vergessen der Kreuzfahrerkönig Ludwig der Heilige.

Hinzu kommt das Verhalten der Päpste in dieser Zeit. Sie sahen ihre Hauptaufgabe darin, politische Macht zu erringen und ihren Einfluß überall spüren zu lassen. Kaum war der Investiturstreit mit den deutschen Kaisern beendet, fühlten sich die Päpste berufen, sich in die Auseinandersetzungen um die Herrschaft in Sizilien einzumischen und dort einen Bürgerkrieg zu organisieren. Sie scheuten nicht einmal davor zurück, gegen die Hohenstaufer in Italien einen Kreuzzug auszurufen und alle mit Exkommunikation zu bedrohen, die es vorzogen, im Heiligen Land gegen die Ungläubigen zu kämpfen. Urban IV. entband die Ritter, welche sich in Italien für die päpstliche Sache einsetzten, von ihrem Gelübde, nach Palästina zu ziehen. Dieser Papst war vor seiner Wahl sogar Patriarch von Jerusalem gewesen, kannte also die verzweifelte Lage in Outremer.

Verbrechen gegen die Menschlichkeit sind immer zu verurteilen, sie wirken noch scheußlicher, wenn sie unter dem Deckmantel einer hohen Idee oder im Namen einer Gottheit begangen werden und somit deren Ansehen mit in den Schmutz ziehen. Das gilt auch für die Kreuzzüge. Die Leidtragenden waren die Bewohner der eroberten Landstriche.

Anders als den Inquisitoren der Ketzerprozesse kann man jedoch allen Kreuzrittern zugute halten, daß sie nicht aus dem Hintergrund operierten, sondern stets bereit waren, sich an vorderster Front zu exponieren und für ihre Ideologie ihr Leben und ihre Freiheit hinzugeben. Bisweilen verbrachten sie Jahre und Jahrzehnte im Kerker, bis das Geld für ihre Auslösung zusammengebracht war. Hatten sie keine reichen Verwandten, liefen sie bei Gefangennahme Gefahr, den Rest ihres Daseins als Galeerensklave oder Eunuch in einem ägyptischen Harem zu verbringen.

Man mag den Fanatismus der Kreuzritter beklagen oder für bewundernswert halten, er ist eine historische Tatsache und muß als solche akzeptiert werden. In dieser Epoche und vor diesem Hintergrund operierte der Templerorden. Von den zweiundzwanzig Großmeistern der Templer starben fünf im Kampf, fünf weitere erlagen ihren Verwundungen, und ein Großmeister kam in der Gefangenschaft um. Laut einer anderen Quelle fielen insgesamt dreizehn Großmeister auf dem Schlachtfeld. Es kommt hier auch nicht auf genaue Zahlen an;

sicher ist, daß die hohen templerischen Würdenträger den Angriff nicht aus der Etappe leiteten, sondern anführten.

Ganz zu schweigen von den Tausenden von unbekannten Templern, die in der Schlacht fielen oder durch Folter umkamen, die in den Kerkern der Mamelucken bei lebendigem Leib verfaulten, nicht weil sie auf Beute oder ein Lehen aus waren, nicht einmal für Ehre oder Ruhm – «Non nobis, Domine...» –, sondern weil sie an eine Idee glaubten und bereit waren, für deren Großartigkeit ihre Freiheit, ihre körperliche Integrität und ihr Leben aufs Spiel zu setzen.

Die Zeitgenossen

Die Templer agierten weder in Europa noch in Übersee in einem luftleeren Raum, und sie waren auch nicht die einzige religiöse Gemeinschaft, die zur Zeit der Kreuzzüge gegründet wurde. Um den Orden der Templer und seine Motivation zu verstehen, um zu begreifen, warum die Ritter in den weißen Mänteln zum Brennpunkt zahlreicher Spekulationen werden konnten, verherrlicht und verdammt wurden, muß man auch das gesamte Umfeld kennen, in dem der Orden wirkte. Einen Teilaspekt dieses Umfelds bilden die Geschichte der Kreuzzüge und die Verbindung ihrer Protagonisten mit den Templern.

Nicht alle religiösen Gemeinschaften, die während dieses Zeitraums gegründet wurden oder tätig waren, entstanden aufgrund der besonderen gesellschaftlichen Verhältnisse zur Zeit der Kreuzzüge. Der heilige Franziskus reiste zwar nach Outremer und traf dort mit dem Sultan zusammen, aber niemand würde ihn in Verbindung mit den Templern bringen, obwohl den Franziskanern schon zu dieser Zeit die Pflege des Heiligen Grabes anvertraut wurde. Auf der anderen Seite wird immer wieder über die Wechselwirkungen zwischen den Templern und den Katharern, den christlichen Mystikern, den Sufis oder den Assassinen spekuliert.

Als Verbindungselemente werden hierbei hauptsächlich die gnostischen Lehren und die verschiedenen Aspekte der diversen Gralslegenden gesehen, die gerade zu dieser Zeit auftauchten.

Kehren wir als erstes zurück in die Zeit nach dem vierten Kreuzzug. Auf dem Stuhl Petri saß seit 1198 Papst Innozenz III. Zum Zeitpunkt seiner Wahl war er erst achtunddreißig Jahre alt und noch nicht einmal zum Priester geweiht. Sein wichtigstes Anliegen sah er darin, die Stellung der katholischen Kirche zu stärken. Die Kardinäle schienen seiner Meinung gewesen zu sein und auch seine Eignung erkannt zu haben, Innozenz wurde noch am gleichen Tag, an dem sein Vorgänger Celestin III. starb, zum Papst gewählt.

Innozenz gilt als ein Protektor der Templer, die ihm zahlreiche Privilegien verdanken. Auch diese Gunstbezeigungen stimmen mit seiner generellen Politik überein: Der Papst war letztlich der Souverän des Templerordens, und dessen Machtfülle mußte wiederum sein eigenes Ansehen stärken.

Mit der Eroberung von Konstantinopel durch die Kreuzritter hatte die byzantinische Kirche einen großen Teil ihrer weltlichen Macht verloren, und der Einfluß der römischen Kirche hatte entsprechend zugenommen. Aber es gab mitten in Europa noch eine weitere geistige Autorität, welche ihre Fundamente und damit auch die des Papsttums unterhöhlte.

In den letzten hundert Jahren hatte sich der Süden Frankreichs immer mehr von Rom abgewandt. Schon Bernhard von Clairvaux war entsetzt über die Zustände in den christlichen Gemeinden, als er 1147 Okzitanien besuchte. Das Priestertum war korrupt, und die Kirchen blieben leer. Innozenz selbst gab die Mißstände zu und beschuldigte seine Kleriker, auf Kosten der Armen Reichtümer anzusammeln und gegen Geld Reiche von ihren Sünden freizusprechen. Vermutlich hätte das allein den Papst nicht zum Eingreifen bewogen, wohl jedoch die Tatsache, daß in dieser Gegend als Alternative eine neue, von Rom unabhängige religiöse Bewegung entstanden war. Ihre Anhänger wurden Katharer genannt. Anfang des 13. Jahrhunderts war ihr Einfluß so groß, sowohl unter dem Volk als auch unter den Adeligen, daß er für die katholische Kirche zu einer Bedrohung wurde. Was die Katharer so populär machte, waren die Bedürfnislosigkeit ihrer Priester und der absolute Verzicht auf weltliche Macht. Darin unterschieden sie sich wohltuend von der römischen Kirche.

Die Kirche begegnete der Bedrohung auf altbewährte (aber immer noch moderne) Weise damit, daß sie nicht gegen die Mißstände innerhalb ihrer Hierarchie vorging, sondern gegen die unliebsamen Kritiker, in diesem Fall die Katharer. Innozenz III. rief zu einem Kreuzzug nach Okzitanien auf, um die gefährliche Ketzerkirche[35] auszumerzen.

Es war kein Zufall, daß die Katharer gerade in Südfrankreich so stark wurden. Vom 4. bis zu Beginn des 8. Jahrhunderts hatten dort die Westgoten geherrscht, die zwar Christen waren, aber der arianischen Richtung anhingen, welche schon 325 bei einem Konzil als ketzerisch verdammt worden war. Das Land hatte also eine lange Tradition der Unorthodoxie. Und wenn Frankreich als die älteste Tochter der Kirche[36] galt – Chlodwig hatte das Christentum 496 angenommen –, so galt dies für die merowingischen Kernlande, nicht jedoch für den Süden.

Okzitanien, die Hochburg der Katharer, anerkannte zwar offiziell den französischen König als Souverän, wurde jedoch von den Grafen von Toulouse und der Familie Trencavel faktisch unabhängig verwaltet. Die direkte Verbindung zum Mittelmeerraum und zu den Mauren in Spanien schufen zudem ein Klima, in dem eine eigenständige Kultur wachsen konnte. Fremdes Kulturgut wurde nicht zurückgewiesen, sondern assimiliert. Moslems, Juden und Christen brachten ihre besten Elemente ein. In Montpellier gründeten Juden eine medizinische Fakultät, in Carcassonne und Narbonne wurden die Tora und Kabbala gelehrt. In Südfrankreich entstanden sogar erste demokratische Herrschaftsstrukturen, speziell in den Städten.

Es gibt kaum ein Buch über die Templer, das nicht auch die Katharer erwähnt, und sei es nur, um die Verbindungen, welche speziell die Esoteriker zwischen den beiden Gruppen sehen, entschieden abzustreiten.

Gibt es nun Hinweise auf Übereinstimmung zwischen den Templern und Katharern – außer der Tatsache, daß die Templer sich nicht als aktive Kämpfer an den Katharerkreuzzügen beteiligten und den Überlieferungen zufolge sogar verfolgten Katharern Zuflucht innerhalb ihres Ordens geboten haben? Obwohl sie Innozenz III. für die von ihm gewährten Privilegien auf eine gewisse Art verpflichtet waren, tauchen sie in den Berichten über die Katharerkreuzzüge lediglich als geistliche Berater auf. Sie mußten zwar offiziell innerhalb des von der Kirche gesteckten Rahmens der Orthodoxie bleiben, vermieden es aber, sich mobilisieren zu lassen.

Eine eventuelle heimliche Unterstützung der Katharer war nur möglich dank der genauen Kenntnis der Situation in Okzitanien – und dank der räumlichen Nähe. Die Templer besaßen dort zahlreiche Niederlassungen. Manche meinen, daß sie nach dem Zusammenbruch von Outremer vorhatten, gerade in dieser Gegend einen eigenen Ordensstaat zu gründen.

Bedeutsam ist auch, daß der Zusammenhang zwischen Templern und Katharern keine Erfindung der Neuzeit ist. Schon der zeitgenössische Dichter Wolfgang von Eschenbach nahm Ende des 12. Jahrhunderts in seinem *Parzival* die Templer zum Vorbild für die Gralshüter, während sich die Gestalt des Parzival selbst an Raymund-Roger Trencavel anlehne, den Herrn und Verteidiger der Katharerhochburgen Carcassone und Béziers. Auch vom Klang her ähneln sich die Namen Parzival und Trencavel.

Der wichtigste Grund, geheime Verbindungen zwischen den Katharern in Okzitanien und den Templern zu sehen, ist für manche jedoch die Tatsache, daß die Lehre der Katharer, trotz ihrer keltischen Beimischungen, in ihren Grundzügen aus dem Orient stammt. Von dort, so wurde gemunkelt, hätten auch die

Templer ihre geheimen Rituale mitgebracht. Die Katharer selbst sahen sich als Christen, stimmten jedoch in einigen bedeutsamen Punkten nicht mit den Lehren des orthodoxen Christentums überein. Sie vertraten ähnliche Thesen wie die frühchristlichen Gnostiker und östliche Religionsstifter vor ihnen.

Die Hauptunterschiede zwischen der Lehre des orthodoxen Christentums und der dualistischen Weltanschauung der Katharer liegen bei der Einstellung gegenüber der Schöpfung.

Im Universum der Katharer stehen sich Gut und Böse, Geist und Materie, Licht und Schatten gleichwertig gegenüber. Der Teufel der katholischen Kirche hingegen ist lediglich ein abtrünniger Engel, Gott also von Anfang an unterlegen, und hat lediglich die Möglichkeit, sich die menschliche Willensfreiheit zunutze zu machen.

Während die Amtskirche sich nicht richtig entscheiden kann, ob sie die materielle Welt als Jammertal ablehnen oder Gott ob seiner Schöpfung preisen soll, waren die Katharer sich einig: Das Böse in der Welt ist nicht durch die Menschen und ihre Unzulänglichkeit entstanden, sondern systemimmanent. Selbst wenn man für Kriege und das Leid, das sie mit sich bringen, menschliches Versagen verantwortlich machen kann, so gilt dies nicht für Naturkatastrophen, Hungersnöte durch Mißernten, Seuchen und den Tod an sich. Die logische Folgerung der Katharer war, daß die Welt nicht das Werk eines unendlich guten und allmächtigen Gottes sein kann. In diesem Fall müßte die Erde sein wie er selbst: vollkommen und ewig.

Ihrer Ansicht nach wurde die materielle Welt von einer Art Halbgott geschaffen, der ihr stark verhaftet ist. Diesen Schöpfergott nannten sie Demiurg oder Rex Mundi. Er hat nichts mit dem göttlichen Prinzip der allumfassenden ewigen Liebe zu tun, das trotz allem irgendwo existiert, aber sehr viel mit dem strafenden und eifersüchtigen Gott des Alten Testaments.

Der Mensch muß versuchen, sich dem fernen Gott der Liebe wieder zu nähern. Grundbedingung hierfür ist, daß er sich von der Materie lossagt und danach strebt, seine geistige Seite zu vervollkommnen. Bei seiner Suche nach dem Ewigen kann er sich nicht auf Buchstabengläubigkeit und Verfolgung einiger moralischer Richtlinien verlassen, wichtiger ist eigene Erkenntnis. Gläubig, «croyant», zu sein darf lediglich die Vorstufe darstellen, um vollkommen, «parfait», zu werden. Da dies in einem Leben nicht möglich ist, glauben die Katharer an eine Reinkarnation, wie die östlichen Religionen. Und wie diese verurteilten sie die Tötung menschlichen oder animalischen Lebens. Sie ernährten sich sehr vegetarisch, ohne Eier und Milchprodukte. Fische waren als Nahrung erlaubt; zu dieser Zeit ging man davon aus, daß sie sich ungeschlechtlich vermehrten und deshalb reiner waren als Wirbeltiere.

Den Kontakt mit der Gottheit, dem Prinzip der ewigen Liebe, muß jeder Mensch selbst herstellen, es gibt keine Vermittlung, nicht einmal durch Christus. Eine priesterliche Hierarchie ist daher nach der Lehre der Katharer unnötig. Damit sprachen sie der römischen Kirche die Daseinsberechtigung ab – und ihr eigenes Todesurteil aus. Schon allein der Hauptsitz der katholischen Kirchen, ROMA, steht bei den Katharern für die faktische Umkehrung des lateinischen Begriffes für Liebe, AMOR.

Die Amtskirche vertritt heute noch die Auffassung, daß ein Sakrament aus sich heraus Wirksamkeit besitzt, wenn es von einem Priester gespendet wird, unabhängig davon, ob sich dieser in einem Zustand der Sünde befindet, korrupt ist oder das Sakrament – zum Beispiel das Bußsakrament – für Geld verkauft. Bei den Katharern hingegen war es wichtig, welche Geisteshaltung ein Mensch besaß, der ein Sakrament verlieh. Nur wenn er reinen Herzens war, konnte sich die Kraft des Sakramentes entfalten.

Noch kontroverser waren ihre Ansichten, wenn es um die Gestalt Jesu selbst ging. Wenn Materie nämlich von Grund aus als negativ zu betrachten ist und mit dem Prinzip des höchsten Gottes nichts zu tun hat, so gilt dies auch für die Zeugung. Diese setzt Materie voraus, ebenso Kreuzigung und Tod. Aus diesem Grund konnte der Gekreuzigte nicht der Sohn Gottes sein, oder aber die Kreuzigung fand gar nicht statt, und die Gestalt Jesu war lediglich ein Symbol für die Liebe der Gottheit zum Göttlichen im Menschen.

Das göttliche Prinzip an sich bestand nach Meinung der Katharer aus einem männlichen und einem weiblichen Teil. Im Gegensatz zur römischen Kirche, wo die Frauen von den Kirchenämtern ausgeschlossen waren, gab es bei den Katharern auch weibliche Prediger und Lehrer. Die Fortpflanzung, wie sie von der Bibel in «Seid fruchtbar und mehret euch» gepredigt wird, lehnten die Katharer ab, nicht jedoch die Sexualität an sich, die Vereinigung des männlichen und weiblichen Prinzips. Die «parfaits» lebten zwar asketisch, forderten jedoch nicht das gleiche von den einfachen «croyants». «Parfait» wurde man durch ein besonderes Sakrament, von dem wir außer dem Namen nur wenig wissen. Es wurde «consolament», die Tröstung, genannt und verpflichtete unter anderem zu sexueller Enthaltsamkeit. Die Katharer verlangten von keinem das Unmögliche: Meist wurde dieses Sakrament erst kurz vor dem Ableben verabreicht. Für die «croyants» gab es zu Lebzeiten das «melhorament», den Segen durch einen «parfait», und das «apparelhament», eine Art öffentliche Bußandacht.

Der Kreuzzug gegen die Katharer begann 1209 und endete 1245. Er wurde regulär gepredigt; mit Ablässen, Versprechungen auf das Himmelreich und nicht zuletzt der Aussicht auf reiche Beute. Um den Preis eines kurzen Abstechers in den Süden, ganz ohne Strapazen, konnte man sich um das Seelenheil verdient machen und sich gleichzeitig bereichern.

Wie viele Menschen in den Kämpfen umgekommen sind, verbrannt wurden oder bei den peinlichen Befragungen furchtbare Verstümmelungen erlitten, wissen wir nicht. Die Katharer ließen sich nicht widerstandslos niedermetzeln; wenn sie auch selbst offiziell nicht zu den Waffen greifen durften, so heuerten sie doch Söldner an.

Der geistliche Leiter des Kreuzzugs, wie üblich gleichzeitig Legat des Papstes, war Arnaud Amaury, ein Zisterzienser. Um was es den Kirchenoberen bei der Ausmerzung der Katharer ging, ersieht man an der Tatsache, daß sich der fromme Gottesmann schon bald zum Herzog von Narbonne machte. Der weltliche Anführer der Kreuzritter war der berüchtigte Simon de Montfort, nicht zu verwechseln mit seinem gleichnamigen Sohn, der in England einen Bürgerkrieg gegen Heinrich III. entfachte.

Raymund VI., der Graf von Toulouse, übrigens der zweite Gatte Johannas von England, der Schwester von Richard Löwenherz, war als erster zum Hauptgegner des Papstes deklariert worden. Er entging der Verfolgung, indem er öffentlich Abbitte tat und sich dem Papst unterwarf. Daraufhin verstärkte sich der Druck gegen Raymund-Roger Trencavel, den Grafen von Béziers und Carcassonne, der gefangengenommen wurde und kurz darauf im Kerker starb.

Noch schlimmer, weil systematischer, wurden die Ausschreitungen, als 1233 die inquisitorischen Aufgaben dem Orden der Dominikaner[37] übergeben wurden. Es hatte schon früher Ketzerprozesse gegeben, aber nun wurden die Verfolgungen systematisiert. 1252 gestattete Papst Innozenz IV. auf Wunsch der Inquisition offiziell den Einsatz der Folter zum Erzwingen von Geständnissen.

Die Dominikaner bildeten keinen kämpfenden Orden; sie riskierten nicht das eigene Leben in den Auseinandersetzungen mit dem Ketzertum. Sie selbst machten sich nicht einmal in den Folterkellern die Finger schmutzig. Von ihnen stammen jedoch die theoretischen Voraussetzungen für die Perversionen der Ketzer- und späteren Hexenverfolgung.[38]

Mitte des 13. Jahrhunderts waren die Katharer und Albigenser endgültig ausgerottet, und 1276 wurde ein Dominikanermönch als Innozenz V. zum Papst gewählt.

Die Katharer werden oft im Zusammenhang mit dem Heiligen Gral genannt. Das liegt unter anderem am Namen ihrer

Hochburg in den Pyrenäen, Montségur, der sichere Berg, genannt. Bei Wolfram von Eschenbach heißt die Gralsburg, wo der kranke König Amfortas lebt, Munsalvaesche.

Montségur wurde 1244 von der päpstlichen Armee beziehungsweise dem französischen König Ludwig IX. (dem Heiligen) belagert. Diese Episode wird in den Heiligenlegenden gern schamhaft verschwiegen, in der von Otto Bitschnau redigierten, am Ende des 19. Jahrhunderts erschienenen Fassung wird nur die Strenge des Königs gegen «Lästerer wider Gott und die seligste Jungfrau Maria» erwähnt. Die besagten Lästerer werden hierbei in einem Atemzug mit «schamlosen Weibspersonen» genannt.

Im März 1244 wurde die Lage der Burgbesatzung durch Verrat kritisch, und die Eingeschlossenen mußten Verhandlungen aufnehmen. Pierre Roger von Mirepoix, der Kommandant der Burg, durfte unbehelligt abziehen. Es wurde ihm und seinen Leuten sogar erlaubt, alle tragbaren Besitztümer mitzunehmen. Die Katharer baten sich eine vierzehntägige Bedenkzeit aus und stellten Geiseln für ihr Wohlverhalten.

In der letzten Nacht vor Ablauf dieser Zeitspanne sollen sich vier Katharer an Seilen den steilen Burgberg herabgelassen und den Kordon der Belagerer unbemerkt durchbrochen haben.[39] Und sie sollen etwas mit sich geführt haben, das von zentraler Bedeutung für ihre Weltanschauung und von essentieller Wichtigkeit für ihre Kulthandlungen war. Es durfte den Belagerern unter keinen Umständen in die Hände fallen, mußte aber andererseits bis zum bitteren Ende, bis zum letzten «consolamentum», im Montségur verbleiben.

Natürlich wurde dieser Gegenstand, der wichtig und unersetzlich genug war, um das Leben sämtlicher Geiseln aufs Spiel zu setzen, mit dem Heiligen Gral identifiziert.[40]

Bisweilen hängt es von Zufällen ab, ob eine Bewegung von der Kirche verketzert wird oder nicht. Die mittelalterlichen Mystiker, auf welche die Kirche heute so stolz ist, genossen zu ihren Lebzeiten meist keine solche Verehrung. Ganz im Gegenteil. Einige von ihnen vertraten so extreme Theorien, daß sie von der Amtskirche in die Nähe der Häretiker gerückt wurden. Es wirkte verdächtig, wenn sich einfache Mönche und Nonnen anmaßten, Visionen zu haben und Gott direkt zu schauen. Auf ihre Art stellten auch die Mystiker eine Bedrohung der Amtskirche dar: Wo bliebe die Funktion der Kirche, wenn sich Menschen unter Umgehung der Kirchenhierarchie direkt in das Göttliche versenken?

In seinen Schriften gibt der heilige Bernhard auch den Templern einen mystischen Einschlag, indem er ihren Tod auf dem Schlachtfeld mit der Hingabe der Märtyrer gleichsetzt. Nur wer sich des Körperlichen voll entäußert hat, wird zur wahren Hingabe befähigt. Nur wer ganz in der Liebe zu Gott aufgeht, sich wie ein Wassertropfen in einem Glas Wasser im Göttlichen verliert, hat die wahre Liebe erkannt und ist in der Lage, freudig sein Leben auf dem Altar des Göttlichen darzubringen.

Die Regel der Tempelritter ließ dem einzelnen keine Zeit für sich selbst, Meditation und Betrachtung waren nicht vorgesehen. Das Versinken in der Gottheit war in erster Linie das Aufgehen in der Gemeinschaft, was nur durch Selbstverleugnung und absoluten Gehorsam erreicht werden konnte. Das war auch der erste der vom heiligen Bernhard geforderten Schritte: absolute Ergebenheit gegenüber dem Willen der Oberen, wie schon in der Klosterregel des heiligen Benedikt festgelegt. «So setzen wir also fest, daß, wenn der Meister oder der, dem er Autorität verliehen hat, etwas befiehlt, dies sofort ausgeführt wird, als wenn es Gottes Befehl wäre, und niemand soll bei der Ausführung säumig sein.»

Ein gutes Beispiel, wie streng das mönchische Gehorsamsgebot befolgt werden mußte, gibt der Kirchenlehrer und Heilige Thomas von Aquin, der zu dieser Zeit lebte. Er wurde von seinem Prior verbessert, als er bei Tisch vorlas, und wiederholte das Wort so, wie es der Prior vorgegeben hatte. Später fragten ihn die anderen Brüder, warum er dies getan habe, seine ursprüngliche Aussprache sei richtig gewesen. Seine Antwort lautete: «Es liegt sehr wenig daran, wie man ein Wort ausspricht, aber es liegt sehr viel daran, daß ein Mönch gehorsam ist.»

Der Gehorsam um des Gehorchens willen, die freudig-bewußte Aufgabe des eigenen Willens, auf dem Schlachtfeld praktizierten es die Templer auf jeden Fall. – Vermutlich wird es manchen unter ihnen schwerer gefallen sein, das Gehorsamsgebot im Alltag der Komturei zu erfüllen und die Transzendenz der Liebe zu Gott ganz zu erfassen und zu verinnerlichen. Aber diese Art Liebe existierte, gepredigt schon vom heiligen Bernhard[41], zumindest als Ideal.

Neben den etablierten Ordensgemeinschaften entstand zu dieser Zeit eine neue eigenständige Bewegung, die in wichtigen Punkten eigene Wege einschlug: die Franziskaner, auch Minoriten genannt. Die Brüder lebten nicht in festen Häusern mit teilweise prunkvollen Kirchen, isoliert von der übrigen Bevölkerung, sondern trugen das Wort Gottes auf ihren Wanderschaften unter die Menschen. Ihren Lebensunterhalt verdienten sie sich durch Gelegenheitsarbeiten und Betteln.

Damit hatten die Mönche des 1182 in Umbrien geborenen Franziskus[42] mit den Katharern das Gebot der Armut gemein. Franziskus war auch nie zum Priester geweiht worden, nahm sich jedoch zum Ärger der Kirchenoberen das Recht heraus zu predigen.

Ursprünglich hatte Franziskus nicht vor, mit seinen Gesinnungsgenossen einen eigentlichen Orden zu gründen, aber die anderen überzeugten ihn, daß es besser wäre, die päpstliche Zustimmung einzuholen. Die Bewegung der Franziskaner stand nämlich kurz davor, wegen Ketzerei verurteilt zu werden.

Papst Honorius III. bestätigte schließlich in seiner Bulle «Solet annuere» im Jahre 1223 die Ordensregel. Ende des 13. Jahrhunderts gab es zirka zweihunderttausend Brüder in achttausend Klöstern, wobei Franziskus selbst ursprünglich auch gegen feste Klöster war. Seinem Ideal nach mußte sich die freiwillige Armut nicht nur auf den einzelnen beschränken, sondern auch für die Gemeinschaft gelten. Ziel der Minoriten durfte es nicht sein, Reichtümer anzuhäufen, sondern die noch Bedürftigeren mit Almosen zu unterstützen.

Sprichwörtlich ist das Verhältnis des heiligen Franziskus zu den Tieren geworden. Franziskus liebte es, das hilflose Jesuskind in Windeln und in einer Krippe liegend darzustellen. Er sah Gott nicht nur in seinen herrlichen Werken, sondern auch in der Hilfsbedürftigkeit des Nächsten und in der Kreatur.

Wie rasch sich eine neue Bewegung etablieren kann und die ungeliebten Eigenschaften ihrer Vorgänger übernimmt, sieht man am Verhalten der Franziskaner ihrem Mitbruder Roger Bacon gegenüber. Bacon wurde um 1214 in England geboren und war ein Alchimist, der am Stein der Weisen arbeitete. Gleichzeitig beschäftigte er sich jedoch mit experimenteller Physik; unter anderem beschreibt er eine Dampfmaschine, das Schießpulver und eine Taucherglocke. Bonaventura, der Leiter der Franziskaner in England, vermutete hinter seinen Experimenten Schwarze Magie und verbot ihm, in Oxford weiter Vorlesungen zu halten. 1268 schrieb Bacon, mit Duldung des Papstes Clemens IV. beziehungsweise sogar auf dessen Veranlassung, seine drei Werke «Opus majus», «Opus minus» und «Opus tertium». Nach dem Tod von Clemens im Jahre 1278 wurden diese Werke verboten – wiederum vom Oberhaupt der Franziskaner. Die letzten zwölf Jahre seines Lebens, 1278 bis 1292, verbrachte Roger Bacon im Kerker.

Damit war, nach nicht einmal einhundert Jahren, die franziskanische Bewegung erschöpft, der Elan gebrochen.

Sic transit

Der Prozeß

«Wenn die Kirche auch nur einen Moment die Hand von euch abziehen würde, die euch vor den Prälaten und den weltlichen Fürsten schützt, so könntet ihr auf keinen Fall den Angriffen dieser Prälaten und der Gewalt der Fürsten widerstehen.»
Diese prophetischen Worte hatte Papst Clemens IV. im Jahre 1265 den Templern gegenüber ausgesprochen. Weniger als fünfzig Jahre später waren die Weichen für dieses Ereignis gestellt. Die Protagonisten des Dramas werden meist dargestellt als ein um seine Machtansprüche besorgter und völlig skrupelloser König, zudem von chronischem Geldmangel geplagt, ein Papst, der ein willenloses Werkzeug dieses Königs war, und ein unfähiger Großmeister. Ob diese Charakterisierung tatsächlich für alle drei zutrifft, ist nicht immer unumstritten.

Zumindest bei Philipp IV., genannt «der Schöne», seit 1285 König von Frankreich, herrscht ziemliche Einigkeit. Er ist, was Verfolgung, Justizmord und Prozesse angeht, nicht gerade ein unbeschriebenes Blatt. Im Jahre 1291 war er gegen lombardische Bankiers vorgegangen und 1306 gegen die Juden. Beide Male hatte er sich damit finanziell sanieren können, und diesmal plante er den größten Coup von allen: die Beschlagnahmung der gesamten Besitztümer des Templerordens. Tatkräftig unterstützt wurde er bei dieser Aktion von einem Kammerherrn namens Enguerrand de Marigny, der die Funktion eines Finanzministers hatte, seinen Beratern Guillaume de Nogaret und Guillaume de Plaisians sowie einem gewissen Pierre Dubois, dessen Amt wir heute mit Propagandaministerium umschreiben würden.

Der fromme Eifer, den der französische König bei der Verfolgung der ketzerischen Templer an den Tag legte, wirkt verdächtig, wenn man ihn mit seinem früheren Verhalten gegenüber der Kirche und ihren Würdenträgern vergleicht. Laut zeitgenössischen Berichten ist Philipp für die Entführung und damit indirekt den Tod des Papstes Bonifazius VIII. (Pontifikat 1294–1303) verantwortlich, da dieser die Schmach der Demütigung in Anagni durch den französischen König nicht überlebte. Der Nachfolger von Bonifazius, Benedikt XI., starb nach nur acht Monaten. Er soll auf Betreiben König Philipps von Guillaume de Nogaret umgebracht worden sein, einer Überlieferung zufolge mit vergifteten Feigen.

Danach gelangte mit dem Erzbischof von Bordeaux, Bertrand de Goth, der sich Clemens V. nannte, ein Mann auf den Stuhl Petri, mit dem Philipp kooperieren konnte. Er hatte sich diesen Papst mehr oder weniger ausgesucht beziehungsweise durch seinen Einfluß dafür gesorgt, daß der knapp über vierzigjährige Clemens nach einem Konklave von elf Monaten am 5. Juni 1305 zum Papst gewählt wurde. Die Krönung von Clemens V. fand in Lyon statt, wo ihm der französische König nach den Wirren in Rom Asyl gewährt hatte. So konnte Philipp sicher sein, das Papsttum der französischen Krone zu verpflichten und es abhängig zu machen. Die Nachfolger von Clemens sollten noch bis 1377 in Avignon residieren.

Aber schon die feierliche Amtseinsetzung wurde von einem schlechten Omen überschattet: Eine Wand stürzte ein, und der Papst wurde bei der Prozession von seinem Maultier geschleudert. Einer seiner Brüder und ein Kardinal seien getötet worden, und das kostbarste Juwel in der Papstkrone ging verloren. Laut einem anderen Bericht kam der Bruder des Papstes nach einem abendlichen Bankett um, als sich mehrere angetrunkene Gäste stritten und ihre Waffen zogen, und bei der Prozession wurde ein Bruder des Königs verletzt. Im Detail widersprechen sich die Berichte, sicher ist auf jeden Fall, daß sich beunruhigende Geschehnisse abspielten und hochgestellte Persönlichkeiten verletzt wurden oder gar den Tod fanden.

Die meisten Autoren sind sich einig, daß der Orden der Templer vernichtet wurde, weil Philipp es so wollte, nicht weil der Orden es verdient hatte. Schon Dante, der über den Prozeß als Zeitgenosse bestimmt genügend mitbekam, berichtet über die Tempelritter, daß sie unschuldig verfolgt worden seien, und verflucht Clemens V. Und es gibt Historiker, die in der Hinrichtung der Templer den größten Justizmord der Geschichte sehen.

Der absolutistische Staat wurde nicht von Ludwig XIV. erfunden, dieser baute lediglich das von seinen Vorgängern Geschaffene aus. Schon Philipp arbeitete daran, die Befugnisse von Adel und Klerus in seinem Land einzuschränken. Die Templer wiederum waren eine internationale Organisation, die, so meinen manche, gerade in seinem Einflußbereich in Okzitanien einen eigenen Staat gründen wollten.

Im Jahre 1284 hatte Philipp Johanna von Navarra geheiratet. Ihr Vater war gleichzeitig Graf der Champagne, und sie war seine Erbin. Damit war die französische Krone in den Besitz der reichen Grafschaft gekommen. Vorher hatten die Grafen der Champagne als souveräne Fürsten in Troyes residiert. Ihre Macht teilten sie mit den Tempelrittern, zu denen schon zu Lebzeiten von Hugues de Payens eine enge Verbindung geherrscht hatte.[43]

Was nützte es dem stets geldbedürftigen Philipp, daß er durch seine Heirat nominell Herr der reichen Champagne geworden war, wenn ein großer Teil ihrer Einkünfte in die Kassen der Templer floß?

Er war bei den Templern hoch verschuldet und sah die Möglichkeit, sich auf einen Schlag nicht nur seiner Schulden zu entledigen, sondern sogar ein Vermögen zu gewinnen. – Der englische König Heinrich VIII., der Mitte des 16. Jahrhunderts alle Klöster und Abteien in England auflösen und ihre Besitztümer beschlagnahmen ließ, folgte lediglich seinem Beispiel.

Hinzu kamen ganz persönliche Gründe. Philipp war bei einer Rebellion in Paris gezwungen gewesen, die Tempelherren in ihrer praktisch uneinnehmbaren Festung, dem Temple von Paris, um Asyl zu bitten, was dem stolzen König schwergefallen war. Ursache für diese Revolte war die permanente Geldentwertung Philipps gewesen, und es gab Gerüchte, die Templer hätten daran nicht schlecht verdient.

1304 hatte Philipp geschrieben: «Die Werke der Frömmigkeit und Barmherzigkeit, die wunderbare Großzügigkeit, die der heilige Orden des Tempels, vor langer Zeit aufgrund göttlicher Gnade gegründet, auf der ganzen Welt und jederzeit offenbart, sein Mut, der es verdient, ermuntert zu werden, sich noch aufmerksamer und beharrlicher um die gefährliche Bewachung des Heiligen Landes zu kümmern, veranlassen uns, unsere königliche Freizügigkeit auf diesen Orden und seine Ritter auszudehnen, wo auch immer in unserem Königreich sie sich befinden, und dem Orden und seinen Rittern, für die wir eine aufrichtige Vorliebe hegen, die Zeichen unserer besonderen Gunst zu gewähren.»

Schon darin lag eine gewisse Warnung: Hätten die Templer sich ausschließlich um das Heilige Land kümmern können, wären sie für ihn keine solche Bedrohung geworden.

Philipp wußte, daß er der Macht der Templer nichts entgegensetzen konnte, und schlug dem Orden vor, ihm, dem König, eine Art Ehrenmitgliedschaft zu gewähren, wie sie schon früher Papst Innozenz III. und dem englischen König Richard Löwenherz gewährt worden war. Der Versuch schlug fehl – die Templer lehnten es ab, seinem Wunsch zu entsprechen. Damit hatten sie Philipp bis ins Mark getroffen.

Sein Haß konnte pathologische Formen annehmen. Er ließ nach dem Beginn der Templerverfolgung den verstorbenen templerischen Schatzmeister seines Vaters, Jean de la Tour, aus seinem Grab reißen, die Knochen zerstampfen und in alle

Winde zerstreuen. Mit der Leiche des Architekten des Temple in Paris, Hubert genannt, verfuhr er gleich. Wäre es allein nach seinem Wunsch gegangen, hätte er auch die Leiche von Papst Bonifazius so behandelt.

Seine Macht hatte der Orden noch im Frühjahr 1307 gezeigt, als der Großmeister, Jacques de Molay, eine Verschmelzung mit dem Orden der Johanniter ablehnte. Diese Vereinigung hätte lediglich den Johannitern, die zwar ebenfalls ein mächtiger Orden, aber trotzdem im Verhältnis weitaus ärmer als die Templer waren, Vorteile gebracht. Denn die Ausgaben der Templer verringerten sich durch das Ende des Krieges in Outremer, aber die Armenpflege der Johanniter blieb diesen erhalten.

Der Vorschlag wurde von Philipps Propagandaminister Pierre Dubois formuliert und soll im Entwurf von Philipp selbst stammen. Er gedachte den neuen Orden «Ritter von Jerusalem» zu nennen und entweder das Amt des Großmeisters einem seiner Söhne zu übergeben oder zugunsten seines ältesten Sohnes, der damals sechzehn Jahre alt war, die Krone niederzulegen und selbst die Leitung des Ordens zu übernehmen. Philipp war schließlich Witwer und hätte ohne weiteres die mönchischen Gelübde ablegen können.[44]

Eine so reiche und mächtige Institution wie der Tempel mußte zwangsläufig Neider auf den Plan rufen, erst recht nach der Aufgabe von Outremer. Aber es ist symptomatisch, daß die ersten Anschuldigungen, die auf Betreiben Philipps vorgebracht wurden, von einem abtrünnigen Templer stammen, der wegen Mordes am Komtur von Mont-Carmel im Gefängnis saß. Dieser Ex-Templer hieß Esquieu de Floyran und wurde nach seinem Heimatort auch Floyran de Béziers genannt. Früher war er Coprieur des Tempels von Montfaucon (Agen) gewesen. Er hatte zuerst versucht, seine Beschuldigungen an König Jaime II. von Aragon zu verkaufen; dieser lehnte ab, aber Philipp der Schöne war solchen Gerüchten gegenüber aufgeschlossen. Er ließ Spione in den Orden einschleusen und versuchte, weitere Informationen zu erhalten.[45]

Philipp legte daraufhin die Protokolle der Vernehmungen dem Papst vor, aber augenscheinlich waren sie nicht sehr stichhaltig, denn Papst Clemens V. wies die Anschuldigungen Philipps gegen die Templer als «unwahrscheinlich und beinahe unglaublich» zurück, und zwar öffentlich, in der Bulle «Faciens misericordians». Im August 1307 sicherte er aber dem französischen König eine Untersuchung zu, teilte ihm jedoch gleichzeitig mit, daß dies auf Veranlassung des Großmeisters der Templer geschehe, der den Anschuldigungen entgegentreten möchte.

Da beschloß der König, selbst zu handeln. Er sandte einen versiegelten Brief an alle seine Vertreter in den Provinzen. Dieser Brief durfte erst an einem bestimmten Tag geöffnet werden und enthielt den Befehl, sämtliche Templer des Landes am 13. Oktober 1307 bei Morgengrauen zu verhaften. Dieser 13. war ein Freitag ...

Die Templer unterstanden lediglich dem Heiligen Stuhl, Philipps Maßnahme war also illegal. Gleichzeitig gab es noch die Bulle Gregors IX.: Niemand durfte ohne Genehmigung des Präzeptors eine Komturei betreten. Das Verhalten Philipps ist jedoch auf eine gewisse Art plausibel. Er wußte, was er wollte, und wählte das opportune Mittel, sein Ziel zu erreichen.

Unverständlich ist nur die Reaktion der Tempelherren: nicht zu reagieren. In ganz Frankreich ließen sich die besten Ritter der Christenheit, Mitglieder des mächtigsten Ordens ihrer Zeit, heißblütige Aristokraten, umgeben von Scharen treu ergebener Sergeanten, abführen und in finstere Gelasse sperren.

Georges Bordonove schreibt, die Soldaten des Königs hätten sich unter dem Vorwand, eine Abrechnung des Zehnten prüfen zu wollen, in den Komtureien Einlaß verschafft. Der Papst hatte als Dank für die Unterstützung seiner Wahl den französischen Kirchenzehnten auf fünf Jahre dem König zugesichert. Aber kam es den Templern nicht merkwürdig vor, daß diese

Aktion gerade im Morgengrauen stattfand, ohne Vorankündigung?

Im Jahre 1244, als die Templer jeden verfügbaren Mann für Outremer rekrutierten, wurde ihnen dennoch vom Chronisten Mathieu Paris vorgeworfen, sie hätten in Europa problemlos noch weitere neuntausend Soldaten mobilisieren und ausrüsten können. Wenn man von dem allgemein üblichen Zahlenverhältnis zwischen Weißmänteln und Gefolge von ungefähr eins zu zehn ausgeht, so wären darunter fast tausend vollwertige Ordensritter gewesen! Bei aller Vorsicht gegenüber den Zahlenangaben des Mittelalters: Ein wahrer Kern muß an der Behauptung von Mathieu Paris sein. Es gab Mitte des 13. Jahrhunderts in den Provinzen noch zahlreiche wehrfähige Templer und Sergeanten. Wenn die Templer also zu einer Zeit der verschärften Kriegsführung in Outremer eine solche Armee im Hintergrund halten konnten – wie viele Leute hatten sie dann Anfang des 14. Jahrhunderts, als weitere Mitglieder aufgenommen wurden, aber – von Geplänkeln wie vor der Inselfestung Ruad abgesehen – keine mehr auf dem Schlachtfeld starben?

Der Siegelbewahrer Gilles Aiscelin, Erzbischof von Narbonne, habe sich geweigert, das Schreiben Philipps zu unterzeichnen, worauf er durch Guillaume de Nogaret ersetzt wurde. Einige Wochen später konnte Philipp zwar den Großinquisitor von Paris, Guillaume Humbert oder Imbert, dazu veranlassen, ebenfalls einen Befehl für die Verhaftung auszustellen – die nachträgliche Legitimation machte jedoch die Vorgehensweise Philipps nicht legaler. Dieser Guillaume Imbert, ein Dominikanermönch, war der Beichtvater König Philipps. Hatte Philipp selbst ihm gegenüber seine Pläne verheimlicht?

Um den eklatanten Rechtsmißbrauch zu beschönigen, wird sofort nach der Verhaftung die Stimmung gegen die Templer angeheizt: «Eine bittere, beklagenswerte Angelegenheit ist uns über vertrauenswürdige Menschen zu Ohren gekommen und hat uns fast erschlagen und vor abgrundtiefem Entsetzen zittern lassen; man schreckt vor dem Gedanken zurück, man schreckt vor dem Gehörten zurück, es ist fürchterlich, eine verbrecherische Schandtat, ein schauderhaftes Vergehen, eine widerliche Gemeinheit, völlig unmenschlich, schlimmer noch: außermenschlich. Wie ein Wolf im Schafspelz haben die Templer unter ihrem Ordensgewand unsere Religion und unseren Glauben elendiglich verhöhnt und von neuem unseren Herrn Jesus Christus gekreuzigt...» In diesem Tenor ging Philipps Pamphlet weiter.

Man muß sich immer wieder den Kontext ins Gedächtnis rufen, in dem diese Anklagen entstanden: Philipp war exkommuniziert worden, von einem Papst, der kurz darauf starb. Kaum hatte der nächste Papst die Exkommunikation aufgehoben, verschied auch er. Und Philipp wird von der Geschichte für beider Tod verantwortlich gemacht.

Aber diese Meinungskampagne ist im Prinzip eine äußerst moderne Taktik. Dem König kam es darauf an, so schnell wie möglich Geständnisse zu erhalten; das inzwischen erprobte Mittel hierfür war die Folter; diese mußte gerechtfertigt werden. Nun konnte aber nur der Papst offiziell ein Verfahren gegen die Templer einleiten. Wenn jedoch bereits Aussagen vorlagen, die bewiesen, daß es sich bei dem christlichen Orden um gar keinen solchen mehr handelte, weil er von den Glaubenssätzen der katholischen Kirche abgewichen war, so fielen seine Mitglieder nicht mehr unter die geistliche, sondern die weltliche Gerichtsbarkeit. Ganz abgesehen davon konnte Philipp davon ausgehen, daß sich die Kirche hüten würde, noch weiter einen Orden zu verteidigen, der nach eigenem Geständnis ketzerisch war.

Philipp gibt sich nicht damit zufrieden, die Templer in Frankreich zu verfolgen. Er informiert mit einem Schreiben vom 16. Oktober 1307 die anderen europäischen Könige von seinen Maßnahmen und fordert sie auf, seinem Beispiel zu folgen.

Umberto Eco läßt in seinem Roman *Das Foucaultsche Pendel* einen der Hauptakteure fragen, ob es eigentlich wahrscheinlich sei, daß die harten Kämpfer aus Outremer unter der Folter tatsächlich so willig gestanden, wie es bisweilen den Anschein hat. Wenn man bedenkt, daß der Templer Bernard du Gué angab, er sei so stark gefoltert worden, daß Fleisch und Knochen seiner Fersen abfielen, fällt die Antwort nicht schwer. Aimery de Villiers-le-Duc sagte im Zusammenhang mit den Foltermethoden der Inquisition: «Ich würde gestehen, daß ich Gott getötet habe.» Auch gehörten die Templer des Jahres 1307 nicht mehr zu der Entbehrungen gewohnten Kreuzrittergeneration; Akkon war immerhin schon vor fast zwanzig Jahren gefallen. Unter den sechsundsiebzig in Zypern verhafteten Templern zum Beispiel waren lediglich siebzehn dem Orden vor dem Jahre 1300 beigetreten. Wenn man von diesen noch die Templer abzieht, die sich erst zwischen 1291 und 1300 angeschlossen hatten, reduziert sich die Anzahl der Templerveteranen noch weiter.

Dennoch gab es Brüder, welche sich weigerten, die Anklagepunkte zu bestätigen. In den einhundertachtunddreißig erhaltenen Protokollen über die Verhöre zwischen dem 19. Oktober und dem 24. November werden zwei Templer namentlich erwähnt, die nicht gestanden: Der eine verharrte in seinem Schweigen, der andere sagte während des gesamten Verhörs lediglich die Ordensregeln auf.

Der Dominikanermönch Pierre Dumarais, der im Auftrag der Inquisition Templer befragt hatte, gab später dem Papst gegenüber an, er habe den Eindruck gewonnen, daß die nicht geständigen Templer eher die Wahrheit sprachen als die anderen.

Welches waren nun die furchtbaren Schandtaten und gräßlichen Verbrechen, die den Templern zur Last gelegt wurden?

Es gab mehrere Hauptanklagepunkte:

– Bei der geheimen Aufnahmezeremonie neuer Templer in den Orden werde das Kruzifix verhöhnt, mit Füßen getreten und bespuckt. Außerdem müsse der Postulant Christus ver-

leugnen. Die Brüder, welche diese Verfehlung gestanden, gaben bisweilen als Begründung an, damit habe der Rezeptor den Gehorsam des neuen Mitglieds gegenüber dem Orden und seinen Regeln prüfen wollen. Der Befehl seines Oberen müsse dem Templer über alle weltliche und kirchliche Rücksichtnahme gehen.
– Während der Aufnahme würden der neue Templer und der Großmeister «infame Küsse» austauschen, auf den Mund, den Nabel und auf den Rücken, «oberhalb der Stelle, wo der Gürtel getragen wird», wie es im Protokoll bei der Vernehmung eines Templers hieß. Je weiter der Prozeß fortschreitet, desto infamer, sprich intimer, werden diese Küsse in den Beschreibungen.[46]
– Die Wandlungsworte seien bei den Messen nicht gesprochen worden, und die Templer würden auch nicht an die Sakramente glauben. Die Transsubstantiation wurde erst Ende des 13. Jahrhunderts zum Dogma; in diesem historischen Kontext wirkt diese Beschuldigung also nicht sehr stichhaltig.
– Duldung und sogar Empfehlung der Homosexualität. Gérard de Sède hält es für seltsam, daß die meisten Templer gerade diesen Anklagepunkt am erbittertsten abstritten. Wenn man jedoch vom Sexualverständnis der Kirche ausgeht, so war Homosexualität nicht nur einfach Sünde, sondern ein Verbrechen wider die Natur. Bei einer Moralvorstellung, nach der Sexualität lediglich der Fortpflanzung zu dienen hatte, war Homosexualität genauso strafenswert wie Ketzerei. Hinzu kommt, daß die Sodomie offiziell eines der Vergehen war, das bei Entdeckung den «Verlust des Mantels», also die Ausstoßung aus dem Orden, zur Folge hatte.
– Anbetung eines Idols, um das in einem Ritual Schnüre gezogen würden, welche die Templer später auf der bloßen Haut trügen. Eine ähnliche Praxis wurde auch den Katharern vorgeworfen.

Mit diesem Idol war der berüchtigte «Baphomet» gemeint. Die Figur des Baphomet ist das umstrittenste Attribut in dem jahrhundertelangen Streit um die Schuld oder Unschuld des Ordens. War er eine Erfindung der Inquisitoren, welche die Templer so lange folterten, bis sie nicht nur gestanden, ein solches Idol gesehen zu haben, sondern es sogar beschrieben? Ist dies der Grund für die starken Abweichungen bei der Beschreibung dieser Figur?

Auf zahlreichen späteren Abbildungen, zum Beispiel der des Okkultisten Eliphas Lévi, wird der Baphomet als eine zwitterhafte Teufelsgestalt dargestellt. Das entspricht jedoch nicht den Überlieferungen. Der Baphomet sei lediglich ein Kopf gewesen, länglich, wie der eines Bockes, mit Bart und Hörnern, also laut kirchlicher Definition eindeutig teuflischen Einschlags.

Wenn es sich bei der Gestalt des Baphomet um eine völlig aus der Luft gegriffene Erfindung der Inquisitoren handelte, warum sorgten diese dann nicht für eine einheitliche Darstellung? Die Verhöre waren nicht willkürlich, sondern liefen nach einem genau festgesetzten Fragenkatalog ab. Nichts wäre einfacher gewesen, als die geständigen Templer genau wissen zu lassen, wie ihre Beschreibung aussehen sollte. Wenn es tatsächlich eine Kultfigur gab, was stellte sie dar? Einen keltischen Vegetationsgott oder einen vorchristlichen Götzen? Den griechischen Gott Pan? Den Leibhaftigen selbst? Den doppelköpfigen Janus? Mohammed?

Normannische Kirchen weisen häufig in Stein gehauene groteske Gestalten und Köpfe auf, teilweise in Form von Wasserspeiern, bisweilen zur Darstellung von Dämonen oder der Qualen von Verdammten. Beispiele hierfür finden sich auch in ehemaligen Templerkapellen, unter anderem in der Templerkirche in London und in der Dorfkirche von Garway[47] (Herefordshire).

Auf einer der normannischen Säulen von Garway ist ein Kopf mit Hörnern, aus dessen Mund sich Bänder schlingen, reliefartig herausgearbeitet. Baigent und Leigh halten ihn für eine Darstellung des sogenannten Grünen Mannes. An dieser Figur ist jedoch nichts Außergewöhnliches. Ganz in der Nähe, in Kilpeck, steht eine originale normannische Kirche ohne jede Verbindung zu den Templern, wo man neben zahlreichen anderen Figuren auch solche wie in Garway besichtigen kann.

Interessanter sind die beiden Köpfe in Garway, die, kaum sichtbar, an der Außenseite der Kirche angebracht sind. Laut dem in der Kirche ausliegenden Faltblatt wird einer davon einem Bischof zugeschrieben, der andere einem toten Mann.[48]

Überall, speziell im keltischen Raum, gibt es Sagen über übermenschliche Gestalten ohne Kopf oder Köpfe, die ohne den zugehörigen Körper leben und geheimnisvolle Kräfte besitzen. Im Vexin stieß Gérard de Sède auf die Sage von Blaiseau l'Ardent, einem kopflosen Geist, der zwischen den Dolmen und Menhiren auf arglose Wanderer lauert.

Auch die frühkeltische Sagengestalt von Bran dem Glücklichen fällt in diese Rubrik. Sein abgeschlagener Kopf soll nicht nur die Britischen Inseln vor Eroberern schützen, sondern auch Epidemien abwehren und dem Land Fruchtbarkeit verleihen. Genau diese Eigenschaften schrieben die Templer laut der Anklageschrift dem Baphomet zu. In der Gralsgeschichte von Peredur taucht ebenfalls ein in seinem Blut schwimmendes abgeschlagenes Haupt auf. Aus der Legende um Bran den Glücklichen hat sich die Sage um den Grünen Mann entwickelt. Noch Robin Hood wurde mit Attributen des Grünen Manns dargestellt.

Im christlichen Kontext wird jedoch jeder bei der Erwähnung eines abgeschlagenen Hauptes nicht an keltische Helden und Sagen erinnert, sondern an die Figur Johannes des Täufers. Es ist erwiesen, daß die Templer sowohl den Evangelisten Johannes als auch den Täufer Johannes verehrten. Hatte die Gestalt Johannes des Täufers eine Verbindung mit dem geheimnisvollen Baphomet?

Die Erklärung, daß Baphomet eine Verballhornung von «Mohammed» darstellt, ist mit Sicherheit falsch. Wenn die

Templer tatsächlich heimlich beziehungsweise innerlich zum Islam übergetreten wären, hätten sie sich auch an dessen Grundsatz gehalten, keine Bilder von Menschen zu machen, und schon gar nicht vom Propheten selbst.[49]

Das Wort Baphomet wird auch mit dem französischen «bafouer» in Verbindung gebracht. «Bafouer» bedeutet verspotten oder verhöhnen und soll sich auf die Verleugnung des Kreuzes beziehen, der sich die Rekruten der Templer laut Anklageschrift unterziehen mußten.

Baphomet hat jedoch auch Anklänge an «bufo», das lateinische Wort für Kröte, und Kröten waren die wichtigsten Wappentiere der Merowinger-Könige. – Im Zusammenhang mit der südfranzösischen Stadt Rennes-le-Château werden wir auf die merkwürdigen Grabungen eingehen, die ein Großmeister der Templer dort durchgeführt hat – und auf den Schatz des Merowinger-Königs Dagobert, der sich einer Legende nach in dieser Gegend befinden soll, ganz in der Nähe der Katharerhochburg von Montségur.

Die Kröte ist eines der Tiere, die immer wieder mit Hexensabbaten in Verbindung gebracht werden und in deren Gestalt der Teufel bisweilen erscheinen sollte. Das französische Wort für Kröte, «crapaud», ähnelt sehr dem lateinischen Ausdruck für Kopf, «caput».

In Zypern, das den Templern nach der Eroberung durch Richard Löwenherz eine Zeitlang gehörte und in dem sie auch später noch Niederlassungen besaßen, gibt es einen Hafen namens Bapho, wo die Göttin Astarte in Form eines Steins verehrt wurde. Über seine Farbe sind sich die Historiker nicht einig. In manchen Büchern wird er als schwarz, in anderen als weiß beschrieben. Ist hier eine Verbindung mit dem Baphomet zu suchen? Führt der Weg über eine weibliche orientalische Gottheit über die sogenannten «Schwarzen Madonnen» zu der von den Templern hochverehrten Notre-Dame?

Teilweise sind die Erklärungen zum Baphomet sehr phantasievoll und bringen magische Buchstabenquadrate, das hebräische Alphabet und geheimnisvolle Abkürzungen ins Spiel.

Und dann gibt es noch die Geschichte über einen außergewöhnlichen Papst, Sylvester II. (Pontifikat 999–1003). Dieser wurde gegen 940 als Gerbert d'Aurillac geboren und galt als der größte abendländische Gelehrte seiner Zeit, schon als Mönch soll er 996 eine Uhr konstruiert haben, die über Gewichte betrieben wurde.

Er war der erste französische Papst. Seine Wahl hatte er dem Einfluß von Kaiser Otto III. zu verdanken, dessen Vorstellung über die Erneuerung des Heiligen Römischen Reiches er teilte: Die beiden stellten sich eine theokratische Organisation vor. Eine solche Symbiose weltlicher und geistlicher Macht soll auch den Templern vorgeschwebt haben, so versichern einige Autoren.

Für seine Zeitgenossen war dieser Papst zu fortschrittlich; deshalb schrieb man ihm sogar den Verkehr mit Dämonen zu. Dabei ist mit zu berücksichtigen, daß Sylvester um das Jahr 1000 Papst war, als die Menschen sowieso mit dem Erscheinen des Antichrist rechneten.

Einen Teil seines Wissens, unter anderem die arabische Zahlendarstellung, brachte er auf jeden Fall von den Mauren aus Spanien mit, wo er sich als junger Mann aufgehalten hatte.

Diesem Sylvester II. wird zugeschrieben, daß er bei einer bestimmten Planetenkonstellation einen Kupferschädel gegossen hat, der auf alle Fragen mit ja oder nein antworten konnte. Wenn man den Papst nach der Funktionsmethode fragte, so habe er geantwortet, alles gründe sich auf nur zwei Zahlen. Damit wird Sylvester zum Erfinder des Dualrechensystems gemacht, auf dem die modernen Datenverarbeitungsanlagen basieren. Sollte es sich bei diesem geheimnisvollen Schädel tatsächlich um den Prototyp eines einfachen Computers gehandelt haben? Eine extreme Theorie, gewiß.

Sie taucht aber immer wieder auf. Ein ähnlicher Bronzekopf wird im 13. Jahrhundert dem bereits erwähnten Franziskanermönch Roger Bacon zugeschrieben. Auch dieser künstliche Schädel habe Orakel von sich gegeben.

Interessanterweise wurde der Kommandostab der templerischen Würdenträger als Abakus bezeichnet, wie die ersten mechanischen Rechenmaschinen, die heute noch in vielen Ländern benützt werden.

Im Temple von Paris wurde anläßlich der Verhaftung der Templer unter anderem ein aus Silber geformter Frauenkopf gefunden. Dieser enthielt einen weiblichen Schädelknochen, der mit «Caput LVIII m» beschildert war. Das «m» hinter der Zahl soll das astronomische Zeichen für Jungfrau darstellen. Dies war jedoch der einzige Kopf dieser Art, der in Frankreich bei der Durchsuchung der Komtureien gefunden wurde.

Vermutlich hat es sich bei diesem Frauenkopf lediglich um eine Reliquie gehandelt, welche die Templer erworben hatten oder verkaufen wollten. Es ist bekannt, daß schlaue arabische Händler mit der Reliquiensucht der Kreuzfahrer gute Geschäfte machten. Warum sollten nicht auch den Templern solche Reliquien in die Hände gefallen sein, die bis zur Identifizierung mit einer Nummer versehen wurden? In diesem Fall würde die ominöse Aufschrift «Caput LVIII m» in einer Inventarliste einfach als «Reliquie Nr. 58: weiblicher Kopf» auftauchen.

Unabhängig voneinander erzählten die Templer Antoine de Verceil und Hugues du Faure eine fast identische Geschichte, die Antoine de Verceil in Syrien und Hugues du Faure in Zypern gehört haben will. Es handelt sich um einen fränkischen Ritter im Orient, der ein junges Mädchen liebte und begehrte, das ihm jedoch vor der Heirat durch den Tod entrissen wurde. Der Ritter, blind vor Verlangen, öffnet das Grab und vergeht sich an dem Leichnam, worauf ihm eine Stimme befiehlt, in neun Monaten wiederzukommen. Er werde einen weiblichen Schädel finden, von dem er sich nie trennen dürfe, da er mit ihm Wunder bewirken könne.

Bei dem englischen Dichter Roger of Hoveden hat das Mädchen sogar einen Namen: Yse.

Von Yse zu Göttin Isis der Mysterienschulen, deren Schleier man zerreißen muß, um das verborgene Wissen zu erlangen, ist es nur ein Schritt.

Vielleicht bezieht sich der Abstieg in ein Grab auch auf den Satz der Hermetiker: Visita interiora terrae rectificando invenies occultum lapidem – Steig in das Innere der Erde, und Du wirst durch Reinigung den geheimen Stein finden. Der geheime Stein ist nichts anderes als der Stein der Weisen. Die Materia Prima, die für seine Herstellung notwendig ist, entsteht im «Geschlecht der Isis», wobei wir nicht mehr wissen, was damit gemeint war, und das Caput Mortuum, der Totenkopf, war eine der Vorstufen für den Stein der Weisen.

Der Abstieg in das Grab ist ein Teil der uralten Weisheit der Mysterienschulen: Für den Eingeweihten, der dem Tod schon zu Lebzeiten ins Auge blickt, verliert er seinen Schrecken. Auch die Meisterzeremonie der Freimaurer nimmt diese Elemente auf.

Und die geheimnisvollen Schnüre, welche sich laut einigen Aussagen die Templer um den Leib binden mußten und nie ablegen durften? Waren sie tatsächlich vorher dem Baphomet um den Hals gelegt worden und sollten durch eine Art Sympathiezauber den Templer mit diesem in Verbindung halten, waren sie eine ständige Mahnung und Erinnerung an die Keuschheitspflicht – oder dienten sie schlicht dazu, die Unterhosen in einem Zeitalter festzuhalten, in dem es noch keinen Gummizug gab? Alle diese Theorien werden in verschiedenen Publikationen mit gleicher Überzeugungskraft vertreten.

Während des Prozesses wurde auch wieder der alte Vorwurf Friedrichs II. hervorgekramt, die Templer hätten zu viele Kontakte mit den Sarazenen und Assassinen. Friedrichs eigenes Bündnis mit al-Kamil wurde dabei geflissentlich ignoriert. Und eine ähnlich lautende Beschuldigung des Königs von Armenien, daß die Templer sich um 1200 an den Sultan von Aleppo, den letzten noch lebenden Sohn Saladins, verkauft hätten, wurde zu einem Zeitpunkt ausgestoßen, als König Leo selbst exkommuniziert war und sich mit den Templern um deren Besitztümer in Armenien stritt.

Es gab in der Geschichte Outremers Beispiele von Verträgen mit Moslems, welche über reine Waffenstillstands-Vereinbarungen hinausgingen. Raymund von Antiochia hatte mit Saladin einen Bund gegen Guy de Lusignan geschlossen. Die Sarazenen, die unbehelligt sein Gebiet durchquerten, trugen auf ihren Lanzen die abgeschlagenen Köpfe der Templer von La Fève. Auch die lachenden Erben der Templer, die Johanniter, und sogar die treubiederen Deutschherren hatten mit den Sarazenen paktiert. Der byzantinische Kaiser Isaak Angelos mußte sich mit Saladin verbünden, um ein Gegengewicht zu den türkischen Seldschuken bilden zu können. Die Assassinen waren den Hospitalitern tributpflichtig. Sogar der Heilig Ludwig hatte mit diesem islamischen Orden ein Bündnis geschlossen.

Es gibt ein Schreiben des Papstes aus dem Jahr 1236: eine Anklage, daß die mönchischen Gelübde von Keuschheit und Armut laufend verletzt, Privilegien mißbraucht, geheime Verbindungen zur griechischen Kirche gepflegt würden, daß Geiz und Sittenverderbtheit allenthalben an der Tagesordnung seien. Die Empfänger dieser Epistel waren jedoch nicht die Templer – sondern die Hospitaliter.

Die meisten Templer – zumindest die in den erhaltenen Protokollen erwähnten – gestanden früher oder später die ihnen zur Last gelegten Anklagepunkte, darunter auch Jacques de Molay. Er bestätigte, bei seiner Aufnahme in den Orden Christus verleugnet und auf das Kreuz gespuckt zu haben; auch habe er seinerseits als Großmeister Mitglieder auf diese Weise initiiert. Einer seiner Knappen gab zu Protokoll, der Großmeister habe ihn in einer Nacht dreimal mißbraucht.

Manche Templer versuchen auf pathetische Weise, ihre Peiniger durch Teilgeständnisse zufriedenzustellen, ohne sich zu sehr zu exponieren: Sie hätten zwar Christus verleugnet, aber nur mit dem Mund, nicht mit dem Herzen, sie hatten mit Absicht nicht auf das Kreuz gespuckt, sondern daneben gezielt, Homosexualität sei zwar innerhalb des Ordens geduldet worden, sie selbst hätten sie jedoch nicht praktiziert.

Am 27. Oktober protestiert Clemens V. brieflich bei König Philipp gegen die Verhaftung und Folterung der Templer. Er spricht Anfang 1308 den Inquisitoren die Befugnisse ab und will selbst die Untersuchung vornehmen. Da Philipp unter fadenscheinigen Begründungen die Übergabe der gefangenen Templer ablehnt, unterstehen diese zwar de jure der Souveränität des Papstes, bleiben aber weiterhin in den staatlichen Gefängnissen. Jacques de Molay und andere Würdenträger widerrufen kurz darauf ihre Aussagen.

Auch die anderen europäischen Herrscher sind mit der Behandlung der Templer nicht einverstanden. Eduard II. von England, immerhin der Schwiegersohn Philipps, protestiert und geht auch später, als ihn der Papst mehr oder weniger dazu nötigt, nur halbherzig gegen die Templer vor.

In Deutschland erzwingen die Templer nach der Verhaftung der ersten Brüder deren Freilassung und treten nach dem Verbot des Ordens in Scharen den Deutschherren bei, wo sie augenscheinlich auch anstandslos Aufnahme fanden. Es heißt, Hugo Wallgraff, der Visiteur von Deutschland, sei mit zwanzig schwerbewaffneten Rittern gewaltsam bei der Synode von Mainz eingedrungen und habe nachdrücklich die Unschuld des Ordens beteuert.

Das Schicksal der templerischen Besitztümer auf der Iberischen Halbinsel war während des Konzils von Vienne ausgeklammert worden. In Aragon verschanzten sie sich in ihrer Festung Monzon. Die Konzile von Tarragon, Salamanca und Lissabon weisen die Anschuldigungen gegen die Templer zurück. Nur dort, wo die Verfolgung in Gestalt der inquisitorischen Dominikaner auftrat, waren die Templer gefährdet. Die Templer der Region Badajoz wurden in ihrer eigenen Festung,

Jerez de los Caballeros, hingerichtet. In Aragon und Valencia überlebten die Templer in Gestalt des Ordens von Montesa. Dieser wurde 1317 von Papst Johannes XXII. gegründet. Er sollte gemäß der Bulle «Pia mater ecclesia» offiziell sogar den Orden von Calatrava mit einschließen, und es wurden ihm die Güter der Templer und Hospitaliter in Valencia übergeben.

Auch in Portugal wurde anscheinend der Wunsch nach einem neuen Ritterorden gerade zu diesem Zeitpunkt übermächtig: Mit dem Verbot der Templer gründete sich der Christusorden. Obwohl der Ausdruck stark an den ursprünglichen Namen der Templer erinnerte, wurde die Existenz der neuen mönchischen Ritterschaft allenthalben billigend zur Kenntnis genommen. Papst Johannes XXII. anerkannte den Orden offiziell am 14. März 1319 in der Bulle «Ad ea ex quibus». Ein Jahr später, am 14. Mai 1320, bestätigte der portugiesische König den Orden. Ihm wurden nicht nur die einhundertdreiundzwanzig Komtureien des Templerordens übergeben, es bestand auch eine personelle Kontinuität: Fast alle Mitglieder waren ehemalige Templer. 1356 wurde die Festung Tomar, die ehemalige Hochburg der portugiesischen Templer, zum offiziellen Hauptsitz des Christusordens ernannt. Der erste Großmeister, Don Gil Martins, liegt dort sinnigerweise neben einem der ersten Meister der portugiesischen Templer, Don Gualdin Pais, begraben.[50]

Die Haltung von Papst Clemens ist letztlich zwiespältig. Von vielen Historikern wird ihm vorgeworfen, die Templer nicht nachhaltig genug verteidigt zu haben. Als er aber mit seiner Bulle «Pastoralis prae eminentiae» vom 22. November 1307 die Verhaftung aller Templer in Europa befiehlt, veranlaßt er dies unter Umständen nur, um die einzig wirklich gefährdeten Mitglieder des Ordens unter seine Obhut zu stellen: die französischen Templer. Und als Clemens zu Beginn des Jahres 1308 die Vollmachten der Inquisitoren, auch der Bischöfe, aufhob, mußte Philipp zumindest nominell die Templer dem Papst übergeben, obwohl sie faktisch in den königlichen Gefängnissen blieben. Clemens hatte sich bereits zu sehr exponiert: Philipp ließ die von Pierre Dubois gestartete Verleumdungskampagne gegen die Templer auf den Papst ausdehnen.

Clemens V. war durch die Unterstützung Philipps Papst geworden und hatte sich zu Gegenleistungen verpflichtet. 1306 mußte er die Bulle «Unam Sanctam» seines Vorgängers Bonifazius zurücknehmen, mit der dieser die Suprematie der katholischen Kirche betont hatte. Es heißt, unter den Zusagen habe sich auch eine Art Blankovollmacht befunden, für die Philipp später die Auflösung des Templerordens verlangte.

Philipp versucht, mittels Überredung und Erpressung die Haltung des Papstes zu ändern. Dieser besteht darauf, die Templer selbst zu befragen. Im Mai 1308 muß er dem König insofern nachgeben, daß er offiziell, im Namen der Kirche, die Gefangenen wieder der französischen Krone überantwortet.

Im Sommer 1308 hörte er in Poitiers, wo er sich niedergelassen hatte, zweiundsiebzig Templer an und sandte die Kardinäle Berengar, Stephan und Landulf nach Chinon, wo Jacques de Molay und andere Würdenträger gefangengehalten wurden und laut Aussage des Königs aus Gesundheitsgründen nicht nach Poitiers reisen konnten. Die vom Papst verhörten Templer gehörten lediglich den unteren Rängen an und waren zuvor von Philipp ausgewählt worden.

Von diesem Moment an änderte sich die Haltung des Papstes. Er gibt den Inquisitoren, meistens Dominikanermönchen, ihre Befugnisse zurück, überläßt dem König die wenigen Templer, die er noch in seiner Obhut hat, und beruft ein Konzil in Vienne ein.

Jacques de Molay selbst, der Grand Visiteur Hugues de Pairaud, der Präzeptor von Zypern, Raimbaud de Caron, der Präzeptor von Aquitanien, Godefroy de Gonneville, ebenso der Präzeptor der Normandie, Geoffroy de Charnay, unterzeichnen im Beisein der Kardinäle und offensichtlich ohne Zwang erneut die Anklageschriften.

Gérard de Sède geht davon aus, daß der Papst von den Templern in Poitiers ein Geheimnis erfahren hat, das er nicht veröffentlichen wollte, das ihm aber auch eine weitere öffentliche Unterstützung des Ordens unmöglich machte. Der Papst wollte den Templern jedoch eine unzweideutige Anklage wegen Ketzerei ersparen.

Verschiedene Gründe sprechen gegen diese Theorie. Die von Philipp ausgewählten und vom Papst verhörten Templer hatten keine hohe Stellung innerhalb des Ordens – was hätten sie wissen sollen? Und wenn die Kardinäle etwas von Jacques de Molay und den anderen Würdenträgern erfahren hätten, so wäre der Kreis der Wissenden größer geworden, demzufolge auch die Chance einer weiteren Verbreitung dieses Geheimnisses. Und mit der Anklage wegen Ketzerei mußte der Papst ebenfalls vorsichtig sein: Offiziell war der Orden der Templer dem Heiligen Stuhl unterstellt, vielleicht hätten sich manche gefragt, warum dieser von der Abtrünnigkeit des Tempels nie etwas gemerkt hatte – und ob vielleicht die gesamte Kirchenhierarchie morsch war.

Clemens V. war der Gast des französischen Königs, in gewisser Weise sogar sein Gefangener. Daß er sich nicht auf die Ehrfurcht des Königs dem Papsttum gegenüber verlassen konnte, hatte Philipp gegenüber den beiden früheren Päpsten nachhaltig demonstriert. Befürchtete Clemens, daß Philipp in seiner Verblendung nicht nur die Institution des Tempels, sondern sogar die Kirche selbst opfern würde? Wollte er eine Anarchie aufhalten?

Warum unterzeichneten die Würdenträger die Anklageschriften? Wurden ihnen Versprechungen gemacht? Aber gab es tatsächlich unter ihnen keinen Mann mehr vom Format eines Eudes de Saint-Armand – was immer man von seinen politischen Entscheidungen halten will – oder Guillaume de Sonnac? War sich keiner der hohen Templer bewußt, daß er auch für die Nachwelt handeln mußte? Nicht nur, daß er durch sein persönliches Verhalten alles andere als ein Fanal für die anderen

Templer setzte, Jacques de Molay forderte im Gegenteil sogar brieflich die Brüder auf, seinem Beispiel zu folgen und zu gestehen. Manche unter ihnen, durch die Folter zermürbt und die Geständnisse sowie das Vorbild der Würdenträger aller Hoffnungen beraubt, taten, wie ihnen geheißen. Andere, weniger prominente Templer hingegen nahmen die bisher gemachten Aussagen zurück und verteidigten den Orden.

Im Frühjahr 1309 wagten es Hunderte von Templern, ihre Geständnisse zu widerrufen, obwohl sie damit den Scheiterhaufen riskierten. Ende 1309 traf sich die offizielle päpstliche Kommission in Paris, und zahlreiche Templer offenbarten die erlittenen Folterungen und schrieben ihre Geständnisse allein diesen zu. Der Templer Ponsard de Gisi faßte vermutlich die Gefühle aller zusammen, als er sagte: «Wenn ich nochmals solche Torturen erleiden müßte, so würde ich alles leugnen, was ich jetzt sage, ich würde alles sagen, was man von mir verlangt.»

Während sich die Inquisitoren das Recht herausnahmen, den Wortlaut der Geständnisse den Anklagepunkten «anzupassen», galt ein Angeklagter, der sein Geständnis widerrief, als «relaps», als Rückfälliger, was noch schlimmer geahndet wurde, als wenn er sich schuldig bekannte. Vierundfünfzig Templer wurden aus diesem Grund am 13. Mai 1310 allein in Paris bei lebendigem Leib verbrannt. Damit sollten die anderen abgeschreckt werden. Die Methode funktionierte jedoch nicht.

Innerhalb von zwölf Monaten gab es unzählige Geständnisse und Widerrufe. Die Verwirrung war komplett. 1310 war es einem Templer namens Pierre de Bologne beinahe gelungen, das Rad der Inquisition anzuhalten. Er hatte sich, mit einigen anderen zusammen, zum Verteidiger des Ordens aufgeschwungen und brachte die Agenten Philipps rhetorisch in arge Bedrängnis – sie hielten es anscheinend für geraten, ihn aus dem Verkehr zu ziehen. Er verschwand auf ungeklärte Weise.

Im Juni 1311 wird die Untersuchung trotz der zahlreichen Widersprüche in den Prozeßakten für abgeschlossen erklärt, und die Unterlagen werden dem Papst übergeben, der sich zu diesem Zeitpunkt in Avignon aufhält. Am 16. Oktober 1311 beginnt in Vienne das angekündigte Konzil.

Erst ab März 1312 greift der Papst das heikle Thema der Templerfrage auf. Unter Umgehung öffentlicher Diskussionen löst er am 22. März beziehungsweise 3. April mittels der Bullen «Vox clamantis» und «Vox in excelso» den Orden der Templer und alle seine Institutionen auf, nicht aufgrund richterlicher Verfügung, sondern kraft seiner apostolischen Vollmacht. Die Akten über dieses Konzil sind – oh Wunder – verlorengegangen. Die Teilnehmer des Konzils hatten sich ursprünglich dafür ausgesprochen, einige Templer persönlich anzuhören. Es gilt auch als sicher, daß sich zahlreiche Kirchenfürsten gegen die Beschlüsse gewandt hätten; schließlich hatten sie in ihrem eigenen Zuständigkeitsgebiet die Templer von den Anklagepunkten freigesprochen. Der König sah sich schließlich genötigt, durch sein persönliches Auftreten beziehungsweise die große Zahl an Bewaffneten, die er mit sich führte, die unbotmäßigen Bischöfe durch Einschüchterung zum Schweigen zu bringen.

Einmal gelang es einer Truppe von sieben Templern, ein anderes Mal zwei weiteren Templern, urplötzlich zum großen Entsetzen der Anwesenden hervorzutreten, um den Orden zu verteidigen. Sie sollen behauptet haben, in der Nähe von Lyon würden sich zweitausend Templer versteckt halten, die bereit seien, für ihren Orden zu kämpfen. Die neun wurden ins Gefängnis geworfen. Die Zahl von zweitausend Templern, die sich noch in Freiheit befanden, scheint sehr hoch gegriffen, ist aber eine Bestätigung der These, daß sich selbst in Frankreich noch Mitglieder des Ordens aufhielten, die den Häschern Philipps des Schönen entkommen waren.

Anschließend widmete sich das Konzil wieder anderen Dingen. Ironischerweise ging es unter anderem um eine Kirchenreform und die Planung eines neuen Kreuzzugs.

Mit dem Konzil von Vienne hatte Clemens zwar eine Entscheidung über die Aufhebung des Ordens getroffen, aber das

Konzil, das zu einem späteren Zeitpunkt über seine Schuld oder Unschuld beraten sollte, hat bis heute nicht stattgefunden. Daß, wenn nicht Gottes Mühlen, so doch die der Römischen Kurie sehr langsam mahlen, ersieht man am Beispiel Galileis. Er mußte 1633 vor der Inquisition seiner These abschwören, daß sich die Erde um die Sonne dreht. Seine Rehabilitierung durch die katholische Kirche erfolgte im Jahre des Herrn 1992 – nach einer Beratung von immerhin noch dreizehn Jahren.

Materiell profitiert haben von der Auflösung des Ordens in erster Linie der französische König und der Orden der Johanniter, der nun endlich seine Nachfolge antreten konnte. Die Johanniter hatten sich ursprünglich von einer Verschmelzung der beiden Orden viel versprochen, nun gedachten sie die geänderte Sachlage erst recht für sich auszunutzen. Durch die Einnahme von Rhodos im Jahre 1310 waren die Johanniter zu einem souveränen Orden geworden, der Geldsegen durch die Übergabe der templerischen Besitztümer kam daher gelegen.

Ob jedoch die Taktik der Johanniter wirklich so gewinnbringend war, wie sie gehofft hatten, ist zweifelhaft. Philipp der Schöne war darauf bedacht, daß in erster Linie seine Ansprüche befriedigt wurden. In Zypern übernahmen die Hospitaliter eine noch aktivere Rolle als Totengräber der Weißmäntel: Die einzigen Beschuldigungen gegen den Templerorden wurden von den Johannitern vorgebracht. Es wäre jedoch falsch, den Orden insgesamt für seine Teilnahmslosigkeit beziehungsweise tätige Mithilfe beim Untergang der Templer zu verurteilen. Es gibt Hinweise, daß verfolgte Templer bei den Johannitern Aufnahme fanden und so dem Schicksal ihrer Brüder entgingen.[51]

Jacques de Molay wird am Abend des 18. März 1314 – dem Jahrestag der Krönung des Templergegners Friedrichs II. in Jerusalem – in Paris auf der Seine-Insel verbrannt, die wir heute Ile de la Cité nennen, gemeinsam mit dem Großpräzeptor der Normandie, Geoffroy de Charnay. Heute kündet dort eine Metalltafel, die in den Pont-Neuf eingelassen ist, vom Schicksal des letzten offiziellen Großmeisters der Templer.

Das Urteil der drei Kardinäle hatte auf lebenslange Kerkerhaft gelautet, aber durch einen öffentlichen Widerruf ihrer Geständnisse am Tag des Urteils selbst machten sich Jacques de Molay und Geoffroy de Charnay zu «relaps». Die Kardinäle übergaben sie daraufhin der königlichen Gerichtsbarkeit. Philipp selbst ordnete ihre sofortige Verbrennung an.

Der Dichter Geoffroy de Paris berichtet, Jacques de Molay habe bei der Hinrichtung darum gebeten, mit dem Gesicht zu Notre-Dame hin verbrannt zu werden, ein letztes Zeichen der Marienverehrung der Templer. In einem ihrer Bekenntnisse heißt es: «Notre-Dame war der Beginn unseres Ordens und in ihr und zu ihren Ehren wird, so Gott will, das Ende unseres Lebens und das Ende unseres Ordens sein.» Es hatte sich erfüllt. Zeugen berichten von der Standhaftigkeit, mit der die beiden das Martyrium des Flammentods erlitten, und von dem Eindruck, den sie damit auf die wartende Menge machten. Die Leute hätten nach dem Erlöschen des Feuers Knochenreste der beiden aus dem Feuer gerettet und als Reliquien weggetragen.

Es heißt, Jacques de Molay habe vor seiner Hinrichtung nochmals beteuert, unschuldig zu sterben. Gleichzeitig bedauerte er seine aus Schwachheit gemachten früheren Geständnisse und sagte Unheil für diejenigen voraus, die ihn zu Unrecht verurteilt hätten. Einer noch dramatischeren Überlieferung zufolge hat er die für seinen Tod Verantwortlichen noch für das gleiche Jahr vor Gottes Richterstuhl gerufen.

Wenn man die nachfolgenden Ereignisse betrachtet, ist die Entstehung dieser Legende unschwer zu verstehen: Clemens V. stirbt tatsächlich schon einen Monat später, am 20. April, König Philipp noch im selben Jahr, am 29. November, durch einen Jagdunfall unter merkwürdigen Umständen. Von seinen bösen Geistern überlebte Guillaume de Nogaret ebenfalls das Schicksalsjahr 1314 nicht, bei Enguerrand de Marigny versah sogar der Henker das Werk der Vorsehung.

Wollte man einen Templerfluch erfinden, so könnte man ihn schwerlich besser gestalten als die historische Wahrheit. Die

Geschichte ist nämlich noch nicht zu Ende: Philipps ältester Sohn, Ludwig X., stirbt bereits 1316, dessen postum geborener Nachfolger, Johann I., ebenfalls. Der zweite Sohn Philipps des Schönen, Philipp V., segnet 1322 das Zeitliche. Der dritte und letzte Sohn, Karl IV., stirbt 1328. Damit war die Hauptlinie der Kapetinger innerhalb von nicht einmal fünfzehn Jahren ausgestorben, und eine Nebenlinie, die Valois, gelangte an die Herrschaft.

Eine Tochter Philipps des Schönen sollte den Rest der Familie überleben, aber sie brachte weder Frankreich noch ihrer neuen Heimat England Glück. Prinzessin Isabella war 1308 mit dem englischen König Eduard II. vermählt worden, den sie 1327 von ihrem Liebhaber Mortimer umbringen ließ. Eduard war ein schwacher König. Er setzte weder seinen Günstlingen noch seiner Frau, noch seinen mächtigen Baronen, noch dem Papst, noch seinem Schwiegervater Philipp Widerstand entgegen. Er war zwar im Prinzip gegen die Verfolgung der Templer in seinem Land, beugte sich jedoch schließlich, anstatt aktiv dagegen einzuschreiten.

Eduard III., der Sohn aus der Verbindung zwischen Isabella von Frankreich und Eduard II., erhob neben den Valois als Enkel Philipps des Schönen und Neffe der drei letzten Könige ebenfalls Anspruch auf die französische Krone. Die direkte Folge davon war der Hundertjährige Krieg zwischen England und Frankreich.

Es ist eine Ironie des Schicksals, daß während der Französischen Revolution ein Nachfolger Philipps des Schönen, König Ludwig XVI., und seine Gemahlin Marie Antoinette gerade im Temple von Paris ihre Hinrichtung erwarteten. Eine Legende besagt, ein Mann sei nach der Hinrichtung des Königs aufs Schafott gesprungen, habe den abgeschlagenen Kopf hochgerissen, Blut auf die Volksmenge gestreut und sinngemäß gerufen: «Jacques de Molay, nun bist Du gerächt!», einer anderen Version nach: «Volk von Paris, ich taufe Dich im Namen von Jakob!»

Bannockburn

Einige Monate nach dem Tod Jacques de Molays, am 24. Juni 1314, gewannen die Schotten die größte Schlacht ihrer Geschichte: Bannockburn. Anführer des schottischen Heeres war Robert the Bruce, ein Nachkomme von Kenneth MacAlpin, dem legendären Herrscher des keltischen Königreiches Dalriada. MacAlpins Anstrengungen hatten Mitte des 9. Jahrhunderts ein vereinigtes schottisches Königreich geschaffen, und sein Nachfahre Robert the Bruce verteidigte dessen Unabhängigkeit gegen die Engländer.[52]

Vor dem Entscheidungsjahr 1314 hatten die Schotten die großen Schlachten in diesem Kampf um ihre Unabhängigkeit verloren. Sowohl vor Falkirk (1298) als auch vor Methven (1309) mußten sie eine verheerende Niederlage einstecken. Ihr Hauptproblem bestand darin, daß sich in ihren Reihen nur eine unzureichende Anzahl von schwer gepanzerten Rittern befand und daß sie allgemein in bezug auf Ausbildung, Disziplin und Ausrüstung den Engländern unterlegen waren.

Nach Methven änderten die Schotten ihre Taktik. Sie vermieden offene Feldschlachten und griffen auf eine Art Guerillakrieg zurück: kurze und rasch aufeinanderfolgende Angriffe von leicht bewaffneten Bogenschützen, die sich nach dem Abschießen ihrer Pfeile sofort wieder in unwegsames Gelände zurückzogen. Kurz, sie wandten die Art der Kriegsführung an, mit der die Sarazenen während der Kreuzzüge beträchtliche Erfolge gegen die fränkische Panzerkavallerie erzielt hatten.

Wo hatten die Schotten diese Taktik gelernt? Von heimgekehrten englischen oder schottischen Kreuzrittern? Aber die letzten hatten sich 1291 aus Akkon zurückgezogen, und zu diesem Zeitpunkt kämpften die Schotten noch auf die traditionelle Weise – und verloren. Welches andere Verbindungsglied konnte es zwischen den Schotten und den Sarazenen geben?

Und warum gewannen sie ausgerechnet die Schlacht bei Bannockburn? Eduard II. von England hatte hierzu nicht nur die Elite seines Königreichs aufgeboten, sondern noch zusätzlich Ritter vom Kontinent in seine Haushaltstruppe übernommen, denen er die Ländereien der Rebellen versprach. Die Chancen für die Schotten standen also schlechter als vor allen früheren Gefechten.

Es gibt jahrhundertealte Überlieferungen, daß zahlreiche Tempelritter, die ihren Verfolgern auf dem Kontinent und in England entkommen waren, in Schottland nicht nur eine neue Heimat fanden, sondern sogar ihr Vermächtnis weitergeben konnten – indem sie sich mit den dortigen Freimaurerlogen vermischten.

In Schottland wurde der Orden auch nie offiziell aufgelöst; die päpstlichen Bullen wurden entweder gar nicht verkündet oder nicht angewandt, und auch die Übergabe der Templergüter an die Johanniter ging nur mit Schwierigkeiten und zeitlichen Verzögerungen vonstatten.

Ein englischer Templer sagte während des Prozesses aus, viele seiner Brüder seien von England aus nach Schottland geflohen. Auch in Frankreich machten die gefangenen Ritter ähnliche Aussagen. Eine der renommiertesten unter den im 18. Jahrhundert gegründeten Freimaurerlogen, die sogenannte Strikte Observanz, berief sich zumindest zeitweise ebenfalls auf das Weiterbestehen des Templerordens in Schottland und auf ihre direkte Abstammung vom Templerorden.

Die Anwesenheit von Templern in der Umgebung von Robert the Bruce würde erklären, warum sich die Schotten im Jahre 1314 zum ersten Mal nicht nur wieder in eine offizielle Feldschlacht wagten, sondern diese wider Erwarten sogar gewannen. Die Templer konnten den Schotten beibringen, wie man durch das Zusammenschweißen einer Gruppe durch eiserne Disziplin auch zahlenmäßig überlegene Gegner überwinden kann.

Robert hat diese Schlacht nicht gesucht, er wurde eigentlich gegen seinen Willen darin verwickelt. Im Jahr zuvor hatte sein Bruder Edward lange Zeit das von den Engländern gehaltene

Stirling Castle belagert. Schließlich vereinbarte Edward Bruce mit Sir Philipp Moubray, dem englischen Kommandanten, daß dieser die Burg übergeben würde, wenn nicht bis zum 24. Juni 1314 ein englisches Entsatzheer eintreffen würde.

Edward II. war also moralisch gezwungen, die Belagerer von Stirling Castle anzugreifen, um die eingeschlossenen Engländer zu befreien. Robert the Bruce wiederum mußte ebenfalls die Herausforderung annehmen und seinen Bruder bei der Belagerung unterstützen.

Man geht heute davon aus, daß die englische Streitmacht aus zirka zwanzigtausend Mann bestand, zweitausend davon waren gepanzerte Ritter, also schwere Kavallerie. Ihnen stand ein schottisches Heer von lediglich fünftausendfünfhundert Mann gegenüber, fünfhundert davon waren leichte Reiter, die anderen Infanteristen. Des weiteren hätte sich noch ein Troß von zirka zweitausend Mann, kaum bewaffnet und untrainiert, im Hintergrund gehalten.

Diese zweitausend Mann sollen der offiziellen Geschichtsschreibung nach, die sich im übrigen auf keinen einzigen Augenzeugen der Schlacht berufen kann, die Entscheidung herbeigeführt haben, als sie voller Enthusiasmus und Vaterlandsliebe in einem entscheidenden Stadium des Kampfes aus ihren Feldküchen gesprungen kamen – und die Engländer in die Flucht jagten. Sollten die siegesbewußten Engländer bei einem Zahlenverhältnis von eins zu vier tatsächlich eine zu Fuß heranstürmende Schar von Küchenjungen und Bauern mit Bratspießen und Heugabeln für eine Reservetruppe gehalten haben? War die aus ganz Europa zusammengerufene Elite der Ritterschaft so einfältig? Und wenn es sich nicht um Landarbeiter und Lagerhelfer gehandelt hätte? Das Datum der Entscheidungsschlacht, der 24. Juni, Johannistag und Sommersonnenwende, war ein wichtiger Tag bei den Templern. Wenn sie nun beschlossen hätten, diesen Tag auf ihre Art zu feiern, indem sie nicht nur aus dem Hintergrund strategische Anweisungen gaben, sondern angesichts der gewaltigen englischen Übermacht selbst in den Kampf eingriffen, um die Unabhängigkeit ihrer neuen Heimat und damit auch ihre eigene Sicherheit zu verteidigen?

Man stelle sich den abergläubischen Schrecken der Engländer und ihrer Verbündeten vor, wenn plötzlich ein Kontingent der totgeglaubten berittenen Weißmäntel in geschlossener Formation mit entfaltetem Baucéant heranpreschte. Das würde die allgemeine Panik erklären.

Auf der anderen Seite stellt sich die Frage, warum die Templer in diesem Fall nie offiziell im Zusammenhang mit der Schlacht von Bannockburn erwähnt wurden. Die Antwort ist relativ einfach: Keiner der Beteiligten hatte ein Interesse daran.

Die Schotten, die gerade dabei waren, ihr Nationalitätsgefühl wiederzuentdecken, waren nicht darauf erpicht, ihren größten Sieg zu teilen. Der Vernichter des Templerordens, Philipp der Schöne von Frankreich, war zudem der einzige Herrscher auf dem Kontinent gewesen, der bereit war, Robert the Bruce zu unterstützen. Auch wenn dies nur aus dem gemeinsamen Antagonismus gegen England heraus geschah – die Heirat Isabellas mit Edward II. war nur ein Versuch gewesen, diesen zu überwinden –, waren die Schotten doch auf seine Hilfe angewiesen. Wenn bekannt wurde, daß die Templer in Schottland Zuflucht gefunden hatten, mußte das politische Konsequenzen haben.

Außerdem hoffte der exkommunizierte Robert the Bruce auf eine Aussöhnung mit dem Papst und auf eine kirchliche Bestätigung seines Königtums, was er 1324 auch erreichte, unter Papst Johannes XXII. also, dem gleichen Papst, der auch die Templer-Nachfolgeorden auf der Iberischen Halbinsel anerkannte. Und den Engländern war das Ganze peinlich genug. Noch im Jahre 1298 war der englische Provinzmeister Brian de Jay auf der Seite der Engländer in der Schlacht von Falkirk gefallen, obwohl die Templer sich offiziell in kriegerische Verwicklungen zwischen Christen nicht einmischen durften. Das Eingreifen von Brian de Jay in die angloschottischen Auseinandersetzungen ist nur damit zu erklären, daß die Schotten als halbheidnische Barbaren dargestellt wurden.

Die Dankesschuld der englischen Krone den Templern gegenüber hatte sie nicht davon abgehalten, an der allgemeinen Verfolgung teilzunehmen, wenn auch unter Druck. Es ist also verständlich, wenn die Engländer nach ihrer Niederlage von Bannockburn die Templer und den Krieg in Schottland so schnell wie möglich vergessen wollten.

Die Templer selbst waren es gewohnt, ihre persönlichen Empfindungen hinter dem Gesamtinteresse des Ordens zurückzustellen. Bedingung für die Weiterführung der Überlieferung war, daß sie sich unauffällig verhielten. Sie hatten ihre Genugtuung durch den Sieg bekommen, ihre neugewonnene Heimat war verteidigt worden, und was den Ruhm hierfür angeht – «Non nobis, domine...»

Alle Berichte über die Schlacht stammen von Chronisten, die nicht dabei waren. Außer einem handelte es sich zudem ausschließlich um Kleriker, die von Kriegsführung nicht allzuviel Ahnung hatten. So hat sich die Theorie von der Teilnahme der Templer an der Schlacht von Bannockburn nur in der Legende erhalten – siebenhundert Jahre lang.

Kurz nach der Schlacht von Bannockburn soll Robert the Bruce einen Orden gegründet haben, der zahlreiche Elemente der Ritterorden in Outremer aufnahm. Ob dieser nun tatsächlich Heredom-Kilwinning hieß und damit auf eine direkte Filiation zu den schottischen Freimaurern hinwies, lassen wir dahingestellt. Daß die Überlieferung von der Kontinuität des Templertums unter dem Schutz der schottischen Krone nicht von der Hand gewiesen werden kann, wird durch eine merkwürdige Tatsache bestätigt. Robert äußerte den Wunsch, daß sein Herz nach seinem Ableben in der Kirche des Heiligen Grabes in Jerusalem beigesetzt werden sollte. Einige Ritter, darunter auch ein Sinclair – merken wir uns diesen Namen –, brachen daraufhin im Jahre 1330 auf, das königliche Herz in einer Schatulle mit sich führend. Sie nahmen den Weg über

Spanien, wo sie den König von Kastilien zur Schlacht von Tebas de Ardales gegen die Mauren begleiteten. Alle Ritter außer einem, Sir William Keith, kamen während des Kampfes um. Keith brachte das Herz des Königs nach Schottland zurück, wo es in der Abtei von Melrose beigesetzt wurde.

Wer gab Robert the Bruce den Gedanken ein, sein Herz, laut damaliger Meinung sein Lebenskern, in Jerusalem begraben zu lassen? Warum erledigten seine Ritter den Auftrag nicht ohne Umwege? Es bestand keinerlei Anlaß, über Spanien zu reisen, dort sogar zu verweilen, sich in die Kampfeshandlungen verwickeln zu lassen – und letztlich das gesamte Unternehmen zum Scheitern zu bringen!

Oder war es gar nicht fehlgeschlagen? War der wahre Sinn des Unternehmens, daß Robert the Bruce stellvertretend an einem Kreuzzug teilnehmen wollte, weil er ein entsprechendes Gelübde abgelegt hatte? Das ist ihm schließlich gelungen. Hatten die eingewanderten Templer ihn als Affiliierten aufgenommen, wie bereits früher Richard Löwenherz?

Roberts Körper wurde in der Abtei Dunfermline bestattet. Als das Grab zu Beginn des 19. Jahrhunderts geöffnet wurde, ging das Gerücht um, die Schenkelknochen seien gekreuzt unter dem Schädel gelegen – das Meistersymbol der Freimaurer. Vermutlich handelt es sich hier nur um eine Legende. Aber schon die Tatsache, daß sie nicht nur aufkommen konnte, sondern auch geglaubt und weitergegeben wurde, ist in diesem Zusammenhang erstaunlich. Vielleicht wurde auf die Überlieferungen der Strikten Observanz zurückgegriffen. Das verlagert die Frage jedoch nur: Woher bezog die Strikte Observanz ihre Theorien – oder ihre Informationen?

Es mußte in der fernen Vergangenheit Ereignisse gegeben haben, die den realen Hintergrund für das Gewebe an Gerüchten und Legenden bildeten. Die Schlacht von Bannockburn ist eine solche historische Tatsache – der Sieg der Schotten wider alles Erwarten ebenso.

DIE LEGENDE

Spekulationen und Theorien

Verdächtigungen

Die verschiedenen Anklagepunkte wurden für das Verhör in insgesamt einhundertsiebenundzwanzig Fragen gegliedert, waren also bis ins einzelne festgelegt, und die Inquisitoren gingen überall nach dem gleichen Schema vor. Müssen wir aus diesem Grund annehmen, daß die Beschuldigungen gegen die Templer völlig aus der Luft gegriffen waren, da den Angeklagten ihre Aussagen auf suggestive Weise in den Mund gelegt wurden? Daß die Ursache für den Untergang des Templerordens allein darin zu suchen ist, daß sie sich durch ihren Stolz Feinde gemacht hatten und ihr Reichtum die Neider auf den Plan rief? Daß ein Templer von den Schergen des französischen Königs beziehungsweise den Inquisitoren so lange gefoltert wurde, bis er genau das gestand, was seine Peiniger hören wollten?

Die beiden abtrünnigen Templer, von denen die ersten, freiwilligen Aussagen stammen, waren sicherlich bereit, alle Formulierungen wunschgemäß zu bestätigen. Und einige der Beschuldigungen sind tatsächlich so widersprüchlich, daß sie absurd wirken.

Aber wäre es den Propagandisten König Philipps gelungen, innerhalb kürzester Zeit die öffentliche Meinung gegen die Templer zu mobilisieren, wenn das Volk nicht innerlich bereit war, die Anschuldigungen zumindest für möglich zu halten? Die Templer müssen zu manchen Zeiten und in bestimmten Regionen einen notorisch schlechten Ruf gehabt haben. Zitate wie «Hütet euch vor den Küssen der Templer» und «Saufen und fluchen wie ein Templer» wurden bis in unsere Zeit überliefert – es müssen nicht die einzigen gewesen sein. Alain Demurger zitiert aus Barbers berühmtem Buch über den Templerprozeß den Franziskaner Etienne de Néry. Als ein junger Mann aus seiner Familie sich 1291 dem Tempel anschließen wollte, neckten ihn die anderen und fragten, ob er am nächsten Tag den Hintern seines Komturs küssen werde.

Hinzu kamen die Gerüchte über geheime Riten, welche die Templer aus dem Orient mitgebracht und die sie insgeheim statt der christlichen Gottesdienste praktiziert haben sollen. Das sei der wahre Grund für ihre Absonderung von den übrigen Gläubigen.

Die Templer hatten ihre eigenen Kirchen, um mit «der Schar der Sünder und der Schürzenjäger», wie es in der Bulle «Omne datum optimum» aus dem Jahre 1139 heißt, nicht in Berührung zu kommen. Manche Autoren sind der Meinung, sie hätten nach der Bulle «Militia Dei» von 1145 Besucher zugelassen, um durch Kollekten Geld einnehmen zu können. Das war im Prinzip unnötig: Die Bulle «Milites Templi» aus dem Jahre 1143 erlaubte ihnen, auch in Gemeinden unter dem Interdikt einmal pro Jahr öffentlich eine heilige Messe zu feiern und Einnahmen für sich zu behalten, und schon seit 1139 durften sie, mit Genehmigung des zuständigen Bischofs, den Kirchenzehnten einziehen.

Gemeinsame Messen mit der Bevölkerung scheinen allein vom geringen Radius der erhaltenen Rundkirchen her unwahrscheinlich. Die Templerkapelle von Laon, einer großen Komturei mit Landgütern im weiten Umkreis, kann kaum für die regulären Tempelritter des Bezirks ausgereicht haben. Es sieht so aus, als habe selbst ihr Gefolge die umliegenden Pfarrkirchen besucht.

Wenn bei der Aufnahme eines Templers von der Teilnahme der ganzen Familie an den geistlichen Werken des Tempels gesprochen wird, so ist damit etwas anderes gemeint als das gemeinsame Besuchen des Gottesdienstes. Es hieß einfach, daß auch seine Angehörigen von den Gebeten und guten Werken des Ordens profitieren würden, «von seinem Anfang bis zu seinem Ende».

Es würde den elitären Tempelrittern auch nicht ähnlich sehen, sich gerade bei ihren Gebeten mit dem Volk zu vermischen. Seit sie nur mehr aus dem Adel rekrutiert wurden, waren vermutlich viele unter ihnen gewohnt, ihre Gebete in einer eigenen Familienkapelle zu verrichten. Und schließlich waren die Templer gleichzeitig Mönche und mußten als solche die Stundengebete und Andachten einhalten, wobei sie, wie die Mitglieder der anderen Orden, nicht gestört werden wollten. In zahlreichen Orten mit großen Klöstern gibt es zwei Kirchen, eine für die Mönche und eine separate für die Gemeinde.

Mit Sicherheit waren bei den Messen der Templer also keine Außenstehenden anwesend, genausowenig wie bei den geheimen Kapiteln, die meist ebenfalls in der Kapelle stattfanden. Die Gottesdienste der Templer wurden auch nicht vom zuständigen Gemeindepfarrer abgehalten, sondern von eigens bestellten Priestern, die ihnen nicht von einem Bischof zugewiesen wurden, sondern die sie sich aussuchen konnten. Diese Kleriker unterstanden dem Meister des Tempels und konnten ausgetauscht werden, wenn sie den Templern nicht paßten. Diese Sonderstellung schaffte teilweise böses Blut.

Es stellen sich noch weitere Fragen: Wenn Clemens von der Unschuld der Templer überzeugt war, warum wich er dann der Diskussion aus und gab ihnen keine Möglichkeit zur Verteidigung? Andererseits: Wenn die Templer nachweisbar schuldig waren, warum löste er den Orden auf, ohne ihn zu verurteilen und im Detail die Gründe aufzuzeigen, auch im Hinblick auf die Nachwelt? Der Templerorden war eine anerkannte Institution der Kirche und zwei Jahrhunderte alt. Für die Menschen der damaligen Zeit, mit geringer Lebenserwartung, meist des Lesens und Schreibens unkundig, ohne Geschichtskenntnisse, war er demzufolge schon immer dagewesen und erschien so unerschütterlich und ewig wie die Kirche selbst. Gleichgültig, wie der Ruf der Templer war – auch das Verhalten der Priester und Bischöfe mußte dem einfachen Gläubigen oft Anlaß zu Zweifeln geben, nicht umsonst waren die verschiedenen Ketzerkirchen so populär.

Auch handelte es sich nicht um eine lokal begrenzte Maßnahme. Für die Menschen im Europa des 12. und 13. Jahrhunderts waren die Tempelritter allgegenwärtig. Als Jacques de Molay der Aufforderung des Papstes folgte und sich von Zypern nach Paris begab, wurde er von sechzig Tempelrittern, zahlreichen Sergeanten, Turkopolen und Negersklaven begleitet. Auch die anderen Würdenträger waren häufig unterwegs, speziell die Visitatoren. Zu den Kapiteln der höheren Ebene trafen sich Templer aus der weiten Umgebung oder des ganzen Landes. Der Geldtransfer konnte nicht nur bargeldlos vor sich gehen; diese Transporte erforderten eine entsprechende Bewachung.

Tausende waren direkt oder indirekt vom Wirtschaftsimperium der Templer abhängig. Und auf einen Schlag verschwand die Fahne mit dem roten Tatzenkreuz von den Türmen der Komtureien, sah man keine berittenen Weißmäntel mehr auf den Straßen Europas, wurden die Rundkirchen dem Erdboden gleichgemacht.

Mit der Auflösung des Templerordens wurde das Fundament der Kirche selbst angegriffen. Darüber mußte sich der Papst im klaren sein. Wenn ein solcher Machtpfeiler fallen beziehungsweise gestürzt werden konnte, mußte auch die Kirche nicht ewig Bestand haben. Clemens verfolgte eine Politik des Durchlavierens. Er versuchte immer wieder, nicht allzuviel Terrain zu verlieren, gab aber nach, wenn er keine andere Möglichkeit mehr sah. Als es um die Vernichtung des Templerordens ging, hatte er keine Wahl mehr. Die Frage, von wem der Druck ausging, sieht nur auf den ersten Blick einfach aus.

Die Gretchenfrage

Der wichtigste Punkt der Anklage war, der Orden in seiner Gesamtheit sei abtrünnig geworden. Es seien nicht einzelne Mitglieder oder einzelne Komtureien, die verbotenen Praktiken huldigten, sondern die Institution der Templer an sich habe sich geheime Statuten gegeben und sich damit aus der Gemeinschaft der katholischen Kirche ausgeschlossen.

Die Palette der Meinungen, ob und inwiefern diese These zutrifft, enthält sämtliche Nuancierungen. Während die einen pathetisch darauf verweisen, wie dringend die gefangenen Templer nach den Segnungen der kirchlichen Sakramente gefleht hätten, schreiben ihnen die anderen geheimnisvolle Kräfte zu und machen sie, je nach Veranlagung, zu Teufelsanbetern oder Hohepriestern der geheimen Weisheit.

Eine der interessantesten Theorien lautet, die Templer seien auf Spuren des untergegangenen Mithras-Kultes gestoßen, der schon die Soldaten Roms begeistert hatte. Tapferkeit, Selbstaufopferung, Gehorsam bis zum Tod, Loyalität – all diese Eigenschaften, welche für die Templer selbstverständlich waren, wurden schon von den Mithras-Anhängern gefordert. Der Mithras-Kult war eine dualistische Religion, Licht gegen Dunkel, Tod gegen Unsterblichkeit, eine Religion, bei der Lautmagie eingesetzt wurde. Es gab geheime Riten und Initiationszeremonien, die man auch den Templern vorwarf.

Das Geheimnis, wie es tatsächlich war, haben die Templer mit ins Grab genommen. Das macht die Spekulationen nicht weniger reizvoll.

Als die ersten Kreuzfahrer in das farbige Kulturgemisch im Mittelmeerraum eintauchten, geschah dies ziemlich unbedarft. Sie mußten sich an das fremde Klima gewöhnen, andersartige Nahrung zu sich nehmen und sich mit den Bewohnern des Landes verständigen. Nicht alle reagierten gleich. Manche versuchten mit Gewalt, an der Kultur Nordeuropas festzuhalten, und sonderten sich weitgehend ab, andere paßten sich der fremdartigen Lebensweise an.

Die ursprüngliche Hauptaufgabe der Templer, der Schutz der Pilger im Heiligen Land beziehungsweise auf dem Weg dorthin, brachte sie zwangsläufig mit den anderen Kulturen und Religionen im Nahen Osten in Berührung, und zwar mit einer kaum überblickbaren Fülle von Strömungen und Bewegungen. Wenigstens kurz sollen die wichtigsten religiösen Gegebenheiten im folgenden skizziert werden.

Der südöstliche Mittelmeerraum war die gemeinsame Wiege von Judentum, Christentum und Islam. Das Heilige Buch der Juden wurde zum Alten Testament der Christen, und auch Mohammed entnahm ihm Grundzüge seiner Lehre. Aber selbst das Judentum war jung, verglichen mit der Religion Altägyptens. Der Überlieferung nach kümmerte sich eine Pharaonentochter um die Erziehung von Mose. Man kann davon ausgehen, daß hierzu auch der Tempeldienst gehörte und daß diese Zeit nicht spurlos an dem jungen Mose vorüberging.

Die Religion Altägyptens faszinierte nicht nur die Besiegten, sondern auch Eroberer. Nach dem Tod Alexanders des Großen war Ägypten an einen seiner Heerführer gefallen, und seine Nachfahren, die Ptolemäer, hatten dem Land nicht ihre eigenen Götter aufgepfropft, sondern die Religion des eroberten Volkes übernommen. Noch Kleopatra, die letzte Königin aus dieser Dynastie, betete um die Zeitenwende zu den Gottheiten Altägyptens, und der Isis-Kult war im gesamten Mittelmeerraum verbreitet.

Hier haben wir die nekrophile Yse-Geschichte mit umgekehrten Vorzeichen: Isis vereinigt sich mit ihrem toten Gatten Osiris; der gemeinsame Sohn Horus sollte später seinen Vater rächen. Durch die Hilfe seiner liebenden Gemahlin wurde Osiris später ins Leben zurückgerufen, blieb aber Herrscher des Totenreiches.

Spätestens ab dem Exodus müssen die Überlieferungen der Juden also auch Anklänge an die Religion der Ägypter enthalten haben. Die nächsten beiden Generationen verbrachte das Volk Israel auf Wanderschaft. Dann erfolgte der Einzug ins Gelobte Land.

Die Hebräer nannten ihren Gott «Adonai», mein Herr. Und im Libanon wurde im Altertum der geheimnisvolle Adonis-Kult gepflegt. – Auch hier handelt es sich um die uralte Geschichte von Tod und Wiedergeburt, verbunden mit einem Fruchtbarkeitsritus. – J. G. Frazer vermutet, daß es sich bei Baal und Adonis um ein und dieselbe Gottheit gehandelt hat und daß auch Adonis, dem Geliebten der Venus/Aphrodite, Menschenopfer gebracht wurden. Schon die Bibel gibt zu, daß die Juden des Alten Testaments bisweilen verbotenerweise Baal huldigten.

Sogar in Bethlehem soll es noch lange einen dem Adonis geweihten Hain gegeben haben. Und in Sidon, wo die Templer eine große Komturei besaßen, befand sich im Altertum eines der Hauptheiligtümer des Baal. Adonis wurde auch im Tempel der Aphrodite in Bapho auf Zypern verehrt.

Meist wurden die Götter am Firmament gesucht und mit den Gestirnen identifiziert. Je weiter eine Kultur fortschritt, desto eher gelang es ihr, sich von Personifizierungen zu entfernen und die göttlichen Prinzipien hinter einfachen Manifestationen zu suchen. Am weitesten gehen dabei die östlichen Religionen, bei denen alles darauf gerichtet ist, sich der Welt der Erscheinungen und des Scheins ganz zu entziehen. Die Dämonen des Tibetanischen Totenbuches sind lediglich noch Emanationen der eigenen Phantasie, die Götter nur ein Hilfsmittel, um sich mit der gesichtslosen Luminosität zu vereinigen.

Im Sinn dieser Tendenz verbieten die Moslems die Darstellung Gottes, bei den Juden darf nicht einmal sein heiliger Name genannt werden. Erst die Christen vollziehen einen Rückschritt und schrecken nicht davor zurück, Gottvater als langbärtigen Greis auf einer Wolke darzustellen. Die Kirche sieht dieser eindeutigen Verletzung des zweiten Gebotes des

Dekalogs seit beinahe zwei Jahrtausenden zu. Noch die frühen Christen wären bei diesem Gedanken entsetzt gewesen.[1]

Der südöstliche Mittelmeerraum, in dem die Templer sich vorzugsweie aufhielten, war in religiöser Hinsicht auch der Entfaltungsraum der Gnosis. Die eigentliche gnostische Strömung entstand im 2. Jahrhundert und war im gesamten Orient stark verbreitet.[2] Der Ausdruck Gnosis an sich stammt aus dem Griechischen und bedeutet Wissen oder Erkenntnis. Die bekanntesten gnostischen Theoretiker waren Valentinos und Origines, die im 2. und 3. Jahrhundert n. Chr. gelebt haben.

Die gnostische Bewegung war sehr uneinheitlich, schon von ihrem Grundsatz her, und ihre Vertreter machten auch keinerlei Anstrengungen, gemeinsame Doktrinen herauszuarbeiten. Ihrer Lehre nach muß jeder einzelne seinen Weg zur Erkenntnis des Göttlichen selbst suchen, die Erlösung kann nicht von außen kommen. Viele Menschen aber waren mit dieser Aufgabe überfordert. Das war vermutlich der Hauptgrund, warum die Gnostiker von der Hauptströmung innerhalb der christlichen Kirche weggeschwemmt wurden. Die Gnostiker gaben keine gebrauchsfertigen Patentrezepte, sondern verlangten eigene Anstrengungen, ein ständiges Infragestellen der eigenen Position, und es war um so viel einfacher, die Sorge um die ewige Seligkeit den Priestern und Bischöfen zu überlassen, die schon wissen würden, was für ihre Schäflein gut war.[3]

Für die Gnostiker war die Bibel eine Allegorie, die interpretiert werden will. Unterschiedliche Auffassungen wurden begrüßt, in den gnostischen Evangelien werden sogar die Auseinandersetzungen innerhalb des engsten Zirkels um Jesus diskutiert.

Wenn es aufgrund der Meinungsvielfalt unter den Gnostikern auch schwierig ist, zwischen den einzelnen Gruppen zu differenzieren, so ist es doch relativ einfach, die Punkte herauszuarbeiten, in denen sich die gnostische Bewegung insgesamt von der späteren Amtskirche unterschied.

Während in der römischen Kirche der Schöpfergott verehrt wird, war der Urgott der Gnostiker ein im Weltall ruhendes göttliches Prinzip mit weiblichen und männlichen Zügen. Dieses transzendente Allerhöchste ist zwar von Grund auf vollkommen, barmherzig und gut, aber unendlich weit entfernt von der materiellen Welt. Ihm entstammen die niederen Gottheiten und Geister. Die Materie an sich, das Grobstoffliche, wurde vom Demiurgen erschaffen, einem Halbgott, in anderen Schriften Archon genannt, aber er benötigte dazu die Hilfe eines weiblichen Wesens, der Gottestochter Sophia. Diese war zwar ebenfalls ihrem Ursprung nach rein und immateriell, verfiel aber der Welt, in der sie seitdem gefangen ist.

Der Anti-Gnostiker Irenäus schildert die Geschichte der Sophia so, als sei sie einst in Gefahr gewesen, sich bei ihrer Suche nach der Quelle aller Weisheit in der Gottheit aufzulösen. Laut Irenäus konnte sie gerade noch gerettet werden und schuf daraufhin zusammen mit Christus aus den Elementen ihres Schmerzes das grobstoffliche Weltall.

Dieses Aufgehen im Göttlichen ist aber genau das, was sowohl bei den Buddhisten als auch bei den christlichen Mystikern, die mit den Gnostikern oft überraschend viel gemeinsam haben, das Endziel eines vollkommenen Geistes ist.

Die Begründung der Gnostiker dafür, daß die materielle Welt mit dem höchsten Gott nichts zu tun haben kann, war die gleiche wie die der Katharer: Alles Geschaffene ist unvollkommen und vergänglich, kann also nicht aus der höchsten Quelle stammen, denn dann wäre es perfekt und ewig.

Der Mensch selbst besteht zwar aus Materie, trägt jedoch den göttlichen Funken in sich, der nach Erlösung strebt. Gleichzeitig ist er der Materie verhaftet, muß sich also permanent auf das Böse hin, das er in sich trägt, prüfen – sich selbst erkennen.

Die Erlösung kann nicht durch blinden Glauben, sondern nur durch das Ringen um Wissen und Erkenntnis erfolgen. Die Schlange im Paradies, welche die ersten Menschen aufforderte, vom Baum der Erkenntnis zu essen, war daher nicht die Verkörperung des Bösen, sondern wollte die Menschheit befreien.[4] Und Eva, die als erste in den Apfel biß, war dem Mann nicht untergeordnet, sondern geistig schon fortgeschrittener und begriff vor ihm die Notwendigkeit der Erkenntnis.

Während Adam noch aus der Erde selbst geformt wird, dem Grobstofflichen also stark verhaftet ist, steht Eva eine Stufe höher. Sie wird aus der Rippe Adams geschaffen, ist also nicht mehr direkt mit der Erde verbunden, sondern besteht aus bereits geläutertem Material. Das weibliche Prinzip wird nicht aufgrund seiner Fruchtbarkeit verehrt, sondern weil es dem Göttlichen näher steht als das männliche.[5]

Trotz des vorchristlichen Ursprungs der Gnostiker muß die Person Jesu auf sie elektrisierend gewirkt haben. Hier war jemand, der die eigene Erlösung praktiziert und den göttlichen Funken befreit hatte. Jesus kann für die Gnostiker jedoch nur Beispiel der Selbstüberwindung sein, er kann nicht stellvertretend für alle sterben.

Es existieren noch originale Dokumente des Templerordens, nach welchen ein Tempelritter, der vor der Versammlung seiner Brüder im Kapitel ein Vergehen gesteht, Gott, Notre-Dame und seine Brüder um Verzeihung bitten muß. Auch in anderen Zusammenhängen, zum Beispiel bei der Aufnahme, berufen sich die Templer auf Gott und Notre-Dame Sainte Marie. «Notre Seigneur», wie Jesus Christus oft genannt wurde, wird nicht erwähnt.

«Unsere Liebe Frau war der Beginn unserer Religion, und in ihr und zu ihren Ehren wird, so Gott will, das Ende unserer Religion sein; es gab sie, noch bevor es die Berge und die Erde gab.»

Wie kamen die Templer zu ihrer Aussage bezüglich Maria? Gibt es über die Troubadourromantik und die Verehrung einer unerreichbaren «Notre-Dame» hinaus noch weitere Gründe, für die übertriebene Marienverehrung der Templer?

In einem der gnostischen Nag-Hammadi-Fragmente[6] taucht der Satz auf: «Ich bin der Anfang und das Ende, ich bin die

Verehrte und die Verachtete, ich bin die Hure und die Heilige, ich bin Frau und Jungfrau.» Die weiblichen Hauptfiguren in diesen frühchristlichen Schriften sind Eva, bisweilen gleichgesetzt mit Sophia, der göttlichen Weisheit selbst, und Maria, aber nicht die Mutter Jesu, sondern die Sünderin Maria Magdalena. Das Verhältnis zwischen Jesus und Maria Magdalena in diesen Schriften läßt dabei die Interpretation zu, daß die beiden ein Paar waren.

Auch Jesus selbst brauchte also, um vollkommen zu werden, die Ergänzung durch eine weibliche Hälfte. Die Vereinigung von Mann und Frau war damit nicht geistfeindlich, zumindest nicht für alle Gnostiker, sondern sogar notwendig.

Und was ist mit den orgiastischen kultischen Handlungen, die den Gnostikern zugeschrieben werden? Die Hinweise darauf stammen von ihren Feinden, in den bislang veröffentlichten gnostischen Schriften sind keine entsprechenden Beschreibungen enthalten. Es gab jedoch Sekten, die, ganz im Sinne von Aleister Crowley, die These vertraten, man müsse, um sich aus der Knechtschaft der Leidenschaften des Fleisches zu befreien, diese in jeder Hinsicht selbst bis zum Exzeß betreiben. Nicht aus der Entsagung komme die Überwindung des Körperlichen, sondern aus dem Überdruß.[7]

Vermutlich war der Ausgangspunkt für die Anschuldigungen, sie würden orgiastische Kulte feiern, ein anderer: Die Gnostiker praktizierten eine Art Empfängnisverhütung, da ihrer Meinung nach durch die Fortpflanzung weitere Seelen in den Kreislauf der Materie gezogen werden. Und sie zweifelten an der Notwendigkeit des Sühnetodes von Jesus, woraus sich für die Kirchenoberen die Schlußfolgerung ergab, daß sie im Zustand der Erbsünde verharren wollten.

Bei den Gnostikern gibt es jedoch gar keinen paradiesischen Zustand vor der Erbsünde, die Bausteine des Universums selbst bestehen aus Leid, und der Mensch muß diesen Zustand erkennen und annehmen. Er darf sich nicht auf eine Frohbotschaft verlassen, die Überwindung des Leids muß aus ihm selbst kommen. Der erste Schritt hierzu ist, das Leid zu akzeptieren – nicht als Strafe für die Erbsünde, sondern als immanente Eigenschaft des Universums.

Die andersartige Deutung des Sündenfalls ermöglicht auch eine logische Interpretation des geheimnisvollen SATOR-Quadrats, das von oben nach unten und von links nach rechts immer gleich gelesen wird. Es muß uralt sein und wurde an verschiedenen Orten aufgefunden, auf alten Münzen und Manuskripten, auch auf Monumenten, unter anderem sogar im Wallfahrtsort Santiago de Compostela. Es reicht mindestens bis in die Frühzeit des Christentums zurück:

```
S A T O R
A R E P O
T E N E T
O P E R A
R O T A S
```

Sator ist neben *creator* ein anderes lateinisches Wort für «Schöpfer», *arepo* lautet richtig geschrieben *arrepo* und bedeutet «ich krieche», *tenet* bedeutet «hält», *opera* kann sowohl mit «Arbeiter» als auch mit «Werke» übersetzt werden, und *rotas* hat die Bedeutung «Räder». Es kann jedoch auch ein gitarrenähnliches Musikinstrument damit gemeint sein.

Damit ergibt der Text eine Herausforderung der Schlange an den Demiurgen: «Schöpfer, ich schleiche mich an, von nun an hält der Mensch die Macht und die Kultur in seinen Händen.»

In Nordfrankreich gibt es eine kleine Stadt namens Stenay, die früher Gottfried von Bouillon gehörte. Dort wurde 1873 ein uralter Stein gefunden – vielleicht kommt der Name der Stadt selbst davon –, der dieses SATOR-Quadrat in verschlüsselter Form wiedergibt. Den Hinweis, daß es sich dabei um ein SATOR-Quadrat handelt, verdankt die Stadt Stenay einem Mann, dem wir im weiteren Verlauf dieses Textes noch begegnen werden: Pierre Plantard. Plantard übersetzt den Text anders:

Der Schöpfer *(SATOR)* hält *(TENET)* sorgfältig *(OPERA)* die Räder *(ROTAS)* fest, sinngemäß also: Der Schöpfer kümmert sich um den Lauf der Welt, Gott und Vorsehung sind eines. Das Wort *AREPO* wird hierbei ignoriert beziehungsweise lediglich als die Umkehrung von *OPERA* gesehen. Und dabei ist diese windende Schlangenbewegung der Kernpunkt des Satzes. Stenay liegt in der Wœvre-Ebene. Das Wort leitet sich aus dem altfranzösischen Ausdruck für Schlange her. Damit war ein Fabeltier gemeint, das im Inneren der Erde verborgene Schätze bewacht.[8]

Es ist kein Zufall, daß die gnostischen Sekten als Strömung innerhalb der christlichen Bewegung akzeptiert wurden, solange die Christen verfolgt wurden und um jeden Anhänger dankbar waren, aber als ketzerisch gebrandmarkt wurden, als das Christentum von den römischen Kaisern anerkannt und zur Staatsreligion wurde. Je mehr Privilegien die Kirchenoberen hatten, nicht nur in Form von materiellem Reichtum, sondern auch über direkte Einflußnahme am kaiserlichen Hof, desto weniger waren sie bereit, darauf zu verzichten, und desto erbitterter kämpften sie gegen die Gnostiker.

Und es ist bezeichnend für die unterschiedlichen Geisteshaltungen, daß die Gnostiker selbst nichts gegen die orthodoxe Kirche hatten. Sie selber strebten zwar nach geistiger Vervollkommnung, überließen aber den Zeitpunkt, wann ein Christ ohne die Krücken etablierter Lehrmeinungen selbst frei den eingeschlagenen Weg weiterverfolgen wollte, dem einzelnen.

In Europa gelang es der römischen Kirche nicht, das Christentum zu vereinheitlichen. Im Orient gelang es ihr noch weniger. Zur Zeit der Kreuzzüge gehörten viele Christen in Outremer zum griechischen, armenischen oder georgischen Patriarchat. Hinzu kamen zahlreiche kleinere Sekten.[9]

Einen sehr wichtigen religiösen Faktor bildeten damals die Sufis, die als eine Art islamisches Pendant zu den christlichen Mystikern betrachtet werden können. Sie versuchten den besonderen Geisteszustand, den alle Mystiker ersehnen, durch gezielte asketische Übungen und Herstellung bestimmter äußerer Bedingungen bewußt herbeizuführen.[10] Einige ihrer Theorien haben sogar Anklänge an fernöstliche Religionen. Die Sufis selbst hatten auf jeden Fall Einfluß auf die westliche Scholastik des Mittelalters. – Es gibt Historiker, die sogar bei den modernen Freimaurern Elemente der mittelalterlichen Sufis wiederfinden wollen.

Der Sufismus hatte auch seine negativen Seiten. Aus ihm gingen auch fanatische fundamentalistische Derwisch-Orden hervor. Nach der Schlacht von Hattin wurden die gefangenen Ordensritter diesen zur Folterung übergeben. Sie sollen sich ihrer Aufgabe mit sichtlichem Genuß gewidmet haben.

Auch die Bogomilen, eine christlich-gnostische Bewegung, die von Bulgarien ausging, werden im Zusammenhang mit den Templern oft ins Gespräch gebracht. Sie sollen auf die Lehren der Katharer eingewirkt und ihnen die arianische Tradition vermittelt haben.[11]

Diese Tradition wird auf einen Gründer namens Arius zurückgeführt, der im 4. Jahrhundert in Alexandria lehrte, daß Jesus nicht Gott war, sondern von diesem erschaffen wurde. Die Arianer sahen also nur das menschliche Element in Jesus und wurden beim Konzil von Nicäa 325 als ketzerisch verdammt. Kaiser Konstantin II. war jedoch Arianer und ließ 359 durch die Synode von Rimini die Beschlüsse des Konzils von Nicäa umstoßen.[12]

Die Lehre der Manichäer, benannt nach ihrem Stifter Mani oder Manichäus, wiederum entstand in Persien im 3. Jahrhundert n. Chr. und war eine Verschmelzung des Christentums mit der altpersischen Lichtreligion. Die Manichäer hatten ebenfalls eine dualistische Weltanschauung. Das Geistige im Menschen, die Seele, schrieben sie Gott zu, während der Teufel den Leib, also das Grobstoffliche, geschaffen habe. Der Kirchenvater Augustinus war in seiner Jugend ein Anhänger der Manichäer, wandte sich aber später der Amtskirche zu. Was er von der Lehre Manis beibehielt, war die These, daß es einen freien Willen nicht gibt. Eine Sünde wird nicht aus menschlicher Schwäche begangen, sondern aus einer Auflehnung des Teuflischen im Menschen.

Manichäer gab es nicht nur im Orient, in einer Heiligenlegende findet man den Hinweis, daß die Eltern des Dominikaners Petrus, der 1206 in Verona geboren wurde, ebenfalls Manichäer waren.

Die Arianer und auch die im Zusammenhang mit den Mongolen erwähnten Nestorianer betonten die menschliche Seite von Jesus, es konnte nicht ausbleiben, daß sich hierzu eine Gegenbewegung entwickelte, sie wurde als Monophysitismus oder Eutychianismus bezeichnet. Diese anerkannte lediglich das Göttliche in Jesus. Die Lehre der Monophysiten wurde beim Konzil von Chalkedon 451 als ketzerisch verurteilt, was nichts daran änderte, daß sich ihre Bewegung ausbreitete.

In Syrien fanden die Monophysiten großen Anklang und konnten sich zu einer eigenständigen Kirche organisieren, nach ihrem Gründer wurden sie Jakobiter genannt. Auch die armenische Kirche war monophysitisch ausgerichtet, ihr höchster Würdenträger hieß Katholikus. In Ägypten gehört die koptische Kirche zur monophysiten Tradition.

Im Libanon existierte zur Zeit der Templer auch die geheimnisvolle Sekte der Drusen. Sie entstand zur Zeit des Kalifen Hakim Anfang des 11. Jahrhunderts, als dieser in den Gebeten den Namen Allahs durch seinen eigenen ersetzte. Die Moslems betrachteten dies als Blasphemie, und Hakims Freund Darasi, der seine Göttlichkeit proklamiert hatte, mußte fliehen. Über das weitere Schicksal Hakims ist nichts bekannt, seine Anhänger warteten auf seine Wiederkehr.

Die Lehre der Drusen ist geheim, man geht aber davon aus, daß in ihr gnostisches, christliches und islamisches Gedankengut enthalten ist. Die Eingeweihten bilden eine Art Orden mit mehreren Graden, in denen eine absolute Gleichberechtigung der verschiedenen Berufe und Stände herrscht. Die Heiligen

Schriften der Drusen werden zwar in Tempeln aufbewahrt, aber es gibt kein eigentliches Priesteramt.

Im Anschluß an diesen skizzenhaften Überblick der religiösen Strömungen muß betont werden: Es werden zwar immer wieder Versuche unternommen, zu beweisen, wie die Zusammenhänge zwischen den einzelnen Religionen und Sekten damals geartet waren, welche Gruppe konkret auf eine andere Einfluß nahm, die Ergebnisse dieser Bemühungen aber sind höchst uneinheitlich. Durch die verschiedenen gnostischen Strömungen, den Alleingang der byzantinischen Kirche, die Kreuzzüge, die maurische Herrschaft in Spanien sowie die Hinterlassenschaft der Sarazenen in Sizilien und Süditalien war im Mittelmeerraum ein eigenartiges Kulturgemisch entstanden. Der Einfluß der katholischen Kirche und des Papstes war in Nordeuropa wesentlich stärker als in den Gebieten, in denen das Christentum entstanden war beziehungsweise der Papst residierte.

Obwohl sich sowohl das römisch-fränkische Abendland als auch Byzanz als christlich bezeichneten, lagen doch die religiösen Vorstellungen und Tendenzen weit auseinander. Rom bestand darauf, in allen Dingen das letzte Wort zu haben. Byzanz hingegen war der griechischen Kultur verhaftet, Dispute über die Religion wurden nicht als ketzerisch verdammt, sondern als philosophische Tätigkeit hoch geachtet.

Aber nicht nur das Christentum, auch die Moslems waren gespalten. Schon kurz nach dem Tod Mohammeds hatten die sogenannten Sunniten unter der Leitung von Abu Bekr das Kalifat Bagdad gegründet, während der mit Mohammeds Tochter Fatima verheiratete Ali als Führer der Schiiten Kalif von Kairo wurde. Die Dynastie wurde «Fatimiden» genannt.

Saladin drängte den Einfluß der Fatimiden zugunsten der Abbasiden-Kalifen in Bagdad zurück und degradierte das ägyptische Kalifat zum Sultanat. Auch Sultan Baibar unterstützte die Abbasiden, wenn er auch aus taktischen Gründen ihren Sitz nach Kairo verlegte.

Eine Unterströmung der Schiiten bilden die Ismaeliten. Zu diesen gehörten die Assassinen. Sie waren Mitte des 11. Jahrhunderts als politisch-religiöser Orden gegründet worden.[13] Der Hauptsitz des Ordens war die Festung Alamut im Iran, südlich des Kaspischen Meers, die unter dem ersten Scheich, Hassan Sabah, erbaut wurde. Dort befanden sich eine riesige Bibliothek mit wissenschaftlichen, religiösen und philosophischen Werken sowie eine Sternwarte. Die Bibliothek wurde im 13. Jahrhundert von den Mongolen verbrannt. – Der Hauptsitz der syrischen Assassinen war die Festung Masyaf. – Der Anführer der Assassinen wurde Scheich El Djebel, der Alte vom Berge, genannt.

Es gibt zwei Theorien über den Ursprung ihres Namens. Die gängige Erklärung besagt, der Ausdruck Assassinen sei von dem Wort Haschisch abgeleitet, das die Mitglieder des Ordens in großen Mengen zu sich genommen hätten. Dem entspricht auch die Meinung, bei den Assassinen handle es sich um eine orientalische Mördersekte, die junge Männer entführe, sie permanent im Haschischrausch halte, ihnen durch sinnliche Genüsse den Eindruck vermittle, sie seien im Paradies, um sie dann mit einem Tötungsauftrag loszuschicken. Durch die Entzugserscheinungen nach dem angenehmen Haschischrausch und die plötzliche Konfrontation mit der Realität seien diese Männer dann zu allen Schandtaten bereit, nur um nach einem erfolgreich durchgeführten Auftrag wieder in ihr irdisches Paradies zurückkehren zu dürfen.

Diese Theorie ist äußerst kraß und geht nicht in die Tiefe. Vergessen wir nicht, daß die Assassinen zu den Schiiten gehörten. Diese wurden in der Geschichte des Islam oft unterdrückt; sie benützten die Glorifizierung des Märtyrertodes, um ihre Identität aufrechtzuerhalten. Sie warteten auf den 12. Imam, den Mahdi, der im 9. Jahrhundert seinen Verfolgern entrückt wurde und der irgendwann zurückkehren wird.

Die Assassinen selbst nannten sich übrigens auf arabisch «Fedaijin», die sich Opfernden. – Eine ähnliche Haltung finden wir heute noch bei den schiitischen Iranern.

Andere Autoren, darunter Gérard de Sède und Patrick Rivière, vertreten die Auffassung, der Name stamme vom Wort Assas beziehungsweise dessen Plural Assacine, das mit Hüter oder Wächter übersetzt wird. Die Assassinen hätten sich selbst als Hüter des Heiligen Landes bezeichnet, wobei der Ausdruck «Heiliges Land» nichts mit Palästina zu tun habe, sondern allegorisch für geheimes Wissen stehe.

Zur Bekräftigung seiner Theorie führt de Sède an, daß auch heute noch eine ismaelitische Sekte ein Wächteramt versieht, da die Hüter der Heiligen Stadt Mekka, die Wahabiter, ebenfalls zu den Ismaeliten gehören.

Wußte Wolfram von Eschenbach von der Etymologie des Wortes, als er das christliche Pendant zu den Assassinen, die Tempelritter, in seiner Parzivalslegende zu den Hütern des Heiligen Grals machte?

Die Lehren der Assassinen sind eher philosophischer als religiöser Natur; sie gaben keine neue Lehre heraus, sondern hatten eine andere Interpretation für die bestehende. Die Schilderungen des Korans sahen sie als eine Art Allegorie. Wenn die Assassinen auch nicht die Katharer des Islams sind, so hatten sie doch Gemeinsamkeiten mit den Hermetikern und Gnostikern.

Die Assassinen besaßen auch eine Art Gegenstück zur jüdischen Kabbala, das Bethen genannt wurde, beschäftigten sich also mit Zahlenmystik und -magie. Kaffee und auch Drogen wurden in meditativen Nachtwachen zum Erreichen bestimmter Bewußtseinszustände eingesetzt.

Gegen 1250 wurde der regierende Scheich von seinem eigenen Schwager erdolcht, weil er bestimmte Kultpraktiken für die Initiierten offiziell abschaffen wollte. Der Orden konnte sich infolge dieser inneren Differenzen nicht mehr lange halten, in Persien wurde er von den christlichen Mongolen vernichtet.

Warum wurde den Templern immer wieder der Umgang mit den Assassinen vorgeworfen?

Der Orden der Assassinen bestand bereits, als die Templer gegründet wurden. Es ist also nicht ausgeschlossen, daß er in mancher Beziehung, wenn nicht als Vorbild, so doch als Modell diente. Zufällig stimmten sogar die Farben der Ordenskleidung überein: Auch die Assassinen trugen weiße Gewänder, von denen sich die roten Kopfbedeckungen und Gürtel ebenso abhoben wie das Tatzenkreuz auf dem Mantel der Templer. Die hierarchische Struktur haben die Templer auf jeden Fall von den Assassinen übernommen. Das Gehorsamsgelübde leisteten zwar alle anderen christlichen Mönche auch, aber in einem normalen Kloster ging es nicht auf Leben und Tod. Der Templer hingegen mußte bereit sein, seinem Vorgesetzten auch dann in die Schlacht zu folgen, wenn er wußte, daß die Situation aussichtslos war. Oft genug kam es vor, daß von den dreihundert Tempelrittern des Couvent nur mehr fünf oder zehn zurückkehrten.

Daß es zwischen den militärischen Orden auf beiden Seiten Gemeinsamkeiten gab, steht außer Zweifel. Die Zeit war reif für solche Institutionen. Aber gab es tatsächlich Berührungspunkte?

«Nichts ist wahr, und alles ist erlaubt.» So soll der Wahlspruch der Assassinen gelautet haben. Dieses Motto würde auch zu einigen templerischen Großmeistern passen, von denen man sagt, daß sie persönliche Gefahren ebenso verachteten wie ihre Mitmenschen.

Assassinen – wer eine romanische Sprache, zum Beispiel Französisch, erlernt hat, sieht daneben lexikonmäßig die Übersetzung «Meuchelmörder». Und wer sich etwas für mittelalterliche Geschichte interessiert, vor dessen innerem Auge taucht eine leichtfüßige Gestalt in einem langen wallenden Gewand auf, die sich in ein Zelt schleicht, dort einen vergifteten Dolch zückt – eine Klinge, die im Mondlicht aufleuchtet, ein kurzer erstickter Schrei, und der Vorhang fällt wieder zu.

Das waren die Assassinen – und noch ein wenig mehr. Es ist auf jeden Fall wahr, daß die Assassinen Tötungsaufträge ausführten. Denken wir an den designierten Thronfolger Conrad de Montferrat, der 1192 von ihnen erstochen wurde – und an diverse Leute, die den Hospitalitern nicht paßten und deshalb in ihrem Auftrag von den ihnen tributpflichtigen Assassinen ermordet wurden. Ein Assassine ruhte nicht, bis entweder er oder sein Opfer nicht mehr unter den Lebenden weilte. Als ein anderer König von Jerusalem, Henri de Champagne, der Nachfolger Conrads, den Scheich der Assassinen in diplomatischer Mission besuchte, befahl dieser mehreren seiner Anhänger, sich vor den Augen des Königs selbst umzubringen, lediglich zur Demonstration ihrer Bereitwilligkeit, auf Befehl ihres Anführers den Tod zu erleiden.

Beide Orden betrachteten sich als eigenständige Institutionen, die sich das Recht herausnahmen, Meinungen zu vertreten, die von der Hauptströmung ihres jeweiligen Glaubens abwichen. Die Templer scheuten sich nicht, weltliche und geistliche Gewalten ihrer Zeit herauszufordern. Bisweilen wurden sie gezwungen, ihre eigenen Vorstellungen, zum Beispiel politischer Art, wenn es um die Frage einer Allianz mit Kairo oder Damaskus ging, zu verleugnen. Aber sie sorgten in jedem Falle dafür, daß ihre Ansichten zumindest zur Kenntnis genommen wurden, selbst wenn es für sie mit Nachteilen verbunden war.

Die Assassinen gingen noch weiter, sie verfolgten anscheinend ein eigenes Konzept, das mit dem ihrer Glaubensgenossen bereits nichts mehr zu tun hatte. Es ist bekannt, daß die Assassinen mehrfach versuchten, Sultan Saladin, den Helden der islamischen Welt und zumindest temporären Einiger von Sunniten und Schiiten, zu ermorden, wobei sie jedoch nicht mit der Panzerkappe rechneten, die er unter seinem Turban trug. Als Warnung pflegten sie eine bestimmte Art von Brot in die Wohnung oder das Zelt des Betreffenden zu legen, und zwar so, daß er es noch warm fand. Damit wollten sie zeigen, daß sie jederzeit überall eindringen konnten und niemand vor ihnen sicher war.

Während Saladin die Assassinenfestung Masyaf belagerte, wurde er durch solche Taktiken so zermürbt, daß er um Verzeihung bat und versprach, die Assassinen hinfort in Ruhe zu lassen.

Beide Orden, Templer und Assassinen, beschäftigten sich intensiv mit der Baukunst. Die Assassinen organisierten eine Art Baumeistergilden, die unzugängliche Festung Alamut war von der Auswahl der Lage her und den Schwierigkeiten, die der Bau bereitet haben muß, ein architektonisches Meisterwerk; und noch auf den wenigen erhaltenen Grabplatten der Templer findet man Maurersymbole.[14]

Interessant ist auch, daß gegen beide Bruderschaften von ihren orthodoxen Glaubensgenossen die Anklage erhoben wurde, sich zu sehr mit den Lehren der Gegenseite zu beschäftigen. Während also den Templern das Verhältnis zu den Assassinen vorgeworfen wurde, beschuldigten fundamentalistische Moslems die Assassinen des Umgangs mit den Templern.

Die Templer implantierten ihre Festungen zwar direkt in feindliches Gebiet, hatten jedoch auch Kontakte mit der einheimischen Bevölkerung. Ihre Großmeister wurden von sarazenischen Sekretären begleitet; viele Templer hatten auch in der Gefangenschaft Arabisch gelernt. Sie hatten ihre Turcopolen-Regimenter und waren auf einheimische Spione angewiesen, wie uns die Biographie von Guillaume de Beaujeu beweist. Es stimmt, daß die Templer mit arabischen Machthabern in diplomatischem Kontakt standen. Wie weit diese gingen, wußte die Außenwelt nicht. Und die stolzen Templer legten keine Rechenschaft ab.

Die Beschuldigungen, die Templer seien in Wirklichkeit verkappte Moslems, ist dennoch genauso unhaltbar wie die, daß sie in Wirklichkeit eine Synthese zwischen Judentum, Christentum und Islam bilden wollten. Die Juden in Outremer waren eine verachtete Minderheit; die Gelehrten, Kabbalisten und Ärzte hielten sich in Südeuropa auf.

Wenn die Templer einer nicht- oder vorchristlichen Ideologie anhingen, dann war diese gnostischer Art. Das würde diverse Ungereimtheiten in ihrem Verhalten und ihren Vorstellungen erklären.

Die im 20. Jahrhundert gefundenen Apokryphen räumen Maria Magdalena eine Vorzugsstellung ein. Und gerade diese Heilige wurde, wie wir gesehen haben, auch von den Templern besonders verehrt. Eine erhaltene Abschrift der Regel erwähnt in einer Aufstellung über die Heiligen, deren Namenstage die Templer beachten müssen, neben den verschiedenen Marienfesten nur zwei weibliche Heilige: Maria Magdalena und die heilige Katharina.

Warum verehrte ein mönchischer Ritterorden, dessen Mitglieder die Einhaltung des Keuschheitsgebotes gelobten, gerade eine Frau, die in den kanonischen Schriften als ehemalige Sünderin bezeichnet wird? Stellten Notre-Dame und Maria Magdalena lediglich zwei verschiedene Aspekte des weiblichen Teils der Gottheit dar? «Ich bin die Hure und die Heilige, ich bin der Anfang und das Ende. . .» «Notre-Dame war der Beginn unserer Religion und in ihr und zu ihren Ehren wird auch das Ende sein . . .»

Und wenn die Templer von der gnostischen These ausgingen, daß Leid und Tod sowieso systemimmanent sind, würde dies auch erklären, daß sie kaum karitative Anstrengungen unternahmen und auch keinerlei Anstalten machten, sich für ein Ende des Krieges in Outremer einzusetzen.

In diesem Zusammenhang stellt sich die Frage, warum gerade die Templer Zugang zu den gnostischen Schriften hatten. Hier kommen nun – endlich – die Assassinen ins Spiel.

Die Assassinen waren im Besitz von biblischen Texten aus den ersten Jahrhunderten des Christentums, die bei den Konzilen im 4. und 5. Jahrhundert nicht als kanonische Schriften anerkannt wurden. Dafür gibt es einen unvoreingenommenen Zeugen: Ein Botschafter Ludwigs des Heiligen hatte die Dokumente bei einem Besuch in Masyaf gesehen. Die Assassinen beschäftigten sich also mit Wissen, das nicht nur über die strengen Dogmen ihrer eigenen Religion hinausging, sondern sogar für die Christen schon nicht mehr statthaft war.

Vielleicht fanden die ersten Kontakte für die Templer unfreiwillig statt: Gefangenen Templern, deren Dünkel die Ismaeliten nervte, wurden solche Zeugnisse der Gnostiker vorgehalten. Noch Mitte des 20. Jahrhunderts wirkten die Schriften von Qumran und Nag Hammadi revolutionierend, obwohl sich heute nur mehr die wenigsten sklavisch am Wortlaut der Bibel orientieren.

Wie mußten solche Offenbarungen auf einen Europäer des Mittelalters wirken, der die Bibel beziehungsweise die von den frühen Konzilen anerkannten Teile wörtlich nahm? Einige Templer wurden dadurch sicherlich in eine tiefe Glaubenskrise gestürzt. Anders die Templer aus Okzitanien. Vielleicht beschlossen sie, in einem Kapitel oder einem kleineren Kreis, nunmehr systematisch Kontakt mit den Assassinen aufzunehmen, um sich in diese Lehren zu vertiefen.

Männern wie Bertrand de Blanchefort mit seinem katharischen Hintergrund könnte es gelungen sein, durch eine Synthese der unterschiedlichen Anschauungen wieder Einigkeit in die Reihen der Templer zu bringen oder aber eine Nebenströmung zu etablieren.

Die Frage, wie es unter diesen Umständen um die Konformität mit den Lehren der römischen Kirche aussah, beantwortet sich von selbst.

Die Provokation

Den Templern waren von den verschiedenen Päpsten in den langen Jahren ihrer Tätigkeit zahlreiche kirchliche Privilegien verliehen worden. Besonders die ersten Päpste nach der Gründung des Ordens sowie Innozenz III. unterstützten die Templer sehr und erließen päpstliche Bullen, welche die Templer gegen die Übergriffe der weltlichen Herrscher, der Patriarchen in Outremer und der Bischöfe schützen sollten.

Wenn nötig, bestätigten Päpste die Bullen ihrer Vorgänger beziehungsweise drohten entsprechende Strafen an, um den Klerus und den Adel im Zaum zu halten.

Als Kirchenstrafen wurden Exkommunikation und Interdikt verwendet. Ein Exkommunizierter konnte keine kirchlichen Ämter bekleiden und die Sakramente nicht mehr empfangen. Schlimmstenfalls wurde er aus der kirchlichen Gemeinschaft ganz ausgeschlossen.

Unter das Interdikt konnten kirchliche Würdenträger, aber auch ganze Gemeinden gestellt werden. Die betroffenen Personen durften keine kirchlichen Amtshandlungen mehr ausführen und keine Sakramente mehr spenden. In den Dörfern, über die das Interdikt verhängt worden war, blieben die Kirchen geschlossen.

Für die einfachen Menschen des Mittelalters, die sich ständig vom Höllenfeuer bedroht sahen, eine furchtbare Vorstellung. Die Mächtigen, welche die Vorgänge innerhalb der Kirche als Institution und die Schwächen der Päpste und Bischöfe aus eigener Erfahrung besser kannten, kümmerten sich weniger darum. Wenn Philipp I., König von Frankreich während des ersten Kreuzzuges, seine Ritter von seinem Bruder Hugues de Vermandois anführen ließ, geschah dies nicht aus mangelnder Reiselust: Philipp war aufgrund seiner ehebrecherischen Beziehung zu Bertrade de Montfort exkommuniziert worden.

Einem Herrscher unterstellt zu sein, der offiziell die Segnungen der Mutter Kirche nicht mehr genießen durfte ... Bot man damit nicht dem Teufel indirekt Gelegenheit, sich der eigenen Seele zu bemächtigen?

Die Templer hatten auch in bezug auf Interdikt und Exkommunikation besondere Privilegien. Sie durften in Gemeinden, die dem Interdikt unterlagen, weiterhin ihre Gottesdienste feiern – aber hinter verschlossenen Türen. Einmal pro Jahr hatten sie sogar das Recht, die Kirchen zu öffnen – was sie auch taten und mit lautem Glockenklang weithin verkündeten. Diese Privilegien mußten Vorurteile erwecken, bisweilen wurden sie sogar überschritten. In einem Schreiben des Papstes aus dem Jahre 1179 wurden Templer und Hospitaliter aufgefordert, den Gottesdienst in Gemeinden unter dem Interdikt auf einmal pro Jahr zu beschränken und Exkommunizierten den Zugang zu den Sakramenten zu verwehren.

Die erhaltenen Abschriften der Statuten sind zweideutig, was die Aufnahme Exkommunizierter in den Orden an sich betrifft. In der lateinischen Regel werden die Templer aufgefordert, dort neue Mitglieder zu werben, wo sich nicht exkommunizierte Ritter aufhalten. Laut einer französischen Version der Regel hingegen sollen sie sich um die exkommunizierten Ritter kümmern, diese zur Versöhnung mit der Kirche veranlassen und sie dann aufnehmen, zum Wohl für das Heilige Land und zum ewigen Seelenheil des entsprechenden Ritters.

Was taten die Templer wohl allein in ihrer Kirche mitten in einem Gebiet, auf welchem der Kirchenbann lag? Das muß sich mancher einfache Gläubige gefragt haben. War ein solches Gebäude überhaupt noch ein Heiligtum Gottes? Mußte man nicht damit rechnen, daß sich eher der Leibhaftige zu den Kaplänen der Templer gesellte? Und der Hauptsitz der Templer, eine ehemalige Moschee? Der Ort, dem sie ihren Namen verdankten, der Tempel Salomos – hatte nicht schon Salomo selbst, verführt durch seine Frauen, fremden Göttern gehuldigt?

Die Chronisten erwähnen einen Vorfall, der sich 1144 abgespielt hat. Die Templer lassen Geoffroy de Mandeville, vermutlich einen Gönner oder Affiliierten des Ordens, der dem Kirchenbann unterliegt, in aller Stille im alten Tempel von London beerdigen (laut einer anderen Version wird der Sarg an einem Ast aufgehängt, also streng genommen nicht geweihter Erde übergeben) und warten auf die päpstliche Absolution, um ihn dann, mit allen kirchlichen Segnungen versehen, im neuen Tempel zu bestatten. Angesichts der Schwierigkeiten, mit denen das Papsttum zu dieser Zeit zu kämpfen hatte, war mit der Absolution früher oder später zu rechnen: Coelestin II. hatte sich mit dem heiligen Bernhard überworfen und starb 1144. Sein Nachfolger Lucius II. wurde ein Jahr später von der Bevölkerung in Rom zu Tode gesteinigt. Der nächste Papst, Eugen III., war ein ehemaliger Zisterziensermönch, und der heilige Bernhard war entzückt über diese Berufung . . .

Es kam also nur auf diplomatisches Geschick an, um den richtigen Moment für eine Eingabe abzuwarten. Später, bei der Affaire Etienne de Sissey, wandten die Templer die gleiche Methode nochmals an, diesmal mit weniger Erfolg. Die Templer sahen auf jeden Fall eine Exkommunikation als ein Druckmittel des Papstes an und nicht als ein fatales Ereignis mit nachhaltiger Wirkung.

Solche Vorgänge trugen dazu bei, das Klima für den Templerorden zu vergiften. Bisweilen kann man sich des Eindrucks nicht erwehren, daß die Templer ihren Ruf, im Orient magische Praktiken erlernt zu haben, sogar förderten, sei es, weil sie ihn als schmeichelhaft empfanden, sei es, weil sich die stolzen Tempelherren über die abergläubische Einfalt des Volkes amüsierten.

Auch sollen die ersten Schauergeschichten über die Korruption des Ordens von abtrünnigen Templern stammen, die Geschichte von Floyran de Béziers wurde sogar direkt für den Prozeß publizistisch ausgeschlachtet. Wenn sogar die Templer selbst solche Vorgänge zugaben . . .

Daß die Wirklichkeit vermutlich anders aussah, daß nämlich diejenigen, welche den Orden aus Angst vor Strafe gegen begangene Verstöße flohen, alles Interesse daran hatten, ihr eigenes Verhalten zu rechtfertigen und dadurch das Ansehen des Tempels zu beflecken, sah man nicht.

Es ist ein Fall überliefert, in dem einige Templer tatsächlich Verrat übten oder zumindest alle Indizien darauf hindeuten: In den sechziger Jahren des 12. Jahrhunderts hatte König Amalrich von Jerusalem zwölf Templer hängen lassen, weil sie dem islamischen Heerführer eine Festung übergeben hatten. Ob dieser Vorwurf gerechtfertigt war und wie die übrigen Templer darauf reagierten, ist nicht bekannt.

Gerade Kaiser Friedrich II., der selbst beileibe kein leuchtendes Vorbild in bezug auf Kirchentreue war, beschuldigte schon Mitte des 13. Jahrhunderts die Templer allerlei Ungeheuerlichkeiten: Sie würden sich mit dem Feind viel zu gut verstehen, islamische Riten durchführen und seien vor allem für christliche Mönche unangemessen stolz. Diese Ansichten verbreitete er brieflich an allen Höfen Europas.

Die Templer waren stolz, das stimmt: stolz auf ihre Errungenschaften, stolz auf ihren Todesmut, stolz auf ihre Standhaftigkeit. Aber das Problem war nicht der Stolz der Templer, sondern der autokratische Hochmut Friedrichs, mit dem er überall in Outremer angeeckt war, nicht nur bei den Templern.

Es hatte Friedrich verärgert, daß die Templer gegen die von ihm getroffenen Vereinbarungen an der Festung in Jerusalem weitergebaut hatten – diese Festung sollte später im Kampf gegen die Sarazenen noch bitter notwendig werden.

Außerdem paßte es ihm nicht, daß die Templer immer wieder die Allianz mit Damaskus suchten, während er dazu neigte, mit den Ägyptern zu paktieren. Die Johanniter und Deutschherren ratifizierten seinen Vertrag mit Ägypten gegen Damaskus, die Templer und die Barone in Syrien hingegen weigerten sich.

Während sich die Templer um das Heilige Land kümmerten, hielt sich Friedrich, durch seine Heirat mit der Tochter Jean de Briennes Regent für seinen minderjährigen Sohn in Jerusalem, in Palermo auf. Dort lud er die Emire von Ägypten und Gesandte des Alten vom Berge zu einem festlichen Empfang . . .

Die Templer ließen sich nicht einschüchtern und verjagten in der Zwischenzeit die Deutschherren, die den Kaiser sogar unterstützt hatten, als er unter dem Kirchenbann stand, aus Akkon. Während die Johanniter kein eigentliches Konzept besaßen und sich immer wieder der Meinung der Herrschenden anschlossen, waren die Templer souverän genug, ihre eigenen Ansichten zu verteidigen.

Auch mit Ludwig dem Heiligen hatten die Templer mehrmals Schwierigkeiten. Er zwang die Großmeister Guillaume de Sonnac und Renaud de Vichier, sich zu demütigen, weil sie hinter seinem Rücken Verhandlungen mit den Moslems geführt hatten. Bisweilen mußten die Templer nachgeben, manchmal wurden sie auch mit Gewalt gezwungen. Als ein Templer namens Gautier du Mesnil die Botschafter der Assassinen überfiel, die soeben vom Hofe König Amalrichs kamen und für die Templer nachteilige Vertragsvorschläge – die Tributpflicht der Assassinen den Templern gegenüber sollte aufgehoben werden – mit sich führten, verlangten die weltlichen Behörden seine Auslieferung. Der Großmeister Eudes de Saint-Armand weigerte sich: Für solche Fälle sei das Kapitel zuständig, aber kein weltliches Gericht. Amalrich ließ daraufhin die Komturei von Sidon belagern und Gautier entführen. Dieser starb kurz darauf im Kerker von Tyrus.

Die Templer verteidigten die Unabhängigkeit ihres Ordens aber nicht nur den weltlichen Herrschern gegenüber. Im Falle des Marschalls Etienne de Sissey legte sich der Orden sogar mit Papst Urban IV. an. Etienne de Sissey wurde beschuldigt, im Jahre 1260 vor Akkon das Schlachtfeld feige verlassen zu haben. Seiner Version nach wurde er für tot liegengelassen, war aber in Wirklichkeit nur bewußtlos. Als der Papst ihn seiner Funktion als Marschall entheben wollte, weigerte sich Etienne de Sissey: Nicht der Papst habe ihn ernannt, sondern das Kapitel, und nur dieses habe das Recht, ihn wieder abzusetzen. Augenscheinlich glaubten ihm seine Brüder; Feigheit vor dem Feind wurde mit der Ausweisung aus dem Orden geahndet.

Der Papst bestand auf seiner Version und exkommunizierte den Templer. Etienne de Sissey verbarg sich, mit Billigung des Tempels, zuerst in Paris, dann in Italien, um den Tod des Papstes abzuwarten und seinen Fall von Clemens IV. neu beurteilen zu lassen. Aber auch der neue Papst bestand auf Abbitte. Etienne de Sissey folgte dieser Aufforderung und wurde nach Outremer geschickt, wo er ein Jahr und einen Tag Buße leisten mußte.

Wenn ein Templer bei Vergehen gegen die Regeln schlimmstenfalls ausgestoßen wurde und dann im Kerker landete, war die Sachlage anders. Aber der Orden lieferte keinen der seinen den weltlichen Autoritäten aus und verbat sich jegliche Einmischung weltlicher oder geistlicher Machthaber in seine inneren Angelegenheiten – wie es sein Recht war.

Der Templerorden war eine internationale Institution und mußte in allen Ländern, in denen er Niederlassungen hatte, immer ein Fremdkörper bleiben. Die Könige, speziell die englischen, legten zwar großen Wert auf templerische Ratgeber und gute Zusammenarbeit mit den Schatzmeistern, waren sich jedoch bewußt, daß sie es nicht mit Untergebenen, sondern mit Angehörigen einer fremden Macht zu tun hatten.

Landsknechte, Ketzer oder Esoteriker?

Die mittelalterliche Redewendung «Saufen und fluchen wie ein Templer» wird von manchen Historikern so interpretiert, als seien die Templer insgesamt zwar eine militärische Elite gewesen, aber ohne kulturellen Anspruch. Diese These ist unhaltbar. Es war den Templern verboten, eine Abschrift der Regel in Händen zu haben, damit diese nicht versehentlich von den Knappen gelesen werden konnte. Wenn die Templer also allgemein davon ausgingen, daß sogar ihre Knappen zumindest lesen konnten beziehungsweise sogar Lateinisch verstanden, so muß es um ihre eigene Bildung mindestens ebensogut bestellt gewesen sein.

Ein Beweis dafür ist die Befragung von fünfhundert Templern während des Prozesses durch eine päpstliche Kommission: Nachdem ihnen die lateinische Version der Anklage vorgetragen worden war, wurden die Templer gefragt, ob sie eine Übersetzung ins Französische wünschten. Sie weigerten sich einmütig, sich «derartige Schändlichkeiten» ein zweites Mal anzuhören. Das kann nur bedeuten, daß sie durchaus in der Lage waren, einem juristischen mündlichen Vortrag in Lateinisch zu folgen.

Die Statuten der Templer schrieben nach einer Änderung vor, daß die eigentlichen Tempelritter von aristokratischer Abstammung sein mußten. Das allein setzt nicht notwendigerweise einen entsprechenden Bildungsstand voraus; es heißt aber, daß die okzitanischen Adeligen Gedichte verfaßten, als der französische König noch nicht viel mehr als seinen Namen schreiben konnte. In den Reihen der Templer befanden sich zahlreiche Okzitanier, speziell unter den Großmeistern.

Laut den umstrittenen Statuten des geheimnisvollen «Maître Roncelin» (auf den wir später noch eingehen) mußten sie auch das Trivium und Quadrivium beherrschen. Darunter verstand man die sieben freien Künste: Grammatik, Dialektik, Rhetorik (Trivium) und Musik, Geometrie, Astronomie, Arithmetik (Quadrivium). Diese sieben Wissenschaften gehören zur Lehrstruktur der mittelalterlichen Bildung und kommen auch später in der Symbolik der Freimaurer vor.

Die finanziellen Erfolge der Templer sind nur durch scharfsinnige und gewissenhafte Verwalter zu erklären. Sie managten nicht nur das bewegliche und unbewegliche Vermögen des Tempels selbst, aus den zahlreichen Schenkungen und Erbschaften, sondern wurden von Königen, Adeligen und Privatleuten auch als Garanten für die Einhaltung von Verträgen bestellt, besaßen also auch weitreichende juristische Kenntnisse.

Ludwig IX. zum Beispiel ließ für seinen Kreuzzug den Kirchenzehnten von den Templern einsammeln.

Auch Bürgschaften wurden beim Tempel hinterlegt und nach Eintreffen genau festgelegter Umstände ausbezahlt; die Templer selbst garantierten gegebenenfalls für die Rückzahlung eines Darlehens zwischen zwei Parteien.

Die finanzielle Integrität der Templer wurde nie bezweifelt, selbst von Leuten, die ihnen feindlich gesonnen waren. Der Tempel verlieh Geld gegen Sicherheit, das Wort Zins wurde diskret umgangen, um mit dem kanonischen Recht nicht in Konflikt zu geraten. Gleichzeitig waren die Templer die Erfinder des Girokontos. Wer Geld in Paris oder London einzahlte, konnte es über einen Wechsel in einer beliebigen Währung in Jerusalem zurückerhalten. Ein ähnliches System wurde auch für die Zahlung von Renten und Pensionen verwandt. Diese Papiere waren durch Geheimcodes und vereinbarte Losungsworte sogar gegen Diebstahl weitgehend gesichert.

Das spätere gute Einvernehmen mit den Engländern läßt gleichzeitig auf musische Interessen schließen. Richard Löwenherz hatte eine Art Ehrenmitgliedschaft im Tempel und war häufig von Templern begleitet. Als er inkognito quer durch Europa reiste, verkleidete er sich sogar als Templer. Der Sohn der «Königin der Troubadoure», der Französisch, Provenzalisch und Lateinisch sprach, hätte sich mit unwissendem Kriegsvolk nicht so intensiv eingelassen.

Für den Bildungsgrad der Templer spricht auch, daß sie sich im Heiligen Land nicht isolierten, sondern durchaus Interesse an der fremden Kultur zeigten. Die Leistungen der Araber auf den Gebieten der Medizin, Mathematik und Astronomie waren denen ihrer christlichen Gegenspieler weit überlegen. Warum also nicht vom Wissen der Sarazenen profitieren, sich zum Beispiel die besseren Methoden für Wundheilungen und Knochenbrüche aneignen?

Teilweise wurden die religiösen Differenzen durch eine ähnliche Grundeinstellung ausgeglichen. Ein gutes Beispiel hierfür ist Sultan Saladin. Er und Richard Löwenherz verhielten sich zueinander wie die Teilnehmer eines Ritterturniers: Der Gegner, ob Gewinner oder Verlierer, war ebenbürtig und wurde entsprechend geachtet.

Aus diesen Gründen nahmen die Templer wohl als kirchliche Institution eine liberalere Haltung ein, als die offizielle orthodoxe Meinung es gestattete. Ebenso hatten sie, als intime Kenner der Gegebenheiten im Orient, mehr Wissen über die Mentalität der Araber und damit auch mehr Verständnis als die anderen Kreuzritter. – Der Vorwurf des Grafen von Artois, die Araber seien schon längst besiegt, wenn die Templer das gewollt hätten, war dennoch nicht gerechtfertigt. Der Blutzoll, den die Templer in allen Schlachten Outremers entrichtet hatten, beweist das Gegenteil.

Als die letzten Gebiete im Heiligen Land von den Moslems erobert worden waren, zogen sich auch die Templer von dort zurück. Zu diesem Zeitpunkt hatten sie in mindestens siebzehn Ländern Komtureien und Niederlassungen.

Der Grund für ihre Existenz und damit auch ihre eigentliche Daseinsberechtigung waren jedoch mit dem Königreich Jerusalem untergegangen.

Der Papst hatte die Heimatlosigkeit des Ordens erkannt, als er den Großmeister Jacques de Molay, der zu diesem Zeitpunkt in Zypern residierte, nach Frankreich einlud: «Wir möchten Euer Urteil zum Plan eines gemeinsamen Kreuzzugs mit den Königen von Armenien und Zypern hören, weil Ihr am besten in der Lage seid, uns in dieser Angelegenheit zu beraten – und nach der Kurie in Rom müßtet vor allem Ihr an einem solchen Vorhaben interessiert sein.»[15] Jacques de Molay sprach sich unter den gegebenen Voraussetzungen gegen einen neuen Kreuzzug aus. Die Armenier seien chronisch unzuverlässig, und das zypriotische Heer sei zu klein. Ohne ein gewaltiges Heer des vereinten Europas sei die Rückeroberung des Heiligen Landes unmöglich.

Auf eine solche Armee zu hoffen war jedoch nach der Diskreditierung des Kreuzzugsgedankens durch die Päpste illusorisch.

Auf der anderen Seite mußten die Templer wissen, daß ihnen der französische König nicht wohlgesonnen war – ganz im Gegensatz zu anderen europäischen Herrschern. Erkannten sie die Gefährlichkeit ihrer Lage nicht? Warum lehnten sie es ab,

Philipp eine Art Ehrenmitgliedschaft in ihrem Orden zu gewähren – sei es auch nur der Form halber? Wenn es Geheimnisse gab, hätten sie ihn bestimmt von strategisch wichtigen Punkten fernhalten können. In ihrem sonstigen Verhalten vermitteln sie nicht den Eindruck, überheblich und selbstherrlich zu sein und ihre Lage nicht richtig einschätzen zu können.

Laut dem Templer Gaucerand de Montpezat gab es geheime Praktiken, die nur Gott, dem Teufel und dem Großmeister bekannt waren. Eine fast wortgleiche Aussage machte ein Priester in England, der vor seiner Aufnahme in den Orden gewarnt worden sei, daß die Templer drei fürchterliche Gelübde ablegen müßten, die nur Gott, dem Teufel und den Brüdern bekannt seien.

Aber auch zu dieser Zeit wurden noch neue Templer in den Orden aufgenommen. Wenn Zeremonien wie Spucken auf das Kreuz und Gotteslästerungen stattfanden – gab es keinen idealistischen christlichen Postulanten, der dagegen aufbegehrte und die Praktiken bekanntmachte?

Vergessen wir jedoch nicht, daß der Orden eigene Geistliche hatte. Wenn ein junger Templer in seiner Gewissensnot zu einem Beichtiger ging, so hatte dieser durchaus die Möglichkeit, ihn unter Hinweis auf sein Schweigegelübde zum Verstummen zu bringen. Ab dem Zeitpunkt, als der Orden eigene Priester hatte, durfte kein Templer mehr vor einem Außenstehenden seine Beichte ablegen.

Plausibel klingt die Theorie, es habe innerhalb des Ordens eine geheime Hierarchie mit eigenen Großmeistern gegeben. Diese Gruppe von Eingeweihten habe dem Baphomet-Kult gehuldigt und ketzerisches Gedankengut gepflegt. Den Prozeßakten zufolge haben mehrere Templer, namentlich John of Stoke, Stephen of Staplebrugge, William of Poklington, Gaucerand de Montpezat, Raoul de Presles, Nicolas Simon und Guichard de Margiac zu Protokoll gegeben, es gäbe geheime Einweihungsriten, die erst mehrere Jahre nach der regulären Aufnahme stattfänden, wenn der neue Templer seine Eignung erwiesen hatte. Falls je ein Außenstehender zufällig Zeuge würde, so töteten ihn die abtrünnigen Templer ohne Skrupel.

Die ersten drei der genannten Templer wurden in England verhört. Gérard de Sède ist der Meinung, man müsse ihren Aussagen Glauben schenken; schließlich seien die Templer in England nicht gefoltert worden. Das obenerwähnte Geständnis von John of Stoke war jedoch späteren Datums und weicht von seinen früheren Aussagen ab. Man weiß, daß der politische Druck auf König Eduard zunahm, gleichzeitig hatte er Probleme mit den rebellischen Schotten. Vielleicht hatte er mit Philipp dem Schönen auch eine Art Geschäft auf Gegenseitigkeit geschlossen: härteres Vorgehen Eduards gegen die englischen Templer im Austausch für eine Nichteinmischung des französischen Königs in Schottland. Der Vorteil der Templer in England lag lediglich darin, daß sie ausreichend Zeit zur Flucht hatten. Die Geständnisse allein sind also kein Beweis für oder gegen die Existenz geheimer Riten.

In diesem Zusammenhang erwähnen manche Autoren den besagten «Maître Roncelin». Dieser habe unter dem Titel «Feuertaufe» geheime Statuten festgelegt und eine Geheimschrift erfunden. 1240 habe Robert de Samfort eine Kopie gemacht, die Ende des 18. Jahrhunderts von dem dänischen Historiker Münter in Rom aufgefunden wurde, dann wieder verlorenging und im 19. Jahrhundert in einer Privatbibliothek in Hamburg wieder auftauchte. Die wichtigsten Regeln Roncelins sollen gelautet haben:

– Alle Menschen sind gleich vor Gott, egal, welcher Konfession sie angehören. Wer an Gott glaubt, ist gerettet.
– Jesus war der Sohn Marias und Josephs, er war ohne Sünde und wurde gekreuzigt. Obwohl er verehrt wurde, war er nicht Gott. Das Holz des Kreuzes, an dem er starb, ist nicht Symbol für die Erlösung, sondern gehört dem Bösen an.

Dies entspricht dem Grundgedanken der Gnostiker: Jesus war entweder Gott – dann konnte er nicht sterben; oder er starb – dann war er nicht Gott.

Wer dieser geheimnisvolle Maître Roncelin war, weiß man nicht. Er wird nie offiziell als Großmeister des Ordens erwähnt, sondern mit Roncelin du Fos identifiziert. Dieser wurde jedoch erst 1281 in den Orden aufgenommen, während die Kopie von Robert de Samfort aus dem Jahre 1240 stammen soll.

Laurent Dailliez hält diese Dokumente für eine Fälschung, die im 16. Jahrhundert zusammengestellt wurde. Aber laut seiner eigenen Aussage erwachte das Interesse an den Templern erst im 18. Jahrhundert mit den Freimaurerlogen, die sich auf dem Kontinent verbreiteten. Wer sollte also ein Interesse daran gehabt haben, im 16. Jahrhundert, als allenthalben die Hexenprozesse tobten, geheime Statuten der Templer zu entwerfen?

Seiner Meinung nach waren die Templer unschuldig und nahmen sich, speziell der kirchlichen Gerichtsbarkeit gegenüber, das Agnus Dei in ihren Siegeln zum Vorbild. Sie sollen «bellement et en paix», wie es in manchen Versionen der Regel beinahe vierhundertmal heißt, die ungerechte Verfolgung erduldet und auch noch die andere Wange hingehalten haben.

Aber Dailliez hält zu sehr an der Regel fest. Der ständige Aufruf zur Sanftmut beweist, daß diese Eigenschaft in Wirklichkeit nicht zu ihren herausragenden Charaktermerkmalen gehörte. Es gab im Mittelalter die Praxis, Kinder in zartem Alter den Klöstern zur Erziehung zu übergeben, um sie auf ein Leben in der mönchischen Gemeinschaft vorzubereiten. Solche Mönche kannten die Welt nicht, sie dürften vermutlich dem Idealbild von Dailliez entsprochen haben.

Der Templerorden hingegen nahm nur Erwachsene auf. Er machte sie auch nicht zu Rittern – es handelte sich um voll ausgebildete Kämpfer, denen lediglich noch mehr Disziplin vermittelt wurde. Es wäre nicht weiter erstaunlich, wenn sie den Kasernenton auch in der Kapelle nie ganz unterdrücken konnten. Zum Zeitpunkt der Auflösung des Ordens waren alle regulären Tempelritter adeliger Abstammung, Söhne von Feudalherren, teilweise mit den höchsten Familien des Landes verwandt. Man konnte diese Männer durch die Folter, speziell vermutlich auch die lange Kerkerhaft, brechen – aber es besteht kein Anlaß zu glauben, daß sie große Übung in christlicher Demut und Ergebenheit besaßen.

Kommen wir zurück auf die Anschuldigungen gegen die Templer. Der Vorwurf der Homosexualität wurde für viele Zeitgenossen dadurch bestärkt, daß eines der Siegel der Großmeister zwei Templer zeigt, die hintereinander auf einem Pferd sitzen. Jeder Templer, wie alle anderen Ritter, besaß mehrere Pferde, manche Quellen sprechen zumindest von drei Pferden für je zwei Templer.

Bei der Interpretation des Siegels muß man auch die Einstellung berücksichtigen, welche die Araber heute noch ihren edlen Pferden gegenüber haben. Ein Pferd wird von seinem Besitzer mit einer ähnlichen Eifersucht gehegt wie eine Frau. Auch einem Freund wird er es nur in einer Notlage anvertrauen, nicht jedoch das Tier zusammen mit ihm benützen. Wenn die Templer, in Kenntnis dieser Einstellung, sich selbst also zu zweit auf einem Pferd darstellen, so ist dies ein Sinnbild dafür, daß sie bereit waren, alles miteinander zu teilen, und eine Herausforderung an die Sarazenen.

Diese Loyalität hatte ihre Konsequenzen. Wenn ein Templer einen anderen mit auf sein Pferd nahm, der sein Reittier verloren hatte, so riskierte er damit seinen eigenen Tod; denn eine solche gute Tat konnte nur auf Kosten seiner eigenen Schnelligkeit und Gewandtheit gehen.

Gibt es außer diesem suggestiven Siegel und dem Hinweis, daß es den Templern laut Regel ausdrücklich gestattet war, auf Feldzügen mehrere ihrer Zelte durch Aufheben der Zwischenwände zu einem großen Zelt zu vereinigen, weitere Hinweise, daß im Orden der Templer Homosexualität mit allgemeiner Duldung praktiziert wurde?

Der byzantinische Einfluß war im gesamten Outremer immer noch spürbar, und bei den Griechen war Homosexualität lediglich eine der vielen Varianten des Sexualverkehrs. Die Templer in Outremer waren junge, kräftige Männer, und wenn auch ein Teil ihrer natürlichen Triebe durch die Entbehrungen der Feldzüge und den Dienst an «Notre-Dame» sublimiert wurde, so kann man doch davon ausgehen, daß Homosexualität vorkam, begünstigt durch das geistige Umfeld. Auch über Richard Löwenherz, Templer ehrenhalber, wurde gemunkelt, er würde dem Laster Sodoms frönen. Im Konzil von Nablus wurde 1120 die «sexuelle Entartung» des Volkes verurteilt, was meinte man damit, wenn nicht die Homosexualität und ihre weite Verbreitung?

Manche legen die Vorschrift, daß in den gemeinsamen Schlafräumen der Templer ein Licht zu brennen hatte, so aus, als solle dadurch die Versuchung abgewehrt werden.

Die Regel hielt den Kontakt mit Frauen für schädlich: «Deshalb soll kein Bruder eine Frau, gleichgültig ob Witwe oder Jungfrau, Mutter, Schwester oder Verwandte, küssen. Die Ritter sollen weibliche Küsse fliehen...» Laut den Berichten wurden sie jedoch bei der Aufnahme vom Großmeister auf den Mund geküßt, was eine damals übliche Weise war, einen Bund zu besiegeln. Damit war eine gewisse Entwicklung schon vorprogrammiert. Der Rest war nur mehr eine Frage der Zeit und des Temperaments.

Wie schon einige Templer während des Prozesses sagten: Wenn sie untereinander das Nötige erledigten, so war dies dem Ansehen des Ordens weniger schädlich, als wenn sie sich mit Frauen eingelassen hätten – unauffällig hätte dies nicht vor sich gehen können. Selbst wenn die Templer in Zivil aufgetreten wären, ihre langen Bärte und geschorenen Köpfe hätten sie verraten. Es gibt auch Aussagen während des Prozesses, laut denen die Homosexualität wegen des Klimas in Outremer geduldet worden sei.

Doch eine ganz andere Frage scheint wichtiger zu sein: Was veranlaßte Jacques de Molay, im Beisein von drei Kardinälen, als er Gelegenheit gehabt hätte, frei zu sprechen, sein Geständnis von neuem zu unterzeichnen? Was hatten die laufenden Geständnisse und Widerrufe speziell der Würdenträger zu bedeuten?

Jacques de Molay hatte einen langen Leidensweg. Verhaftet wurde er 1307, hingerichtet erst 1314. Dazwischen lagen sieben lange Jahre voller Entbehrungen, Folterungen, Ungewißheit. Sein Leben konnte oder wollte er nicht retten. Am Morgen seiner Hinrichtung wurde er von drei Kardinälen besucht, die das Urteil über ihn sprechen sollten. Zu diesem Zeitpunkt war er noch nicht zum Tode verurteilt. Dadurch, daß er erneut seine Unschuld beteuerte, machte er sich wiederum zum «relaps», und der Scheiterhaufen wartete auf ihn.

Der Grand Visiteur Hugues de Pairaud, der laut manchen Aussagen einer der eifrigsten Ketzer war, nahm seine Aussage nicht zurück und starb später im Gefängnis, ebenso Gonneville.

Wenn Jacques de Molay aber sterben wollte, warum dann nicht früher? Warum die langjährige Agonie?

Eine Erklärung wäre, daß er auf etwas wartete, vielleicht auf die Nachricht, daß ein bestimmtes Ereignis eingetreten war. Drei Monate nach seinem Tod fand die Schlacht von Bannockburn statt, wo der schottische König Robert the Bruce die Engländer besiegte.

Wollte Jacques de Molay sichergehen, daß die Templer und ihre Überlieferung, ihr Schatz an materiellen Gütern und geheimem Wissen eine neue Heimat gefunden hatten? War er eventuell idealistisch genug, durch eine Art Hinhaltetaktik, die für ihn zu einem langen Leidensweg wurde, den französischen König von einem bereits ernannten Nachfolger des nunmehr im geheimen operierenden Ordens abzulenken?

Diese Frage stellt sich nur, wenn man davon ausgeht, daß die überlebenden Templer nicht damit zufrieden waren, die nackte Existenz gerettet zu haben, daß sie es als ihre Pflicht ansahen, eine wie auch immer geartete Ordensstruktur neu aufzubauen. Warum?

Der Heilige Gral

Im 12. und 13. Jahrhundert kamen in Europa mehrere Versionen einer Geschichte auf, die auf eine phantastische Art Elemente des frühen Christentums mit denen der keltischen Mythologie verband. Manche Szenen haben sogar eindeutig Anklänge an östliche Religionen. Da diese Legenden zu einer Zeit entstanden, als das Abendland, bedingt durch die Kreuzzüge, tatsächlich intensiven Kontakt mit dem Orient hatte, ist ein Zusammenhang mit den östlichen Traditionen nicht nur möglich, sondern wahrscheinlich.

In all diesen Legenden geht es um einen Gegenstand, der geheimnisvolle Kräfte besitzt, aber in unterschiedlicher Weise definiert wird: den Heiligen Gral. Eine seiner Eigenschaften ist es, die besten Ritter der Christenheit in seinen Bann zu ziehen, die von diesem Moment an kein anderes Ziel mehr haben, als ihn zu suchen oder wiederzufinden und ihm zu dienen. Aber nicht jedem ist es bestimmt, den Heiligen Gral zu erblicken.

Das wohl bekannteste Epos über den Heiligen Gral stammt von Wolfram von Eschenbach. Bei ihm sind die Templer, oder Templeisen, wie er sie nennt, die Hüter des Heiligen Grales: immer auf der Suche nach neuen Abenteuern, sowohl Sieg als auch Niederlage mit Gleichmut hinnehmend, zur Sühne für ihre Sünden. Wobei rätselhaft bleibt, worin diese Sünden bestehen. Denn die Hüter des Grales zeichnen sich vor allem durch ihre Reinheit aus. Der Gralskönig Amfortas hingegen leidet an einer Verwundung, weil er das Keuschheitsgebot nicht eingehalten hat.

Die ersten Hüter des Grals waren Engel, die den Gral auf der Erde zurückließen. Inzwischen sucht sich der Gral seine Hüter selbst: Die Templeisen werden auf eine mysteriöse Weise gerufen, indem ihr Name für kurze Zeit auf dem Stein (Gral) erscheint und dann wieder verschwindet.

Wolfram von Eschenbach verfaßte dieses Werk zwischen 1195 und 1219. Er war nicht nur ein Zeitgenosse der Templer, sondern besuchte Outremer und konnte sie dort vor Ort in Aktion sehen. In seinem Buch beruft er sich auf einen Meister Kyot, der in Toledo in heidnischer Schrift die Urfassung der Gralslegende gefunden habe. Der eigentliche Autor hingegen sei ein Heide namens Flegetanis, der seine Abstammung auf König Salomo zurückführen könne.

Es gab tatsächlich einen zeitgenössischen Troubadour namens Guyot de Provins, der sich unter anderem gegen den vierten Kreuzzug, in dem Christen gegen ihre Mitbrüder kämpften, wandte.

Zur gleichen Zeit entstand in England, vermutlich in der Gegend um Glastonbury, die Gralsvariante *The Perlesvaus*, wo ebenfalls deutliche Anspielungen auf die Templer auftauchen: Ritter in weißen Mänteln mit einem roten Kreuz, die ein Geheimnis hüten, und ein Schiff mit einem scharlachroten Kreuz auf den Segeln.

Auch der französische Dichter Chrestians oder Chrétien de Troyes befaßte sich Ende des 12. Jahrhunderts in seinem *Perceval* mit dem Mythos des Heiligen Grals, jedoch ohne Erwähnung der Templer. Dafür beschreibt auch er den Gralsritter Parzival als den «Sohn der Witwe», eine Formulierung, die man später bei den Freimaurern wiederfindet. Chrétiens Mäzenin war Marie de Champagne, eine Halbschwester des Templerfreundes Richard Löwenherz aus der ersten Ehe seiner Mutter mit dem französischen König.

Die meisten anderen Gralslegenden entstanden erst später. Was die beiden wichtigsten Versionen gemeinsam haben, ist die Betonung der Tatsache, daß der kranke König Amfortas nur dadurch geheilt werden kann, daß ihm eine bestimmte Frage gestellt wird.

Bei Wolfram von Eschenbach hätte Parzival, von Mitleid bewegt, König Amfortas fragen müssen, an welcher Wunde er leidet. Parzival versäumt es, diese Frage zu stellen, weil ihm zu Beginn seines Rittertums der Vorwurf gemacht worden ist, zu viel nachzufragen.

In der Gralsgeschichte von Chrétien de Troyes hätte die Frage anders lauten müssen: Was ist der Gral, und wem dient man damit?

Als Parzival auf die Wichtigkeit dieser Frage hingewiesen wird, macht er sich auf, den Gral nochmals zu finden, diesmal bewußt, um damit König Amfortas die Gesundheit und seinem Reich die Fruchtbarkeit wiederzugeben.

Die verschiedenen Aspekte der Gralslegende sind äußerst widersprüchlich. Amfortas leidet, weil er das Keuschheitsgebot nicht eingehalten hat – er und sein ganzes Land werden steril. Er kann aber auch nicht sterben, weil er in der Nähe des Grals lebt. Um ihn zu heilen und sein Land wieder zum Blühen zu bringen, bedarf es eines Ritters, der reinen Herzens ist.

Beeindruckend ist in allen Gralslegenden die Schilderung, wie der Gral hereingetragen wird, von strahlendem Licht umgeben, und die Anwesenden in seinen Bann zieht.

In der populären Darstellung wird der Gral als Kelch gesehen, aus dem Jesus beim Letzten Abendmahl getrunken haben soll, oder aber als das Gefäß, in dem Joseph von Arimathäa nach der Kreuzigung Blut aus der Seite Jesu aufgefangen hat. Dieses Behältnis sei durch den direkten Kontakt mit dem Erlöser so geheiligt, daß ein Trunk daraus nicht nur Kranke heilen, sondern der regelmäßige Gebrauch sogar Unsterblichkeit verleihen würde.

Schon bei Wolfram von Eschenbach wird der Gral auch mit «lapsit exillis» umschrieben, was neben anderen Deutungen als «lapis ex coelis», also Stein vom Himmel, oder «lapis elixir», Stein der Weisen, übersetzt wird.[16]

Joseph von Arimathäa, der auch seine Grabkammer für Jesus zur Verfügung stellte, soll den Gral aus dem Heiligen Land nach Europa gebracht haben.

Eine Sage um die Abtei Glastonbury in Südwestengland führt die Gründung der ersten Kirche an diesem Ort auf Joseph von Arimathäa zurück. Heute noch wird dort ein Baum gezeigt, der ein Sproß eines früheren Dornbusches auf dem Weary-all-

Hügel ist. Joseph von Arimathäa soll den ersten Dornbusch selbst gepflanzt haben, indem er seinen Stab in den Boden rammte, um seinen Begleitern ein Zeichen zu geben: Der Stab habe sofort zu blühen begonnen. Außerdem nimmt Glastonbury für sich in Anspruch, die erste Kirche in Großbritannien gewesen zu sein.[17]

Auch König Artus, dessen Ritter sich auf die Suche nach dem Heiligen Gral machten, wird mit Glastonbury in Verbindung gebracht. Verschiedene Städte in England streiten sich allerdings um den Anspruch, König Artus in ihren Mauern beherbergt zu haben oder Schauplatz der Gralslegenden gewesen zu sein. Camelot wird mit mehr als einer Stadt identifiziert.

Während der Herrschaft König Heinrichs II., des Vaters von Richard Löwenherz, wurde in Glastonbury eine Bleiplatte in Form eines Kreuzes mit folgender Inschrift gefunden: HIC IACET SEPULTUS INCLITUS REX ARTURIUS IN INSULA AVALONA – Hier liegt der berühmte König Arthur auf der Insel Avalon begraben. Das Gebiet um Glastonbury war früher tatsächlich ein See, aus dem sich einzelne Inseln erhoben.

Man nimmt heute an, daß Artus oder Arthur, vielleicht unter einem anderen Namen, im 6. Jahrhundert wirklich gelebt hat und in Glastonbury begraben wurde. Im 10. Jahrhundert wurde bei Umbauarbeiten die Bleiplatte niedergelegt, und diese wurde im 12. Jahrhundert wieder ausgegraben, mit Gebeinen, die man demzufolge als die Überreste von König Arthur und Königin Guinevere identifizierte.

Während der Gral ursprünglich noch als Behältnis gesehen wird, sei es als Kelch oder als Schale, sehen andere die Heiligkeit des Grals in seinem Inhalt begründet. Sie berufen sich auf die französische Schreibweise «Saint Graal» und setzen diese mit «Sang Réal», dem Wahren Blut, gleich. Damit wird der Heilige Gral mit dem Blut des Erlösers selbst identifiziert.

Chrétien de Troyes beruft sich jedoch auf eine Urfassung der Gralsgeschichte aus Toledo. Und im Spanischen bedeutet «sangre real» nicht nur das Wahre Blut, sondern auch das Königliche Blut.

Und eine neuere Theorie besagt, es handle sich um das Königliche Blut, das sich von David über Jesus bis ins mittelalterliche Frankreich, vielleicht sogar bis in die heutige Zeit, erhalten haben soll. Anfang der achtziger Jahre erschienen zu diesem Thema in kurzen Abständen die beiden Bücher *Der Heilige Gral und seine Erben* und *Das Vermächtnis des Messias*. Die Autoren sind drei Engländer, die auch schon für den BBC Dokumentarfilme über die Templer und das Geheimnis von Rennes-le-Château gedreht haben: Michael Baigent, Richard Leigh und Henry Lincoln.

Sie berufen sich auf Veröffentlichungen, die von einer Gesellschaft namens «Prieuré de Sion» stammen und die sie «Dossiers Secrets», geheime Unterlagen, nennen.

Nulle part et partout – die Prieuré de Sion

Seit dem Erscheinen dieser spektakulären Bestseller muß sich ein Buch über die Templer auch der Prieuré de Sion annehmen, was immer man vom Anspruch dieser geheimnisvollen Bruderschaft halten will, sie führe ihre Anfänge auf die Zeit vor 1100 zurück und sei für die Gründung des Templerordens verantwortlich.

Aber wie kann man Informationen über eine Gesellschaft sammeln, deren Anfänge 900 Jahre zurückliegen sollen und bei der es sich gleichzeitig um einen Geheimbund handelt?

In einem Aphorismus wird der Unterschied zwischen Philosophie und Religion so definiert: Philosophie sei die Suche nach einer schwarzen Katze in einem finsteren Raum. Das gleiche gelte auch für die Religion, nur rufe der Suchende dabei noch: «Ich habe sie gefangen!»

Dieser Vergleich paßt auch für die Nachforschungen rund um die Prieuré. Notgedrungen mußte ich mich in den dunklen

Raum wagen. Ich hielt die schwarze Katze nicht in den Händen. Aber ich kann auch nicht mit Sicherheit behaupten, daß sie gar nicht drin ist. Und bisweilen hatte ich das elektrisierende Gefühl einer Berührung.

«Eines Tages verließen einige Nachfahren des Stammes Benjamin Palästina. Zweitausend Jahre später kehrte Gottfried von Bouillon nach Jerusalem zurück und gründete den Orden von Sion.»

«Ohne die Merowinger würde die Prieuré de Sion nicht existieren, und ohne die Prieuré de Sion wäre die Dynastie der Merowinger erloschen.»

In diesen beiden nüchternen Originalaussagen sind die wichtigsten Thesen der Prieuré zusammengefaßt: Mitglieder des königlichen Stammes Benjamin verließen Palästina und siedelten sich im Arkadien des alten Griechenland an. Von dort zogen sie irgendwann weiter nach Nordeuropa; aus ihnen ging die Dynastie der Merowinger hervor, welche das fränkische Reich zwischen dem 5. und dem 8. Jahrhundert beherrschte.

Entgegen der landläufigen Meinung starb diese Dynastie nicht aus, sondern pflanzte sich fort. Ein direkter Nachfahre der Merowinger-Könige war Gottfried von Bouillon, der um seine Abkunft wußte. Da er keine Möglichkeit sah, seinen Thronanspruch in Europa durchzusetzen, beschloß er, ins Land seiner Vorväter zurückzukehren, und wurde erster christlicher König von Jerusalem. Zu seiner Unterstützung gründete er den Orden von Zion, der später zur Prieuré de Sion wurde und als solche bis heute überlebt hat und unter ihrem Schutz der Stamm der Merowinger.

Die Ursprünge dieser Dynastie liegen tatsächlich im dunkeln. Laut alten Chronisten stammt Marcomir, einer der ersten Frankenführer, vom troianischen König Priamos ab. Die Merowinger sollen geheimnisvolle Kräfte gehabt haben, die mit ihrem Haar zusammenhingen, das, ähnlich dem des alttestamentarischen Samson, nie geschnitten werden durfte.

Nicht umsonst machten sich die usurpatorischen Karolinger ein Vergnügen daraus, die letzten Merowinger-Könige zu scheren.

Noch bei Pharamond, König der Franken um 420 n. Chr., sind sich die modernen Historiker nicht sicher, ob er tatsächlich gelebt hat. Merowech, welcher der Dynastie der Merowinger ihren Namen gab, herrschte um die Mitte des 5. Jahrhunderts n. Chr.

Die Merowinger treten erst Ende des 5. Jahrhunderts mit Chlodwig, dem Gatten der heiligen Clothilde, ins Rampenlicht der Geschichte. Ab der Christianisierung des Frankenreiches unter diesem Herrscher bis zu Childerich III. (abgesetzt 751) ist die Geschichte inzwischen dokumentierbar. Dem war nicht immer so. Wie Gérard de Sède nachweist, fehlte zum Beispiel in früheren französischen Schulbüchern Dagobert II., der seine Jugend im Exil in Großbritannien verbrachte und von 674 bis 679 Herrscher von Austrien war. Außerdem wurde den Merowinger-Königen schon sehr früh vorgeworfen, degeneriert zu sein und sich nicht um die Regierungsgeschäfte zu kümmern.

Gleichzeitig wurde die Machtübernahme durch die Karolinger als geschichtliche Notwendigkeit hingestellt: Die trägen und unfähigen Merowinger-Herrscher seien nicht mehr imstande gewesen, das Reich zu schützen, nur den tüchtigen Hausmeiern, wie Karl Martell, sei der Zusammenhalt des fränkischen Reiches zu verdanken. Sehr sicher scheinen sich die karolingischen Hausmeier in ihrem Thronanspruch trotzdem nicht gefühlt zu haben: Sie legten großen Wert darauf, ihn durch die Heirat mit merowingischen Prinzessinnen zu untermauern.

Die Prieuré bestreitet diese Legitimität. Sie beruft sich dabei nicht auf die letzten Merowinger-Könige, sondern auf den besagten König Dagobert II. Dieser habe, entgegen der Meinung der Historiker, einen männlichen Nachkommen hinterlassen. Sein Sohn Sigebert habe den Mord an seinem Vater und das anschließende Massaker überlebt, weil er von einigen Getreuen nach Südfrankreich, der Heimat seiner Mutter, in Sicherheit gebracht wurde. Dort habe er eine Familie gegründet, deren Nachkommen unter dem Namen «Plantard» noch unter uns lebten. Diese Familie sei die eigentliche königliche Familie Frankreichs.

«Le comte de Paris peut prétendre. Le roi est.» Diese Aussage stammt aus dem Roman *Circuit*, geschrieben von Philippe de Chérisey, einem der Prieuré-Autoren. Es handelt sich dabei um ein Wortspiel, das auf der doppelten Bedeutung des französischen Wortes prétendre beruht. Es kann einerseits mit «Anspruch auf etwas erheben» übersetzt werden, daher auch der deutsche Ausdruck Thronprätendent, kann aber auch im Sinne von «vorgeben», «behaupten» verwendet werden. Sinngemäß lautet die obige Aussage also: «Der Graf von Paris (der offizielle Thronprätendent der französischen Monarchisten) kann behaupten, Anspruch auf den Thron zu haben. Der König ist allein durch seine Existenz ein solcher.»

Und die Prieuré de Sion? Anhand von mittelalterlichen Chroniken kann man nachvollziehen, daß Gottfried von Bouillon tatsächlich kurz vor seinem Tod den Bau einer Abtei auf dem Berg Zion veranlaßte. Dieser stand zu diesem Zeitpunkt außerhalb der Stadtmauern Jerusalems. Diese Abtei wurde «Notre Dame du Mont de Sion» genannt. Ende des 17. Jahrhunderts schreibt ein Historiker, daß dem Orden auch Ritter angeschlossen waren, die «Chevaliers de l'Ordre de Notre Dame de Sion».

Baigent, Leigh und Lincoln konnten sogar ein Dokument aus dem Jahr 1125 lokalisieren, auf dem der Prior der Abtei auf dem Berg Zion zusammen mit dem ersten Großmeister der Templer erwähnt wird. Es gibt auch Unterlagen darüber, daß der Orden in Frankreich und anderen europäischen Ländern Besitztümer hatte, es sich also nicht um eine lokale Mönchsgemeinschaft in Outremer handelte.

Aber dies sei nicht die einzige Verbindung. Laut den von unbekannter Quelle veröffentlichten Dossiers Secrets war der

Orden von Zion, später auch Prieuré de Sion genannt, direkt für die Gründung des Templerordens verantwortlich; der erste Großmeister, Hugues de Payens, sei gleichzeitig Prior von Zion gewesen. Das rote Tatzenkreuz stamme in Wirklichkeit von einem anderen Orden, mit dem die Prieuré in Outremer in Kontakt getreten war, von der Bruderschaft von Ormus, gegründet in Alexandria vom heiligen Markus selbst. Bis zum Jahre 1188 hätten die Prieuré und der Templerorden sich den Großmeister geteilt; ab diesem Jahr, nach einem Zerwürfnis, unter anderem wegen der Person von Gérard de Ridefort, hätten sich die Wege der beiden Orden getrennt.

Durch die Loslösung der Templer habe die Prieuré an weltlicher Macht eingebüßt, sei aber andererseits dem Vernichtungsschlag Philipps des Schönen entgangen. Laut den Dossiers Secrets wurde der Großmeister der Prieuré «Nautonnier» genannt. Der irische Mönch Malachias (1094–1148) hatte während eines Besuches in Rom Visionen[18] und erstellte daraufhin eine Liste mit Beinamen für alle Nachfolger Petri. Darin tragen auch mehrere Päpste einen ähnlichen charakterisierenden Titel:

Anastasius IV. (Pontifikat 1153–1154) trägt die Bezeichnung «Abbas Suburranus», wobei unter Suburranus der Steuermann eines großen Schiffes verstanden wird. Gregor XII. hat den Beinamen «Nauta de Ponte Nigro», Seemann von der Schwarzen Brücke, und Johannes XXIII. (Pontifikat 1958–1963) wird «Pastor et Nauta» genannt, Hirte und Seemann.

Und noch ein Kuriosum am Rande: Der heilige Malachias starb in Clairvaux, in den Armen des heiligen Bernhard, der eine ergreifende Biographie über ihn schrieb. Womit wir wieder bei den Templern wären.

Den wenigsten sind heute die Prophezeiungen des heiligen Malachias ein Begriff, der Name *Nostradamus* jedoch ist allgemein bekannt. Der Legende nach hat sich Nostradamus eine Zeitlang in der Abtei Orval aufgehalten. Orval gehörte ab 1131 den Zisterziensern des heiligen Bernhard und soll vorher im

Besitz einer geheimnisvollen Mönchsgruppe aus Kalabrien gewesen sein. Es befindet ganz in der Nähe von Bouillon, der Stammburg Gottfrieds.

Bouillon und Orval liegen im heutigen Belgien. Wenn man die Grenze nach Frankreich überschreitet, kommt man nach Stenay, das vom deutschen Kronprinzen im Ersten Weltkrieg als Hauptquartier erwählt wurde. In Stenay beziehungsweise im nahegelegenen Mouzay wurde im 7. Jahrhundert der Merowinger-König Dagobert II. ermordet. Louis Vazart, seinerzeit der Mittelsmann zwischen den englischen Autoren und dem Großmeister der Prieuré, Pierre Plantard, ließ dort die alte Tradition von Wallfahrten zur Todesstätte Dagoberts wieder aufleben.

Im 19. Jahrhundert wurde für die Kirche von Mouzay ein Glasfenster gestiftet, das den heiligen Ludwig darstellt. Dieser ist in einen blauen Mantel gekleidet, der mit goldenen Lilien übersät ist. In der Hand hält er einen Kranz, und zwar so, daß eine Lilie genau eingerahmt wird – und damit das französische Lilienemblem in einem Kreis bildet, auf das auch Pierre Plantard Anspruch erhebt. Die Lilie befindet sich jedoch auf der linken Schulter. Louis Vazart neigt dazu, dies als ein Symbol für die zweifelhafte Legitimität der Dynastie der Kapetinger zu interpretieren.

Selbstverständlich könnte es sich hier um einen Zufall handeln. Aber auf dem Fenster sind auch Name und Wohnort der Stifterin vermerkt: Sie war aus Gisors. Und Gisors ist die zweite wichtige Stadt in den Prieuré-Unterlagen. In ihr will Gérard de Sède die Spur der Templer gefunden haben. Er erwähnt die esoterische Bedeutung von Gisors schon in vorchristlicher Zeit und eine unterirdischen Kirche aus der Zeit der Templer. Seiner Meinung nach wußten die Templer von der drohenden Verfolgung und brachten den legendären Schatz unmittelbar davor nach Gisors.

Sein Informant war Roger Lhomoy, der behauptet, in den fünfziger Jahren des 20. Jahrhunderts unter dem Burgberg in dreißig Meter Tiefe eine unterirdische Kapelle gefunden zu haben, mit neunzehn Steinsarkophagen und dreißig Truhen aus kostbarem Metall. Durch Auflagen und Verbote der Stadt Gisors wird seine Arbeit und die einer neugegründeten Gesellschaft zur Erforschung der Burg zuerst behindert, dann unterbunden. 1961 beginnen offizielle staatliche Stellen mit der Untersuchung von Gisors. 1964 wird der gesamte Burgbezirk zu einer militärischen Sperrzone erklärt und dem französischen Verteidigungsministerium unterstellt. Niemand weiß, was die Armee in Gisors gesucht oder gefunden hat.

Pierre Plantard versuchte anhand von komplizierten Berechnungen nachzuweisen, daß die Mauer der Burg nach astrologischen Gesichtspunkten errichtet wurde. Diese Kalkulationen sind für den Uneingeweihten schwer nachzuvollziehen. Auch die genealogischen Zusammenhänge zwischen den Erbauern der Burg und der Prieuré de Sion können vermutlich nicht bewiesen, aber auch nicht widerlegt werden. Gérard de Sède sagt in *Les Templiers sont parmi nous* (*Die Templer sind unter uns*), daß Roger Montgomery, Graf von Shrewsbury, laut der Aufstellung des Freimaurer-Chronisten Anderson 1066 zum Großmeister der englischen Freimaurer gewählt wurde. Sein Sohn Roger de Bellême sei maßgeblich am Bau der Festung Gisors beteiligt gewesen.

Dieser Aussage muß widersprochen werden. Wer waren die englischen Freimaurer im Jahre 1066, als die Insel gerade erst von den Normannen erobert worden war? Wir werden im Zusammenhang mit den Freimaurern noch auf Anderson eingehen. Soviel vorab: Das älteste Manuskript, auf das er sich berief, soll laut anderen Quellen aus dem Jahre 1390 stammen. De Sèdes Angaben in bezug auf Großbritannien berufen sich generell auf unsichere Quellen.[19]

Eine Tatsache sticht jedoch sofort ins Auge: Der Burgfried von Gisors stellt ein Oktagon dar. Und es gab tatsächlich eine lose Verbindung zu den Templern, da diese einst Treuhänder von Gisors gewesen waren.

Diese Informationen über die Merowinger und ihre Verbindung zu den Kreuzzügen werden von der Prieuré seit den fünfziger Jahren verbreitet: in Form von Büchern und Artikeln in Zeitschriften sowie durch in der französischen Bibliothèque Nationale hinterlegte Schriftstücke. Bekannt wurde die Prieuré jedoch erst durch die Veröffentlichungen von Baigent, Leigh und Lincoln, die jedoch weiterreichende Schlußfolgerungen ziehen.

Sie sind der Meinung, ausreichend Hinweise dafür gefunden zu haben, daß die abendländische Geschichte der letzten zweitausend Jahre umgeschrieben werden müßte. Durch ihre These, Jesus sei mit Maria Magdalena verheiratet gewesen und ihrer beider Nachkommen seien in Frankreich in der Dynastie der Merowinger aufgegangen, entfachten sie gewaltige Kontroversen. Die von Baigent, Leigh und Lincoln als Mutmaßung vorgebrachte These, daß es sich bei drei Frauen, die im Neuen Testament erwähnt werden, nämlich (1) Maria von Bethanien, der Schwester von Martha und Lazarus, (2) der Unbekannten, die Jesus kurz vor der Kreuzigung salbte und (3) der «Sünderin» Maria von Magdala, um die gleiche Person handelt, ist nicht neuartig, sie kann in einer katholischen Heiligenlegende nachgelesen werden. Laut der gleichen Legende begleitete diese Maria nach dem Tod Jesu die Mutter Jesu und den Heiligen Johannes nach Ephesus, was sie zu einer plausiblen Kandidatin als Schwiegertochter macht.

Danach soll sie mit ihren Geschwistern Lazarus und Martha von den Juden in einem segel- und steuerlosen Boot ausgesetzt worden sein, das schließlich in Marseille an Land getrieben wurde. Ihre Reliquien jedoch werden in Vézelay aufbewahrt, in der Stadt also, wo einst der heilige Bernhard den zweiten Kreuzzug predigte. Ihr, der auch von den Templern hochverehrten Heiligen, ist auch die Kirche in Rennes-le-Château geweiht. Rennes-le-Château liegt ganz in der Nähe der Festung Blanchefort und der ehemaligen Templerniederlassungen Bézu und Campagne-sur-Aude. Und es ist die dritte wichtige Stadt in den Dossiers Secrets.

Gewiß, auch hier könnte es sich um einen Zufall handeln. Lohnt es sich tatsächlich, sich so intensiv mit der Prieuré zu beschäftigen? Können wir ihren Anspruch, für die Gründung des Templerordens verantwortlich zu sein, nicht einfach ignorieren?

Baigent, Leigh und Lincoln äußerten einmal den Verdacht, daß die Prieuré geschichtlich belegbare Tatsachen nimmt und sie so in ihre Thesen einbaut, daß diese dadurch gestützt werden. Auch Steven Runciman, eine Autorität auf dem Gebiet der Kreuzzüge, erwähnt beiläufig ein Kloster auf dem Berg Zion. Was sagen die Quellen in diesem Fall aus? Eigentlich nur, daß es eine Klostergemeinschaft auf dem Berg Zion gab, in der die gleiche Entwicklung wie bei den anderen Orden stattfand: Einige seiner Mitglieder militarisierten sich und wurden zu kämpfenden Mönchen. Die weiterführenden Thesen, daß dieser Orden für die Gründung der Templer verantwortlich ist und Ziele hatte, die über die Kreuzzugsidee hinausgingen, ist nicht belegbar, zumindest nicht anhand mittelalterlicher Unterlagen.

Auch was den Begriff «Nautonnier» angeht, kann man die Kette umkehren: Die moderne Prieuré könnte bewußt diesen Ausdruck gewählt haben, weil er die entsprechenden Assoziationen weckt; nicht nur zu Nostradamus und Malachias, sondern auch zur Sonnenbarke der alten Ägypter oder zu den Argonauten, mit denen sich die Alchimisten gerne identifizierten. Auch Gérard de Sède erwähnt in *Les Templiers sont parmi nous* «nautae», Seeleute – auf uralten behauenen Steinen, die man bei Ausgrabungen 1711 in der Kathedrale Notre-Dame de Paris fand[20], und die der Inschrift nach unter Kaiser Tiberias von den «nautae» von Paris niedergelegt wurden. Und noch heute zeigt das Wappen von Paris ein Schiff und den Sinnspruch «fluctuat nec mergitur» – es schwimmt und geht nicht unter.

Es würde unsere Arbeit erleichtern, könnte man die Thesen der Prieuré als Humbug abtun. So einfach ist es jedoch nicht.

Kommen wir zurück auf Dagobert II. und seinen Tod im Wald von Mouzay. Was sind die Ursachen für seinen Tod, seine

Heiligsprechung – und die Tatsache, daß er jahrhundertelang aus der offiziellen Geschichtsschreibung verbannt war?

Dagobert war der legitime Herrscher von Austrien, so wurde das riesige Gebiet genannt, das sich von den Ardennen bis an den Bodensee erstreckt hat – die Meersburg, älteste Burg Deutschlands, wurde auf Veranlassung von Dagobert I. erbaut, dem Großvater Dagoberts II. Aber die Thronbesteigung seines Enkels war mit Schwierigkeiten verbunden, der spätere Dagobert II. mußte als Kind fliehen und wuchs in Irland und Nordengland auf. Damit war er keltischem Einfluß ausgesetzt; in Schottland existierte zu dieser Zeit das mächtige Königreich von Dalriada, mit Sitten und Gebräuchen, die von den Vorstellungen der Kirche stark abwichen; eventuell wurden sogar Menschenopfer dargebracht.

War der Tod Dagoberts vielleicht gar kein ruchloser Mord, wie es oft dargestellt wird, sondern die rituelle Tötung eines Königs nach keltischem Muster? Was machte dieser überhaupt an einem Dezembertag ohne Gefolge in einem Wald? Warum wurde er der Überlieferung nach im Schlaf getötet – wer würde sich an einem 23. Dezember in Nordfrankreich im Freien zum Schlummer niederlegen? Der mutmaßliche Schädel Dagoberts, der in einem Kloster in Mons aufbewahrt wird, weist einen Spalt an der Stirn auf, wie auch andere Schädelfunde aus der Zeit der Merowinger. Die Wahrscheinlichkeit ist groß, daß es sich dabei um eine traditionelle Trepanation handelte.

Aber es bestehen noch weitere Assoziationen. Die Opferung soll bei der Quelle Arphays erfolgt sein, die sich der Überlieferung nach durch das Blut des Königs rot färbte. Dies hat deutliche Anklänge an den Fluß Adonis im Libanon. In jedem Frühjahr färbten sich seine Wasser durch die Regenfälle rot; dann wurden Tod und Wiedergeburt des Adonis gefeiert.

Auch das Datum seines Todes ist nicht zufällig. Wenn die Kirche den Johannistag und das Weihnachtsfest kurz nach der Wintersonnenwende feiern läßt, so greift sie damit auf heidnische Gebräuche zurück: Die Tage werden wieder länger, die

Menschen haben die Gewähr, daß der Tag die langen Winternächte besiegt.

Nach dem tiefsten Stand der Sonne wird die Wiedergeburt des Sonnengottes gefeiert. Aber warum dann die Usurpation der karolingischen Hausmeier?

Vielleicht lief bei diesem Ritual etwas schief: Statt, wie geplant, Dagoberts Sohn Sigebert zum Nachfolger zu ernennen, beschlossen die Hausmeier, die Jugend des jungen Prinzen auszunützen und die Macht an sich zu reißen. – Wenn sie gleichzeitig der Kirche versprochen hätten, die heidnischen Rituale wieder abzuschaffen, wäre ihnen die Unterstützung Roms sicher gewesen ...

Hier stellt sich jedoch die Frage, warum in diesem Falle Dagobert II. heiliggesprochen wurde (bei einem Konzil in Nordfrankreich, die Kanonisierung wurde 1170 unter Papst Alexander III. vom Heiligen Stuhl übernommen). Die Antwort liegt wieder in der Mentalität des Volkes begründet, das seinen König nicht vergessen konnte.

Schon kurz nach Dagoberts Tod entstand ein Kult um die Quelle Arphays und um seine Reliquien, die in Stenay bestattet wurden. Eventuell ruhten sie ursprünglich in Rouen und wurden auf Wunsch der Bevölkerung überführt. Es war ungefährlicher für die Kirchenhierarchie, diesen Kult als Heiligenverehrung in die Bahnen des Christentums umzuleiten, als ihn ganz zu unterbinden.

Manche Darstellungen des Stadtwappens von Stenay weisen ein merkwürdiges gehörntes Haupt auf; was hat es zu bedeuten? Wollten sich die Bürger etwa mit dem Leibhaftigen identifizieren? Eine prosaische Erklärung lautet, es sei erst während der Laizisten-Bewegung in Frankreich, also Ende des 19. Jahrhunderts, hinzugefügt worden, auf daß sich der örtliche Klerus ärgere. Frankreich ist trotz der strengen Trennung von Kirche und Staat ein katholisches Land und Stenay nur eine Kleinstadt; aber anscheinend wurde diese etwas skurrile Idee im Laufe von einhundert Jahren nicht angefochten – das Wappen ist heute noch auf der Rathausfront zu besichtigen.

Gleichgültig, ob die Stadt tatsächlich früher Sathanacum hieß, erwiesen ist auf jeden Fall, daß in Stenay früher der Gott Saturn in einem eigenen Heiligtum verehrt wurde. Und Saturn gehörte zu den antiken Gottheiten, die von der Kirche mit satanischen Zügen versehen und in die Hölle versetzt wurden, und in der Astrologie gilt der gleichnamige Planet als Symbol des Todes.

Vielleicht handelt es sich tatsächlich um eine zufällige Verkettung kurioser Fakten, die nur auf den ersten Blick etwas verwirren. Irritierend ist nur, daß sich immer mehr Zusammenhänge auftun, je intensiver man sich mit dieser Gegend beschäftigt. Der Ortsname Bâàlon macht sich in Nordfrankreich etwas merkwürdig. Hat diese Ortsbezeichnung eventuell wirklich etwas mit der chaldäischen Gottheit Baal zu tun, dem im Nahen Osten Blutopfer dargebracht wurden, wie Gérard de Sède schreibt? Welche römischen Söldner brachten seinen Kult aus dem Nahen Osten mit?

Und nicht weit von Bâàlon entfernt liegt die Wallfahrtskirche von Notre Dame d'Avioth. Sie war so bekannt, daß sie sogar von Bernard de Clairvaux eines Besuches gewürdigt wurde. Störte sich keiner der Pilger an dem reichlich heidnischen Namen des Nachbarortes? Entstand der Name eventuell erst zur Zeit der Kreuzfahrer? Waren einige unter ihnen auf Spuren der Verehrung dieses Gottes gestoßen, die mit seiner überlieferten Rolle als Moloch nichts mehr zu tun hatten, sondern wiederum in Richtung Adonis-Kult tendierten, also dem Geliebten der schönen Venus galten?

Die These, daß es sich bei Avioth und Bâàlon um ein Zwillingsheiligtum einer männlichen und weiblichen Gottheit gehandelt hat, ist nicht beweisbar. Aber sie würde einiges erklären.

Welche karmischen Verwicklungen führten dazu, daß gerade in der Wœvre-Ebene im Ersten Weltkrieg dem neuen Moloch des Krieges Menschenopfer in nie geahnter Höhe dargebracht wurden? Verdun liegt nur vierzig Kilometer von Stenay entfernt. Aber Baal hatte, wie Saturn, zwei Gesichter. Saturn frißt nicht nur seine Kinder, die Saturnalien, die im alten Rom gefeiert wurden, waren auch ein Fruchtbarkeitsritus.

Die Spekulationen über Affinitäten, Zufälle und historisch nachweisbare Ereignisse können ins Uferlose weitergeführt werden.

Was bezwecken die Autoren der Dossiers Secrets? Möchten sie die Dynastie der Merowinger restaurieren, heidnische Kulte einführen oder einfach nur Kontroversen entfachen?

Zugegeben: Ich habe keine Zeit dafür aufgewendet, die Dossiers Secrets anhand von Studien der Originalquellen auf ihren historischen Wahrheitsgehalt zu untersuchen oder Forschungen anzustellen, ob die moderne Prieuré sich tatsächlich über eine lückenlose Reihe von Großmeistern bis ins 11. Jahrhundert zurückführen läßt. Die BBC hat dafür weitaus bessere Möglichkeiten.

Nur die Prieuré-Unterlagen selbst können letztlich über die Absichten ihrer Autoren Auskunft geben. Was immer die Prieuré ist oder war, sie hat bereits einen weiten Weg zurückgelegt zwischen den ersten Veröffentlichungen und Hinweisen Ende der fünfziger Jahre und den Kontroversen, welche durch die Bücher von Baigent, Leigh und Lincoln ausgelöst wurden.

Louis Vazart kommt vermutlich der Wahrheit am nächsten, wenn er sagt, es sei eigentlich gar nicht nötig gewesen, die Prieuré im Jahre 1099 zu gründen – der Geist, der sie durchdringt, sei so alt wie die Zivilisation selbst. Als er gefragt wurde, wo die Prieuré ihren Sitz habe, antwortete er: «Nulle part et partout!» – überall und nirgends.

Leider haben sich die englischen Autoren und speziell ihre Nachfolger nicht an die ihnen von der Prieuré selbst immer wieder gepredigte Devise gehalten, alle Fakten permanent zu hinterfragen.[21] Traurig ist auch, daß Schreib- und Übersetzungsfehler vom einen zum anderen Autor einfach kopiert wurden.[22]

Wortspielereien, verwirrende Analogien, das ständige Gefühl, beinahe sein Ziel erreicht zu haben – aber nur fast –, hat seine Reize. Was ist mit dem Ausdruck «cheval de Dieu» gemeint? Ein keltischer Menhir in der Nähe von Rennes-le-Château oder ein Gemälde von Delacroix in der Chapelle des Anges in der Kirche St. Sulpice in Paris? Warum taucht immer wieder der 17. Januar auf, auf dem Grabstein der Marquise d'Hautpoul, als Festtag des heiligen Antonius beziehungsweise von St. Sulpice, ebenso als der Tag, an dem Sigebert IV., der Sohn Dagoberts II., im Razès in Südfrankreich ankam? Das soll im Jahre 681 geschehen sein – ist die Zahl zufällig mit den Ziffern des Goldenen Schnitts 1,618 identisch?

Auf der berühmten westgotischen Säule in Rennes-le-Château steht die Jahreszahl 1891. Aus 1891 wird ebenfalls 681, wenn man die Zahlen umkehrt. Und die Säule steht auf dem Kopf...

Auf was bezieht sich das Wort «ursus», Bär, tatsächlich? Auf König Artus, auf die merowingischen Könige, auf die Nymphe Kallisto, die als Konstellation des Großen Bären an den Himmel versetzt wurde, auf deren Sohn Arcos, den Kleinen Bären? Oder auf den westgotischen Namen der Stadt Rennes-le-Château, rhedae, der mit «Wagen» übersetzt wird, wobei der Wagen am Himmel wieder dem Sternbild des Bären entspricht? Oder auf die sieben Abteien von Caux, die auf der Landkarte die Form des Großen Bären bilden, wie von Maurice Leblanc in seinem Roman *La comtesse de Cagliostro* beschrieben?

Um das Verwirrspiel komplett zu machen, wird von Philippe de Chérisey nämlich auch noch Maurice Leblanc, der Autor der «Arsène-Lupin»-Bücher, mit ins Spiel gebracht. In seinen Werken tauchen Hinweise auf, die später von der Prieuré weiter ausgebaut wurden. Oder wußte Leblanc tatsächlich mehr und berief sich direkt auf Originalunterlagen?

Seine Schwester Georgette war mit dem Komponisten Maurice Maeterlinck liiert, der gemeinsam mit Claude Debussy die Oper «Pelleas et Mélisande» schuf. Debussy wiederum war befreundet mit der Sängerin Emma Calvé, die auch in der Oper auftreten sollte. Emma Calvé ist heute weniger aufgrund ihrer sängerischen Qualitäten bekannt – zu ihrer Zeit begeisterte sie sogar Königin Viktoria –, sondern weil sie in die Affaire Rennes-le-Château verwickelt ist. Sie sei die Geliebte von Bérenger Saunière gewesen.

Das Geheimnis von Rennes-le-Château

In den verschiedenen Veröffentlichungen, die mit der Prieuré und ihren Epigonen zu tun haben, ist der meistdiskutierte Ort zweifellos Rennes-le-Château – Geschichten von verborgenen Schätzen haben zu allen Zeiten die Phantasie beflügelt. Und das unwegsame Minengebiet in diesem abgelegenen Bergland muß ein wahres Eldorado für den passionierten Schatzsucher sein. Den meisten unter ihnen ist bekannt, daß sie damit auf den Spuren der Templer wandeln.

1156 begann der damalige Großmeister, Bertrand de Blanchefort, mit umfangreichen Grabungsarbeiten in der Gegend von Rennes-le-Château. Als Ortskundiger mußte er wissen, was er tat; die Stammburg der Blanchefort befindet sich ganz in der Nähe.

Für die Grabungen wurden eigens Bergleute aus Deutschland angeheuert, die sich aufgrund der Sprachbarriere nicht mit den Einheimischen verständigen konnten und auch streng von ihnen isoliert wurden. Einem zeitgenössischen Gerücht zufolge haben die Templer dort eine Goldmine ausgebeutet, aber es gibt nichts, was diese Theorie bestätigt. Im Gegenteil, als Ingenieure des 17. Jahrhunderts die Möglichkeiten einer kommerziellen Nutzung der schon von den Römern aufgegebenen Mine untersuchten, stießen sie auf die Arbeiten der Templer und schlossen aus, daß diese in größerem Maße etwas abgebaut hätten. Die Templer besaßen Gold- und Silberbergwerke auf der geographisch nicht sehr weit entfernten Iberischen Halbinsel, hatten also in ihren Reihen Experten, die durchaus in der Lage waren festzustellen, wo sich der Abbau lohnte.

Es gibt Überlieferungen, nach denen die Templer in dieser Gegend nicht schürften, sondern entweder einen Schatz suchten oder ein Versteck für einen solchen anlegten.

Im Gespräch sind verschiedene Theorien. Es könnte unter anderem um den Schatz von Dagobert II. gehen, dem kontroversen König aus der Dynastie der Merowinger. Dagoberts zweite Frau soll nämlich über ihre Mutter eine westgotische Prinzessin gewesen sein. Und die Westgoten hatten im Jahre 410 den Römern den Tempelschatz abgenommen, der von Titus 70 n. Chr. aus Jerusalem geraubt worden war. Der Schatz sei in Okzitanien so gut versteckt worden, daß er unauffindbar wurde. Entsprechende Kenntnisse mußten die Westgoten besessen haben – es heißt, sie hätten nach dem Tod ihres Anführers Alarich einen Fluß umgeleitet und Alarich dann im Flußbett begraben, um danach dem Fluß wieder seine ursprüngliche Richtung zu geben – kein Römer sollte je das Grab finden und entweihen können.

Aber all diese Vorgänge spielten sich vor Jahrhunderten ab. Wie kommt es dazu, daß ein obskures französisches Dorf in Südfrankreich zum Zentrum solcher Spekulationen wurde?

Nun, der Ort war nicht immer klein und unbedeutend. Vermutlich war er eine Zeitlang sogar eine der Hauptstädte der Westgoten. Später hatten die Templer zwei Niederlassungen in dieser Gegend, da sie auf einer der Pilgerrouten nach Santiago de Compostela lag und die Templer, getreu ihrem Auftrag, sich um den Schutz der Pilger kümmerten.

Und Ende des 19. beziehungsweise Anfang dieses Jahrhunderts spielten sich dort merkwürdige Ereignisse ab. Der Dorfpfarrer, Bérenger Saunière, mit einem minimalen offiziellen Jahreseinkommen, begann plötzlich, Antiquitäten und seltene Bücher zu kaufen und teure Baumaßnahmen durchzuführen. Er machte in Paris die Bekanntschaft von Leuten aus Künstlerkreisen, zu denen ein kleiner Landpfarrer sonst keinen Zugang hatte. Er empfing Gäste im großen Rahmen, darunter den Erzherzog Johann von Österreich, einen Vetter des damaligen Kaisers Franz Joseph. Er habe Verbindungen zum damaligen französischen Thronprätendenten gehabt. Gegen Ende seines Lebens soll er jährlich Millionen ausgegeben haben.

Die Herkunft seines Reichtums enthüllte er nicht. Als er von seinem zuständigen Bischof angegriffen wurde, deckte ihn der Vatikan. Es heißt jedoch, daß ein benachbarter Priester, der herbeigerufen wurde, als Saunière im Sterben lag, sich weigerte, die Absolution zu erteilen. Die von Saunière bei der Renovierung über der Kirchentür angebrachte Inschrift «Terribilis est locus iste» – dieser Ort ist furchtbar – bezieht sich zwar wider Erwarten auch im biblischen Originalkontext auf einen Tempel des Herrn und nicht auf das Höllentor, dennoch findet man direkt hinter dem Eingang eine farbenprächtige Figur des Dämons Asmodeus, der sinnigerweise einen Weihwasserkessel auf seinem Rücken trägt.

Laut Baigent, Leigh und Lincoln war der Schatz des Abbé Saunière nicht unbedingt materieller Natur. Es könnte sich um ein Geheimnis gehandelt haben, das so gefährlich war, daß bestimmte Leute bereit waren, Unsummen zu bezahlen, um seine Verbreitung zu verhindern. Die englischen Autoren gehen davon aus, daß es der Vatikan selbst war, der sich die Bewahrung des Geheimnisses etwas kosten ließ. Und worin bestand ihrer Meinung nach dieses Geheimnis? In einem unbestreitbaren Beweis dafür, daß Jesus nicht am Kreuz gestorben war, sondern die Kreuzigung überlebt hatte und mit seiner Frau Maria Magdalena und seinen Kindern nach Frankreich gekommen war. Womit wir wieder bei der Gralslegende wären: Maria Magdalena, die den Saint Graal, le Sang Royal, das Heilige Blut, in der Gegend von Marseille an Land bringt.

Und wie fand der Abbé diesen Beweis? Er sei bei der Renovierung der Dorfkirche auf verschiedene chiffrierte Dokumente gestoßen, die ihm die nötigen Hinweise gegeben hätten. Einer davon lautete «A DAGOBERT II ROI ET A SION EST CE TRESOR ET IL EST LA MORT.» Das Originaldokument war ursprünglich in einem Buch von Gérard de Sède abgebildet gewesen. Henry Lincoln sprach diesen darauf an, warum er seinen Lesern die relativ einfache Dechiffrierung vorenthalten hätte. Die Antwort war eine der üblichen Mystifizierungen, wie sie die Prieuré so liebt: Man sei davon ausgegangen, daß manche unter den Lesern Interesse daran hätten, den Text selbst zu finden.

Es gibt zwei Übersetzungen für diesen Satz: «Dieser Schatz gehört König Dagobert II. und Zion, und er ist dort tot.»

Die alternative Übersetzung hingegen lautet: «Dieser Schatz gehört dem König Dagobert II. und Zion, *und er ist der Tod*», im Sinne von «dieser Schatz bedeutet oder bringt den Tod».

Diese Interpretation hat auf mehreren Ebenen einen tieferen Sinn. Wenn es einen Beweis für die Tatsache gibt, daß Jesus die Kreuzigung überlebt hat oder ein anderer an seiner Stelle getötet wurde, so bedeutet dies den Tod für die offiziellen christlichen Kirchen – der Sühnetod Jesu zur Erlösung der Menschheit von der Erbsünde ist ihre Basis; wenn es sich dabei nicht um ein historisches Ereignis gehandelt hat, verlieren sie ihre Existenzberechtigung.

Und die Gnostiker und Katharer hätten recht gehabt: Ob Jesus nun am Kreuz starb oder nicht, ist in ihrer Lehre gleichgültig. Auf sie hat auch der Untergang der Amtskirche keinen Einfluß; sie brauchen keine Vermittlung zwischen Gott und den Menschen, jeder ist für seine geistige Weiterentwicklung selbst verantwortlich.

Es gibt noch eine weitere Deutungsmöglichkeit: Wenn die Templer beziehungsweise ihre Vorgänger in den Bergwerken bei Rennes-le-Château etwas gefunden hätten, das tatsächlich den Tod bringt? Man braucht dabei gar nicht über irgendwelche

Geheimwaffen zu spekulieren, ein Uranvorkommen reicht aus. Denken wir an den langsamen Tod von Marie Curie bei ihrer Untersuchung von Pechblende. Auch dies wird merkwürdigerweise literarisch in einem Buch von Maurice Leblanc verwertet: In *L'Ile aux trente cercueils* beschreibt er genau diesen Sachverhalt: einen stark radioaktiven Stein, der, je nachdem, Leben oder Tod bringen kann.

Vielleicht hatten die Templer Legenden über frühere Krankheits- oder Todesfälle in den alten Minen vernommen, welche sie so beeindruckt hatten, daß sie davor zurückschreckten, ortsansässige Bergleute einzusetzen. Es wäre aufgefallen, wenn auf einen Schlag plötzlich alle körperlich verfielen. Die extra angeheuerten Deutschen konnten sich mit den Einheimischen nicht verständigen; bei verdächtigen Anzeigen wurden sie dann wieder in ihre Heimat zurückgebracht. Zu phantastisch? Vielleicht. Der spätere gezielte Einsatz von Strahlung wäre aber eine logische Erklärung für den Tod Philipps des Schönen, des Papstes und der letzten Kapetinger. Sicher, König Philipp starb bei einem Jagdunfall; doch nichts spricht dagegen, daß dieser auf einen plötzlichen Schwächeanfall zurückzuführen war. Und die Symptome des leidenden König Amfortas können ebenfalls durch die Strahlenkrankheit erklärt werden.

Auch Richard Wagner, der Komponist von *Tannhäuser*, *Lohengrin* und *Parzifal*, habe sich nach Rennes-le-Château begeben, vielleicht, um sich dort inspirieren zu lassen oder Spuren der Grallegende zu finden.

Wir haben in Rennes-le-Château also einen Ort, der im stark katharisch angehauchten Okzitanien liegt, an dem die Templer präsent waren und merkwürdige Grabungen durchführten, an dem Richard Wagner Hinweise auf den Gral suchte, einem Ort, der legendäre Verbindungen zu König Dagobert hat – und in dem ein Dorfpfarrer plötzlich zum Millionär und Mäzen wird.

Und noch eine Merkwürdigkeit: Die unheimliche Gestalt im Gotteshaus von Rennes-le-Château stellt, wie bereits gesagt, den Dämon Asmodeus dar. Dieser wird in den Überlieferungen gleichgesetzt mit Samael, der Eva in Gestalt einer Schlange dazu verführte, vom Baum der Erkenntnis zu essen. Der gleiche Asmodeus soll jedoch auch Salomo geholfen haben, seinen Tempel zu bauen – wenn auch unter Zwang. Und wieder sind, oh Zufall, mehrere unterschiedliche Komponenten zu einem merkwürdigen Panoptikum versammelt: die satanisierte Schlange, der Tempel Salomos, die Erkenntnis, sprich Gnosis – an einem Ort, der nachweisbar mit den Templern und aller Wahrscheinlichkeit auch mit den Merowingern zu tun hat.

Die Spekulationen, was nun genau die Quelle von Abbé Saunières Reichtum war, gehen weiter. Obwohl der Abbé gegen Ende seines Lebens anscheinend in finanziellen Schwierigkeiten steckte, muß der Schatz nicht erschöpft sein. Eventuell war Saunière, wie Gérard de Sède meint, tatsächlich nur der Verwalter von bestimmten Summen, die ihm übergeben wurden. Vielleicht wartet im Razès tatsächlich noch der Rest des Schatzes darauf, gehoben zu werden. Aber, wenn dem so ist: Wem gehörte er tatsächlich?

Der Schatz der Templer

Hatten die Templer es nötig, in Okzitanien einen Schatz zu suchen?

Sie waren reich, für damalige Verhältnisse unermeßlich reich. Der Orden bestand seit fast zweihundert Jahren, und es war immer seine Politik gewesen, das einmal Errungene oder Gewonnene zu bewahren. Alle Templer waren entsprechenden Vorschriften unterworfen. Die Postulanten überantworteten beim Eintritt dem Orden ihren Besitz, und zahlreiche Stifter bedachten ihn in ihren Testamenten. Hinzu kam der Kirchenzehnte, den die Templer mit Erlaubnis des zuständigen Bischofs einziehen durften.

Schon zur Zeit der Kreuzzüge waren sie reicher gewesen als die anderen Orden. Sie waren als rein militärischer Orden gegründet worden, und es wurden von ihnen, im Gegensatz zu den Johannitern, keine weitreichenden karitativen Aktivitäten erwartet. Während der Besitz der Johanniter größtenteils aus Land bestand, verfügten die Templer zusätzlich über fast unerschöpfliche flüssige Mittel, die sie, unter geschickter Umgehung des kirchlichen Wucherverbots, gegen Zinsen verliehen.

Diese Entwicklung setzte sich nach dem endgültigen Verlust des Heiligen Landes fort. Während die Ausgaben der Johanniter durch die Eroberung von Rhodos und die Armen- und Krankenpflege in den Komtureien Europas eher stiegen als sanken, muß sich das Vermögen der Templer nach 1291 ohne weitere Anstrengungen ihrerseits rasant vermehrt haben.

Ihre Zeitgenossen konnten sich den ungeheuren Reichtum der Templer nur so erklären, daß sie den Stein der Weisen gefunden hatten und Gold machen konnten.

Aber diese Theorie ist genauso romantisch wie die, daß sie beim Ausbauen der unterirdischen Ställe des Tempelbergs auf Duplikate der drei Kupferrollen gestoßen waren, die 1952 in Qumran gefunden wurden. Denn diese antiken Rollen sprechen von einem Schatz, der an vierundsechzig verschiedenen Stellen in und um Jerusalem verborgen sei. Obwohl die Lage genau beschrieben ist, gelang es modernen Schatzsuchern nicht, an diesen Orten etwas zu entdecken.

Worin bestand konkret der Reichtum der Templer? Wäre es möglich, daß der Großteil ihres Vermögens aus Schuldverschreibungen bestand? Schließlich waren sie die Erfinder des gebuchten Geldes, das nur von Konto zu Konto bewegt wird. Kaum: Sie waren permanent liquid und konnten auch Königen binnen kürzester Zeit gewaltige Summen zur Verfügung stellen. Außerdem gilt als sicher, daß Philipp der Schöne, als er in der Templerburg von Paris vor dem empörten Volk Zuflucht suchte, die templerischen Schätze mit eigenen Augen sah und seine Gier nach ihrem Gold in diesem Moment übermächtig wurde.

Erhaltene Inventarlisten, die unmittelbar nach der Verhaftung der Templer in den einzelnen Komtureien erstellt wurden, erwähnen weit weniger an schriftlichen Unterlagen, als man angesichts der umfangreichen finanziellen Transaktionen des Templerordens eigentlich erwarten sollte.

Dieser Tatsache steht die Überlieferung gegenüber, daß Jacques de Molay kurz vor dem 13. Oktober 1307 zahlreiche Dokumente verbrennen ließ und gleichzeitig Anweisungen herausgab, wie sich die Templer im Falle einer Gefangennahme zu verhalten hatten, daß der geheime Schlag gegen die Templer für diese also gar nicht so überraschend erfolgte.

In den Prozeßakten gibt es noch deutlichere Hinweise dafür, daß die Templer von dem drohenden Unheil wußten. Jean de Châlons, der sechsundvierzigste der vom Papst selbst in Poitiers vernommenen Templer, hat zu Protokoll gegeben, daß am 12. Oktober 1307, also am Tag, bevor Philipp zuschlug, drei mit Stroh beladene Karren unter der Führung von Gérard de Villers und Hugues de Chalons[23] den Temple von Paris verlassen hätten.

In einer anderen Überlieferung hat ein Templer namens Aumont[24], begleitet von mehreren anderen, zwei Tage vor der Verhaftung einen solchen Zug aus Paris geführt. In diesen Karren versteckt sei der Schatz des Hugues de Pairaud zum Meer gebracht worden, um dort verschifft[25] zu werden.

Eine andere Legende läßt Jacques de Molay seinen Neffen, den Grafen Beaujeu, mit der Weiterführung des Ordens betrauen.

Die Überlieferungen hatten zumindest teilweise recht: Ein Meister der Auvergne, wenn auch mit anderem Namen, entging der großen Verhaftungswelle in Frankreich, floh über das Meer und hielt sich später auf den Britischen Inseln auf. Auch die anderen Namen sind in unterschiedlicher Form geschichtlich belegbar.[26]

Wenn man all diese Theorien und Widersprüche auf Minimalschlußfolgerungen reduziert, bleibt noch genügend übrig:

die erfolgreiche Flucht von Templern, die in der Hierarchie eine höhere Stellung einnahmen oder mit hohen Würdenträgern verwandt waren und deshalb ihr Vertrauen genossen. Das ist wahrscheinlicher und glaubhafter, als daß die mächtigen Tempelherren, versippt mit den höchsten Familien Frankreichs, nichts von dem drohenden Unheil mitbekamen und allesamt verhaftet wurden.

Als Jacques de Molay Anfang 1307 von Zypern nach Frankreich reiste, um den neuen Kreuzzug zu besprechen, wurden zwölf Pferde allein für den Transport des Goldes und Silbers benötigt, das er mit sich brachte. Damit waren jedoch die Ressourcen des Tempels in Zypern nicht erschöpft. Und schon damals lagerte der Hauptteil des templerischen Schatzes in Paris.

Es ist daher unwahrscheinlich, daß der gesamte immense Reichtum der Templer auf einigen Karren kurz vor der Verhaftung Paris verließ. Die Vorsicht der Templer in Gelddingen war legendär. Es hätte ihnen nicht ähnlich gesehen, alles auf eine Karte zu setzen.

Es wurden noch in letzter Minute Dinge aus dem bedrohten Tempel geschmuggelt. Und bestimmt brachten einige Templer schon vor Einsetzen der Verfolgung zumindest einen Teil der Flotte in Sicherheit. Aber der gesamte Schatz des Hugues de Pairaud hätte einen weitaus höheren Transportaufwand verlangt.

Es geht aus den zeitgenössischen Quellen nicht hervor, daß sich der Reichtum des französischen Königs und der Reichtum der Hospitaliter nach der Vernichtung des Templerordens wesentlich vermehrt haben. Die Johanniter sollen sogar Schwierigkeiten gehabt haben, die Ansprüche des Königs zu befriedigen, als er seine Forderungen für die Unterbringung der gefangenen Templer stellte.

Wenn nun ein großer Teil des legendären Templerschatzes Frankreich gar nie verlassen hat, sondern lange vor dem 13. Oktober in einer Gegend verborgen wurde, wo die Templer nicht nur stark vertreten waren, sondern sogar auf Rückhalt in der Bevölkerung hoffen konnten: in dem traditionell ketzerisch angehauchten Okzitanien, wo die Templer sowieso ihren Ordensstaat gründen wollten und wo das Ansehen der französischen Krone noch immer durch die Greuel des Katharerkreuzzugs befleckt war? Genauer gesagt: in der Gegend von Rennes-le-Château? Mehrere Autoren gehen davon aus, daß die Templer von Bézu von den Häschern des Königs nicht belästigt wurden. Die einen sagen, der Komtur von Bézu sei ein Verwandter des Papstes gewesen. Andere meinen, Bézu sei eine Dependance des Tempels von Mas Deu gewesen, welcher damals nicht zu Frankreich, sondern zu Aragon gehörte. Wenn diese Theorie stimmt, hatten die Templer von Bézu die Möglichkeit, nach der Bergung des Schatzes letzte Spuren zu verwischen.

Filiation oder Epigonentum?

Wunschvorstellungen und Realität

Es gibt zahlreiche Geheimgesellschaften und Orden aller Art, die entweder ihren eigenen Ursprung auf die Tempelritter zurückführen oder diese als eines der Verbindungsglieder von Atlantis über den Bau der Pyramiden und des Salomotempels bis zu den Rosenkreuzern, den Freimaurern und sich selbst sehen.

«I templari c'entrano sempre» – es gibt überall eine Verbindung zu den Templern, das ist schon der Ausgangspunkt der drei Literaten in Ecos Roman *Das Foucaultsche Pendel*. Es ist kein Problem, durchaus plausible Analogien zwischen den Templern, Stonehenge, der unterirdischen Stadt Agartha in Tibet, der Großen Pyramide, dem Gral und der Französischen Revolution herzustellen.

Was effektiv an diesen Theorien Wahrheit ist und wo die pure Spekulation beginnt, vermag niemand zu sagen – es sei denn, es gäbe tatsächlich sogenannte «Unsichtbare Obere» und Geheime Meister, die unerkannt wirken und Zugang zu den verlorengegangenen Geheimnissen haben. Dabei handelt es sich jedoch um Wunschvorstellungen, die gefährlich werden können, wie man am Beispiel des sogenannten Neutemplerordens mit seiner rassistischen Ausrichtung ersehen kann.

Ob Wunschvorstellung oder nicht, für den Rahmen dieser Untersuchung ist dies zweitrangig. Sie will im folgenden einen Überblick über Personen und Organisationen geben, die sich selbst, zu Recht oder Unrecht, auf eine templerische Überlieferung berufen oder von anderen immer wieder im Zusammenhang mit den Templern erwähnt werden. – Einen Anspruch auf Vollständigkeit kann und möchte sie allerdings nicht erheben.

Die Thematik ist sehr umfangreich; viele der angesprochenen Punkte würden sicherlich eine detaillierte Auseinandersetzung rechtfertigen. Die Darlegungen können zudem nicht wertfrei bleiben. Menschen wie Cagliostro oder der Graf von St. Germain provozierten schon bei ihren Zeitgenossen völlig unterschiedliche Reaktionen.

Neben den unteschiedlichen stoßen wir auch auf widersprüchliche Reaktionen, etwa beim Freimaurertum. Die katholische Kirche hat bis vor kurzem den Gläubigen, die sich einer Loge anschließen wollten, mit der Exkommunikation gedroht. Zahlreiche hohe anglikanische Kleriker hingegen waren und sind gleichzeitig Würdenträger der englischen Großloge. Dieses Thema wird trotz aller ökumenischer Bemühungen in absehbarer Zeit nicht ausdiskutiert sein.

Aus solchen Gründen muß sich diese Abhandlung auf einen groben Überblick und die Betonung der offensichtlichen Analogien beziehungsweise der offensichtlichen Widersprüche im Zusammenhang mit den Templern konzentrieren.

Ideale und Kontinuität der Ritterorden

Die Ideale der Kreuzzüge – Einsatz des eigenen Lebens um einer höheren Sache willen, Glorifizierung des Märtyrertodes, Einigung des Abendlandes unter einem gemeinsamen Banner – finden immer noch Anhänger, nicht umsonst haben sich einige Ritterorden bis heute erhalten beziehungsweise berufen sich so viele Gruppierungen unterschiedlicher Couleur gerade auf die Templer. Die erfolgreichsten unter diesen Gesellschaften sind diejenigen, bei denen der Eintritt von bestimmten Bedingungen abhängig gemacht wird und eine Initiationszeremonie stattfindet. Die Mitglieder fühlen sich so einer Elite zugehörig, ihnen wird das Gefühl vermittelt, mehr zu wissen und zu sein als die breite Masse.

Es gibt in jeder Religion neben den öffentlichen und allgemein bekannten Zeremonien auch noch Rituale, Lehren und Überlieferungen, die den profanen Augen bewußt verborgen werden, sei es nun, weil die kirchliche Hierarchie oder eine andere Oligarchie ihre Macht nicht teilen will, weil Mißbrauch verhindert werden soll, weil die Masse der Gläubigen für dieses Wissen noch nicht reif ist – oder weil es gar kein geheimes Wissen gibt und genau diese Tatsache hinter einem Rauchvorhang komplizierter Kulthandlungen verborgen wird.

Tempelartige oder unterirdische Einweihungsorte, entsprechende Kleidung, geheime Losungsworte, wohlklingende Titel, eine schrittweise Heranführung, welche die Erwartungshaltung immer wieder steigert, Symbole oder Abzeichen, die fetischartig verehrt werden, all diese Aspekte sprechen bestimmte Grundbedürfnisse im Menschen an.

Eines der begehrtesten Attribute der Mitgliedschaft war das Schwert, später der Degen, verbunden mit einem entsprechenden Titel. Besonders reich gewordene Bürgerliche strebten danach, über die Mitgliedschaft in einer entsprechenden Organisation diese Abzeichen des Edelmannes zu erwerben – und ließen sich dieses Privileg etwas kosten.

Aber schon die im 15. Jahrhundert und später gegründeten Orden waren nicht mehr militärisch, selbst als sie sich noch ausschließlich aus Rittern zusammensetzten. Allmählich entwickelten sich im Zusammenhang mit diesen Institutionen die modernen Ordensabzeichen. Ein Orden von heute ist zwar eine Auszeichnung, verpflichtet jedoch zu nichts, auch wird der Ordensträger in den wenigsten Fällen Mitglied einer verschworenen Gemeinschaft.

Je älter ein Orden ist, desto prestigeträchtiger ist er. Als der Schriftsteller Ernst Jünger seinen neunzigsten Geburtstag feierte, wurde hervorgehoben, daß er der letzte noch lebende Träger des «Pour le mérite» ist. Dieser Orden stammt aus der

Zeit Friedrichs des Großen und wurde nach dem Ersten Weltkrieg abgeschafft. Seine Verleihung erfolgte nur für außergewöhnliche militärische Verdienste.

Als Philipp der Gute, Herzog von Burgund, 1429 den Orden vom Goldenen Vlies ins Leben rief, griff er direkt auf die Sage der Argonauten zurück. Damit identifizierte er sich nicht nur mit dem griechischen Ideal; die Argonauten erweckten viele andere Assoziationen, zum Beispiel in bezug auf die Alchimisten. Diese setzten die Suche nach dem sogenannten Goldenen Vlies mit ihren eigenen Bemühungen um den Stein der Weisen gleich.

König Ludwig XI. von Frankreich gründete 1469 den Orden Saint-Michel. Einige seiner Mitglieder, wie Charles de Bourbon, Federico de Gonzaga und Louis de Nevers werden von der Prieuré de Sion als Großmeister beansprucht. Auch die Offiziere der sogenannten «Schottischen Garde» waren Mitglieder dieses Ordens. Es handelte sich hierbei um ein Eliteregiment der französischen Krone, das zum großen Teil aus Schotten im Exil oder den Söhnen schottischer Adeliger bestand, die auf diese Art gleichzeitig ritterliche und höfische Ehren erringen wollten. Ihnen wird zugeschrieben, die jakobitische Freimaurerei auf dem Kontinent verbreitet zu haben.

Im Jahre 1496 schuf Papst Alexander VI. den Ritterorden vom Heiligen Grab. Dieser Orden verpflichtet seine Mitglieder zur unbedingten Treue gegenüber der katholischen Kirche; sie müssen auch ihr tägliches Leben den katholischen Maximen anpassen. Von seiner Struktur her – der Orden ist eingeteilt in drei Grade – ähnelt er den Freimaurerlogen, betrachtet sich jedoch als deren Gegenströmung. – Ironischerweise haben jedoch auch die Freimaurer einen Zweig der Ritter des Heiligen Grabes, deren Abzeichen das Jerusalemskreuz ist: Die Balken haben die gleiche Länge, und in jedem der vier Felder befindet sich ein identisches Kreuz in Kleinformat.

Sogar der Jesuitenorden kann bestimmte Gemeinsamkeiten mit den Orden der Kreuzritter nicht verleugnen. Der Gründer,

Ignatius von Loyola, war ein 1491 geborener spanischer Adeliger, der seine Karriere als Soldat begann. Erst nachdem er 1521 vor Barcelona schwer verwundet worden war, wandte er sich dem geistlichen Leben zu. Nach Rittersitte verbrachte er eine Nacht im Gebet vor einem Marienbild, hängte dann sein Schwert neben den Altar und schenkte seine Uniform einem Bettler. Interessanterweise hatte er sich für seine Andacht das Kloster Montserrat herausgesucht, einer der Orte, die aufgrund der Namensähnlichkeit mit Munsalvaesche beharrlich mit dem Heiligen Gral in Verbindung gebracht werden.

Danach verbrachte er einige Zeit bei den Dominikanern, um durch Selbstkasteiung und Meditation seine eigentliche Berufung zu erfahren. Kurz darauf pilgerte er nach Jerusalem.

Den Kirchenoberen erschien der Eifer Loyolas suspekt, er wurde mehrmals verhaftet und sogar wegen Ketzerei angeklagt. Er hatte vor, mit einigen Freunden und Mitstreitern als Missionar nach Palästina zurückzukehren, um dort eine Art geistlichen Kreuzzug zu führen, aber der Krieg zwischen Venedig und der Türkei machte dies unmöglich. Einer seiner Gefährten, Franz Xavier, gelangte als Missionar nach Indien und Japan.

Als Loyola offiziell einen Orden gründen wollte, mußte er gegen den Widerstand aus den Reihen der Kardinäle kämpfen, und Papst Paul III. zögerte lange, ehe er im September 1540 die «Gesellschaft Jesu» durch die Bulle «Regimini militantis» bestätigte. Ursprünglich wollte sich der Orden offiziell den Namen «Kompanie Jesu» geben, aber diese Bezeichnung wurde von der Kirche nicht genehmigt, da sie zu militärisch war. Das hielt die Jesuiten nicht davon ab, ihren auf Lebenszeit gewählten «Großmeister» General zu nennen.

Erinnerten sich die Kirchenoberen an einen anderen kriegerischen Orden? Wäre nicht die Bedrohung durch die Reformation gewesen – der Papst hätte sich vermutlich nicht dazu durchringen können, die Jesuiten anzuerkennen. Diese ambivalente Haltung zieht sich durch die gesamte Geschichte des Ordens. Meist wurde er von der Kirchenhierarchie nicht geliebt – aber gebraucht. Loyola starb 1556 in Rom, er und sein Freund Franz Xavier wurden aber erst 1622 heiliggesprochen, also zu einer Zeit, als sich die Kirche einerseits gegen die Verbreitung wissenschaftlicher Wahrheiten, die nicht mit ihrem Weltbild übereinstimmten, und andererseits gegen esoterische Veröffentlichungen wie die der Rosenkreuzer wehren mußte.

1773 wurde der damals dreißigtausend Mitglieder zählende Jesuitenorden sogar vom Papst verboten, übrigens wieder von einem Clemens, dem vierzehnten seines Namens, und zwar «aus geheimen Gründen». Aber nach den Wirren der Französischen Revolution war die Kirche wiederum auf die Jesuiten angewiesen. Lieber die Jesuiten in den Kirchen als die Göttin der Vernunft auf den Altären!

Jesuiten und Templer haben von der Struktur her Gemeinsamkeiten, bestimmt hatte der Spanier Loyola auch die noch existierenden mönchischen Ritterorden auf der Iberischen Halbinsel als Vorbild für seine Organisation genommen. Wie die Templer, so teilen auch die Jesuiten die Welt in Provinzen ein.

Die Jesuiten haben keine einheitliche Ordenstracht, aber die Gehorsamspflicht wird strenger gehandhabt als in anderen Orden. Ihr Schlachtfeld ist die menschliche Seele, und der «Rekrut» sollte stufenweise lernen, unter der «Fahne Jesu Christi» über Begierden, Hochmut und weltliche Interessen in seinem eigenen Geist zu triumphieren. Dies war die Grundbedingung dafür, später erfolgreich gegen die Feinde der Kirche zu kämpfen.

Ein Gleiches war schon 1125 von Guiges, dem fünften Prior der Kartäuser, einem Freund des heiligen Bernhard, von den Templern gefordert worden: «Wie könnten wir unsere Herrschaft ausdehnen, wenn wir auf einem kleinen Stück Erde, nämlich unserem eigenen Körper, die Tyrannei des Lasters dulden? Aus diesen Gründen, geliebte Brüder, erobern wir zuerst uns selbst, um daraus die Sicherheit zum Angriff auf andere zu gewinnen.»

Im 18. Jahrhundert gelang es den Jesuiten, ein Projekt zu realisieren, das den Templern versagt blieb: einen eigenen Ordensstaat, in Paraguay. Man wirft der Gesellschaft Jesu immer wieder ihre Intoleranz vor, was die Missionierung in Südamerika angeht, waren ihre Methoden jedoch für die damalige Zeit äußerst modern. Das Land gehörte allen und wurde gemeinsam bewirtschaftet. Die Indianer wurden als Gleichgestellte behandelt und mit dem Wissen der damaligen Zeit vertraut gemacht, nicht nur in rudimentärer Form: Sie lernten sogar Spanisch und Lateinisch. Auf diese Art brachten die Jesuiten den Eingeborenen jedoch auch bei, sich gegenüber anderen Weißen durchzusetzen. Vielleicht war das einer der Gründe dafür, daß ein spanisch-portugiesisches Expeditionskorps dieses vielversprechende Experiment, in dem die frühchristliche Gütergemeinschaft in die Tat umgesetzt wurde, abwürgte.

Die Geheimwissenschaften

Gnostiker, Hermetiker, Theosophen, Kabbalisten, Alchimisten, Magier, Rosenkreuzer, Illuminaten, Esoteriker und Okkultisten sind nur einige der zahlreichen Bezeichnungen, die sich die Anhänger diverser Parawissenschaften gegeben haben und unter denen sie heute noch arbeiten.

Die Meinungen, ob es sich dabei um Scharlatane oder Adepten handelt, gehen auseinander. Es wäre aber leichtfertig, hier ein Pauschalurteil zu fällen. Auch unter diesen Individuen wird es negative Elemente geben, wie in jeder religiösen oder sozialen Gruppe. Keiner wird bestreiten, daß Menschen, die sich mit Geheimwissenschaften beschäftigen, dafür sehr viel Mühe aufwenden müssen. Leider verbringen die meisten zuviel Zeit damit, sich gegenüber benachbarten Systemen abzugrenzen, statt nach dem gemeinsamen unterirdischen Strom der geheimen Weisheit, wie sie von Agrippa von Nettesheim genannt wird, zu forschen.

Am universellsten, aber auch am schwammigsten ist der Begriff der «Hermetik». Er geht zurück auf den legendären Hermes Trismegistos, den Dreifachgroßen, auch mit dem ägyptischen Gott Toth gleichgesetzt. Die sogenannten hermetischen Schriften sind größtenteils Pseudepigraphen, sie stammen nicht von dem Autor, dem sie zugeschrieben werden. Am bekanntesten ist die legendäre *Tabula Smaragdina* mit ihrer Hauptaussage: «Wie oben, so unten.»

Diese Maxime ist hauptsächlich im Zusammenhang mit Alchimie und Astrologie bekannt geworden. Die Anhänger der hermetischen Lehre vertreten die Theorie, daß im Universum Harmonie herrscht, daß jede Tat zu einer Reaktion führt, daß geheime Verbindungen zwischen dem Mikrokosmos, also dem Menschen, und dem Makrokosmos, dem Weltall, bestehen. Daher kann am Himmel nichts geschehen, das nicht gleichzeitig Folgen auf der Erde zeigt. Bestimmte Konstellationen des Mars verheißen Krieg, für eine Liebesangelegenheit muß eine günstige Stellung der Venus abgewartet werden. Auch anerkannte wissenschaftliche Astronomen wie Kopernikus erstellten Horoskope. Sein aus dem Jahre 1608 stammendes Horoskop für Wallenstein traf auf fast erschreckende Weise zu.

Der hermetische Satz «Wie oben, so unten» hatte nicht nur Einfluß auf die Astrologie, sondern auch auf die Alchimie. Nur wenn die Sterne richtig stehen, gelingt das Große Werk, die Transmutation der Metalle.

Die wahre Alchimie, die Königliche Kunst, war keine Spielerei, die nebenher betrieben werden konnte. Der Adept war stunden-, tage-, wochenlang an seinen Athanor, den Ofen der Alchimisten, gefesselt, da er einen bestimmten Zeitpunkt nicht verpassen durfte, um den nächsten Schritt[27] einzuleiten. Aus einem uns unbekannten Urstoff, der *Materia Prima*, sollte über verschiedene Läuterungsmethoden in sieben Stufen, die unter dem Begriff *Magnum Opus*, großes Werk, zusammengefaßt wurden, der Stein der Weisen herausdestilliert werden. Dieser Stein der Weisen, auch Roter Löwe genannt, war die Grundsubstanz für das Elixier des Lebens, das Krankheiten heilte und unsterblich machte. Er wurde auch für die Transmutation der Metalle, also die Herstellung von Gold aus Blei, benötigt.

Der eigentliche Hintergrund für das Magnum Opus ist jedoch die Läuterungszeremonie als solche. So wie die Materia Prima gereinigt und verfeinert wurde, sollte auch der Adept seinen eigenen Geist auf eine höhere Stufe heben. Man kann diese geistige Alchimie also auf die Lehre der Gnostiker und Katharer reduzieren. Aber die Alchimisten wollten durchaus auch wissen «was die Welt im Innersten zusammenhält», wie der Freimaurer Goethe seinen Faust sagen läßt.[28]

Einer der Männer, denen man nachsagte, daß ihnen das Magnum Opus gelungen sei, war Nicolas Flamel. Er unternahm in seiner Jugend eine Reise nach Spanien und soll dort auf ein Buch Abrahams des Juden gestoßen sein, wer immer das auch war. Dieses Buch gab ihm die wichtigsten Hinweise, wie man den Stein der Weisen herstellt. So erklärten sich zumindest seine Zeitgenossen seinen ungeheuren Reichtum.

Nach Angaben der Prieuré de Sion war Flamel einer ihrer Großmeister. Im Gegensatz zu anderen «Nautonniers» zeichnet er sich nicht durch Abstammung von den Merowingern aus, sondern durch seine alchimistischen Studien. Seine Forschungen sollen durch die Königin Blanche d'Evreux, ebenfalls begeisterte Alchimistin, unterstützt worden sein. Blanche logierte mit Vorliebe im Turm von Neaufles, ganz in der Nähe von Gisors. Da Flamel aus dem Vexin stammt – er wurde 1345 in Pontoise geboren –, erscheint diese Verbindung nicht ausgeschlossen. Nach seiner Heirat mit Dame Pernelle im Jahre 1368 erging er sich in ausgedehnten philanthropischen Unternehmungen; noch heute sind zwei Straßen in Paris nach den beiden benannt.

Die Dynastie Stuart

Volkstümliche und freimaurerische Überlieferungen sahen schon immer eine Verbindung zwischen Schottland, den Templern und den Logen. Dies schließt auch das schottische Königshaus, die Stuart, ein. Auch ohne die realen Hintergründe für diese Affinität zu kennen, kann man zwischen dem Templerorden und der Dynastie der Stuart auf Anhieb eine Gemeinsamkeit feststellen: Beide sind von einer Aura der Romantik, der Tragik und des Geheimnisvollen umgeben. Und beide hatten Vertreter, die nach einem zweifelhaften Prozeß zum Tode verurteilt wurden und durch ihre heroische Haltung von sich reden machten.

Die Dynastie der Stuart kann ihre Ursprünge direkt auf König Robert the Bruce und damit die legendären Herrscher des keltischen Königreiches von Dalriada zurückführen: Marjory, die Tochter von Robert the Bruce, heiratete Walter le Stewart, und ihr Sohn Robert wurde später als Robert II. der erste König des Hauses, das sich später Stuart schrieb. Nach der Schlacht von Bannockburn wurde die schottische Souveränität von den Engländern nicht mehr angefochten. Es gab zwar Grenzscharmützel, aber in erster Linie handelte es sich um Viehdiebstahl.

Wenn Friedrich Schiller in seinem Schauspiel *Maria Stuart* die schottische Königin zu ihrer Gegenspielerin Elisabeth Tudor sagen läßt: «Der Thron von England ist durch einen Bastard entweiht», so faßt dies eine Geschichte voller Intrigen zusammen und ist vom dynastischen Standpunkt her nicht ohne weiteres widerlegbar.

Dem stand die Abstammung Maria Stuarts gegenüber: Ihr Vater war ein legitimer Nachfahre von Robert the Bruce. Marias Mutter war eine französische Prinzessin, deren Familie, die Guise, sogar Anspruch auf den Thron von Frankreich erhob und auch darum kämpfte. Maria selbst war in erster Ehe mit einem französischen König verheiratet, Franz II. Nach seinem Tod kehrte sie nach Schottland zurück und wurde dazu verleitet, Elisabeths Anrecht auf die Krone zu bestreiten. Als sie bei einer Rebellion ihrer Adeligen nach England floh, wurde sie von Elisabeth achtzehn Jahre lang gefangengehalten und schließlich 1597 hingerichtet. Da Elisabeth I. von England unverheiratet und kinderlos starb, gelangte nach ihrem Ableben der Sohn Maria Stuarts als Jakob I., auf englisch James, auf den englischen Thron. Die dynastische Ordnung schien also wiederhergestellt: Nach drei Generationen waren die Tudors ausgestorben. Aber schon Jakobs Nachfolger, Karl I., ereilte das gleiche Schicksal wie seine Großmutter Maria: Er wurde 1649 geköpft, auf Befehl des Parlaments. Von 1649 bis 1660 wurde England von Oliver Cromwell als Lord Protector und dem Parlament regiert.

Nach Cromwells Tod wurden die Stuarts restauriert, und der älteste Sohn Karls I. wurde als Karl II. zum König gekrönt. Schon er hatte katholische Tendenzen, und nach seinem Tod im Jahre 1685 bestieg in seinem Bruder Jakob II. ein offiziell katholischer König den englischen Thron.

Dieser wurde schon drei Jahre nach seiner Thronbesteigung, vertrieben, in einem blutlosen Staatsstreich, der Glorreichen Revolution von 1688. Die Monarchie wurde jedoch nicht abgeschafft: Die Krone wurde Jakobs protestantischer Tochter Maria und ihrem Gemahl Wilhelm von Oranien angeboten. Ihnen folgte Marias jüngere Schwester Anne. Auch sie hinterließ keine Nachkommen, alle ihre Kinder waren vor ihr gestorben. Die nächsten Protestanten in der Thronfolge waren die Kurfürsten von Hannover, die von einer Tochter Jakobs I. abstammten.

Es existierte jedoch noch ein männlicher Prätendent, der allerdings katholisch war und deshalb nicht akzeptiert wurde. Denn der vertriebene König Jakob II. war noch eine zweite Ehe eingegangen, mit Maria von Modena. Sein Sohn und später sein Enkel pochten auf die Legitimität der männlichen Thronfolge und entfachten Rebellionen, die speziell von Schottland und Irland ausgingen. Die Schotten betrachteten die Stuart als ihre ureigene Dynastie, und die Iren erhofften sich von einem katholischen König Schutz vor den protestantischen Engländern, die das Land unterjocht hatten. Unterstützt wurden die Stuart dabei von den französischen Königen, den alten Antagonisten Englands.

Damit kommen wir zu den Ursprüngen einer Untergruppierung der modernen Freimaurer. Auf den ältesten Protokollen der Loge von Dunblane (Nr. 9) aus dem Jahre 1696 befinden sich die Unterschriften von einigen herausragenden jakobitischen Verschwörern. Als die Jakobiter – so wurden die Anhänger der Stuart-Könige genannt – nach Frankreich flüchten mußten, gründeten sich dort Logen, als Treffpunkt für die Stuart-treuen Schotten und Engländer im Exil sowie sympathisierende französische Aristokraten. Die politische Zielsetzung – Restauration der Stuarts – setzte sich auch in der Symbolik der jakobitischen Logen durch: Der hingerichtete König Karl I. wurde mit Hiram[29] gleichgesetzt, seine Söhne Karl und Jakob wurden damit zu den «Söhnen der Witwe». Das entspricht zwar nicht genau der freimaurerischen Überlieferung, wo Hiram selbst der «Sohn der Witwe» war, paßte aber in das politische Konzept.

Die jakobitischen Freimaurer beschränkten sich jedoch nicht auf Propagandafeldzüge in Frankreich, sondern setzten ihr Leben aktiv im Kampf für die Stuarts ein. Im Jahre 1742 wurde der Earl von Kilmarnock zum Großmeister von Kilwinning gewählt, der ältesten und prestigeträchtigsten Loge in Schottland. Er nahm an der Rebellion von 1745 teil und wurde dafür geköpft.

Die Anhänger der Stuart-Könige waren jedoch nicht die ersten Schotten in Frankreich. Seit Generationen schon hatten sich Söhne aus den besten Familien Schottlands an den französischen Hof begeben, um dort nicht nur höfischen Umgang zu lernen, sondern auch eine hervorragende soldatische Ausbildung zu erhalten.

1445 hatte der französische König Karl VII. eine stehende Armee gegründet, als erster europäischer Herrscher, und die schon vorher existierende sogenannte «Schottische Garde» wurde in ihr als Elitetruppe integriert.

Baigent und Leigh sehen in der Schottischen Garde bestimmte Züge des Templerordens wieder auftauchen, auch ziehen sie Verbindungen zwischen dem Weiterbestehen des Ordens in Schottland und bestimmten schottischen Familien, die sich generationenlang in der Schottischen Garde auszeichneten.

Eine weitere Verbindung zwischen Frankreich und Schottland besteht in der Familie derer von Guise: Und Maria Stuart war eine Tochter von Marie de Guise. Baigent und Leigh gehen davon aus, daß die pflichtgemäße Loyalität, welche die Schottische Garde dem regierenden französischen Königshaus der Valois schuldete, unterhöhlt war von der aufrichtigen Loyalität, welche sie den Familien Guise und Lothringen entgegenbrachte.[30] Unterstützt wurden die Guise von den Jesuiten. Erst als diese ab König Heinrich IV. als Beichtväter der regierenden Könige direkten Einfluß auf die französische Politik nehmen konnten, versöhnte sich der Orden mit den Bourbonen.[31]

Baigent und Leigh vertreten die Theorie, daß eine der Prophezeiungen des Nostradamus, die aus dem Jahre 1555 stammte, in Wirklichkeit einen sorgfältig geplanten Schachzug verbrämte: die Ermordung des französischen Königs Heinrich II. durch Gabriel de Montgomery, Kapitän der Schottischen Garde, getarnt als Unfall bei einem Turnier im Jahre 1559. Das Ziel dieses Attentats sei die Ablösung der regierenden Valois durch die Familie der Guise beziehungsweise Lorraine gewesen.

Die Schottische Garde existierte bis 1747. Das teilweise von ihr, teilweise von den Jakobitern auf den Kontinent gebrachte Freimaurertum war schon immer politisch gefärbt gewesen. Die Logen bestanden weiter, auch als der Traum der Stuarts auf eine Wiedereroberung Großbritanniens schon aufgegeben worden war. Sie wurden zu einem Sammelbecken für Freidenker und Regimekritiker im vorrevolutionären Frankreich und breiteten sich auch nach Italien aus.

Merkwürdigerweise hatten die radikalen Republikaner in der Französischen Revolution einen ähnlichen Namen wie ihre katholischen und monarchistischen Wegbereiter in den Logen. Sie nannten sich nach ihrem Treffpunkt, dem alten Dominikanerkloster neben einer dem heiligen Jakob geweihten Kirche, Jakobiner.

Robert the Bruce und Bannockburn, die Stuart-Könige und die Jakobiter, die Entstehung der Logen auf dem Kontinent, die Jakobiner und die Französische Revolution – ist es verwunderlich, wenn sich aus diesen geschichtlichen Zusammenhängen heraus die Legende bildete, die Vernichtung der Monarchie in Frankreich sei auf den Fluch der toten Templer zurückzuführen? Unheimlich wird die Angelegenheit, wenn man bedenkt, daß der Name des letzten Großmeisters ebenfalls Jakob war.

«Jacques de Molay, nun bist Du gerächt!»

Und zum Abschluß dieses Themas noch eine Überlieferung, die sich seit Jahrhunderten hartnäckig gehalten hat: Schon kurz nach der Absetzung des letzten Stuart-Königs und der Thronbesteigung von Maria und Wilhelm rebellierten die Iren und Schotten gegen den Oranier. Am 27. Juli 1689 fand in Killikrankie eine entscheidende Schlacht statt. Der Anführer der jakobitischen Armee, John Grahame of Claverhouse, Viscount Dundee, verlor schon zu Beginn der Schlacht das Leben, Anzeichen sprechen dafür, daß er durch einen Verräter in den eigenen Reihen getötet wurde. Es heißt, man habe auf seinem Körper ein originales Templerkreuz aus der Zeit vor 1309 gefunden.

Claverhouse war nicht nur ein Nachkomme von Robert the Bruce, sondern war auch mit einem gewissen Sir James Sandilands verwandt. Dieser Sandilands hatte im Jahre 1564, bei der Auflösung der Klöster und Orden in Schottland, die Ländereien der Hospitaliter an sich gebracht. Rein theoretisch hätte also durchaus die Möglichkeit bestanden, daß Claverhouse ein solches Kreuz besaß und mit sich führte. Das Schicksal von Claverhouse ist auf jeden Fall ein Beweis dafür, wie unterschiedlich das Wirken ein und derselben historischen Persönlichkeit ausgelegt werden kann. An einem Gasthaus in Moffat befindet sich ein Schild mit dem Hinweis, daß dort einst «Bloody Claver» sein Hauptquartier hatte. Es dauerte etwas, bis mir klar wurde, daß es sich um den gleichen Mann handelte, den andere Schotten noch heute liebevoll «Bonny Dundee» nennen.

Die Freimaurer

Jeder kennt den Begriff «Freimaurer», aber die wenigsten haben eine konkrete Vorstellung, was sich dahinter verbirgt. Die einen denken dabei an Männer wie Cagliostro, die anderen an Friedrich den Großen, wieder andere an Mozart. Es gibt in den Reihen der Freimaurer Revolutionäre, Nationalisten, Könige, Philosophen, Dichter und Musiker. Und ganz normale Sterbliche, die sich äußerlich von ihren Nachbarn nicht unterscheiden. Was suchen all diese Männer in den Logen?

Obwohl die meisten Freimaurer heute kein Geheimnis mehr aus ihrer Zugehörigkeit zu einer Loge machen und die Adressen der freimaurerischen Tempel ohne große Mühe in Erfahrung gebracht werden können, handelt es sich im Prinzip weiterhin um eine Geheimgesellschaft. «Der Welt bekannt, und doch geheimnisreich» – eine Zeile in einem der vielen Freimaurergesänge von Wolfgang Amadeus Mozart.

Selbst innerhalb der Loge wird das Geheimnis gewahrt: Der Abend wird mit dem ersten Grad eröffnet, danach haben die Lehrlinge den Raum zu verlassen, Gesellen und Meister bleiben unter sich. Nach dem zweiten Grad entfernen sich die Gesellen, und die Meister führen das Werk zu Ende.

Ein Freimaurer, der beschließt, aus seiner Loge auszutreten, ist an seine Geheimhaltungspflicht weiterhin gebunden, getreu dem Grundsatz: einmal ein Maurer, immer ein Maurer. Natürlich gab und gibt es ehemalige Freimaurer, die in den sogenannten «Verräterschriften» Einzelheiten über ihre Erlebnisse und die verschiedenen Zeremonien zum besten geben. Damit haben sie jedoch bewiesen, daß sie die tiefe Symbolik der Riten nicht verstanden haben, ansonsten hätten sie sich gescheut, sie profanen Augen und Ohren kundzutun.

Nur jemand, der mit der christlichen Lehre vertraut ist, kann die Vorgänge bei einem Gottesdienst richtig interpretieren und gegebenenfalls mitfühlen. Und wer die Regeln des Fußballspiels nicht kennt, wird nie die Begeisterung eines Fußball-Enthusiasten nachvollziehen können. Während der eine von der Wandlung von Brot und Wein in Fleisch und Blut seines Erlösers ergriffen ist, fühlt der andere dumpfe Verzweiflung, wenn sein Verein nicht aufgestiegen ist. Keiner kann die Empfindungen des anderen nachvollziehen. Sehen ist nicht gleich Verstehen.

Anders als der Sportamateur muß sich jedoch ein Freimaurer ein für allemal entscheiden: Es gibt kein vielleicht, nach der Aufnahme als Lehrling ist er Mitglied der Bruderschaft, gleichgültig, ob er es damit bewenden läßt oder den eingeschlagenen Weg über den Grad des Gesellen bis zum Grad des Meisters weiterverfolgt.

Was veranlaßt erwachsene Männer dazu, sich abends zu treffen, Schürzen umzubinden und mit Steinmetzwerkzeug herumzuhantieren, sich an den Händen zu fassen und Gesänge anzustimmen – um letztendlich den Abend in einem gewaltigen Mahl ausklingen zu lassen? Ist die Logenarbeit eine Art Ersatzreligion oder schlicht ein Anlaß (der Ehegattin gegenüber vielleicht sogar eine willkommene Ausrede) für geselliges Beisammensein unter Männern?

Da besonders in den angelsächsischen Ländern sehr viele Freimaurer gleichzeitig in ihrer örtlichen Kirche aktiv sind und auch sonst ein reges gesellschaftliches Leben pflegen, handelt es sich wohl mehr um eine Ergänzung zu beiden Aspekten. Die ernste, gemessene Atmosphäre, die besondere Kleidung, das Gruppenerlebnis, das Element des Geheimnisvollen, die Symbolik, sie alle tragen dazu bei, eine besondere Stimmung zu schaffen.

Mit Sicherheit finden sich auch unter den Freimaurern Männer, die sich aus Opportunismus, Geschäftsinteresse oder gesellschaftlichen Rücksichten einer Loge angeschlossen haben, und zwar die einzelnen Grade durchlaufen, geistig jedoch keinen Gewinn daraus ziehen. Bestimmt gibt es sogar schwarze Schafe, welche die Loge nicht nur zum Forum weltlicher Geschäfte machen, sondern noch weiter gehen.[32]

Die meisten Bücher, die auf dem Einband sensationelle Enthüllungen über eine freimaurerische Weltverschwörung versprechen, sind ziemlich langweilig, ergehen sich in Gemeinplätzen, schweifen in uninteressante Einzelheiten ab und zitieren anonyme Informanten.[33]

Die Freimaurerei ist in sich viel zu uneinheitlich, um tatsächlich zu einer globalen politischen oder gesellschaftlichen Gefahr werden zu können, selbst wenn sie dies wollte. Die einzelnen Logen und Großlogen entwickelten sich in den verschiedenen Ländern zu unterschiedlichen Zeiten und haben auch heute noch voneinander abweichende Vorstellungen. Eine Großloge kann zwar Patente in anderen Ländern vergeben, aber dennoch hat sie kein Monopol. In Frankreich existiert eine von der englischen United Grand Lodge anerkannte nationale Großloge, aber die größte französische Loge, der Große Orient, arbeitet von ihr unabhängig.

Es gab und gibt Logen mit politischer Orientierung, zum Beispiel die «orangen» Logen in Nordirland, aber deren Einflußbereich endet an der jeweiligen Landesgrenze. In den meisten Logen sind politische Diskussionen tabu, da sie Zwietracht säen und somit dem Prinzip der Logenarbeit widersprechen. Weltweit gibt es zirka vierzigtausend Logen mit sechs Millionen Mitgliedern, vier Millionen davon allein in den USA.

Die meisten der Männer, welche die amerikanische Unabhängigkeitserklärung unterzeichneten, waren Freimaurer, von den Gedanken der Aufklärung erfüllt. Es ist auch bekannt, daß etwa die Hälfte aller bislang gewählten amerikanischen Präsidenten der «Bruderschaft» angehörten.[34]

Wann und wo beginnt nun die Geschichte des Freimaurertums? 1717, als die erste Großloge in England gegründet wurde? 1723, mit den *Alten Pflichten* James Andersons? Aber das älteste Dokument, das noch existiert, das Regius-Manuskript, stammte aus dem Jahr 1390! Schon in ihm wurde die strikte Geheimhaltung dessen, was sich in den Logen abspielt, gepredigt.

Im 18. Jahrhundert wurden die Logen durch Männer wie Cagliostro und den Grafen von St. Germain bekannt – und berüchtigt. Aber selbst die offizielle Freimaurerei läßt sich weiter zurückverfolgen.

1598 wurde in Edinburgh die Loge St. Mary's Chapel gegründet. Als die Schotten eine Großloge gründeten, spaltete sich die Mutterloge Kilwinning ab und arbeitete zwischen 1743 und 1807 unabhängig weiter, da die Großloge damals Kilwinnings Anspruch, als älteste Loge an oberster Stelle zu stehen, nicht berücksichtigen wollte. Kilwinning[35] kann Aufzeichnungen vorlegen, die bis ins Jahr 1642 zurückgehen, die früheren sollen bei einem Brand in Rosslyn Castle verlorengegangen sein.

Die erste Reaktion auf diese Behauptung ist Unglauben: Was machen die Unterlagen einer Loge in Ayrshire, im äußersten Westen des Landes, im weit entfernten Lothian, dicht bei Edinburgh? Wie wir noch sehen werden, gibt es durchaus Verbindungen zwischen Kilwinning und den Sinclairs, den Herren von Rosslyn Castle.

Aber es gibt noch weitere Beweise für die Authentizität von Kilwinnings Alter: Im Jahre 1779 bat eine neugegründete Loge in Dublin ihre Brüder in Kilwinning um eine «Charter». Die

Dubliner wollten ihre Gründungsurkunde aus erster Hand erhalten und beriefen sich dabei auf die Primogenitur der Mutterloge Kilwinning. Sie hatten sich auch bereits einen Namen zugelegt: Loge der Tempelritter!

Inzwischen hat Kilwinning einen Ehrenplatz innerhalb der Großloge: Während die anderen Logen durchnumeriert wurden, trägt Kilwinning die Nummer «Nothing», geschrieben «0».

Ein weiterer Impuls des Freimaurertums auf den Britischen Inseln sei von der nordenglischen Stadt York ausgegangen. Englische Freimaurer führen ihre Disziplin auf den Sachsenkönig Athelstan zurück, der im 10. Jahrhundert herrschte und unter anderem in York Spuren seiner Bautätigkeit hinterließ. Das theoretische Wissen sollen die englischen Maurer von römischen Baumeistern erhalten haben, die sich nach der Völkerwanderung zuerst in Norditalien niederließen und schließlich auf den Britischen Inseln landeten.

Schon im alten Rom waren die Bauhandwerker in «Collegia Fabrorum» organisiert. Diese Gemeinschaften waren nicht nur rein funktionelle Arbeitskreise, sondern fühlten sich bestimmten Idealen verbunden; sie entwickelten eigene Symbole, verpflichteten sich zu gegenseitigem Beistand und grenzten sich von den anderen Handwerkern ab. Aus der Frühzeit der Maurerbünde hat sich auch die Überlieferung von Maurergilden um den Comer See erhalten. Diese Berichte wurden durch Zeitungsmeldungen im Oktober 1992 untermauert: Taucher entdeckten in 40 m Tiefe im Comer See Überreste eines Steinbruchs und einer riesigen Niederlassung von Steinmetzen aus der Römerzeit.[36]

Kann man die Spur noch weiter zurückverfolgen? Gibt es tatsächlich eine ununterbrochene Weitergabe von Geheimnissen unter den Baumeistern? Was ist mit den Pyramiden? Den megalithischen Städten in Mittelamerika? Stonehenge?

Gehen wir als erstes zurück ins Mittelalter.

Im hierarchischen Sozialgefüge des Mittelalters herrschten strenge Abgrenzungen zwischen den unterschiedlichen Bevölkerungsgruppen. Rechte und Pflichten jedes einzelnen waren genau festgelegt. Auch die Struktur innerhalb eines Berufsstandes war statisch. Wenn man herausgefunden hatte, wie lange ein Lehrling eingearbeitet werden mußte, bis er bestimmte Fertigkeiten erworben hatte, wurde die Anzahl der Lehrjahre und eine Auflistung der zu erwartenden Kenntnisse niedergelegt und als Standard genommen. Das gleiche galt für die Gesellenjahre und die Anforderungen an die Meisterprüfung.

Einen besonderen Rang nahmen die Steinmetze ein. Man unterschied zwischen den Bearbeitern des rohen Steins und den eigentlichen Baumeistern; nur diese wußten, wie die Steine zusammengefügt werden mußten und wie das fertige Gebäude letztlich aussehen sollte.

Die Elite dieser Meister befaßte sich mit dem Bau der romanischen und später der gotischen Kathedralen. Sie waren die sogenannten «freien» Maurer, mit zahlreichen Privilegien ausgestattet, die unter anderem von den Kirchen verliehen wurden. Ursprünglich waren es mönchische Architekten und Baumeister, welche die romanischen Kirchen bauten; später wurden sie weltlich und selbständig, aber ihre Werke waren weiterhin sakraler Art. Sie betrachteten sich nicht nur als eine der zahlreichen Gilden und Zünfte, sondern waren sich ihres mönchischen Ursprungs ständig bewußt, ihr Werk war Gottesdienst im wahrsten Sinne des Wortes.

Durch die Loslösung der Baumeister von den Klöstern – speziell die Benediktiner und Zisterzienser hatten sich um die Baukunst verdient gemacht – waren sie frei geworden und konnten ihre Kenntnisse beim Bau von Kirchen in anderen Städten und Ländern einsetzen und erweitern. Die Wunderwerke des gotischen Kathedralenbaus lassen sich nur durch gezielte Akkumulation und Weitergabe von Wissen erklären. Die Baumeister versammelten sich in ihren Werkstätten, Bau-

hütten genannt, unabhängig von den Zünften der jeweiligen Stadt. Bisweilen hatten sie sogar eine eigene Gerichtsbarkeit.[37]
Der englische Ausdruck «freemason» kann bis ins Jahr 1376 zurückverfolgt werden, wo er in einer Londoner Urkunde erwähnt wird. In Schottland soll es sogar eine Urkunde aus dem Jahr 1057 geben, in welcher der Ausdruck «free incorporate masons» verwendet wird. Es ist nicht genau bekannt, wo das Wort herkommt. Die übliche Erklärung lautet, daß der Ausdruck aufgrund der Privilegien der Steinmetze entstand. Eine andere Interpretation geht dahin, daß die «freemasons» im Gegensatz zu den Bearbeitern des rohen Steins imstande waren, freitragende Gewölbe zu erbauen.[38]
Man darf nie vergessen, daß es sich bei diesen «freemasons» um eine Art Aristokraten der Arbeit gehandelt hat. Die Namen der frühen gotischen Kathedralenbauer sind uns allerdings in der Regel nicht bekannt; ihre Gräber sind genauso anonym wie die der Templer. Sie verewigten sich in ihrem Werk und lebten darin weiter, jahrhundertelang. Mit der Verherrlichung Gottes machten sie sich selbst unsterblich. Nur wiederkehrende Markierungen auf einigen sichtbaren Steinen lassen uns ahnen, daß tatsächlich hinter dem Bauwerk Einzelpersönlichkeiten stehen.
Oft wurde generationenlang an einem Dom gebaut. Die Meister ließen sich in den Bauhütten nieder und wachten darüber, daß ihre Kunst nur an Berufene weitergegeben wurde. Wenn ein Neuankömmling aus einer anderen Bauhütte um Aufnahme bat, mußte er sich durch bestimmte Zeichen, Bewegungen und Antworten als Mitglied der mächtigen Bruderschaft ausweisen. Diese Erkennungszeichen ersetzten Reisepaß und Empfehlungsschreiben.
Das ganze Wesen schon der operativen Freimaurerei ist von tiefer Symbolik geprägt. Die Proportionen der Kathedrale, die Anordnung der Pfeiler, die Kreuzesform des Bauwerks insgesamt, der Standort des Altars, die Verwendung des Goldenen Schnitts und viele andere Gesichtspunkte, von denen die meisten uns heute nicht mehr bekannt sind, hatten nicht nur rein

funktionale und bautechnische Zwecke. Wie die Statik der Kathedralen beruhte der gesamte Kosmos auf Gesetzmäßigkeiten und Zahlenverhältnissen. Nur auf diese Art konnte der Mensch Gott erfassen. Wenn Gott der Architekt des Universums war, so war der Baumeister auf Erden sein Priester, da er Gottes Essenz in steingewordener Geometrie ausdrücken konnte.

Bei den freien Baumeistern handelte es sich um Adepten, die ihre Kathedralen in Übereinstimmung nicht nur mit geometrischen und statischen Regeln, sondern im Einklang mit kosmischen Gesetzmäßigkeiten konstruierten. Die Kräfte des Universums, also des Makrokosmos, wurden in die Kathedrale gebannt und hatten wiederum Einfluß auf die dort versammelten Menschen, den Mikrokosmos. Das gesamte Hintergrundwissen blieb jedoch den Augen der Gemeinde verborgen. Auch die Kirchenoberen selbst waren vermutlich oft zu dogmatisch, um die Mysterien des Kathedralenbaus zu verstehen.

Manche Menschen jedoch hatten eine Antenne dafür, daß in den Bauhütten nicht nur Steine behauen und poliert wurden. Es konnte nicht ausbleiben, daß auch Nicht-Baumeister um Aufnahme in die Logen ersuchten: Menschen, deren religiöse Vorstellungen von denen der Amtskirche abwichen, Wissenschaftler, die aus dem maurischen Spanien oder dem Orient neue Anregungen für Medizin, Astronomie oder Mathematik erhalten hatten, Suchende, deren Interessen denen ihrer Zeitgenossen voraus waren. Sie fanden dort einen Rahmen, in dem sie mit Gleichgesinnten oder vorurteilslos Interessierten Gedankenaustausch betreiben konnten. Diese Mitglieder wurden «accepted masons» genannt, also angenommene oder adoptierte Maurer.

So entwickelte sich langsam aus der operativen Freimaurerei die spekulative. Was beibehalten wurde, war die Symbolik. Das beste bekannte Beispiel für die Bedeutung der Symbolik bilden die Alchimisten.[39]

Das eigentliche Ziel des wirklichen Adepten war die Läuterung seiner selbst. Aus dem unreifen, unwissenden menschlichen Wesen sollte ein wissender und bewußt lebender Mensch herausdestilliert werden. Die Freimaurer verwendeten hierfür das Symbol des rohen und des behauenen Steins, der zum Schlußstein werden kann.

Die große Zeit der operativen freien Maurer war mit der Renaissance vorbei. Diese Entwicklung setzte zuerst auf dem Kontinent ein. Die wichtigsten Bauwerke wurden nicht mehr zu Ehren des «Architekten des Universums» erbaut, sondern im Auftrag eines Königs oder Fürsten. Der Individualismus entwickelte sich.

Die spekulative Freimaurerei breitete sich weiter aus, spaltete sich aber gleichzeitig durch die Reformation und die politische Entwicklung in Europa. Am 24. Juni 1717, dem Johannistag, schlossen sich vier Logen mit protestantischen Anhängern Wilhelms von Oranien in London in einem Gasthaus mit dem esoterisch nicht gerade verheißungsvollen Namen «Goose and Gridiron» (Gans und Bratrost) zu einer Großloge zusammen, als Gegenbewegung zu den katholischen Logen, welche speziell auf dem Kontinent die Dynastie der Stuart unterstützten. 1723 formulierte James Anderson aus den Schriften der englischen Freimaurer und dem Maurerwort der schottischen Brüder die sogenannten *Alten Pflichten*. Darin trat er für eine strenge Unterscheidung zwischen Politik und Moral ein.

Es gibt also nicht «die Freimaurer», es gibt unterschiedliche Strömungen, aufklärerische (Montesquieu war Freimaurer), aristokratische (der Gemahl der österreichischen Kaiserin Maria Theresia, Friedrich der Große von Preußen, die Mitglieder der Strikten Observanz), patriotisch/nationalistische (Garibaldi war Großmeister auf Lebenszeit, der ungarische Freiheitsheld Kossuth wurde während seines amerikanischen Exils Freimaurer), philosophische (der französische Philosoph Voltaire, der deutsche Geisteswissenschaftler Johann Gottlieb Fichte), demokratisch/revolutionäre (George Washington) – und trotzdem wurden in allen Logen ähnliche Rituale durchgeführt und ähnliche Geheimnisse bewahrt.

Generell unterscheidet man heute zwischen drei Arten von Freimaurerei:

– die blaue Freimaurerei, auch Johannes-Freimaurerei genannt, mit den drei Stufen Lehrling, Geselle und Meister
Alle drei Grade werden durch Einweihung verliehen, d. h., es findet eine Initiationszeremonie statt.
– die rote Freimaurerei, auch Hochgrad-Freimaurerei genannt, mit insgesamt 33 Graden
Dabei findet nur bei den Graden 1 bis 4, 13, 18, 30 bis 33 eine Initiation statt, die anderen Grade werden nur mitgeteilt.
– Royal Arch
Der eigentliche Royal-Arch-Grad stammt aus England. Er wird schon in alten Dokumenten erwähnt; es soll sich um eine Sonderloge für geistig sehr weit fortgeschrittene Freimaurer handeln.[40]
Die Royal-Arch-Mitglieder unterstehen nicht der Großloge, sondern einem Grand Chapter, Großkapitel. Sehr oft findet man jedoch Chapter und Loge unter dem gleichen Dach.
Auf zahlreichen Illustrationen findet man als Symbol der Royal-Arch-Logen eine auf den ersten Blick merkwürdig anmutende Kombination: eine Maurerkelle und ein Schwert. Das Abzeichen der Ritter in Verbindung mit dem Salomonischen Tempel und den Freimaurern ...

Die nachfolgende Aufstellung über die wichtigsten Riten und Obödienzen der Freimaurer ist mit Sicherheit nicht vollständig und stark vereinfacht. Denn es gibt über den personellen und rituellen Zusammenhang, über Doppelmitgliedschaften, ideologische Abweichungen und Verflechtungen so viele unterschiedliche Informationen, daß alle weiteren Details nur verwirren.

– das englische System:
Damit ist das System der englischen Großloge, der «United Grand Lodge», gemeint. Sie hat Tochterlogen auf der ganzen

Welt. Um von dieser Mutterloge anerkannt zu werden, muß eine Loge bestimmte Voraussetzungen erfüllen. Unter anderem dürfen keine Frauen aufgenommen werden, und es wird von dem Bewerber erwartet, daß er an ein höheres Wesen oder eine höhere Gewalt glaubt. Die Aufnahme ist jedoch nicht auf Christen beschränkt.

- der Alte und Angenommene Schottische Ritus:
  Eine Fortsetzung der jakobitischen Logen.
- die Strikte Templer-Observanz:
  Die eigentliche Strikte Templer-Observanz, kurz Strikte Observanz genannt, wurde gegen 1760 in Deutschland von Baron von Hund gegründet. Dabei handelte es sich um eine Abart der von den Stuarts beeinflußten Logen. Baron von Hund gab an, daß die eigentlichen Leiter des Ordens «Unbekannte Obere» seien. Zur Zeit der Gründung betrachtete sich die Strikte Observanz als Nachfolge-Organisation der Templer. Die Mitglieder trugen sogar weiße Mäntel mit roten Kreuzen, und die Erde wurde wie bei den Templern in Provinzen unterteilt. Baron von Hund starb 1775, worauf der Ritus vom nächsten Großmeister, dem Herzog von Braunschweig-Lüneburg, «rektifiziert» wurde. Insgesamt fanden drei Konvente statt, der eigentliche Übergang der Strikten Observanz in den sogenannten Rektifizierten Schottischen Ritus ist schwierig zu lokalisieren.
- der Rektifizierte Schottische Ritus:
  Ende des 18. Jahrhunderts gehörten der Strikten Observanz sechsundzwanzig Fürsten an, augenscheinlich galt es als schick, dort Mitglied zu sein. Außer wohlklingenden Namen in ihrem Ritualsystem hatte die ehemalige Strikte Observanz aber nicht mehr viel zu bieten. Ferdinand von Braunschweig-Lüneburg versuchte, den Verfall und die zunehmende Materialisierung aufzuhalten. Er war dagegen, durch unkontrollierte Aufnahme von sehr wohlhabenden Mitgliedern «die Reichtümer der Schottenlogen zu vergrößern, den einzelnen Gliedern dadurch ökonomische

Vorteile zu verschaffen und das beste menschliche Institut in eine Leibrentengesellschaft umzugestalten». Auf dem Konvent von Wilhelmsbad (1782) sollten die anstehenden Fragen besprochen und geklärt werden. Bei diesem Konvent bestritt Joseph de Maistre die Abstammung der Freimaurer von den Tempelrittern und führte ihre Ursprünge allein auf das Christentum zurück. Danach zerfiel die Loge rasch; sie hörte nicht auf zu existieren, aber die Mitglieder wanderten ab. Der heute noch in der Schweiz und Frankreich praktizierte rektifizierte Ritus geht teils auf die Strikte Observanz, teils auf Martinez de Pasqualis und Willermoz zurück.

– die Riten von Memphis und Misraim, auch ägyptische Riten genannt:
Diese beiden Logen schlossen sich erst 1876 zusammen. Der «Orientalische Freimaurer-Orden von Memphis» wurde 1814 in Frankreich gegründet und hatte fünfundneunzig Grade. Der Misraim-Ritus stammt ursprünglich aus Italien und entstand um 1805. Die drei letzten von den neunzig Graden waren den «Unbekannten Oberen» vorbehalten. Laut Pierre Mariel haben sich Memphis und Misraim inzwischen wieder getrennt.

Bei der Memphis-Misraim-Loge handelt es sich um einen mystischen und esoterischen Orden, über den zahlreiche widersprüchliche Informationen existieren. Es heißt, viele der bekannten regulären Freimaurer, Cagliostro, Baron von Hund, Willermoz und Saint-Martin hätten gleichzeitig den sogenannten äyptischen Ritus praktiziert. Gemäß einer Theorie wurde dieser Ritus sogar von Cagliostro gegründet, während andere Autoren in ihm eine katharische Organisation sehen, welche die Verfolgungen überstand.

Vor dem Ersten Weltkrieg soll der Anthroposoph Rudolf Steiner Großmeister des ägyptischen Ritus in Deutschland gewesen sein. Ihn nehmen auch die Illuminaten in Anspruch, gleichzeitig war er einer der Gründer der Theosophischen Gesellschaft. Letzteres zumindest gilt als gesichert.

– der französische oder moderne Ritus, der Standardritus der französischen Großloge «Grand Orient de France»:
Im Gegensatz zum York-Ritus der englischen Großloge wird in den Ritualen des Großen Orient keine wie auch immer geartete Gottheit angerufen. Das mag unter anderem mit der strengen Trennung von Kirche und Staat in Frankreich zu tun haben.

Im Zusammenhang mit der operativen Freimaurerei wurde bereits auf die Bedeutung der Symbolik hingewiesen. Sie wurde erst in der modernen Psychologie durch C. G. Jung wiederentdeckt. Bei den Freimaurern werden Symbole aus der Architektur oder aus der Geschichte um Salomos Architekten Hiram verwendet: die Wasserwaage, zur Erinnerung daran, daß alle Menschen gleich geboren werden und daß allen am Ende der Tod, der große Gleichmacher, begegnet, das Lot als Zeichen für die Wichtigkeit der aufrechten Haltung eines Menschen, äußerlich und innerlich, das Vereinigungsband für die Unendlichkeit, der Zirkel als Symbol der Pflicht, der rohe und bearbeitete Stein, den Zustand des Menschen vor und nach der Einweihung darstellend, das allsehende göttliche Auge in einem Dreieck, das heute noch auf den amerikanischen Dollarnoten verwendet wird. Der schachbrettartige Teppich mit schwarzen und weißen Rauten soll unter anderem daran erinnern, daß Gut und Böse, Hell und Dunkel, Leben und Tod nicht willkürlich auftreten, sondern einem bestimmten Muster folgen. Der Akazienzweig, auf das Grab des gemordeten Hiram gepflanzt, ist das Symbol für das Weiterleben nach dem Tod.

Die freimaurerische Zeitrechnung beginnt mit dem sogenannten «Jahr des Lichts», 4004 vor Christus. Diese Angabe basiert auf einer Kalkulation des Erzbischofs Uscher aus dem 17. Jahrhundert, der zufolge die Welt in diesem Jahr erschaffen wurde. Die Grundaussage dieser Zeitangabe lautet: Das Freimaurertum, gesehen als das Beachten kosmischer Gesetzmäßigkeiten nicht nur in der Baukunst, sondern auch im täglichen Leben, ist so alt wie die Menschheit selbst.

Die Symbolik der Freimaurer drückt sich auch in bestimmten Gesten aus. Ein Freimaurer kann einen anderen und dessen Grad an der Art erkennen, wie dieser seine Hand bei der Begrüßung ergreift; es gibt sogar einige Zeichen, die eine kurze wortlose Mitteilung enthalten.[41]

Bei der Aufnahmezeremonie muß der Bewerber die Brust entblößen. Damit sollte unter anderem das heimliche Eindringen von Frauen verhindert werden. Die verbundenen Augen sind ein Symbol dafür, daß der Lehrling erst nach der Aufnahme das eigentliche Licht erblickt.

Es gibt einige interessante Gestalten aus der Frühzeit der spekulativen Freimaurerei, vor der Gründung der englischen Großloge, als das Spektrum noch wesentlich breiter war und auch die Trennung zwischen Freimaurern, Rosenkreuzern, Alchimisten und Geisteswissenschaftlern noch nicht gemacht wurde beziehungsweise noch nicht gemacht werden konnte: Sir Francis Bacon, Elias Ashmole, Sir Robert Moray und, besonders erwähnenswert, Andrew Michael Ramsay.

Ramsay wurde 1686 in Ayr in Schottland geboren. Seine Eltern hingen der kalvinistischen beziehungsweise der anglikanischen Lehre an, Ramsay selbst konvertierte später zum Katholizismus und wurde in Frankreich Anhänger der Stuarts. Um 1735 verfaßte er die berühmten *Discours de Ramsay*[42], in denen er die Freimaurer dazu auffordert, sich als Weltbürger zu betrachten und den Imperialismus noch vor seiner eigentlichen Entstehung tadelt. Er führt die Ursprünge des Freimaurertums auf die Kreuzritter zurück, die er als Menschen ohne materielles Interesse schildert, womit er sicherlich nicht richtig lag, zumindest was das Gros der Kreuzfahrer betrifft. Auf die Ordensritter in Outremer trifft seine Aussage jedoch in eingeschränkter Form zu.

Er deutet alttestamentliche Ursprünge des Freimaurertums an, wobei er neben dem Tempel Salomons auch den zweiten, nach der Rückkehr aus dem babylonischen Exil errichteten Tempel erwähnt. Ramsay beruft sich aber nicht auf die Templer, sondern die Johanniter, mit denen die Logen eng verbunden gewesen wären.

Ramsays Schwiegervater soll Waffenherold des Ordens gewesen sein, der von Robert the Bruce nach der Schlacht von Bannockburn 1314 gegründet wurde.

Wenn die Theorie von der Flucht der Templer nach Schottland und ihre Teilnahme an der Schlacht von Bannockburn stimmt, wurden mit Sicherheit zumindest einige von ihnen Mitglieder dieses Ordens. Damit hätte Ramsay theoretisch tatsächlich Zugang zu Originalunterlagen gehabt.

Aber die Aussagen des Chevalier Ramsay sind genauso mit Vorsicht zu genießen wie die fromme Legende um das originale Kreuz des Großmeisters, das bei der Leiche von Viscount Dundee gefunden wurde. Doch das schottische Klima und die laufenden kriegerischen Auseinandersetzungen der Clans untereinander waren mit Sicherheit nicht dazu angetan, Dokumente in Schriftform zu konservieren.

Wiederum aber ist gewiß: Es gab eine templerische Überlieferung in Schottland. Und es gab Leute, die darum wußten. Um sie auch den anderen plausibel zu machen, kann nicht ausgeschlossen werden, daß sie Beweise konstruierten.

Das Freimaurertum auf den Britischen Inseln war ab der Gründung der Großloge eine eigenständige Bewegung, mit speziell englischen Interessenschwerpunkten. Auf dem Kontinent entwickelte sich die Bewegung in mehreren unterschiedlichen Obödienzen weiter.

Martinez de Pasqualis (1727–1774) war der Gründer des Martinistenordens, eines der geheimnisvollsten Freimaurersysteme. Kernstück seiner Lehre ist die sogenannte Re-Integration, worunter die Rückversetzung des Menschen in den Zustand vor dem Sündenfall verstanden wird. Der Zustand der

Reintegration wird auch mit dem buddhistischen Nirvana verglichen.

Der höchste Grad in seinem System ist der Réau-Croix, abgekürzt R + C, der mit den anderen «Unbekannten Oberen» den Orden leitete. Laut Pasqualis wird «réo» mit rot übersetzt, so daß der gesamte Ausdruck «rotes Kreuz» bedeutet. Pasqualis muß sich darüber im klaren gewesen sein, daß er damit das Emblem des Templerordens aufgriff.[43]

Es gibt Namen von Freimaurern aus dieser Zeit, die jedem geläufig sind. Dazu gehört ein Mann, der sich, unter anderem, Alessandro Cagliostro nannte. Cagliostro wurde 1743 in Palermo geboren, sein richtiger Name war Giuseppe Balsamo. Cagliostro ist eine äußerst umstrittene Persönlichkeit. Während die einen ihn als Abenteurer, Hochstapler und Scharlatan sehen, betrachten ihn die anderen als Eingeweihten.

Spätestens seit Umberto Ecos Buch *Das Foucaultsche Pendel* ist auch der Graf von Saint Germain ein Begriff. Er wurde um 1710 geboren und starb 1784 in Deutschland – so zumindest lautet die offizielle Version. Saint Germain selbst, oder der Graf von Saint Germain, wie er sich nannte, überzeugte viele davon, daß er in Wirklichkeit uralt war und das Geheimnis der Unsterblichkeit besaß. Laut anderen Theorien schaffte er es, sein Bewußtsein über zahlreiche Inkarnationen hinweg zu erhalten, unter anderem sei er identisch sowohl mit Roger als auch mit Francis Bacon. Auf jeden Fall gelang es Saint Germain, Zutritt zu zahlreichen Höfen Europas zu erlangen.

Eine ketzerische Theorie lautet, daß die Freimaurer, wenn sie ihre Geheimniskrämerei aufgeben würden, von einem Tag auf den anderen völlig uninteressant würden.

Diese Theorie kann widerlegt werden. Inzwischen weiß man dank der Verräterschriften ziemlich genau, wie eine Sitzung in einer Loge abläuft und welche Rituale sich dabei abspielen. Wenn die Freimaurer um das menschliche Urbedürfnis, an einem Geheimnis teilzuhaben, wissen und es einsetzen, so verfolgen sie damit einen bestimmten Zweck. Ein neues Mitglied wird schrittweise an etwas herangeführt, das ihn in seiner geistigen Entwicklung fördern soll.

Die Freimaurer werden immer wieder beschuldigt, daß sie einander wichtige Geschäftsabschlüsse vermitteln beziehungsweise daß in manchen Institutionen oder Berufszweigen die Mitgliedschaft in der Loge schon obligatorisch ist, weil ansonsten wichtige Kontakte nicht zustande kommen. Vermutlich besteht in Logen, in denen sich fast ausschließlich Mitglieder eines bestimmten Berufes finden, die Gefahr des Mißbrauchs. Aber in diesem Fall liegt dies nicht an der Loge; es macht keinen Unterschied, ob solche Absprachen nachmittags im Herrenclub oder abends nach der Logensitzung erfolgen.

Das gleiche gilt für den Vorwurf, daß sich in manchen Logen nur Angehörige einer bestimmten sozialen Schicht treffen, weil sich andere die teuren Mitgliedsgebühren nicht leisten können. In diesem Fall wäre es zwar wirklich besser, die Mitglieder würden sich in einem Yacht- oder Golfclub begegnen, aber auf die positiven Effekte des wahren Freimaurertums, in dem die Pflicht zur Unterstützung bedürftiger Brüder herrscht, hat dies keinen Einfluß.

Generell sind solche Beschuldigungen über Protektionismus und Nepotismus in den Freimaurerlogen eine grobe Vereinfachung. Es gibt sie, selbst Freimaurer machen daraus kein Hehl. Aber die reißerischen Thesen, die überall freimaurerische Komplotte wittern, spielen die Verfehlungen einzelner, die meist sogar von der Großloge geahndet werden, zum Politikum hoch.

Eine Loge ist eine überkonfessionelle Vereinigung ohne gesellschaftliche Schranken, und genau das wurde ihr schon sehr früh zum Vorwurf gemacht, von Kirche und Staat. Weltliche und geistliche Autoritäten sahen die sittliche Ordnung gefährdet, wenn Adelige und Bürger sich Brüder nannten, wenn Christen, Juden und vielleicht sogar Moslems in einer Loge gemeinsam ein höchstes Prinzip verehrten.

Die Kirche reagierte schon kurz nach den offiziellen Gründungen der Großlogen in England (1717), Frankreich (1736) und Deutschland (1737): 1738 verbot der Papst – wieder ein Clemens, der zwölfte – mittels der Bulle «In eminenti apostolatus specula» allen Katholiken, sich den Freimaurern anzuschließen, unter Androhung der Exkommunikation.

Den Freimaurern wurden genau die Punkte vorgeworfen, die sie zu einer humanitären Vereinigung machen: religiöse Toleranz und Gleichstellung aller Stände. Da die Rituale in den Tempeln geheim waren, lag der Verdacht der Ketzerei nahe. Und außerdem sah man durch die Aufhebung der Klassenunterschiede eine Gefahr nicht nur für den Altar, sondern auch für den Thron.

Im Jahre 1730, kurz vor der Verkündigung der päpstlichen Bulle, war ein hochgestellter Katholik sogar noch Großmeister der englischen Großloge geworden, der Herzog von Norfolk.

Die Einstellung der katholischen Kirche[44] hat sich bis heute wenig gewandelt. Um 1970 sah es so aus, als würde sich ihre Haltung dahingehend ändern, daß nur mehr Christen, die einer offen staatsfeindlichen oder atheistischen Loge angehören, automatisch exkommuniziert sind. Aber im Jahr 1981 wurden die alten Bullen in abgeschwächter Form bestätigt, die Exkommunikation eines katholischen Logenmitglieds nicht aufgehoben. Nach wie vor wird offiziell verkündet, daß das Freimaurertum mit der Lehre der römisch-katholischen Kirche inkompatibel und die Mitgliedschaft in einer Loge als Sünde zu betrachten ist.[45]

Innerhalb der Loge gibt es keine Standesunterschiede, es ist gleichgültig, welche soziale Stellung ein Bruder in der Welt hat. Ebenso wichtig ist die Gleichstellung aller Religionen, solange bestimmte ethische Prinzipien anerkannt werden: Achtung der Menschenwürde und Toleranz gegenüber Andersdenkenden. Die Loge soll den Brüdern helfen, ihre Persönlichkeit zu entwickeln, ein Vertrauensverhältnis zwischen Menschen mit unterschiedlichen Überzeugungen zu schaffen und sie sittlich auf eine höhere Stufe zu stellen. Wenn ein Mensch gelernt hat, seinem Logenbruder mit Wohlwollen, im wahrsten Sinne dieses Wortes, zu begegnen, so kann er früher oder später auch seinem Nächsten gegenüber diese Empfindung hegen und damit ein urchristliches Gebot erfüllen.

Am besten wird es von den Freimaurern selbst definiert: Die Freimaurerei ist Vermittlung einer Moral über Allegorien und Symbole.

Der Erfolg gibt ihnen recht. Selbst ihr Kritiker Knight muß zugeben, daß 1967, zehn Tage nach dem Sechs-Tage-Krieg zwischen Ägypten und Israel, arabische und israelische Maurer in trauter Einigkeit einen Jahrestag feierten. Eine bessere Demonstration der Überwindung von Religions- und Nationalitätsschranken gibt es kaum.

Die Rosenkreuzer

«Denn wir sind die Brüder vom Rosenkreuz, wir haben das Freimaurerwort und das zweite Gesicht . . .», so schrieb Henry Adamson schon im Jahre 1638 in einem Gedicht. Trotzdem waren beziehungsweise sind die Rosenkreuzer keine Freimaurer, selbst wenn die modernen Rosenkreuzer gerne eine Verbindung zu den Ursprüngen der Freimaurer suchen. Zudem ist der Ausdruck nicht geschützt, und es gibt eine Unzahl von Gruppen, die von sich behaupten, die einzig wahren Rosenkreuzer zu sein.

Einer dieser Neu-Rosenkreuzer war Ende des 19. Jahrhunderts Max Heindl, ein ehemaliger Schüler des Anthroposophen Rudolf Steiner. Seine Ideen wurden später vom «Lectorium Rosicrucianum» weiterentwickelt. Ein weiterer moderner Rosenkreuzer-Orden entstand während des Ersten Weltkriegs in Amerika. Um die Aura des Altertums zumindest im Namen anklingen zu lassen, nannten die Gründer ihn «Alter mystischer Orden vom Rosen-Creutz», «Antiquus Mysticus Ordo Rosae Crucis». Inzwischen ist das Kürzel AMORC allgemein üblich.

Sowohl Heindl als auch der Amerikaner Henry Spencer Lewis, der Gründer der erwähnten Rosenkreuzer-Vereinigung AMORC, beriefen sich auf sogenannte «Unbekannte Obere», welche sie in die Mysterien des wahren Rosenkreuzertums eingeweiht hätten. Diesen Ausdruck hatte einst der Baron von Hund im Zusammenhang mit der Strikten Templer-Observanz geprägt.

Der Begriff «Rosenkreuzer» an sich tauchte zum ersten Male im Jahre 1614 beziehungsweise 1615 auf, in zwei Manifesten, die in Deutschland verbreitet wurden und zu einer allgemeinen Erneuerung aufriefen. 1616 erschien eine weitere Veröffentlichung in Buchform, *Die Chymische Hochzeit des Christian Rosenkreutz*. Einige Jahre später, 1623, machten die Rosenkreuzer durch Plakate in Paris von sich reden.

Warum fanden sie so reißenden Zulauf? Eine der ihnen zugeschriebenen Eigenschaften war es, sich unsichtbar machen zu können. Diese Verfeinerung des grobstofflichen Körpers konnte der Meinung ihrer Zeitgenossen nach nur vom Stein der Weisen kommen; man darf also davon ausgehen, daß bei zahlreichen Interessenten die Gier nach Gold im Vordergrund stand.

Die Schriften sprachen von einer geheimen Bruderschaft, die von einem gewissen Christian Rosenkreutz, geboren 1378 und gestorben 1484, gegründet worden sei.

«Dei gloria intacta» – der Ruhm Gottes ist unantastbar. Dieser Satz soll auf dem Grabgewölbe von Christian Rosenkreutz gestanden haben. Auch die Rosenkreuzer gaben sich also, wie schon vor ihnen die Jesuiten und die Templer, ein Motto, das den Ruhm Gottes zum Thema hat.

Johann Valentin Andreae, ein württembergischer Theologe, bekannte später, eine der Schriften, nämlich *Die Chymische Hochzeit des Christian Rosenkreutz*, 1616 verfaßt zu haben. Seiner Aussage nach sollte es sich um einen allegorischen Scherz handeln. Ob er dieses Geständnis aus opportunistischen Gründen machte, um nicht des Ketzertums verdächtigt zu werden, oder ob er das Rätselraten noch verstärken wollte, weiß man nicht. Oder sagte er ganz einfach die Wahrheit? Für eine reine Burleske wiederum ist das Werk zu ernsthaft und zu aussagekräftig. Der Verfasser muß sich intensiv mit der Alchimie beschäftigt haben.

1629 soll der Pfarrer von Gisors, Robert Denyau, behauptet haben, der Orden der Rosenkreuzer sei 1188 von Jean de Gisors gegründet worden. Laut den Dossiers Secrets war dieser der erste Großmeister der Prieuré de Sion nach der Trennung vom Orden der Templer im gleichen Jahr.

Hier finden wir wieder die übliche Arbeitsweise der Prieuré: Es ist nachweisbar, daß sich der englische und der französische König 1188 in Gisors trafen, die Zahl befindet sich sogar über dem Wappen der Stadt; aber die Authentizität des Manuskripts von Denyau ist zweifelhaft, zumindest die des geheimnisvollen zweiten Bandes. Das Werk wurde nie gedruckt, wird aber sporadisch zitiert. Und die erhaltenen Seiten des Manuskripts sind größtenteils unleserlich.

Laut Steven Runciman fand das strategisch wichtige Treffen im Januar statt und nicht im August – der Streit um einen Schattenplatz und das Fällen einer uralten Ulme sollten also ins Reich der Legende gehören. Warum gibt es aber heute noch einen Platz in Gisors, der nach ihr benannt ist?

Der Pfarrer von Gisors schrieb seine Geschichte – falls er sie schrieb – zu einer Zeit, als die Rosenkreuzer in aller Munde waren. Deren Aufruf fand ein begeistertes Echo; da niemand wußte, wie er mit den Rosenkreuzern in Kontakt treten konnte, ließen die Interessierten ihre Thesen drucken und verbreiten, in der Hoffnung, sie würden auf diese Art auch den Rosenkreuzern in die Hände fallen. Vermutlich tat Denyau nichts anderes: Er versuchte, die Neugier der geheimnisvollen Unbekannten zu wecken, um sie so zu veranlassen, mit ihm in Verbindung zu treten.

Auf jeden Fall wirkten die Schriften der Rosenkreuzer auf das geistige Leben ihrer Zeit äußerst anregend.

Ob Menschen wie Robert Fludd, ein Schüler von Robert Dee, dem astrologischen Berater von Königin Elisabeth I., nun tatsächlich Rosenkreuzer war oder nicht, wird wohl nie mit Sicherheit festgestellt werden können. Dieser englische Physiker und Historiker befaßte sich auf jeden Fall mit mystischen und okkulten Themen. Fludd hielt sich zeitweise in Prag auf, wo auch Kaiser Rudolf II. alchimistische Studien betrieb.

Ein recht interessantes Wappen hat übrigens die Stadt Carlisle in England. In der Mitte steht ein rotes Tatzenkreuz, und in den durch die Balken gebildeten Ecken befinden sich vier Rosen. Der frühere Name dieser Stadt, Cardeol, erinnert stark an Cardoeil, nach Camelot die wichtigste Burg von König Artus.

Ende des 19. Jahrhunderts tauchte der Begriff des Rosenkreuzes wieder in dem von Stanislaus de Guaita gegründeten Kabbalistischen Orden vom Rosenkreuz auf. Ihm gehörte zeitweise auch der Arzt Gérard Encausse an, besser bekannt unter seinem Pseudonym Papus.[46]

Zur gleichen Zeit berief sich auch ein gewisser Joséphin Péladan mit seiner Brüderschaft des Rosenkreuzes und des Heiligen Grals auf die Vorbilder des Barocks. Das Fin de siècle scheint eine äußerst fruchtbare Periode für die Entstehung okkultistischer, esoterischer und theosophischer Gesellschaften gewesen zu sein, speziell im republikanischen Frankreich.

Auffallend ist jedoch, daß die Konstellation der Protagonisten nie statisch blieb, sie vereinigten sich immer wieder in unterschiedlichen Gruppierungen. Es sieht ganz so aus, als seien sie selbst sich ihrer Sache nie ganz sicher gewesen, als hätten sie ihr Leben in einer Art Erwartungshaltung vollbracht. Dies war auch die Zeit, als Bérenger Saunière in Paris Anschluß an esoterische Zirkel fand.

Esoterisch-okkultistische Cliquen

Der Templerorden wurde 1312 aufgelöst, auf ewige Zeiten, so wollte es zumindest der Papst. Und trotzdem gibt es noch ein ganzes Spektrum von Templern – zumindest dem Namen nach. Bestimmte Hochgrade der roten Freimaurer lehnen sich an die Kreuzzüge und die Ritterorden an. Hinzu kommen unzählige Splittergruppen und Sekten, die von sich behaupten, das Erbe der Templer zu verwalten.

Was wohl Jacques de Molay von manchen dieser späten Tempelritter halten würde? Oder gar Hugues de Payens? Bestimmt jedoch haben Philipp der Schöne und Seine Heiligkeit Clemens V. nicht damit gerechnet, daß sich das Ideal des vielgeschmähten Ordens letztlich als unzerstörbar erweisen würde. Sie hatten die einzelnen Brüder durch Folter und die lange Gefangenschaft, durch Mißhandlungen und Demütigungen gebrochen und dann versucht, die Reste der ehemals stolzen Gemeinschaft totzuschweigen. Keine weiteren Anklagen mehr, keine Diskussionen, Aufhebung des Ordens, et n'en parlons plus. Diese Rechnung war nicht aufgegangen. Die Templer waren tot, aber sie starben auf eine Weise, die sie unsterblich machen mußte.

Aus der Asche des letzten Großmeisters stieg phönixgleich der Mythos empor. Er hat sich jahrhundertelang erhalten, erlebte im 18. Jahrhundert mit der Strikten Observanz einen neuen Höhepunkt, flaute danach wieder ab. In den letzten Jahren hat das Interesse an den Templern eher zu- als abgenommen, wie auch die Beschäftigung mit der Esoterik im allgemeinen.

Wo er die verschiedenen Gruppen einordnet, bleibt jedem einzelnen überlassen. Da sie zu unserem Thema gehören, müssen sie Erwähnung finden. Problematisch ist nur, daß es bisweilen schwierig ist, zwischen den einzelnen Vereinigungen zu unterscheiden.

Es gibt zum Beispiel einen «Ordo Templis Orientis», kurz O. T. O. genannt, der seine Mitglieder durch Fernunterricht in den Geheimwissenschaften unterrichtet. Sollte also jemand den Wunsch verspüren, sich hinfort «Mystischer Templer» oder «Prinz von Jerusalem» zu nennen und als solcher an der verborgenen Weisheit der Esoteriker und Hermetiker, der Urchristen, der Katharer und der Templer, der Rosenkreuzer und der Freimaurer teilzuhaben – der O. T. O. verspricht, unter seinem Dach das entsprechende Wissen zu vermitteln.

Der O. T. O. hat Verbindungen mit dem 1906 gegründeten «Weltbund der Illuminaten»; die Angaben darüber, wer für wessen Gründung zuständig ist, schwanken. Um die Verwirrung komplett zu machen, nennt sich eine Unterabteilung des rosenkreuzerischen AMORC ebenfalls Illuminaten.

Die Ur-Illuminaten, zu deutsch die Erleuchteten, wurden 1776 von Adam Weishaupt in Ingolstadt gegründet und bereits 1784 von der bayerischen Regierung verboten. Weishaupt war von Jesuiten erzogen worden, vielleicht verstanden sich die Illuminaten deshalb als Gegenbewegung zu den Jesuiten. Das hinderte Weishaupt nicht daran, seine Organisation nach der Struktur der Jesuiten aufzubauen. Auf der anderen Seite kämpften die Illuminaten ideologisch gegen die Rosenkreuzer. Die Illuminaten waren auch keine Freimaurer, obwohl sie von diesen bestimmte Aspekte übernahmen. Weishaupt soll versucht haben, sich und seine Illuminaten als eine Art höhere Instanz der Freimaurer darzustellen, um dadurch Mitglieder aus den Reihen der Freimaurer zu rekrutieren.[47]

Der große Unterschied zu den Freimaurern war, daß sich die Illuminaten politische Ziele gesetzt hatten: Aufhebung der Abhängigkeitsverhältnisse, in die sich der Mensch durch seine Gier nach Bedürfnisbefriedigung verstrickt hat, Überwindung von Despotismus und Absolutismus, Verwirklichung der christlichen Lehre der Nächstenliebe und Gütergemeinschaft. Erreicht werden sollten diese Ziele nicht durch Revolution oder Wahlen, sondern durch die Herrschaft einer geistigen Aristokratie. Die Illuminaten betrachteten sich als auserwählte Elite, welche im Gegensatz zur Freimaurerei eine praktische Ausrichtung hatte und die komplizierten Rituale wieder vereinfachte. Es gab vier Grade: die Minervalklasse, die blaue Freimaurerei (Lehrling, Geselle, Meister), die Mysterienklasse (schottische Klasse) und die höheren Mysterien.

Im Gegensatz zu den Neu-Illuminaten berief sich Weishaupt selbst nicht auf die Templer. Auch die Strikte Observanz hatte ihren Templeranspruch aufgegeben. Damit ergab sich eine Marktlücke, die auch prompt wieder gefüllt wurde:

Frankreich, zu Beginn des 19. Jahrhunderts. Die Dynastie der Bourbonen war, mit oder ohne Fluch der Templer, durch die Französische Revolution abgesetzt worden. In der von den umliegenden Monarchien bedrohten Republik hatte sich ein Mann durch seine militärischen Großtaten an die Spitze des Staates geschwungen: Napoleon I., Kaiser der Franzosen. Obwohl er den Papst zu seiner Krönung befohlen hatte, setzte er sich aber die Krone selbst aufs Haupt – wie, nebenbei erwähnt, Friedrich II. in Jerusalem. Um sich zu legitimieren, heiratete Napoleon in zweiter Ehe Marie Louise, die Tochter des österreichischen Kaisers. Die Habsburger standen seit 1273 an der Spitze des Heiligen Römischen Reiches Deutscher Nation und waren auch nach 1806 immerhin noch Kaiser von Österreich – und Titularkönige von Jerusalem.

Zahlreiche Mitglieder der alten Aristokratie waren während der Revolution durch die Guillotine umgekommen, die überlebenden gewannen langsam eine tragende Funktion im Staat zurück. Die Embleme für das Napoleonische Konsulat und später das frisch geschaffene Kaiserreich entlieh man sich aus dem alten Rom und der Frühzeit Frankreichs. Napoleon benützte unter anderem anstatt der bourbonischen Lilie die Biene, ein Symbol, welches schon im Grab des Merowinger-Königs Childerich I. gefunden worden war. Das noch verbleibende Machtvakuum versuchte Napoleon durch Verleihung neuer Adelstitel zu füllen.

Die Zeit war anscheinend reif für solche Gründungen: Man erschuf etwas Neues, berief sich jedoch auf jahrhundertelange

Traditionen. Im nachrevolutionären Frankreich war eine Organisation aufgestiegen, die von sich behauptete, ihre Ursprünge auf den berühmtesten und mächtigsten Ritterorden des Abendlandes zurückführen zu können: die Templer. Der volle Name lautete Ordre des Chevaliers du Temple, alias Ancien et Souverain Ordre Militaire du Temple de Jerusalem, nach ihrem wichtigsten Gründungsmitglied kurz auch Palapratisten genannt.

Ein Dokument eines gewissen Jean-Marc Larmenius, seines Zeichens nächster Großmeister nach Jacques de Molay, und eine lückenlose Aufstellung der weiteren Großmeister, bis ins Jahr 1792, sowie diverse Reliquien sollten den Anspruch dieser Organisation stützen. Im Napoleonischen Frankreich hatte dieser Pseudo-Templerorden unter dem Großmeister Bernhard-Raymond Fabré-Palaprat guten Zulauf – Männer (und Frauen), die keinen Adelstitel vorzuweisen hatten, konnten sich einen wohlklingenden Titel mit den dazugehörigen Abzeichen kaufen.

Es wäre so schön gewesen: Eine Organisation, jahrhundertelang verfemt, gewinnt nach der Erfüllung des Templerfluchs und dem Untergang der Nachfolger Philipps des Schönen ihr früheres Image zurück. Gleichzeitig wird die These von einem Weiterbestehen des Ordens in Schottland untermauert: Da die Larmenius-Urkunde ausdrücklich die nach Schottland geflohenen Templer als Deserteure brandmarkt und aus dem Orden ausschließt, muß es solche doch zumindest gegeben haben. Leider sieht die Realität anders aus.

Am 18. März 1808 feierten die Neo-Templer in Paris den Todestag von Jacques de Molay – auf ihre Art. An diesem Tag nämlich verstießen die Palapratisten gegen eine ganze Reihe der Templerregeln: Sie trugen kostbare Pelze und goldene Schmuckstücke, und noch schlimmer, am Gottesdienst nahmen weibliche Templer teil.

Erstaunlich ist weiterhin, daß sich die Kirche an Veranstaltungen dieser Art beteiligte, schließlich hatte Clemens V. eindeutig verkündet: «Wir heben den Orden der Templer, seinen Stand, sein Gewand und seinen Namen unwiderruflich und auf ewig auf, nicht ohne Bitternis und mit schmerzlich bewegtem Herzen, nicht durch ein definitives Urteil, sondern auf provisorischer Basis oder durch apostolische Verordnung, und wir stellen ihn, unter Zustimmung des Konzils, unter ein beständiges Interdikt und untersagen allen, in diesen Orden je einzutreten, sein Gewand zu empfangen oder zu tragen und sich als Templer auszugeben. Wer zuwiderhandelt, verfällt ipso facto der Exkommunikation.»

Palaprats Vereinigung spaltete sich bereits zu seinen Lebzeiten, hat sich aber dennoch bis heute erhalten. Eine Abteilung ist sogar, unter Verletzung der päpstlichen Bulle, einem männlichen Mönchsorden angegliedert.

Es gibt noch einen anderen Neutemplerorden, Ordo Novi Templi, der um das Jahr 1900 von einem österreichischen Ex-Mönch namens Adolf Lanz (1874–1955) gegründet wurde. Des besseren Wohlklangs willen nannte sich dieser Jörg Lanz von Liebenfels. Auch er berief sich auf die Larmenius-Überlieferung und «Unbekannte Obere».

Der von ihm vertretenen Weltanschauung mit stark rassistischem Einschlag gab er den Namen Ariosophie. Die Neutempler waren nur eine weitere Version der nationalistischen Strömungen, die zu diesem Zeitpunkt überall zutage traten. Zu ihren Zeitgenossen gehörte die Thule-Gesellschaft, der unter anderem Karl Haushofer und Rudolf von Sebottendorf, alias Rudolf Glauer, so lautete sein Geburtsname, angehörten. Beide hatten großen Einfluß auf Adolf Hitler, besonders die geopolitischen Thesen Haushofers. In diesem Milieu entstand eine gefährliche Theorienküche, in der die Hohlwelttheorie, die Parzival-Legende, die Sage von den Hyperboreern, die Geschichte der Kreuzzüge und der Deutschherren mit rassistischen Einschlägen versehen wurden.

Wer unter diesen theoretischen Wegbereitern der Nationalsozialisten Täter war und wer mißbraucht wurde, lassen wir dahingestellt. Eine deutsche Gruppe unter Otto Rahn interessierte sich sehr für den Montségur. Rahn starb beziehungsweise verschwand später unter merkwürdigen Umständen. Aber Wolfram von Eschenbach kann nicht angelastet werden, daß Heinrich Himmler aus dem *Parzival* Anregungen für seinen Schwarzen Orden und dessen Hauptquartier, die Wewelsburg, übernahm.

Zurück zu den Templern

Fluchtziel Schottland

Gérard de Sède gab seinem Buch über die Templer den Titel *Les Templiers sont parmi nous* – Die Templer sind unter uns. Sind sie es wirklich?

Es gibt die Theorie, daß geflüchtete Templer Aufnahme in den Maurerlogen fanden. Die Baumeister des 14. Jahrhunderts hatten Kenntnisse, die ihren weniger gebildeten Zeitgenossen bestimmt bisweilen als Teufelswerk erschienen. Was wäre also natürlicher, als die verfolgten Tempelritter in das Sammelbecken dieser geistigen Elite aufzunehmen? Immerhin hatten sich die Templer seit ihrer Gründung mit Architektur befaßt, und in ihren Reihen befanden sich zahlreiche hervorragende Baumeister.

In der Côte d'Or gibt es ein kleines Dorf namens Bure-les-Templiers. Schon der Name besagt, daß es sich um eine ehemalige Komturei handelt. Die uralte Kirche liegt inzwischen tiefer als die Straße, als Heizung steht lediglich eine Art Kanonenofen zur Verfügung. Und doch birgt diese Kapelle einen Schatz: Neben Johannitergrabsteinen findet man dort eine originale Templergrabplatte, im Winter beinahe verdeckt von einem Holzstapel. Diese Grabplatte, eine der wenigen noch existierenden, weist eindeutig maurerische Symbole auf: Winkelmaß und Spitzhacke. Aber das Grab ist zu exponiert, um einem einfachen Handwerker gehört zu haben.

Einigen Templern soll es auch gelungen sein, in der Bevölkerung einfach unterzutauchen. Die Inquisitoren klagten immer wieder darüber. Wenn die Templer jedoch wirklich aufgrund ihrer Habgier so verhaßt waren, kann es sich nur um

Einzelfälle gehandelt haben. Und wer hätte seine Tochter bewußt einem ehemaligen Templer zur Frau gegeben, wo doch die Kirche behauptete, das Zölibat gelte weiterhin, selbst wenn der Orden, in dem es gelobt wurde, gar nicht mehr existierte? Das war Taktik. Es gab nämlich Präzedenzfälle für von der Kirche legitimierte Verbindungen von Klerikern.[48] Wenn die Kirche dieses Privileg den ehemaligen Templern nicht zugestand, so hatte sie ihre Gründe: Das Ketzertum durfte sich nicht fortpflanzen.

Manchen gelang es auch, bei den Johannitern oder Deutschherren Unterschlupf zu finden. Es wäre verfehlt, daraus optimistisch zu schließen, daß sie daraufhin den Orden unterwanderten und auf diese Weise ihr Erbe weitergaben.

Es wurde bereits ausführlich erläutert, warum sehr viel für die These spricht, daß die Würdenträger der Templer nicht nur von der drohenden Verfolgung wußten, sondern sogar einige Vorkehrungen trafen. Und daß eine organisierte Flucht nach Schottland stattfand.

Manchen ist diese Theorie zu einfach. Sie sind der Meinung, daß die Templer schon zur Blütezeit des Ordens von La Rochelle aus nach Amerika vorstießen und später auch dorthin flüchteten. Der Schwiegervater von Christoph Kolumbus sei ein Angehöriger, vielleicht sogar Großmeister des Christusordens gewesen und habe die Karten für die Fahrt nach Westen zur Verfügung gestellt. Die Indianer sprachen bei der Ankunft der ersten Weißen im 15. Jahrhundert von einer «Rückkehr» der Götter. Aber wenn diese mit den Templern identisch waren, müßten irgendwann ihre Spuren in Form von Bauwerken oder behauenen Steinen gefunden worden sein.

Andere meinen, die Templer hätten in einem der Länder des Nahen Ostens eine neue Heimat gefunden. Die Templer hatten zwar Kontakte mit Sekten und Kirchen im ehemaligen Outremer beziehungsweise im gesamten Mittelmeerraum, waren jedoch zu unabhängig, um sich bedingungslos solchen Gruppen anzuschließen. Auch eine spätere Rückkehr hatten sie sich damit verbaut. Und zweifellos hätte ein islamischer Staat, der den Templern zu Beginn des 14. Jahrhunderts Zuflucht bot, diese Tatsache propagandistisch ausgeschlachtet. Das war nicht der Fall.

Was sie brauchten, war ein Zufluchtsort am Rande Europas, aber mit exzellenten Verkehrsverbindungen für Nachrichten oder eine Weiterreise.

Dieses ideale Refugium existierte: Schottland. Ein Land, in dem die Templer bereits Niederlassungen besaßen, wo sie mit dem einheimischen Adel in Verbindung standen, wo ihre Kampferfahrung gefragt war. Es lag weitab im Norden, war jedoch per Schiff vom Kontinent aus sehr gut zu erreichen. Und zahlreiche Templer waren vom europäischen Festland aus zuerst nach England geflüchtet, von wo aus sie den Landweg nach Schottland wählen konnten. Es hatte lange gedauert, bis Eduard II. bereit gewesen war, gegen die Templer vorzugehen. In Schottland selbst wurden die päpstlichen Bullen überhaupt nicht verkündet. Die Schotten hatten andere Sorgen: den Krieg mit England.

Die Spuren

Schottland hat für ein so relativ kleines und unzugängliches Land am Rande Europas ein erstaunliches Templererbe zu bieten. Auf dem Gelände der ehemaligen Komturei Maryculter in der Nähe von Aberdeen befindet sich heute ein Pfadfindercamp, das Templars' genannt wird – ein Gedanke, der die alten Templer bestimmt entzückt hätte. Daneben liegt ein verlassener Friedhof, auf dem moderne Templer im Jahre 1925 eine Gedenktafel mit einem roten Tatzenkreuz anbringen ließen.[49]

Das schottische Hauptquartier der Templer war Balantrodoch, südlich von Edinburgh gelegen. Das Dorf heißt heute noch Temple. Die originale runde Templerkirche wurde nach dem Untergang der Ordens abgerissen, vermutlich bereits im

Jahre 1309; die existierende Ruine hat einen rechteckigen Grundriß. Die Grabsteine auf dem zugehörigen Friedhof sind alle neueren Datums, auffallend ist jedoch die große Zahl von freimaurerischen Symbolen: Hammer, Winkel, Zirkel, Totenschädel und gekreuzte Knochen.

Ganz in der Nähe von Temple befindet sich ein architektonisches Wunder, das als ein in Stein gehauenes Freimaurerbekenntnis gilt: Rosslyn Chapel. Das Prunkstück unter den zahlreichen Steinskulpturen ist eine Säule, um die sich eine merkwürdige Legende spinnt: Der oberste Steinmetz habe ihr Modell gesehen und sich daraufhin ins Ausland begeben, um vor dem Kopieren das Original zu besichtigen. Während seiner Abwesenheit brachte ein Lehrling das Kunststück fertig, die Säule anhand des Musters formvollendet aus dem Stein herauszumeißeln. Dieser Lehrling wird als der Sohn einer Witwe beschrieben. Als der Meister das Werk nach seiner Rückkehr erblickte, packte ihn der Neid auf das Talent des Lehrlings, und er erschlug ihn im Zorn. Die Köpfe der drei Protagonisten, des Meisters, des Lehrlings und der verwitweten Mutter, können ebenfalls als Skulptur besichtigt werden.

Diese Geschichte ist eine klare Vorwegnahme der Freimaurerlegende um Hiram. Rosslyn Chapel entstand jedoch zu einer Zeit, als noch niemand von Jakobitern und Großlogen sprach: Mitte des 15. Jahrhunderts.

Der Erbauer, Sir William Sinclair, 3. Earl von Orkney, war verheiratet mit Lady Marjory Sutherland. Sie war eine Ururenkelin von Robert the Bruce. William Sinclair selbst konnte ebenfalls auf berühmte Ahnen zurückblicken: Die Sinclairs gehörten zu den Unterzeichnern der sogenannten «Erklärung von Arbroath» vom 6. April 1320, mit der die schottischen Adeligen nach der Schlacht von Bannockburn ihre Unabhängigkeit von England erklärten. Auch in der Gruppe von Rittern, die nach dem Tod von Robert the Bruce ins Heilige Land aufbrachen, um sein Herz in Jerusalem zu begraben, befand sich ein Sinclair. Und selbstverständlich zeichneten sich Mitglieder dieser Familie auch in der Schottischen Garde aus.

Einer freimaurerischen Überlieferung nach entwarf Sir William die Pläne für die Kapelle selbst, woraufhin ihn James II. zum erblichen Großmeister der schottischen Maurer ernannte.[50] Das Amt des Großmeisters hat sich in der Familie bis 1736 vererbt, als die Großloge von Schottland gegründet wurde.

Und nachdem Sir William das Amt des erblichen Großmeisters abgegeben hatte, wurde er prompt zum ersten Großmeister unter den Auspizien der Großloge von Schottland gewählt.

Rosslyn Chapel hat jedoch noch andere Verbindungen zu den Templern als die räumliche Nähe zu Balantrodoch: In der Krypta befindet sich ein Steinsarkophag, der, zumindest der Aufschrift nach, einst einen Templer beherbergte. Und in der Kirche selbst wird eine weitere Grabplatte gezeigt, die einem Sinclair gehört haben soll, der Mitglied des Tempels war.

Die freimaurerischen christlichen Tempelritter der «Great Priory of Scotland» geben zu, daß es keine Belege für eine direkte Filiation von den Kreuzfahrern des Mittelalters gibt. Aber das Freimaurertum in Schottland läßt sich weiter zurückführen als in den anderen Ländern, und die Verbindungen zu den Templern sind unbestreitbar vorhanden. Es ist befriedigend, daß es über die Freimaurer nun auch wieder Templer in Schottland gibt.

Michael Baigent und Richard Leigh glauben noch weitere Spuren gefunden zu haben: merkwürdige Grabplatten in County Argyll, für deren Vorhandensein in dieser Menge und aus dieser Epoche die orthodoxen Historiker keinerlei logische Erklärung liefern können.[51]

Diese Grabsteine wirken alles andere als christlich: fast keine Kreuze, keine Engel, keine Heiligen, keine Gebete, nicht einmal ein kurzes R. I. P. Statt dessen Schwerter, Ritter, Schiffe, keltische Ornamente. Aber keine Namen, kein Hinweis auf Familie und Clan, die wichtigsten Bezugspunkte der mittelalterlichen Schotten.

Auf den ältesten Steinen ist nur der Umriß eines Schwerts dargestellt. Vermutlich wurde die Waffe des Verstorbenen auf den Stein gelegt und dann mit einem Meißel nachgezeichnet. Nach und nach wurden Ornamente eingearbeitet, das Schwert wurde reliefartig hervorgehoben und mit Blättern und Ranken verziert. Teilweise handelt es sich auch um lebensgroße Abbildungen von Rittern.

Einige der neueren Steine bilden eine Verbindung von ritterlichen und freimaurerischen Symbolen: Schwerter, gewappnete Männer, Winkel, Hammer, Zirkel – aber immer noch keine Namen.

Laut offiziellen Angaben stammen die meisten Steine aus dem 14. und 15. Jahrhundert und sind das Werk einer Gruppe von Bildhauern, die sich während dieses Zeitraums am Loch Awe aufgehalten hat. Die Tradition sei dann auch von anderen aufgenommen worden und habe sich bis ins 18. Jahrhundert erhalten. Eine Halbinsel am Ostufer des Loch Awe heißt heute noch Inistrynish, Insel der Bildhauer.

Diese Theorie wird auf den Erläuterungstafeln ohne nähere Einzelheiten in den Raum gestellt. Wenn es sich tatsächlich um Bildhauer gehandelt haben soll, was taten diese Männer am Loch Awe, in der Einsamkeit, wo keine gotische Kathedrale, kein mittelalterlicher Dom, nicht einmal die Ruinen eines Klosters von ihrem Kunstverständnis zeugen? Augenscheinlich beschränkte sich ihre Tätigkeit auf die Herstellung kunstvoller Grabplatten. Für wen – außer für sich selbst? Und warum traten sie so zahlreich auf?

Die neueren Grabsteine in Kilmartin weisen häufig das freimaurerische Meistersymbol auf: Totenschädel und gekreuzte Schenkelknochen. Muß es sich dabei jedoch unbedingt um das Grab eines Meisters der Freimaurer handeln? Man wird auf jedem alten Friedhof in Großbritannien einzelne Gräber mit Totenschädel und gekreuzten Knochen finden – unter vielen anderen Grabornamenten. Wenn jedoch, wie zum Beispiel im alten Friedhof von Balantrodoch/Temple, fast alle Gräber mit diesen Symbolen sowie Kelle, Hammer, Zirkel, Kompaß und Winkel versehen sind, fällt es schwer, an einen Zufall zu glauben.[52]

Schon Baron von Hund, der Gründer der Strikten Observanz, führte im 18. Jahrhundert seine Loge auf Tempelritter zurück, die über die Insel Mull nach Schottland geflohen seien – diese ist ganz in der Nähe von Argyll. Auch er beruft sich auf Pierre d'Aumont als Nachfolger von Jacques de Molay. Damals wußte noch niemand etwas von den Reliefs auf den Grabsteinen und von einem steinernen Kreuz in Kilmory, das eindeutig ein Templerkreuz darstellt: mit gleichlangen Balken, die sich zum Zentrum hin verjüngen. Es sieht nicht aus wie ein Grabkreuz, eher wie die Kreuze, mit denen die Templer die Grenzen ihres Gebiets kennzeichneten und den Pilgern die sichersten Routen wiesen.

Dieser Teil Schottlands ist auch heute noch schwer zugänglich: Die schmale Straße, die am Ostufer des Loch Awe entlang nach Süden führt, ist einspurig, am Loch Sween kommen noch Schlaglöcher dazu, nach Kilneuair führt lediglich ein Fußweg.

Das Schicksal der Templerflotte wurde nie geklärt, und auf manchen Grabplatten taucht das Symbol eines Schiffes auf, nicht eines einfachen Kahnes, wie ihn die schottischen «Herren der Inseln» benutzten, sondern eines voll seetüchtigen Transporters.

Die Küste hinter den vorgelagerten Inseln Jura und Mull weist zahlreiche Meeresbuchten auf, die sich hervorragend als natürliche Häfen eignen. Ardfern zum Beispiel, ganz in der Nähe der Gräber von Kilmartin gelegen, ist heute ein bekannter Yachthafen. Wären die Templer, eventuell aufgrund einer endgültigen Niederlage König Roberts, zur Flucht gezwungen worden, hätten sie sich von dort aus leicht wieder einschiffen können.

Der schottische Erzbischof William Lamberton von St. Andrews war zwar offiziell für die Inquisition in Schottland zuständig und hatte auch dem englischen König Eduard II. den Treueeid schwören müssen, aber seine Loyalität gehörte Robert the Bruce. Im Dezember 1309 verhörte er zwei wichtige Mitglieder des Ordens in Holyrood. Lamberton kümmerte sich nicht um die Exkommunikation von Robert the Bruce, warum sollte er also die Templer für Ketzerei strafen, wenn sie der Sache Schottlands dienen konnten?

Vielleicht hat jeder, der sich sehr intensiv oder zu intensiv mit einer Sache beschäftigt, zum Schluß eine fixe Idee und sucht auch dort Bestätigungen für seine Theorie, wo nur der Zufall mitspielt. Dennoch soll eine kuriose Tatsache nicht unerwähnt bleiben: In Kilmory sind die meisten Gräber sehr alt. Zwei der neuesten stammen aus der zweiten Hälfte des 20. Jahrhunderts. Vermutlich handelt es sich um ein Ehepaar. Der Mann hieß Edwin Hugh Lewis. Die Frau hielt augenscheinlich ihren Geburtsnamen noch für erwähnenswert, sie hieß Agatha Janie Temple-Lewis.

Das englische Wort *Lewis* wird laut Lexikon mit «Steinwolf» übersetzt und bedeutet eine Vorrichtung zum Heben schwerer Steine. Im freimaurerischen Sprachgebrauch ist ein «Lewis» der Sohn eines Freimaurers, der nicht erst mit einundzwanzig Jahren, sondern schon mit achtzehn einer Loge beitreten darf.

Merkwürdig, daß sich Agatha Janie Temple und Edwin Hugh Lewis begegneten und heirateten; noch merkwürdiger, daß sie sich nach ihrem Ableben beide auf einem sonst nicht mehr benützten alten Friedhof begraben ließen, der mit Templer- und Freimaurersymbolen übersät ist.

Im Laufe dieser Untersuchung haben wir bereits eine andere historische Persönlichkeit kennengelernt, die in Frankreich verfolgt wurde und im Norden der Britischen Inseln Asyl fand und eine Familie gründete: Dagobert II., König von Austrien.

Wenn Dagobert tatsächlich keltisch-christliche Traditionen aus Schottland, Nordengland oder Irland nach Frankreich brachte, wenn vielleicht eine Verbindung zwischen «bufo», dem Wappentier der Merowinger, und dem templerischen Baphomet bestand – was wäre für die Templer natürlicher, als auch den gleichen Fluchtweg zu wählen?

Der Kreuzweg in der Kirche von Rennes-le-Château wurde von Abbé Saunière selbst arrangiert. Einige der Darstellungen wirken befremdend durch scheinbar willkürlich eingefügte Kleinigkeiten, die nichts mit der biblischen Geschichte zu tun haben. Warum ist ein Kind ausgerechnet in ein Tuch mit Schottenmuster gewickelt? Zufall oder ein mit Absicht plazierter Hinweis auf eine Verbindung zwischen Südfrankreich und Schottland, den Templern und den Merowingern, der Prieuré de Sion und den Freimaurern? Damit kommen wir auf die alte Frage zurück: Was wußte Saunière – und wer hat unter den heutigen Organisationen Zugang zu diesen Informationen oder zumindest einen Anteil an diesem Wissen?

Die verschiedenen Teile des Puzzles passen nicht genau zusammen. Es ist jedoch sinnlos, triumphierend auf Widersprüche in den Prieuré-Unterlagen hinzuweisen. In der ersten Strophe von *Le Serpent Rouge* erfolgt bereits ein Hinweis, daß die verschiedenen Manuskripte nur für denjenigen einen Sinn ergeben, der weiß, daß die verschiedenen Farben des Regenbogens weiß ergeben und die Farben einer Malerpalette schwarz. Schwarz und weiß: die Farben des Baucéant.

Wir haben dieses Kapitel mit dem Buch *Les Templiers sont parmi nous* begonnen; schließen wir auch mit dem Zitat des heiligen Augustinus, das Gérard de Sède im Vorwort bringt: «Suchen wir wie solche, die etwas finden müssen, und finden wir etwas, so verhalten wir uns so, als ob wir noch etwas suchen müßten.»

Das Geheimnis der Templer

Anfang der siebziger Jahre drehte ein findiger Regisseur eine Serie von Horrorfilmen über die Templer. Der Grundtenor war immer der gleiche: Die Templer hatten aus dem Orient das

Geheimnis des ewigen Lebens mitgebracht, brachten Menschenopfer dar – vorzugsweise junge, gutaussehende Mädchen – und kehrten Jahrhunderte nach ihrem Ableben als Untote zurück, um Rache an den Erben ihrer Peiniger zu nehmen oder weiter ihren unheiligen Praktiken zu frönen.

Man muß dem Regisseur der Filme immerhin zugute halten, daß er sich etwas mit der Geschichte der Templer beschäftigt hat. Ein Film, in dem die toten Templer genau fünfhundert Jahre nach ihrer Vernichtung durch die Mitglieder eines Dorfes zurückkommen, um sich ausgerechnet an diesem Jahrestag zu rächen – die Handlung findet um 1970 statt –, spielt in Spanien, wo die Templer tatsächlich über das Jahr 1307 hinaus noch existierten, wenn auch unter anderem Namen.

Auch der Einfall, die Gewänder der Templer mit einem roten Anch-Kreuz zu versehen, ist recht einfallsreich; schließlich wurde dieses sogenannte Henkelkreuz schon von den alten Ägyptern als Symbol des ewigen Lebens benützt. Dieses Anch-Kreuz wurde im Film mit einem Feuerrand dargestellt. Und in einem der Filme starben die Templer den Flammentod, wie Jacques de Molay, der letzte Großmeister.

Religionswissenschaftler sehen in der Reinigung durch das Feuer die Vereinigung des Menschen mit der Gottheit – die Feuertaufe als weiterer Schritt nach der Taufe mit Wasser, wie schon in der Legende von Roncelin du Fos überliefert. Und die neugnostische Kirche in Südfrankreich unter Jules Doinel setzt die Buchstaben INRI mit «igne natura renovatur integra» – durch Feuer wird die Natur erneuert – gleich. Auch die Volksbräuche auf der ganzen Welt, in der nach dem Verbrennen einer Gestalt aus jungem Holz die Asche auf die Felder gestreut wird, laufen in diese Richtung.

Mit seinem Tod setzte Jacques de Molay ein Zeichen für die Nachwelt, ein Fanal, das seine düstere Anziehungskraft bis heute nicht verloren hat. Die offizielle Struktur des Templerordens ging unter, aber gleichzeitig gab der letzte Großmeister durch das Brandopfer seiner selbst allen kund, daß der Tempel etwas besaß, für das es sich zu sterben lohnte. Jacques de Molay war im Glauben der Römischen Kirche großgeworden, er kannte die Heiligenlegenden – und er mußte sich darüber im klaren sein, daß er zum Märtyrer werden würde – früher oder später.

Denken wir auch an die im Montségur verbrannten Parfaits, die mit Begeisterung auf dem Scheiterhaufen starben. Kurz zuvor hatten sich ihnen noch einige der Burgbesatzung angeschlossen, wohl wissend, daß sie damit das Schicksal der anderen teilen würden. Nicht Fahnenflucht im letzten Moment, sondern Annahme des Todes um einer höheren Sache willen. Katharer und andere sogenannte «Ketzer» wurden im Auftrag der Amtskirche verbrannt, weil sie etwas glaubten und lehrten, das für diese gefährlich werden konnte.

Hätten sich die Parfaits durchgesetzt, wäre die Amtskirche vermutlich früher oder später untergegangen. Nicht durch Verfolgung, sondern weil sie den Menschen nichts mehr bieten konnte, so, wie die Kirche selbst die verschiedenen «heidnischen» Religionen im Mittelmeerraum abgelöst hatte, weil sie vorzugsweise den Geknechteten und Versklavten eine Alternative zum Götterkult bot. Aber wie hätte der weitere Weg der katharischen Minnekirche ausgesehen? Eine Bewegung, die verfolgt und angegriffen wird, deren Mitglieder sich ständig bewähren müssen, die nur die Besten anzieht, weil die Lauwarmen lieber mit dem Strom schwimmen, wirkt belebend, erhält ständig neue Impulse, bringt Märtyrer hervor, die wiederum als Beispiel auf andere wirken. Eine etablierte Kirche, deren Mitgliedschaft soziale Vorteile bringt, zieht notgedrungen Mitläufer an. Am Aufstieg und Niedergang der verschiedenen Mönchsorden kann man diese Entwicklung sehr gut nachvollziehen.

Wäre auch der Kathararerkirche ein ähnliches Schicksal irgendwann nicht erspart geblieben? Die meisten Freimaurersysteme haben die Gefahr erkannt. Bei ihnen ist mit der Initiation die Suche nicht zu Ende, sondern beginnt erst. Zufriedenheit mit sich selbst setzen sie mit Stagnation gleich, und Stagnation führt früher oder später zu Rückschritt.

Und wie steht es mit den Templern? Sicher, der Templerorden war bis zu diesem Zeitpunkt noch nie verfolgt gewesen; seine Mitglieder genossen jede erdenkliche gesellschaftliche Achtung. Aber: Wer im 12. und 13. Jahrhundert dem Orden beitrat, mußte damit rechnen, in Outremer Entbehrungen zu erleiden und im Kampf zu sterben. Zur Blütezeit des Ordens war jeder Templer nicht nur permanent bereit, sein Leben hinzugeben, sondern von einer geradezu mystischen Todessehnsucht erfüllt. Zeitgenössische Berichte bestätigen dies. Die Templer führten den Dienst der hohen Minne an «Notre-Dame» bis zur letzten Konsequenz: der Aufopferung des eigenen Lebens.

Ein Templer in Outremer – 'und dort hielt sich die Elite auf, wurden die Großmeister gewählt – besaß auch nichts, an das er sein Herz hängen konnte; seine irdischen Besitztümer hatte er beim Eintritt in den Orden abgegeben, eine Familie im Sinne von Nachkommen hatte er nicht. Sein Leben waren seine Brüder – und davon würde er auch nach christlicher Ansicht im Jenseits genügend treffen.

Laut ihren Statuten durften die Templer sich erst ergeben oder fliehen, wenn die Feinde ihnen im Verhältnis drei zu eins überlegen waren. Und selbst wenn sie sich gefangennehmen ließen, konnte es geschehen, daß sie entgegen der Abmachung hingerichtet wurden. Die christlichen Kreuzritter verfuhren mit ihren Feinden nicht besser – nicht einmal Richard Löwenherz, das Vorbild der Ritterschaft. 1191 ließ er um die zweitausend sarazenische Gefangene hinrichten, da sich die Verhandlungen zu lange hinzogen und sie ihm auf seinem Marsch nach Jerusalem lästig gewesen wären.

Schlimmer noch waren die Folterungen. Bei der Schlacht von Hattin verloren um die zweihundertdreißig Tempelritter ihr Leben, nicht alle davon in der Schlacht. Die restlichen wurden zwischen zwei Pfähle gebunden und bei lebendigem Leib enthäutet.

Auch Sultan Baibar ließ 1266 die gesamte Templerbesatzung von Saphet trotz der Kapitulation und gegen jedes Kriegsrecht nach vorangegangenen Folterungen hinrichten.

Anfang des 14. Jahrhunderts sah die Situation anders aus. Wenn das Zahlenverhältnis von Zypern auch nur einigermaßen stimmt, waren zahlreiche Templer dem Orden erst nach 1291 beigetreten. Sie wußten, daß es fraglich war, ob je wieder ein neuer Kreuzzug stattfinden würde. Die Sarazenen waren in Outremer fest etabliert, es gab keine Basis mehr für ein Kreuzfahrerheer – und die Stimmung in Europa war denkbar ungünstig.

Die Veteranen mußten sich damit begnügen, von ihren Heldentaten in Outremer zu erzählen, und verweichlichten langsam. Je nach Temperament muß ihnen Europa als Dolcefarniente oder als langweilige Provinz erschienen sein. Askese hatten sie nie gekannt; als Soldaten war ihnen die Selbstkasteiung sogar untersagt. Ganz abgesehen vom Wein: Saufen und fluchen wie ein Templer! In dieser Epoche hatte das Sprichwort vermutlich durchaus seine Berechtigung.

Ein Templerrekrut um 1300 hatte die Gewähr, daß er in den europäischen Komtureien ein behäbiges Leben führen konnte, ohne je den Gefahren und Strapazen eines Feldzugs ausgesetzt zu sein. Trotzdem würde er von der Macht und dem Ansehen des Tempels profitieren. Für idealistische und aktive junge Ritter stellte der Tempel keine Herausforderung mehr dar; wer Anfang des 14. Jahrhunderts die Berufung fühlte, gegen die Ungläubigen zu kämpfen, schloß sich den Orden auf der Iberischen Halbinsel an, wo der Kampf gegen die Mauren erst im späten 15. Jahrhundert endete.

Der Reichtum des Ordens vermehrte sich weiterhin, auch wenn die finanziellen Transaktionen auf Europa beschränkt waren. Kriegführen kostet Geld, und die früher in Outremer ausgegebenen Summen blieben nun in den Kassen der Templer. Sie wären auch ohne eigenes Zutun immer reicher geworden, arbeiteten jedoch weiterhin an der Vermehrung ihres Vermögens. Der Tempel hatte schon immer hervorragende Administratoren gehabt, aber nun gewannen sie die Überhand. Sklave und Leibeigener des Tempels zu werden, wie es bei der Aufnahmezeremonie hieß, bedeutete inzwischen nur mehr, am gewaltigen Reichtum des Tempels teilzuhaben.

Ein eventueller Gedankenaustausch mit fremden Kulturen entfiel, wer sich unter den Templern für verbotenes Wissen interessierte, über die Ursprünge des Christentums, die Zusammenhänge zwischen Gnosis und Kabbala, war nicht mehr gezwungen, immer wieder seine bisherigen Erkenntnisse unter neuen Aspekten zu prüfen und unter Umständen verwerfen zu müssen.

Daß zumindest einige unter den Templern sich um solche Theorien kümmerten, gilt als sicher. Es gab Kontakte mit den Assassinen, und diese waren im Besitz von Apokryphen, wie schon der Botschafter Ludwigs des Heiligen bestätigte.

Da der Templerorden seinen ursprünglichen und fordernden Auftrag verloren hatte, war er unter dem Dach der Kirche zum Selbstzweck geworden. Es war höchste Zeit, daß sich der Orden erneuerte. Aber das Gros der Templer hatte inzwischen kein Interesse mehr daran, das angenehme Leben aufzugeben und sich neuen Herausforderungen zu stellen. Der Anstoß konnte nur von außen kommen.

In den Reihen der Templer muß es Männer gegeben haben, deren Reformationsbedürfnis so weit ging, daß sie nicht nur bereit waren, sich selbst zu opfern, sondern den Tempel gleich mit. In der Erwartung, daß sich dadurch eine neue Elite herauskristallisieren würde, während sich die Mitläufer von der Bewegung lösten.

Die Strukturen und die Hierarchie des Ordens mußten zerstört werden. Nur das konnte das weitere Absacken der ehemals stolzen Bruderschaft aufhalten.[53]

Diese Theorie würde manches erklären. Die Tatsache, daß Jacques de Molay augenscheinlich etwas weiß, vor Beginn der Verfolgung den Befehl gibt, schriftliche Unterlagen zu vernichten, mit geheimen Sondertransporten durch vertrauenswürdige Templer Dokumente und transportable Reichtümer in Sicherheit bringen läßt, aktiv jedoch keine Anstalten macht, das Unheil abzuwenden.

Der Tempel von Paris war der sicherste Ort Frankreichs. Philipp selbst hatte dort vor der empörten Bevölkerung Zuflucht gesucht, als ihn seine eigenen Soldaten nicht schützen konnten. Auf der anderen Seite durfte laut päpstlicher Bulle niemand ohne Erlaubnis in Gebäude eindringen, die dem Tempel gehörten.

Vom legalen Standpunkt aus und ihrer militärischen Stärke her hätten die Templer also ohne weiteres dem König trotzen können. Der Großmeister mußte wissen, daß er ein Risiko einging, wenn er Philipp gewähren ließ. Jacques de Molay unternahm jedoch nichts, er und seine Gefährten ließen sich abführen wie die Lämmer.[54]

Aber die Vernichtung der Behäbigkeit des Ordens durch die Zerschlagung seiner Strukturen konnte nicht das einzige Ziel der Verschwörer sein. Es mußte auch Überlebende geben, welche das Erbe bewahrten – wie nach der biblischen Sintflut, die auch von den Freimaurern so gerne zitiert wird.

Jacques de Molay hielt seine Kerkermeister jahrelang hin – durch Geständnisse, Widerrufe, sich widersprechende Aussagen. Er wollte erfahren, wie es weiterging. Als er wußte, daß sich ein Kontingent der Templer in Schottland niedergelassen hatte und dort das Erbe pflegte, konnte er beruhigt sterben. Vor seinem Tod soll er noch einmal die Reinheit des Tempels beschworen haben. Und er hatte vermutlich recht: Die unsauberen Elemente waren abgesprungen. Die Spreu hatte sich vom Weizen getrennt.

Aber ist nicht schon die Anmaßung, zu entscheiden, was erhaltenswert ist, mit der gnostischen Theorie der ewigen Liebe nicht mehr zu vereinbaren? Die Katharer hielten die materielle Schöpfung auch deshalb für negativ, weil sie eine Manifestierung der Macht darstellt. Das gleiche gilt logischerweise für die

Zerstörung. Wenn die materielle Schöpfung ursprünglich aus der Furcht, dem Leid, der Verwirrung und der Unwissenheit der Sophia entstanden ist, führt dann nicht die Zerstörung zu einer Freisetzung dieser Gefühle? Wäre das ein Hinweis auf eine finstere Seite der Templer? Hatten die Verschwörer das Recht, die Ermordung ihrer Brüder nicht nur stillschweigend hinzunehmen, sondern zu provozieren?

Aber: Das Gros der Templer starb gar nicht. Ein Templer, der nach Androhung der Folter gestand und dabei blieb, wurde in ein Kloster verbannt, wo er den Rest seiner Tage verbringen mußte. Und das trifft auf die meisten zu. Die Würdenträger wurden zu lebenslanger Kerkerhaft verurteilt. Auf den ersten Blick wirkt die Zahl der «relaps», die auf dem Scheiterhaufen starben, beeindruckend. Leider ist nicht bekannt, wie viele Templer es damals genau gab, die Zahlen liegen zwischen dreitausend und zwanzigtausend Tempelrittern, hinzu kommen noch zahlreiche Laienbrüder, Knappen, Sergeanten und Bedienstete.

Aber es war auf jeden Fall eine Minderheit, die sich weigerte, die Anklagepunkte zu bestätigen, oder die später das Geständnis widerrief. Durch sie wurde der Tempel unsterblich.

Hätte sich der langsame Niedergang der Templer fortgesetzt, so würden wir heute die Templer nur mehr als obskuren Kreuzritterorden kennen, der sich irgendwann zersetzte. So aber haben die Templer Generationen von Historikern und Schriftstellern herausgefordert und in ihren Bann gezogen. Durch die gewaltsame Vernichtung des Ordens, die Verfolgung seiner Mitglieder, die widersprüchlichen Vorgänge bei den Verhören und den Tod des letzten Großmeisters auf dem Scheiterhaufen haben die Templer einen Hauch düsterer Romantik erhalten, der nie vergehen wird.

Diese Theorie von der Selbstzerstörung des Templerordens mag auf ihre Weise ketzerisch klingen. Die Verfolgten, Opfer des «größten Justizmordes der Geschichte», sollen plötzlich ihren Holocaust selbst organisiert haben? Geht dadurch nicht ein Teil des Nimbus verloren?

Baigent, Leigh und Lincoln geben eine Alternative: Nicht die Templer selbst organisierten die Verschwörung, sondern eine andere Gruppe, die enge Verbindungen mit dem Tempel hatte und die Strukturen des Ordens kannte, die ebenfalls dem früheren Ideal des Ordens anhing und dem Verfall im 14. Jahrhundert nicht tatenlos zusehen mochte. Diese Gruppe war die Prieuré de Sion. Da die Prieuré älter war, konnte sie sich berechtigt fühlen, den von ihr ins Leben gerufenen «Schwertarm» wieder zu vernichten – aber nicht ganz.

Dies sehen die englischen Autoren in den offiziellen Protokollen der Inquisition bestätigt. Dort taucht der Name Guillaume de Gisors auf; er habe mit anderen zusammen die Aufgabe gehabt, alle Figuren aus Holz oder Metall, die sie im Tempel von Paris fanden, der Inquisition vorzulegen. Laut den Dossiers Secrets war Guillaume de Gisors zu diesem Zeitpunkt der Großmeister der Prieuré.

Die Aktennotiz der Inquisition wird wörtlich wiedergegeben. Was dabei nachdenklich stimmen sollte, ist die Tatsache, daß Guillaume de Gisors lediglich als «Kollege eines Mannes des Königs» genannt wird, im gleichen Atemzug mit einem «gewissen Raynier Bourdon». Eigentlich würde man, wenn es sich tatsächlich um den Herrn von Gisors und damit einen hohen Adeligen handelte, die Angabe eines Titels erwarten. Könnte es sein, daß dieser Guillaume de Gisors gar kein Mitglied der Familie Gisors war, sondern schlicht ein Wilhelm, der, eventuell sogar nach dem Burgherren benannt, aus dem Ort Gisors stammte?

Diese Erklärung wird durch die Biographie des historischen Guillaume de Gisors gestützt. Wenn dieser, wie von Baigent, Leigh und Lincoln angegeben, 1219 geboren wurde, mußte er 1307, als Philipp in seiner Nacht-und-Nebel-Aktion gegen den Templerorden vorging, achtundachtzig Jahre alt gewesen sein – kaum das richtige Alter, um an solchen Maßnahmen teilzunehmen.

Am Untergang des Templerordens müssen Insider beteiligt gewesen sein. Nur so lassen sich die verschiedenen Ungereimtheiten erklären. Die gesamte Theorie über die historische Kontinuität der Prieuré de Sion beruht lediglich auf Indizien. Und sie ist nicht nötig, um die Zerstörung des Templerordens von innen heraus zu erklären.

Wer immer die Vernichtung des Ordens beschloß, er hatte ein Interesse am Weiterleben einzelner Templer. Das geheime Wissen, der Heilige Gral, sie mußten der Nachwelt erhalten werden. Der Gral war der Inquisition anläßlich der Belagerung von Montségur entgangen, und er würde auch die Vernichtung der Ordenshierarchie überleben.

Es sieht so aus, als habe dieser Plan funktioniert. Die treu gebliebenen Templer in Schottland teilten ihr Wissen mit den Baumeistern der Abteien und Kathedralen und erhielten von dort neue Impulse. Diese Theorie ist nicht beweisbar. Aber sie erklärt die Legenden: das geheimnisvolle Reservekorps bei Bannockburn, den Anspruch von Kilwinning, die älteste Loge zu sein, die Verbindung der Stuart-Könige und der Freimaurer. Nicht zu vergessen die geheimnisvollen Grabsteine in County Argyll. Und die Bedeutung der Familie Sinclair sowie die Erbauung von Rosslyn Chapel.

Aber was war mit den Templern in anderen europäischen Ländern? In Deutschland hatten sie sich gegen die Verhaftung gewehrt, aber der Orden war dort nie so bedeutend gewesen wie in Frankreich, schon aufgrund der Konkurrenz durch die Deutschherren.

Und in Portugal, wo sie einfach ihren Namen in «Christusorden» änderten? Erinnern wir uns an Vasco da Gama, Heinrich den Seefahrer, Christoph Kolumbus ... Auf den Segeln der Santa Maria, Niña und Pinta prangte unübersehbar das rote Tatzenkreuz der Templer.

Aber das war fast zweihundert Jahre später, und die ehemals blühende Mischkultur von Christen, Juden und Moslems auf der Iberischen Halbinsel war abgewürgt worden. 1492 war nicht nur das Jahr der Entdeckung Amerikas, sondern auch das Ende der Reconquista. Die katholischen Könige, Ferdinand und Isabella, hatten über die Moslems gesiegt, die Mauren waren aus Spanien vertrieben worden, der Einfluß der Juden wurde zurückgedrängt – und das geistige Leben begann zu verkümmern.

Als Spanien im 17. Jahrhundert materiell am reichsten war, weil es seine Kolonien in Südamerika erbarmungslos plünderte, hatte es seinen kulturellen Zenit schon seit langem überschritten. Das Schicksalsrad hatte sich gedreht.

Der Niedergang der Spanier war vorprogrammiert, der Untergang der Armada und die Seeherrschaft Englands war nur der Abschluß einer Entwicklung, die Jahrhunderte früher begonnen hatte.

Die Templer im Spanien der Reconquista, wenn man sie überhaupt noch als solche bezeichnen kann, hatten die Lehre ihrer Brüder zu Beginn des 14. Jahrhunderts vergessen: Daß man gegebenenfalls Ballast abwerfen muß, um an Höhe zu gewinnen, daß man bereit sein muß, aufzugeben, was einem am meisten bedeutet – denn wenn man an der äußeren Form festhält, verliert man den Inhalt. Jacques de Molay und seine Brüder hatten das einzige, was sie besaßen, den Orden der Tempelritter selbst, aufgegeben, in der Hoffnung, daß seine Prinzipien genau dadurch weiterleben würden.

Diese Theorie in erweiterter Form, daß man sich selbst loslassen muß, um mit der Luminosität, dem Göttlichen zu verschwimmen, war schon lange vor den Templern formuliert worden, nicht zuletzt von einem Mann namens Jesus von Nazareth: «Wer immer seine Seele retten will, wird sie verlieren, und wer immer sie verliert, wird sie gewinnen.» (Lk 17, 33)

Wie christlich waren die Templer? Bespuckten sie, die einem Gesandten aus Damaskus einen Gebetsraum zur Verfügung stellten, das Kreuz, Eckpunkt des Glaubens, in dem sie großgeworden waren?[55]

In der Astrologie stellt das Kreuz die Materie dar. Bei der Darstellung des Planeten Venus befindet es sich unterhalb des Kreises: Der Geist nimmt die Materie in Besitz. – Anders bei der Erde: Wir sind in der Welt der Erscheinungen gefangen.

Die gekreuzigte Schlange ist ein uraltes hermetisches Symbol. Ein Wesen, das so körperlos ist, daß es nicht einmal Glieder besitzt, wird durch die Kreuzigung unbeweglich gemacht.[56]

Starb Jesus wirklich am Kreuz? Wurden die Templer bei ihrer Aufnahme in den Orden aufgefordert, dem Irrglauben abzuschwören, man könne das göttliche Prinzip der Liebe an ein Stück Holz nageln? Wie weit gingen sie dabei?

Hätten die Templer einen Grund gehabt, die katholische Kirche und ihre Symbolik so zu hassen, daß sie das Kreuz, das sie auf ihren Mänteln trugen und während der Schlacht schützten, tatsächlich schmähten? Als Papst Urban IV., ehemaliger Patriarch von Jerusalem, einen Kreuzzug gegen die Hohenstaufer in Italien ausruft, verrät er damit die Ritterorden, die heroisch gegen eine Übermacht kämpften. Der Papst war die einzige Person, der die Templer Loyalität schuldeten. Aber Loyalität im Feudalsystem des Mittelalters hatte zwei Seiten: Nicht nur der Untergebene ist seinem Herrn etwas schuldig, sondern auch umgekehrt. Ein Herr hatte Anspruch auf den Dienst seines Vasallen, war jedoch verpflichtet, diesem Schutz zu gewähren. Und der Papst kündigte nun das Vertrauensverhältnis einseitig.[57]

Es gibt ein interessantes Gedicht von einem Troubadour namens Olivier Le Templier aus dieser Zeit: «Zorn und Trauer haben sich in meinem Herzen niedergelassen, so daß ich mich kaum getraue, am Leben zu bleiben. Denn man erniedrigt uns das Kreuz, das wir zu Ehren dessen genommen haben, der gekreuzigt wurde. Weder das Kreuz noch das Gesetz bedeuten uns noch etwas; sie schützen uns auch nicht vor den treulosen Türken, die Gott verdammen möge! Aber es sieht so aus, als wolle Gott diese stärken, damit sie unser Untergang werden ...

Nur ein Narr kämpft gegen die Türken, da Jesus Christus ihnen nichts mehr verweigert... Sie wissen, daß sie uns jeden Tag niederdrücken, denn Gott, der früher wachte, schläft jetzt, und Mohammed erstrahlt vor Macht, und sein Abglanz fällt auf den Sultan von Ägypten. Der Papst überhäuft die Franzosen und Provenzalen, die ihm gegen die Deutschen helfen, mit Ablässen. Er zeigt große Geldgier, denn unser Kreuz gilt ihm keinen Kreuzer mehr, und wer immer Lust hat, verläßt den Kreuzzug um des Krieges in der Lombardei willen. Unsere Legaten, ich spreche die Wahrheit, verkaufen Gott und seine Vergebung um Geld...»[58]

Das bedeutet nicht, daß in jeder Komturei und bei jeder Aufnahme in den Orden tatsächlich das Kreuz bespuckt und mit Füßen getreten wurde. Aber schon bei der Initiation wurde dem Postulanten möglicherweise mitgeteilt, daß im Holz des Kreuzes nicht das Heil steckte.

Wer sich dafür interessierte, wurde in die weiteren Geheimnisse eingeweiht, wenn er seine Eignung unter Beweis gestellt hatte. Die Aufnahme in den Orden war nur der erste Schritt, seine strengen Anforderungen in bezug auf Gehorsam der zweite. Die Templer mußten sich allerdings damit abfinden, daß ihr großer Vorteil, nämlich in Outremer mit ähnlich gesinnten Vertretern anderer Kirchen und Religionen in direktem Kontaktaustausch zu stehen, gleichzeitig ihre Suche nach dem Ewigen durch ihren eigenen Tod in der Schlacht abrupt beenden konnte.

Trevor Ravenscroft stellt in seinem Buch *Der Speer des Schicksals* eine interessante Theorie auf, die er persönlich zwar nicht auf die Templer anwendet, die aber auch in ihrem Fall einiges erklären würde: Höhere beziehungsweise andere Bewußtseinszustände können unter anderem auch durch bestimmte Drogen erreicht werden. Damit wird eine Art «Abkürzung» genommen, eine Schwelle gewaltsam niedergerissen, die sonst das menschliche Bewußtsein zwar einengt, aber auch schützt. Ravenscroft geht soweit zu behaupten, daß durch die unkontrollierte Einnahme von Drogen dämonische Einflüsse geweckt oder freigemacht werden können.[59]

Es bestanden Verbindungen zwischen den Assassinen und den Templern, was beiden oft zum Vorwurf gemacht wurde. – Nehmen wir als Hypothese an, daß die Assassinen die Templer in den Gebrauch von Drogen mit meskalinähnlicher Wirkung einführten und daß dies bei den Templern noch verheerendere Wirkungen hatte als bei den Assassinen, so wie das «Feuerwasser» der Weißen in Amerika den Indianern weit mehr zusetzte als den europäischen Siedlern.

Die Assassinen waren in berauschtem Zustand zu jedem Verbrechen fähig. Wie war wohl die ungewohnte Wirkung der Drogen auf einen Europäer, dessen Alltag in Kämpfen und Töten bestand? Kamen nicht Dinge aus dem Unterbewußtsein hoch, die besser verborgen geblieben wären?

Negative Gefühle, Haß, Neid, Schadenfreude können mächtige Kraftfelder bilden, die je nach Kultur und Erziehung entsprechende Formen annehmen. Und bei Christen ist dies nun einmal eine menschenähnliche Bocksgestalt – Satan, der Teufel, der Leibhaftige.

Und mit diesen Zügen wurde auch der Baphomet der Templer ausgestattet. Ursprünglich war er vermutlich nur ein Symbol für die Verehrung des Täufers, als Kontrast zu der Verehrung der Apostel Petrus und Paulus durch die römische Kirche. Aber nichts spricht gegen die Theorie, daß einige Templer unter dem Einfluß von Drogen tatsächlich Riten durchführten, die eine Entartung der dualistisch konzipierten gnostischen Lehren darstellten.

Anstatt das Materielle hinter sich zurückzulassen und sich auf das Abstrakte zu konzentrieren, versuchten sie, sich wiederum ein Bild des Göttlichen zu machen.

Es muß unter den Templern aber auch Männer gegeben haben, die in der Lage waren, Vergleiche zu ziehen und zu synkretisieren. Es ist kein Zufall, daß gerade in der Epoche der Kreuzzüge alle großen Religionen eine fast gleichartige mystische Strömung entwickelten. Es gab ein Verbindungsglied zwischen Assassinen, Sufis, christlichen Mystikern und Kabbalisten.

Es gibt keinen Beweis dafür, daß dieser Katalysator der Tempel war. Aber die Indizien sprechen dafür.

Konklusion

Wir haben einen weiten Weg zurückgelegt. Von den Wirren der Kreuzzüge zurück zu den frühchristlichen Konzilen über die Natur Jesu bis zu den modernen Geheimgesellschaften, die für sich in Anspruch nehmen, Erben des Vermächtnisses der Templer zu sein, was immer sie im einzelnen darunter verstehen. Von den Gestaden des Mittelmeers über Südfrankreich und die Ardennen zu einsamen Buchten an der Westküste Schottlands.

Bei einem so kontroversen Thema muß man sich davor hüten zu behaupten: So war es. Es geht eher um ein: Zumindest könnte es so gewesen sein. Wie lautet das alte Motto in den klassischen Detektivgeschichten: Wenn man alles eliminiert hat, was nicht sein kann, muß der verbleibende Punkt die Wahrheit sein, selbst wenn er noch so unglaublich erscheint.

Die Templer waren treue Söhne der Kirche, die aufgrund der Geldgier eines Königs und der Schwäche und Korruption eines Papstes unschuldig dahingemordet wurden. Sie brachten dem Teufel Blutopfer und schändeten Jungfrauen. Sie waren Eingeweihte, welche die geheimen Evangelien kannten, die noch vor oder gleichzeitig zu den kanonischen Evangelien niedergeschrieben wurden.

Die Freimaurer sind eine philanthropische Vereinigung und sind darum bestrebt, mit Hilfe der Symbolik ihre Mitglieder mit dem Geist der Liebe zu erfüllen. Sie waren zu Cagliostros Zeiten Scharlatane und streben heute nach der Weltherrschaft. Sie besitzen die Überlieferungen des Architekten Salomos und die philosophischen Erkenntnisse der mittelalterlichen Kathedralenbauer.

Die Prieuré de Sion ist ein gigantischer Schwindel, von Pierre Plantard mit Hilfe seines Freundes Philippe de Chérisey aufgezogen, die sich insgeheim über die Leichtgläubigkeit der englischen BBC-Autoren und des Publikums amüsierten. Es handelt sich um eine jahrhundertealte Institution, die eine direkte Verbindung mit dem von Gottfried von Bouillon gegründeten Ordre de Sion besitzt. Eine Gruppe von Leuten ist auf etwas gestoßen, das von elementarer Bedeutung für die Interpretation der Geschichte ist, und suchte nach einem Weg, diese Erkenntnisse publik zu machen, in der Hoffnung, damit eine spirituelle Entwicklung in Gang zu setzen.

Wo liegt die Wahrheit? Wem es wichtig ist, der mag sich seinen Standpunkt heraussuchen. Das erleichtert das Leben ungemein. Alles hat seine Ordnung, und jede geschichtliche Begebenheit ihren festen Platz unter «Gut» oder «Böse». Wen es befriedigt, Maria Stuart als herzlose Kokotte einzustufen, die ihren eigenen Mann umbringen ließ, mag sich damit zufriedengeben. Dieser Ehemann, Henry Darnley, hatte jedoch vor den Augen der schwangeren Maria ihren Musiker Rizio hinrichten lassen. Oder war dieser etwa ihr Liebhaber und die Tat des Gatten ein Eifersuchtsdrama? Andere werden weiterhin nicht zu Unrecht behaupten, daß ihr Todesurteil aufgrund einer politischen Entscheidung fiel, da eine lebende Maria immer wieder zum Brennpunkt einer Rebellion werden konnte. War sie eine Märtyrerin für den katholischen Glauben, oder war der Kontrast zwischen dem französischen Hof, an dem Maria an der Seite ihres kindlichen Gemahls aufwuchs, und dem calvinistisch geprägten Schottland für ein empfindsames Gemüt zu stark?

Was wäre die Welt ohne die Faszination des Geheimnisvollen, ohne legendenumrahmte Ereignisse in ferner Vergangenheit, ohne tragische Gestalten, welche die Phantasie entzünden und zum Zentrum romantischer Spekulationen werden?

Die Menschen verlangen nach Sicherheit und glauben; sie gewinnen Erkenntnisse und zweifeln; der Zweifel hilft ihnen, sich vom Boden des Glaubens zu erheben und neue Wege zu gehen. Manche vermissen die Sicherheit und kehren zum Überlieferten zurück, andere befreien sich und kommen letztlich zu ähnlichen Erkenntnissen, haben aber aus ihrer Suche persönlichen Gewinn gezogen.

Diese These, daß der Weg gleichzeitig das Ziel darstellt, wird auch von Philippe de Chérisey vertreten. Im Zusammenhang mit dem Heiligen Gral sagte er einst, es komme nicht darauf an, ihn zu entdecken, was zähle, sei die Methode, um ihn zu finden.

Die von Baigent, Leigh und Lincoln so gerne zitierte «rose ligne», die sie mit der «Linie des Blutes» der merowingischen Könige gleichsetzen, ist in Wirklichkeit der rote Faden der Ariadne, der zur Mitte des Labyrinths führt. Besser gesagt: einer der roten Fäden.

Anmerkungen

Einleitung

1 Solche Ungenauigkeiten lassen sich bisweilen dadurch erklären, daß im Mittelalter das Jahr von Pfingsten zu Pfingsten gerechnet wurde.
2 Die Bücher sind in der Bibliographie aufgelistet.

Die Geschichte

1 Es gab Heilige für jeden Anlaß, jedes Anliegen und jede Krankheit. Bisweilen wurden an zwei oder mehreren Orten die Gliedmaßen des gleichen Heiligen als authentisch verehrt, was dennoch keinen an ihrer Wirksamkeit zweifeln ließ.
Man unterscheidet zwischen primären und sekundären Reliquien. Bei den primären handelt es sich um die Leichen der jeweiligen Heiligen selbst (notfalls tun es auch einzelne Körperteile), während die sekundären Reliquien Gegenstände sind, die sie zu Lebzeiten benutzt hatten oder die mit ihrem Tod in Verbindung gebracht werden, oder Gegenstände, die mit der primären Reliquie in Kontakt gebracht worden sind.
Das sogenannte Grabtuch von Turin soll von den Templern nach Europa gebracht worden sein, zumindest läßt sich seine Spur in Frankreich bis ins 14. Jahrhundert zurückverfolgen. – Dieses Grabtuch ist so einmalig, daß sich die Gelehrten heute noch über seine Echtheit streiten können.
Was sollen wir heute von der Feder aus dem Flügel des Erzengels Michael, den zahlreichen Lanzen des Legionärs Longinus, den Windeln des Jesuskindes und den zahlreichen Kreuzespartikeln halten, die zusammengesetzt mindestens drei Kreuze ergäben? (Als Erklärung für diese erstaunliche Kreuzesvermehrung mußte ein Wunder herhalten: Der heilige Cyrill verglich das Kreuz mit den fünf Broten, mit denen Jesus in der Wüste fünftausend Menschen gespeist hatte.) Bei den Feldzügen der Kreuzritter im Heiligen Land trug der Patriarch von Jerusalem oder ein anderer Würdenträger immer das von der Kaiserin Helena aufge-

fundene sogenannte «Wahre Kreuz» dem Heer voraus. Es sollte die Kämpfenden zu noch größerem Eifer entfachen, da es im Falle einer Niederlage in die Hände der Ungläubigen fallen konnte.
Die besondere Haltung des Mittelalters gegenüber der Körperlichkeit Jesu drückt sich auch in diversen messianischen Nabelschnüren und bei der Beschneidung angefallenen Vorhäuten aus, welche von den Gläubigen andächtig bestaunt wurden.

2 Die Zeit der Kreuzzüge wird oft mit der imperialistischen Kolonisierung Afrikas und Asiens verglichen. Der Vergleich hinkt insofern, als die Araber im 12. Jahrhundert den Europäern nicht nur in bezug auf Philosophie, Medizin, Mathematik, Chemie und andere Wissenschaften voraus waren – sogar der Ausdruck «Chemie» beziehungsweise «Alchimie» selbst stammt aus dem Arabischen –, sondern auch die Art der Kriegsführung in dieser Klimazone besser beherrschten und die besseren Waffen hatten. Die edelsten Schwertklingen kamen allerdings aus Indien und China, die sprichwörtlichen Damaszenerarbeiten bezogen sich lediglich auf die gebrochenen Verzierungen.
Der Islam stand damals auf seinem absoluten kulturellen und militärischen Höhepunkt. Es gab unter der Dynastie der Omaijaden eine hoch entwickelte arabische Zivilisation im Mittelmeerraum, die noch vom antiken Griechenland beeinflußt war, weiter im Osten herrschten die abbasidischen Kalifen von Bagdad, die stark von der persischen Hochkultur geprägt waren, und junge unverbrauchte Araberstämme oder Reitervölker aus den Steppen der heutigen Türkei sorgten immer wieder für eine Auffrischung des Blutes und verhinderten das Absinken in die Dekadenz nach byzantinischem Muster. Bis 1061 gehörte auch Sizilien den Omaijaden, und die arabische Dynastie der Almohaden wurde sogar erst 1492 endgültig aus Spanien vertrieben.
Gemeinsam haben die imperialistische Kolonisation und die Kreuzzüge jedoch, daß Menschen, die in ihrem europäischen Heimatland relativ arm waren, durch die Eroberung der Gebiete jenseits des Meeres große Aufstiegsmöglichkeiten gewannen und auf der gottgegebenen Hierarchie einige Stufen nach oben überspringen konnten.

3 Vermutlich lag die Schuld bei einigen Kreuzrittern, die sich zurückgezogen hatten und irrtümlich meldeten, das Kreuzfahrerheer sei besiegt und aufgerieben worden. Letztlich sind die Konflikte jedoch auf die unterschiedliche Mentalität der Griechen und Franken zurückzuführen. Während die Byzantiner die Franken für Barbaren hielten, beneideten diese die Byzantiner wegen ihrer verfeinerten Kultur, verachteten sie aber gleichzeitig wegen ihrer Dekadenz.

4 Über seinen gleichnamigen Onkel, den Herzog von Lothringen, war Gottfried von Bouillon zum angeheirateten Neffen der berühmten Ma-

thilde von Tuszien geworden. Sie galt als eifrige Parteigängerin des Papstes; 1077 stellte sie Papst Gregor VII. die Burg Canossa zur Verfügung, wo er den Bußgang Kaiser Heinrichs IV. erwartete. Auf Mathilde wird unter anderem die Gründung der Abtei von Orval zurückgeführt.
Orval soll, laut Gérard de Sède, eine Zeitlang Peter den Eremiten beherbergt haben, später wurde das Kloster den Zisterziensern des heiligen Bernhard übergeben, einem weiteren Kreuzzugsprediger. Ursprünglich galt Gottfried von Bouillon als Erbe des Herzogs von Lothringen.
Die Frage, ob Mathildes Orthodoxie eventuell ebenfalls anzuzweifeln ist, lassen wir unbeantwortet. Merkwürdig ist auf jeden Fall, daß ihr trotz zahlreicher Verdienste um die Kirche keine besonderen kirchlichen Ehrungen zuteil wurden, in einer Zeit, die mit Heiligsprechungen nicht geizte.

5 Schon der Chronist Fulcher von Chartres zitiert in seiner *Historia Hierosolymitana* Papst Urban, der die Ritter des Abendlandes 1095 aufforderte, «milites Christi» zu werden.
Der Ausdruck kann noch weiter zurückgeführt werden: Papst Gregor VII. (Pontifikat 1073–1085) hatte in seinen Auseinandersetzungen mit dem Deutschen Kaiser die Gläubigen aufgefordert, als «militia Christi» Partei für das Papsttum zu ergreifen. Schließlich ist festzuhalten, daß der Begriff des Heerdienstes für Christus letztlich auf die alten Mönchsregeln, vor allem die *Regula Benedicti* zurückgeht, wo er als Bild für die Askese und den selbstverständlichen Einsatz des Lebens gilt. Die Mönchsregeln wiederum stützen sich auf biblische Texte; vgl. den Brief des Paulus an die *Epheser* 6,10–17:
«Und schließlich: Werdet stark durch die Kraft und Macht des Herrn! Zieht die Rüstung Gottes an, damit ihr den listigen Anschlägen des Teufels widerstehen könnt. Denn wir haben nicht gegen Menschen aus Fleisch und Blut zu kämpfen, sondern gegen die Fürsten und Gewalten, gegen die Beherrscher dieser finsteren Welt, gegen die bösen Geister des himmlischen Bereichs. Darum legt die Rüstung Gottes an, damit ihr am Tag des Unheils standhalten, alles vollbringen und den Kampf bestehen könnt.
Seid also standhaft: Gürtet euch mit Wahrheit, zieht als Panzer die Gerechtigkeit an und als Schuhe die Bereitschaft, für das Evangelium vom Frieden zu kämpfen. Vor allem greift zum Schild des Glaubens! Mit ihm könnt ihr alle feurigen Geschosse des Bösen auslöschen. Nehmt den Helm des Heils und das Schwert des Geistes, das ist das Wort Gottes.»
An diesem Beispiel wird ersichtlich, wie unterschiedlich die erhaltenen Schriftstücke interpretiert werden können. – Man kann sich vorstellen, wieviel Spielraum für eine Interpretation bleibt, wenn nur mehr nachträglich erstellte Chroniken und mündliche Überlieferungen vorliegen.

6 Zahlreiche dieser Ortsbezeichnungen existieren noch heute als stumme Zeugen der Vergangenheit, speziell in England und Frankreich, selbst wenn dort sonst keine Spuren der Tempelritter mehr erhalten sind.
7 Petrus Abaelard war einer der frühen Scholastiker, die versuchten, die Lehren der Kirche zu durchleuchten (vgl. später Thomas von Aquin und Albertus Magnus). Vielleicht war das beginnende 12. Jahrhundert noch nicht reif für Abaelards Gedanken; eventuell wurde Bernhards aggressive Haltung auch durch eine gewisse Verachtung von Abaelards Schicksal bestimmt. Abaelard war als Philosophielehrer in den Haushalt des Kardinals Fulbert gekommen, wo er sich in seine Schülerin Héloise, eine Nichte des Kardinals, verliebte. Seine Zuneigung wurde erwidert, und das Verhältnis blieb nicht ohne Folgen. Obwohl sich Abaelard und Héloise trauen liessen, fühlte sich Fulbert in seiner Ehre gekränkt. Er ließ Abaelard überfallen und entmannen. Die Täter und der Kardinal wurden später bestraft, die beiden Liebenden zogen sich ins Kloster zurück. Der Briefwechsel zwischen Abaelard und Héloise mit seiner Leidenschaft und Inbrunst ist noch erhalten.
Bernhards Kanonisierung ist heute bestimmt für viele Menschen genausowenig einleuchtend wie die des Kreuzfahrers Ludwig IX. von Frankreich, der bereits zu Lebzeiten als Heiliger verehrt und 1297 offiziell kanonisiert wurde. Ganz zu schweigen vom heiligen Dominik († 1221, heiliggesprochen bereits 1233), dessen Orden ab 1233 für die Inquisition zuständig war und seine Hauptaufgabe in der Ketzerverfolgung sah. Auch der Enkel des berüchtigten Borgia-Papstes Alexander VI., Francesco Borgia, der dritte Ordensgeneral der Jesuiten, wurde 1611 heiliggesprochen. Fanatiker, die über Leichen gehen, sind selten sympathisch; gehen sie auch über die eigene Leiche, werden sie zu Märtyrern. Solchen Typen begegnen wir während den Kreuzzügen laufend.
8 Es durfte kein Templer explizit wegen Aussatz aus dem Orden oder auch nur seiner Komturei ausgeschlossen werden. Wenn der Verzicht auf den geliebten weißen Mantel wirklich eine unangemessene Härte war, wurde der Erkrankte notfalls von den anderen innerhalb des Gebäudes abgesondert.
Die Statuten gehen dabei von der Situation in Outremer aus. In Europa wurden oft in der Nähe der Komtureien eigene Leprosenheime gegründet. Die Lepra hat bisweilen eine lange Inkubationszeit, und es konnte geschehen, daß ein Templer aufgrund seines Alters oder einer Verwundung schon lange nach Europa zurückgekehrt war, wenn die Krankheit bei ihm ausbrach.
9 1179 wurde von Papst Alexander III. ein Vertrag zwischen den beiden Orden ratifiziert, welcher die Streitigkeiten zumindest zeitweise beilegte. Auch 1198 mußte ein Papst, Innozenz III., intervenieren, um die Ausein-

andersetzung von Tempel und Hospital um ein Lehen in der Nähe der Festung Margat beizulegen.
10 Balduin der Aussätzige hatte kein Vertrauen zu seinem neuen Schwager Guy de Lusignan, dem zweiten Gatten seiner Schwester Sibylle. Diese war mit sechzehn Jahren bereits Mutter des künftigen Balduin V. und Witwe geworden; ihre zweite Ehe mit dem gutaussehenden Guy de Lusignan war eine Liebesheirat, eine der wenigen, die uns von Erbinnen des Königreiches Jerusalem bekannt sind.
11 Es gibt noch einen weiteren bekannten Fall, in dem sich die Templer ohne Rücksicht auf andere Verpflichtungen für einen der ihren einsetzten. 1275 ließ Bohemund von Antiochia die Templerniederlassung in Tripolis plündern, weil die dortigen Templer Guy de Giblet, einen Affiliierten des Ordens, gegen ihn unterstützt hatten.
12 Auch der Großmeister der Hospitaliter hielt es unter diesen Umständen für Wahnsinn, den Kampf aufzunehmen. – Er blieb als Opfer auf dem Schlachtfeld liegen.
13 Papst Clemens III. unterstützte seine Usurpation, um die bedrohlichen Hohenstaufen aus Süditalien fernzuhalten. Der andere Thronprätendent war nämlich Heinrich, der älteste Sohn Kaiser Friedrich Barbarossas. Dieser war mit Konstanze verheiratet, der letzten legitimen Nachkommin der Hauteville.
In Deutschland hatten die Hohenstaufen gerade die Macht der Welfen-Herzöge gebrochen. Aus dem Schlachtruf «Hi Welf – hi Waibling» (Waiblingen war eine Pfalz der Staufer) entwickelten sich in Italien die Begriffe Guelfen und Ghibellinen. Ghibellinen wurden die Anhänger der Kaiserlichen genannt, während der Ausdruck Guelfen für die Parteigänger des Papstes verwendet wurde.
14 Die Insel sollte noch zweihundert Jahre länger als Syrien in den Händen der Franken bleiben. Damit hatte Outremer eine weitere Basis im Mittelmeer gewonnen. Der Nachteil war, daß sich zahlreiche fränkische Ritter daraufhin lieber in Zypern um ein Lehen bewarben, statt sich auf die unsichere Lage in Syrien und Palästina einzulassen.
15 Auf der Seite der Kreuzfahrer sah es nicht besser aus. Französische Kapetinger gegen Anjou-Plantagenet um die englischen Besitzungen in Frankreich, Hohenstaufen gegen Welfen, Hohenstaufen gegen Hauteville in Sizilien.
Die Anjou-Plantagenet bekamen die Auseinandersetzungen zwischen den Hohenstaufen und den Welfen hautnah mit. Denn der Welfe Heinrich der Löwe hatte sich nach seiner Verbannung im Jahre 1180 zum Hofe seines Schwiegervaters begeben, seines Zeichens König von England.
16 Da die Kreuzfahrer ab dem dritten Kreuzzug die Seereise dem langen Landweg vorzogen, waren sie der Meinung, auf den byzantinischen Kai-

ser nicht mehr angewiesen zu sein. Dessen Armeen hatten die Grenzen des byzantinischen Reiches und damit auch Anatolien und die Nordgrenze des christlichen Outremer im Rahmen des Möglichen leidlich geschützt. Der Einfluß und die Macht von Byzanz waren im Abnehmen begriffen, trotzdem war es kurzsichtig von den Kreuzfahrern, auf den Schutz, welchen schon das Prestige des jahrhundertealten oströmischen Reiches darstellte, leichtfertig zu verzichten.
Indem sie die Macht von Byzanz brachen, wiesen sie den Völkern des Ostens nicht nur den Weg nach Outremer, sondern auch nach Europa. Die späteren Mongolenüberfälle im Orient und in Europa waren also unter anderem eine Folge der Schwächung von Byzanz, zu der die Kreuzritter beigetragen hatten.

17 Papst Gregor IX., der Nachfolger des im März 1227 verstorbenen Honorius III., hatte ihn im September des gleichen Jahres exkommuniziert, offiziell, um ihn für seine Hinhaltetaktik und sein nicht eingelöstes Kreuzzugsversprechen zu strafen. Vermutlich war sich der Papst jedoch der Tatsache bewußt, daß Friedrich seine Zeit damit zubrachte, seine Herrschaft in Norditalien zu stärken und so das Papsttum zwischen den staufischen Erblanden in der Lombardei und Sizilien einzuklammern.
Friedrich machte sich wenig aus dem Bannfluch; die Kirche und die Kreuzzüge waren ihm kein persönliches Anliegen; es sind seine reichlich spöttischen Kommentare überliefert, die die lateinische Kirche im besonderen und auch Moral und Religion im allgemeinen betreffen.
Der eigentliche Anlaß für den lange verschobenen Aufbruch Friedrichs nach Outremer war bezeichnenderweise nicht die Sorge um das Königreich Jerusalem, sondern ein Botschafter des ägyptischen Sultans al-Kamil, der ihn schon im Herbst 1226 um Unterstützung gegen den Sultan von Damaskus gebeten hatte. Damaskus war jedoch ein langjähriger Verbündeter des christlichen Outremer.

18 Den Deutschherren ging in diesem Fall die Loyalität zum Deutschen Kaiser über den Gehorsam, den sie der Kirche schuldeten – was ihnen aber merkwürdigerweise weder Zeitgenossen noch spätere Historiker übelnahmen. 1522 löste sich ein Teil des Ordens sogar völlig von der römischen Kirche, um den «Ketzer» Martin Luther zu unterstützen.
Wie die Hospitaliter wurden auch die Deutschherren von Napoleon Bonaparte aufgehoben. Die Ordenstradition wurde jedoch später von katholischer Seite wieder aufgenommen, und die Vereinigung existiert noch heute.

19 Selbst wenn der Großteil der Mongolen Nestorianer gewesen wäre, so hätten sie sich vermutlich gehütet, den französischen König zu unterstützen. Die Lehre der Nestorianer, benannt nach einem Patriarchen von Konstantinopel, war dualistisch, wie die Lehre der Katharer in Okzitanien,

die von Ludwig unerbittlich verfolgt und schließlich vernichtet wurden. Nestor war auf dem Konzil von Ephesus im Jahre 431 zum Ketzer erklärt worden und hatte daraufhin in Persien eine unabhängige christliche Kirche gegründet. Die Nestorianer glaubten nicht an Jesu göttliche Natur und wichen damit in elementaren Glaubenssätzen von den Lehren der lateinischen Kirche ab. Allerdings war ihr Einfluß unter den Mongolen nicht so stark, wie Ludwig und seine Ratgeber sich gerne einredeten.

20 Damit verstieß er gegen die generelle Politik der Templer, die sogar ihre Gegner anerkannten.
Als ein Templer in Irland der Veruntreuung überführt wurde, verurteilten ihn seine Brüder dazu, in der Templerkirche von London den Hungertod zu sterben, in einer Art Gelaß, das bisweilen «little ease» genannt wird: Die Zelle war so konstruiert, daß man sich nicht richtig setzen konnte; sie war zu niedrig, der Gefangene konnte sich nicht aufrecht hinstellen, und zu klein, der Gefangene konnte sich nicht auf dem Boden ausstrecken.

21 Es ist eine kuriose historische Tatşache, daß im gleichen Monat und Jahr, in dem das fränkische Outremer unterging, in Europa ein neuer Staat entstand: Die drei Urkantone Uri, Schwyz und Unterwalden schlossen sich im August 1291 zur Schweizerischen Eidgenossenschaft, Confoederatio Helvetica, zusammen.

22 Die Kompetenzen der einzelnen Komture und Präzeptoren waren unterschiedlich. In Häusern, die keine Postulanten aufnehmen durften, konnte z. B. auch kein Templer zur Strafe entlassen werden. Auch größere Anschaffungen oder teure Um- und Neubauten mußten von einem übergeordneten Kapitel genehmigt werden.
Der Sinn dieser Maßnahme lag auf der Hand: Eine Komturei bestand nicht zum Selbstzweck, wie ein normales Kloster; sie sollte neben ihrer Funktion als Rekrutierungspunkt und Relaisstation auf einer Pilgerroute hauptsächlich Gelder für den Krieg in Outremer bereitstellen.

23 Die Kreuze der Templer, Johanniter und Hospitaliter unterschieden sich nicht nur in der Farbe, sondern sogar in der Form voneinander (vgl. S. 49 f.). Es bot sich daher an, diese Kreuzesform auch auf Siegeln zu verwenden.

24 Schwierig wird eine Rekonstruktion aus verschiedenen Gründen. Beispielsweise muß ein Templer, der ein Generalkapitel einberuft, nicht unbedingt Großmeister sein, es kann sich genauso um einen Grand Commandeur handeln. Ein Schriftstück, das mit «Magister Templi» unterzeichnet ist, kann ebenso von einem Großmeister wie von einem Provinzmeister stammen. Beginn und Ende ihrer Amtszeit können nicht immer mit Sicherheit angegeben werden; es gab Großmeister, die abdankten, aber erst Jahre später in einem Kloster starben.

25 Gilbert Erail verstand sich mit Gérard de Ridefort nicht besonders gut und war mit dessen Politik nicht einverstanden, vermutet man, denn es gilt als

sicher, daß er die Jahre nach 1184 in Spanien verbrachte, weit entfernt vom direkten Einflußbereich Gérard de Rideforts. In Spanien erwies er sich als fähiger militärischer Anführer, guter Diplomat und hervorragender Verwalter.
Beim Tod von Robert de Sablé muß er sich bereits wieder in Outremer aufgehalten haben, da er umgehend zum Grand Commandeur ernannt wurde.

26 Richard de Bures, der laut manchen Listen der Nachfolger von Armand de Périgord wurde, war vermutlich lediglich Grand Commandeur des Ordens, um während Armand de Périgords Abwesenheit die laufenden Geschäfte weiterzuführen. Als die Brüder erfahren hatten, daß Armand de Périgord tot war, bereitete Richard de Bures die Wahl des neuen Großmeisters vor.

27 Im Mittelalter gab es speziell trainierte Pferde, die in den Schlachten verwendet wurden. Sie mußten kräftig genug sein, das Gewicht der geharnischten Ritter zu tragen, und waren auch selbst durch eine Polsterung geschützt. Die Schlachtrösser mußten in vollem Galopp auf die Phalanx des gegnerischen Heeres einstürmen und durften auch im dichtesten Kampfgewühl nicht scheuen.

28 Eine ähnliche Funktion wie der Provinzmeister muß der Großpräzeptor oder Großprior gehabt haben, der ebenfalls für eine größere Verwaltungseinheit zuständig war. Vielleicht war er diesem auch gleichgestellt und für einen anderen Bereich innerhalb der Administration zuständig, so, wie sich Seneschall und Marschall zivile und militärische Angelegenheiten teilten. Eine genaue Abgrenzung kann heute nicht mehr gemacht werden; die erhaltenen Unterlagen sind zu widersprüchlich.
In den erhaltenen zeitgenössischen Dokumenten, zum Beispiel Schenkungsurkunden, werden für ein und dieselbe Person im gleichen Zeitraum bisweilen unterschiedliche Bezeichnungen gewählt. Vermutlich war sich der Aussteller oft nicht über den eigentlichen und regulären Titel des Templers, dem er als Vertreter des Ordens eine Summe Geldes oder ein Stück Land übereignen wollte, im klaren.

29 Es soll in Kronberg eine bedeutende Templerniederlassung gegeben haben, nur zirka 25 Kilometer von Wien entfernt. Johannes und Peter Fiebag beschreiben unterirdische Anlagen, die den Templern zugeschrieben werden. Der Amateurarchäologe und Schriftsteller Karl Lukan hält von diesen Theorien über die Templer in diesem sogenannten «Weinviertel» nicht viel, liefert aber seinerseits weitere Hinweise auf Legenden über Templerniederlassungen in dieser Gegend. Und erstaunlicherweise taucht die von den Fiebags zitierte Bezeichnung für die Templer, die «Roten Pfaffen», auch in der Bretagne auf. Die dortigen Templer wurden «moines rouges», die roten Mönche, genannt.

30 Für die Zerstörung der Anlage ist in erster Linie das Erdbeben von 1837 verantwortlich.
31 Über die Etymologie des Wortes *Baucéant* sind sich die Historiker nicht einig. Der Ausdruck *baussant* bedeutete im Mittelalter lediglich zweifarbig und soll z. B. auch bei der Beschreibung von scheckigen Pferden verwendet worden sein.
Es gibt unterschiedliche Beschreibungen des Baucéant; wir wissen also nicht mehr genau, ob die schwarzweiße Unterteilung horizontal oder vertikal war oder ob der Gonfanon gar wie ein Schachbrett gestaltet war.
32 Der Vollständigkeit halber soll noch eine weitere Erklärung erwähnt werden, die jedoch weniger überzeugend klingt. Die Vertreter berufen sich auf das Siegel des Ordens, das zwei Ritter auf einem Pferd zeigt, und übersetzen *beau séant* mit «wohl sitzend». Sie interpretieren den Ausdruck als eine Bestätigung der Bedürfnislosigkeit und Armut der ersten Templer.
33 Dem kastilischen König Ferdinand II., einem Zeitgenossen der Templer (1198–1252), wurde bei seinem Kampf gegen die Mauren ein ähnlicher Spruch wie das Motto der Templer in den Mund gelegt: «Oh Gott, der du die Herzen durchforschest, du weißt, daß ich deine und nicht meine Ehre suche; ich will mir nicht vergängliche Reiche erwerben, sondern die Kenntnis deines Namens ausbreiten.»
34 Diese Praktiken galten sogar in Europa. Anfang des 13. Jahrhunderts wurde der Kreuzzug gegen die Katharer in Südfrankreich ausgerufen. Die Soldaten hatten, was Kleidung und Aussehen anging, keinerlei Möglichkeiten, Christen und Ketzer auseinanderzuhalten. Der päpstliche Gesandte gab bei der Belagerung von Béziers den Auftrag, die gesamte Bevölkerung niederzumetzeln, Gott würde die Seinen schon erkennen.
35 Das deutsche Wort Ketzer läßt sich etymologisch auf den Ausdruck Katharer zurückführen. Der Begriff stammt ursprünglich aus dem Griechischen und bedeutet «die Reinen».
Diejenigen, die sich der Katharerbewegung angeschlossen hatten, nannten sich selber *croyants*, Glaubende, nach einer Einweihung wurden sie zu *parfaits*, zu Vollkommenen. *Parfait* wurde man jedoch nicht automatisch nach Ablauf einer bestimmten Zeit, der Glaubende mußte bestimmte Voraussetzungen erfüllen.
36 Es stellt sich auch hier die Frage, wie tief Chlodwigs Frömmigkeit wirklich ging. Einem seiner Nachfolger, Heinrich IV., wurde im 16. Jahrhundert der Spruch zugeschrieben: «Paris vaut bien une messe!» – Paris ist eine Messe wert. Er war katholisch geworden, um das Land zu einigen, war jedoch nach wie vor hugenottenfreundlich. Im Edikt von Nantes gewährte er 1598 den Franzosen die Religionsfreiheit. Die Katholiken ruhten nicht, bis es 1685 wieder aufgehoben wurde.

Auch Chlodwigs Christentum scheint nicht sehr tief gegangen zu sein. In einer Heiligenlegende über seine Gattin Klothilde wird beklagt, daß seine Bekehrung trotz aller Bemühungen der heiligen Königin nur eine mangelhafte war.

37 Der Name leitet sich vom Namen ihres Gründers Dominic Guzmán ab, aber bald nannte man die Brüder auch «Domini canes» – die Hunde des Herrn.

38 Es gab eine Zeit, in der ein Gottesurteil oder das Überstehen einer einmaligen Folter, die nicht zu bleibenden Schäden führen durfte, für einen Angeklagten tatsächlich eine Möglichkeit darstellte, seine Unschuld zu beweisen. Man ging davon aus, daß Gott einem Schuldigen nicht die nötige Kraft geben würde, die Qualen durchzuhalten. Das System wurde später so verdreht, daß ein Angeklagter immer ins Unrecht gesetzt wurde: Gestand er aus Angst und nahm seine Aussage später zurück, war er ein Rückfälliger und wurde verurteilt; blieb er unter der Folter standhaft, war er ein verbohrter Ketzer und mußte um so härter angefaßt werden; wiesen bestimmte Umstände auf seine Unschuld hin, hatte ihm der Teufel geholfen, und er mußte erst recht brennen. Das Verbot der mehrfachen Folterung wurde dadurch umgangen, daß man die weiteren «Sitzungen» als eine Art Fortsetzung der ersten behandelte.

39 Eine andere Theorie sagt, die Flucht hätte in der Nacht darauf stattgefunden, d. h., daß sich die Verschwörer noch einen Tag in Montségur versteckt hielten, während ihre Glaubensgenossen bereits die Festung verließen.

40 Die Ruine der Zitadelle von Montségur existiert heute noch. Auch sonst findet man im Languedoc noch zahlreiche Zeugnisse der Katharer: Gedenksteine, Überlieferungen – und moderne Kirchengründungen neokatharischer Art.

41 Dante Alighieri (1265–1321) läßt Bernhard von Clairvaux am Ende seiner *Divina Commedia* im Paradies in einem Gebet von der «Liebe, welche die Sonne und die anderen Sterne bewegt», sprechen.

42 Vielleicht wurde Franz von seiner Mutter beeinflußt. Sie stammte aus der Provence, wo die Katharer am einflußreichsten waren.

43 Der Forêt d'Orient, das riesige Naturschutzgebiet im Osten von Troyes, gehörte einst den Templern. Noch heute gibt es dort einen Forêt du Temple. Und zahlreiche ehemalige Komtureien zeugen vom Einfluß der Templer in dieser Gegend.

44 Eine Nachfolgeorganisation der Templer, der unter dem portugiesischen König Denis als Auffangbecken für die Templer gegründete Christusorden, machte genau diese Entwicklung durch und wurde zu einem Anhängsel der portugiesischen Krone. Er überlebte zwar recht lange, bis ins 19. Jahrhundert, aber nur mehr als leere Hülse, ohne Substanz. (Vgl. S. 195 und Anmerkung 50, S. 354.)

45 Nach einer anderen Theorie wurde Floyran von Philipp dem Schönen selbst nach Aragon geschickt, um dort seine Beschuldigungen vorzubringen und Philipps Vorgehen gegen die Templer internationalen Rückhalt zu verleihen. Der aragonesische König schenkte dem Renegaten keinen Glauben und schickte ihn nach Frankreich zurück.
46 Die nämliche Beschuldigung taucht später im Zusammenhang mit den Hexenprozessen wieder auf. In zahlreichen, ebenfalls durch die Folter erpreßten Berichten gestanden die Hexen, den Teufel auf Genitalien und Hinterteil geküßt zu haben.
47 Garway befindet sich in einer ländlichen Gegend, war jedoch in den Zeiten der Templer so wichtig, daß es sogar von Jacques de Molay auf seinen Reisen als Relaisstation benützt wurde.
48 In der Kirche von Garway gibt es auch ein sehr gut erhaltenes Templerkreuz, das inzwischen in die Wand eingelassen wurde. Laut dem bereits erwähnten Prospekt stammt es aus neuerer Zeit. Wenn das stimmt: Von wem und aus welchem Grund wurde es gefertigt?
Die Autoren Baigent und Leigh sind der Meinung, es habe sich nicht immer an dieser Stelle befunden; vielleicht gab das zu der Vermutung Anlaß, es sei erst lange nach dem Untergang des Ordens entstanden.
49 Nicht alle Moslems hielten sich gleich streng an dieses Gebot. Es gibt Darstellungen, z. B. ein türkisches Manuskript aus dem 16. Jahrhundert: Mohammed wird dargestellt, allerdings mit verhülltem Gesicht.
50 Dem Christusorden gehörten später unter anderem Vasco da Gama und der portugiesische Prinz Heinrich der Seefahrer (1394–1460) an. Zu diesem Zeitpunkt waren die Söhne des Königs Verwalter des Ordens, Großmeister wurden nicht mehr gewählt. Damit war bereits ein gewisser Niedergang verbunden. 1551 übergab Papst Julius III. offiziell die Orden von Avis, Santiago und Christus an den portugiesischen König. Dieser verlieh die Ordensabzeichen zu dieser Zeit nur mehr ehrenhalber. 1789 wurden die Orden säkularisiert, aber erst 1834 erfolgte die Vertreibung der letzten Kapläne aus Tomar.
51 Der Orden der Johanniter existiert heute noch; da sie jedoch 1570 ihre Zentrale von Rhodos nach Malta verlegten, werden sie heute Malteser genannt, der vollständige Ordensname lautet: Hospitaliter-Orden des heiligen Johannes von Jerusalem, Rhodos und Malta. 1798 wurden sie von Napoleon aus Malta vertrieben.
Der Orden besitzt heute in Rom zwei Paläste und unterhält zu zirka vierzig Staaten diplomatische Beziehungen. Die Malteser sind zwar in erster Linie als Krankenpfleger und für ihre Ambulanz bekannt, betrachten sich jedoch weiterhin als militärischen Orden und gehen auch bei der Auswahl ihrer Mitglieder sehr selektiv vor. Die oberen Ränge in der Hierarchie sind hohen Aristokraten vorbehalten.

Der moderne sogenannte «Johanniter-Orden» ist eine evangelische Vereinigung, die in neuerer Zeit in Großbritannien und Deutschland gegründet wurde. In Großbritannien berufen sie sich darauf, daß der mittelalterliche Orden von Heinrich VIII. aufgehoben wurde und die heutigen Johanniter eine Tradition wieder aufnehmen. Anders als die Malteser können diese Johanniter jedoch nicht auf eine ununterbrochene Reihe von Großmeistern zurückblicken.
52 Auf dem Schauplatz dieses Kampfes wurde ein ehernes Reiterstandbild von Robert the Bruce errichtet. Daneben steht ein Besucherzentrum, in dem sich eine ständige Ausstellung über die schottische Geschichte befindet, unter spezieller Berücksichtigung der Schlacht im Rahmen einer Multi-Media-Show.

Die Legende

1 Es ist erwiesen, daß gerade die Glaubenssätze, die wir heute für die christliche Kirche als allgemeingültig und verbindlich ansehen, sich erst im Laufe der Zeit herauskristallisiert haben, und zwar nicht deswegen, weil sie die besten sind oder die absolute Wahrheit repräsentieren, sondern weil ihre Vertreter intoleranter und unnachgiebiger als die Anhänger der «Ketzerkirchen» waren.
2 Bis zur Entdeckung der Schriften von Nag-Hammadi im 20. Jahrhundert wußte man über die Gnostiker lediglich das, was Irenäus und andere Kirchenväter gegen sie geschrieben hatten, da die gnostischen Evangelien selbst jahrhundertelang vernichtet worden waren, wo immer man ihrer habhaft werden konnte.
3 Noch heute haben die Religionsgemeinschaften mit dem System der gebrauchsfertigen Patentrezepte den größten Erfolg. Die Evangelisten in Amerika und viele Sekten, nicht nur die christlichen, halten den Gläubigen verlockend den Schlüssel des Paradieses vor Augen: Es genügt, sich peinlich genau an die Gesetze und Vorschriften zu halten – auch was die pünktliche Zahlung der Beiträge angeht –, und der Fensterplatz im Himmel wird garantiert. Die Menschen damals wie heute verlangen nach Sicherheit, und je einfacher ein System erscheint, desto mehr befriedigt es dieses Grundbedürfnis.
Das geht so weit, daß in Amerika fundamentalistische Kreise die Evolutionslehre und den Darwinismus wieder aus den Schulbüchern entfernt haben möchten, da sie nicht mit dem Buchstaben der Bibel übereinstimmen.
4 Das Siegel Cagliostros stellt eine von einem Pfeil durchbohrte Schlange dar, die den Apfel vom Baum der Erkenntnis im Maul hält.

5 An zahlreichen Orten, in denen in frühchristlicher Zeit und im Mittelalter Maria verehrt wurde, waren die christlichen Missionare lediglich auf die bereits bestehenden Kulte einer weiblichen Gottheit eingegangen. Speziell die sogenannten «Schwarzen Madonnen» oder auch die von den Zigeunern verehrte heilige Sarah (z. B. in Saintes-Maries-de-la-Mer) hatten ursprünglich mit der Mutter Jesu oder mit anderen weiblichen christlichen Heiligen nichts zu tun.
Die frühen Missionare gingen so weit, daß sie sogar die Attribute der heidnischen Gottheit in die Mariendarstellungen übernahmen. Dazu gehört die Mondsichel (Isis, Ischtar, Aphrodite-Astarte). Im Volksglauben lebten die Überlieferungen weiter. Natürlich hatten all diese Kulte einer weiblichen Gottheit auf eine gewisse Art auch mit Fruchtbarkeitsriten zu tun, speziell die Verehrung der Kybele, auch Große Mutter genannt.
Die lateinische Kirche hat sich zwei Jahrtausende lang bemüht, das weibliche Prinzip zugunsten des männlichen zu unterdrücken. Schon eine Darstellung der schwangeren Maria hätte als obszön gegolten; Maria erscheint entweder mit dem Jesuskind auf dem Arm oder aber als Pietà mit dem toten Sohn auf dem Schoß. Zum Leiden geboren, erschöpfte sich ihre Rolle in der Hervorbringung des Gottessohnes.

6 Bei den Nag-Hammadi-Texten handelt es sich um eine Sammlung gnostischer Schriften aus dem 2. Jahrhundert n. Chr., sie wurden Ende 1945 in Oberägypten gefunden, aber lange Zeit wie eine geheime Verschlußsache behandelt und erst Ende der siebziger Jahre veröffentlicht.

7 In seinem Buch *Satanskult und Schwarze Messe* beschreibt Gerhard Zacharias eine solche Zeremonie als Augenzeugenbericht eines gewissen Epiphanius aus der Mitte des 4. Jahrhunderts. Gleichzeitig weist Zacharias aber darauf hin, Epiphanius habe mit dem Gedanken gespielt, selbst dieser Phibioniten-Sekte beizutreten. Als Angehörige der Sekte über ihn spotteten, habe er sie angezeigt. – Ist es daher nicht wahrscheinlicher, daß seine Aussagen von Rachegedanken geprägt sind?
Die Amtskirche ließ sich im Laufe der Jahrhunderte nichts Neues einfallen: Die Anklagen der Kirchenoberen gegen mißliebige Gruppierungen, von der Verfolgung der Gnostiker bis zu den Hexenverbrennungen, bestehen aus ewigen Wiederholungen.
Auch die Templer, so behaupteten die Agenten Guillaume de Nogarets, zeugten mit Jungfrauen Kinder, um diese zu schlachten und mit dem Leichenfett ihre Idole einzuschmieren. Brüder, die sich durch besondere Bosheit und Gottlosigkeit ausgezeichnet hatten, würden nach dem Tode verbrannt, die Asche werde den jungen und erst neu eingetretenen Templern unter die Speisen gemischt, auf daß sie um so tiefer und schneller in dem Sumpf der Ketzerei versinken sollten ...

Gab es solche Praktiken in der Geschichte? Vermutlich ja; denn Psychopathen sind keine Erfindung der Neuzeit. Aber wenn ein Triebtäter oder Massenmörder regelmäßig den Gottesdienst besucht, sagt dies noch nichts über die Geisteshaltung seiner Glaubensgenossen aus.

8 Gérard de Sède sieht eine Verbindung zwischen der Woevre und den tellurischen Strömungen, nach denen die Alten ihre sakralen Bauten ausrichteten.
Es lassen sich auch Verbindungen zur östlichen Lehre der Kundalini-Energie herstellen, jener Energiequelle im Menschen, die durch Yoga-Praktiken im untersten Chakra geweckt werden kann. Das Bild der Schlange ist sehr passend, da die Kundalini-Energie, wenn sie nicht kontrolliert geweckt und geleitet wird, zerstörerisch wirken kann – wie der Biß mancher Schlangen tödlich ist.
Der Stein in Stenay wurde von der deutschen Besatzung während des Ersten Weltkriegs vernichtet, eventuell auf die direkte Veranlassung des Kronprinzen, der dort residierte. Es gibt Hinweise dafür, daß er Pierre-Elzire Mangin, den betagten Pfarrer von Stenay, foltern ließ, um Informationen aus ihm herauszupressen, Mangin sei «Opfer der erduldeten Todesangst und der ihm zuteil gewordenen Behandlung» geworden, heißt es. Was der Kronprinz in Stenay gesucht hat, weiß man nicht.

9 Die Illuministen zum Beispiel waren eine persische Sekte, die im 13. Jahrhundert entstand, ohne daß dies zu einer eigentlichen Ordens- oder Kirchengründung geführt hätte. Sie schrieben Farbe und Licht eine besondere Bedeutung zu und beeinflußten auch die Sufis.

10 Zur Etymologie des Wortes *Sufi* gibt es verschiedene Deutungen, die von der Lautmagie des Wortes *Sssuff* über den *En-Soph* der Kabbala und die griechische *Sophia* bis zum arabischen Wort *suf* in der Bedeutung «rein» gehen.

11 Genauso ist jedoch eine umgekehrte Einflußnahme der Katharer auf die Bogomilen möglich. Es gibt keinen Beweis dafür, daß die Katharer aus dem Balkan beeinflußt wurden; die Katharer konnten auf eine lange arianische Tradition in Südfrankreich zurückgreifen.

12 Der heilige Hilarius, einer der erbittertsten Verteidiger des orthodoxen Christentums gegen die Arianer, wurde von den Templern nicht wegen dieser seiner Haltung verehrt, sondern weil beim Konzil von Troyes ihre Statuten an seinem Namenstag (14. Januar) beschlossen worden waren.
Es gibt heute noch in der Champagne ein Dorf namens Saint-Hilaire-au-Temple! Daneben befinden sich noch zwei weitere Ortschaften mit der Extension «au Temple», Zeugen der zahlreichen Besitztümer, welche die Templer einst in dieser Gegend besaßen.

13 Die Ismaeliten berufen sich auf den Sohn von Djafar al-Sadik, den sechsten Imam nach Ali, dem Schwiegersohn Mohammeds. Ismael war damit

der siebte Imam – der Zahl Sieben wird von den Ismaeliten eine besondere Heiligkeit zugeschrieben.

Ismael war um das Jahr 760 von seinem Vater enterbt worden, da er sich dem Genuß von alkoholischen Getränken hingab. Innerhalb des Islam wurde er zum Anführer all jener, die keinen Sinn darin sahen, den Koran buchstabengetreu zu erfüllen, sondern ihn mit Geist erfüllen und interpretieren wollten. – Mohammed selbst sagt in einer der ersten Suren des Korans: «Die Gerechtigkeit besteht nicht darin, daß ihr das Antlitz beim Gebet nach Ost oder West richtet, sondern jener ist gerecht, der an Allah glaubt ...»

14 Der Nahe Osten und seine Umgebung müssen im Mittelalter generell eine Quelle der Inspiration für die Baumeister gewesen sein.

Anfang des 13. Jahrhunderts wurden in Lalibela im Norden Äthiopiens, also in der Nachbarschaft der Templer, christliche Kirchen direkt aus dem Stein herausgehauen, mit Pfeilern und Verzierungen, künstlerisch vollendet.

15 Jules de Villaret, der Großmeister der Johanniter, der ebenfalls zu dieser Besprechung eingeladen worden war, entschuldigte sich: Er sei wegen der Eroberung der Insel Rhodos unabkömmlich.

16 In der Alchimie wird der Gral mit dem Stein der Weisen gleichgesetzt, der die Transmutation der Metalle durchführt, also Blei in Gold verwandelt, und gleichzeitig durch permanente Zellerneuerung den Alterungsprozeß seines Besitzers verhindert und sogar rückgängig macht.

Auch die stufenweise Läuterung der Gralsritter hat starke Anklänge an die alchimistischen Vorgänge. Aus der groben Materia Prima wird der Stein der Weisen destilliert, aus dem ersten Gralsritter Parzival, der mit seinen Gunstbezeugungen der Damenwelt gegenüber nicht sparsam ist, wird über Lancelot, der ohne Skrupel seine Königin verführen würde – aber nur diese, keine andere Frau –, der reine Gralsritter Galahad.

17 Rein theoretisch wäre es möglich. Denn es ist erwiesen, daß Zinn aus den nahegelegenen Mendip-Bergwerken auch im Mittelmeerraum verwendet wurde, und zwar schon um die Zeitenwende. – England war für die Juden also nicht weit entferntes Land, irgendwo im Nordwesten, jenseits des Ozeans; es bestanden vielmehr weitreichende Handelsbeziehungen.

18 Die Historiker betrachten die *Weissagung des Malachias* als ein Werk des 16. Jahrhunderts.

19 In den ersten Ausgaben dieses Buches ging ich sogar davon aus, daß die von de Sède erwähnte Grafschaft Flintshire nicht existiert, weil ich sie auf keiner Karte finden konnte. Dabei hatte sie nur den Namen geändert.

20 1714, drei Jahre nach der Entdeckung der Steine, wurde von zwei Benediktinermönchen ein Buch über die Stadt Paris geschrieben: Einer von ihnen hieß Lobineau. Zweihundertfünfzig Jahre später sollte ein Hi-

storiker der Prieuré diesen Namen wählen. Seine Identität ist umstritten: Handelt es sich um den Grafen Henri de Lénoncourt oder einen Österreicher namens Leo Schidloff? Oder steckt ein unbekanntes Mitglied der Prieuré hinter diesem Namen?

21 Um ein zentrales Beispiel zu nennen: Warum soll das berühmte Gedicht über den Tierkreis, *Le Serpent Rouge (Die rote Schlange)*, unbedingt mit dem Zeichen des Wassermanns beginnen? Wenn diese These einmal übernommen ist, laufen alle Interpretationen in eine bestimmte Richtung.

22 Der Satz: «Me voici donc à mon tour cavalier sur le coursier divin chevauchant l'abime» («Jetzt bin ich meinerseits der Reiter des göttlichen Schlachtrosses, wie es den Abgrund überspringt») heißt in seiner englischen Fassung bei David Wood (ebenso «genial» ins Deutsche übertragen): «Hier ist dann der Turm meines Ritters, auf der Kreisbahn des göttlichen Reiters des Abgrundes.» – Hier tun sich wirklich Abgründe auf...

Warum hat sich niemand die Mühe gemacht, herauszufinden, warum die Übersetzung «Our Lady of the Crosses» im französischen Original nicht «Notre Dame des Croix» heißt, wie man vermuten müßte, sondern vielmehr: «Notre Dame des Cross»?

23 Hugues de Châlons soll ein Neffe von Hugues de Pairaud gewesen sein, dem Grand Visiteur von Frankreich und Schatzmeister des Tempels in Paris.

24 Wer Aumont war, wissen wir nicht, er wird auch als Commandeur der Auvergne bezeichnet, aber anderen Quellen zufolge war der letzte Commandeur der Auvergne ein gewisser Humbert Blanc, auch Imbert Blanke geschrieben. Dieser wurde jedoch in England und nicht in Frankreich gefangengenommen und trat später den Zisterziensern bei. Seinen Lebensabend soll er in einem Kloster bei Oxford verbracht haben.

25 Man weiß sogar die Namen einiger ihrer Schiffe: «La Blanche Garde», «La Templère», «Le Buscard», nicht jedoch, was aus diesen Schiffen nach 1307 wurde.

Es handelte sich um mindestens achtzehn Schiffe, von denen manche bis zu fünfzehnhundert Pilger transportieren konnten, so heißt es zumindest (die hygienischen Verhältnisse können nicht überragend gewesen sein...). Der Grund für den Bau von solchen maritimen Monstern lag vermutlich in den Verordnungen der französischen Küstenstädte. Marseille zum Beispiel war selbst am Pilgerverkehr interessiert und schränkte daher die Anzahl der Fahrten pro Jahr ein, welche die Templer vom dortigen Hafen aus machen durften. Daraufhin wurden als oberste Grenze sechstausend Pilger pro Jahr vereinbart. Auch wenn die Zahl von fünfzehnhundert Passagieren übertrieben sein sollte oder sich auf einen ganzen Geleitzug bezog, die Transporter müssen gewaltige Ausmaße besessen haben, denn es mußten ja auch Pferde, Waffen und Ausrüstung verladen werden.

26 Hugues de Payens, der erste Großmeister der Templer, hatte einen Neffen, der, wenn nicht Aumont, so doch Chaumont hieß. Es gab auch bereits einen Großmeister namens Beaujeu, Guillaume de Beaujeu, der Ende des 13. Jahrhunderts die Geschicke des Tempels geleitet hatte.
Napoleon ließ nach der Einnahme Roms alle Unterlagen in den Archiven des Vatikans, die sich auf die Templer bezogen, nach Frankreich schaffen, weil auch ihn dieses Rätsel faszinierte. Die Unterlagen wurden nach Abschluß des Konkordats zurückgegeben. In der Zwischenzeit hatten die französischen Wissenschaftler aber nichts gefunden, was neue Hinweise über die Templer geben könnte.

27 Um den Zugang zur Alchimie zu erschweren, so daß sich ihr nur Würdige nähern konnten, wurden die einzelnen Schritte in Bilder verpackt: Schwefel, das männliche Prinzip, wird durch einen König dargestellt, Quecksilber, Merkur genannt, durch eine Königin, die Suche nach dem Stein der Weisen wird mit einer Jagd verglichen, das Stadium nach der Materia Prima durch ein zweiköpfiges Wesen, usw.

28 Wenn sich die bekannten Alchimisten auf die Goldkocherei fixierten, so geschah dies nicht unbedingt aus eigener Gier nach materiellem Reichtum. Nur über das Versprechen, ihre fürstlichen oder königlichen Auftraggeber mit Gold zu versorgen, erhielten sie überhaupt die Möglichkeit, ein Laboratorium einzurichten; Forschung um der Forschung willen wäre nicht finanziert worden.

29 Hiram war der Architekt des Salomonischen Tempels. (Vgl. Anmerkung 33, S. 360 f.)

30 Jean-Luc Chaumeil zitiert einen Professor namens Camille Bartoli, der die These aufstellt, der Mann in der Eisernen Maske, einer der berühmtesten Staatsgefangenen der Geschichte, sei in Wirklichkeit ein Heinrich II. von Lothringen, Herzog von Guise, gewesen.

31 1761 wandte sich das französische Parlament gegen die Jesuiten. Aber Ludwig XV. zögerte lange, bis er den Spruch des Parlaments bestätigte. 1764 verbot er die Gesellschaft Jesu in Frankreich.

32 Man darf nicht «die Freimaurer» dafür verantwortlich machen, wenn jemand unter dem Deckmantel einer Pseudo-Loge finstere Machenschaften abwickelt, wie es bis 1981 die von Licio Gelli geleitete Geheimloge P2 tat. Dem Großen Orient von Italien waren die Machenschaften der P2 schon vor dem Staatsanwalt suspekt vorgekommen – die P2 wurde bereits 1976 ausgegliedert. Zu dieser Zeit hatten ihre Würdenträger noch enge Beziehungen zum Vatikan.

33 Enttäuscht war ich persönlich zum Beispiel von Stephen Knights Buch *The Brotherhood*. Er behauptet schon in der Einleitung, daß der Großteil der blauen Freimaurer keine Ahnung von der Existenz der Hochgrade habe. Diese Aussage ist unhaltbar. Nicht nur, daß die Existenz der Hoch-

grade in jeder Publikation über Freimaurer erwähnt wird, die Freimaurer selbst machen keinerlei Hehl daraus. Das gilt auch für den höchsten Grad, den 33. Grad, dem Knight ein ganzes Kapitel widmet.

Knight kommt in *The Brotherhood* auch auf seinen Bestseller *Jack the Ripper: The Final Solution* zu sprechen. In der Nähe der Stelle, wo das vierte Opfer Jack the Rippers gefunden wurde, sei der Satz «The Jewes are The Men That will not be blamed for nothing» auf eine Hauswand gekritzelt gefunden worden.

Er identifiziert die «Jewes» mit den drei Maurern, welche Hiram ermordet haben. Aber schon die von ihm angegebenen Namen Jubela, Jubelo und Jubelum werden von Professor Dr. Hans Biedermann in *Das verlorene Meisterwort* als «alberne Hokuspokusnamen» bezeichnet.

Wenn man Knights Interpretation mit der eigentlichen Hiram-Legende und dem Ritual des dritten Grades vergleicht, kollabiert seine Theorie.

Die Hauptbeteiligten in dieser Geschichte sind König Salomo, Hiram, der König von Tyrus, und Hiram Abif, der Architekt des Tempels. Und es geht dabei um den Tod und die Wiedererweckung von Hiram Abif. Dieser wird von drei Verschwörern, den sogenannten «Jewes», im Tempel umgebracht, nachdem sie vergeblich versucht haben, ihm das Meisterwort der Freimaurer zu entreißen. Dann verscharren die drei Mörder die Leiche an einem Abhang. Um den Anschein der Unberührtheit zu erwecken, pflanzen sie einen Akazienbaum auf das Grab.

Inzwischen wird Hiram vermißt, und es macht sich ein Suchtrupp auf, der den verschwundenen Architekten finden soll. Einer der Männer hält sich beim Erklimmen eines Hügels am Akazienzweig fest, entwurzelt ihn und findet das Grab. Die Verschwörer werden später überführt und bestraft. Bei der Bestattung tragen die anderen Steinmetze weiße Schürzen und weiße Handschuhe, um ihre Unschuld an diesem ruchlosen Mord zu bezeugen. – Auch die modernen Freimaurer sind bei ihrer Logenarbeit so gekleidet. Wenn Knight zu der Ansicht kommt, ein Freimaurer identifiziere sich freiwillig mit den «Jewes», den Mördern Hirams, so läßt sich dies nur durch Unkenntnis oder Mißachtung der elementaren Überlieferungen des Freimaurertums erklären.

Was die italienischen Verhältnisse angeht, so macht Knight in seinem Buch eine elegante Kehrtwendung. Als nämlich die katholische Kirche, unter anderem in Gestalt eines Kardinals in den Vereinigten Staaten sowie der vatikanischen Hausbank Banca Ambrosiana, in ominöse Machenschaften mit der italienischen Pseudo-Loge P2 verwickelt war und herauskam, daß Parlamentsmitglieder aller Parteien, außer den Kommunisten, Mitglieder von P2 waren, erklärt Knight die ganze Affäre zu einem Komplott des russischen Geheimdienstes, welcher die Logen unterwandert habe.

34 Der politische Fundamentalist Ronald Reagan ist nicht gerade der Prototyp des Adepten und Initiierten.
Es gibt in den Vereinigten Staaten auch eine De Molay Society für Jugendliche. Wie viele der jungen Mitglieder und der sie betreuenden Erwachsenen haben wohl eine genaue Vorstellung davon, welche Geschichte sich hinter diesem Namen verbirgt?
Anders als zum Beispiel die englischen Logen akzeptieren die Amerikaner keine Initiation von Körperbehinderten, wenn diese nicht imstande sind, alle Rituale mitzumachen, also bestimmte Schrittfolgen, Hand- und Fußbewegungen.

35 Um 1140 begannen französische Kartäuser mit dem Bau der Kartause Kilwinning, und gegen 1190 soll die Loge gegründet worden sein. Die beeindruckende Ruine von Kilwinning steht heute noch, nicht weit entfernt vom modernen Logengebäude.

36 Warum die Anlage heute überflutet ist, ob sich der Boden infolge eines Erdbebens gesenkt hat oder welche anderen Einflüsse wirksam waren, weiß man nicht.
Auf diese spektakuläre Weise wurde durch Zufall die von manchen belächelte Existenz der legendären «Magistri Comancini», der Meister vom Comer See, bestätigt.

37 In England übernahmen die freien Maurer bei der Durchführung der Mysterienspiele besondere Aufgaben. Die verschiedenen Zünfte bauten auf großen Karren Kulissen aus der Bibel auf, zogen durch die Stadt und spielten das entsprechende Kapitel den Einwohnern vor. Dabei bot sich an, den Steinmetzen Szenen wie den Bau des Salomonischen Tempels zu überlassen, auf den sich später die spekulativen Freimaurer berufen sollten.
Baigent und Leigh erwähnen den Pfarrer Neville Barker Cryer, der der Meinung ist, daß verschiedene Freimaurerriten direkt aus den Mysterienspielen übernommen wurden.

38 Der deutsche Ausdruck «Freimaurer» ist im übrigen nicht besonders glücklich gewählt. Die richtige Bezeichnung sollte Steinmetz sein. Was wir heute unter einem «Maurer» verstehen, ist im Englischen ein *bricklayer*.

39 Die einzelnen Stadien der Herstellung des «Steins der Weisen», die verschiedenen Metalle und Flüssigkeiten, das Prinzip der Goldmacherei an sich: Alles wurde verschlüsselt weitergegeben, in einer bilderreichen Sprache, mit Darstellungen von Löwen, Drachen, Kröten und Planeten, über Tod, Verwesung und Auferstehung. Wobei die rein materielle Ebene, also die Herstellung von Gold aus Blei, lediglich die unterste Stufe der Alchimie war.

40 Zurückgeführt wird die Royal Arch ebenfalls auf den Tempel Salomos. Vor seiner Ermordung sei es Hiram (vgl. Anmerkung 33, S. 360 f.) ge-

lungen, ein Täfelchen mit dem geheimen Meisterwort, das er um den Hals trug, in ein geheimes Gewölbe hinabzuwerfen. Dieses Gewölbe wird Royal Arch genannt.

Auf der einen Seite heißt es, man habe mit der Einführung des Royal Arch als pseudo-viertem Grad nach Lehrling, Geselle und Meister die Hochgrade eindämmen wollen, aber von anderen wird der Royal Arch gerade als Wegbereiter des Hochgradsystems gesehen. Auf jeden Fall taucht der Begriff Royal Arch auch in verschiedenen Hochgradsystemen als dreizehnter beziehungsweise einunddreißigster Grad auf.

Im 18. Jahrhundert war der Royal-Arch-Grad einer der Streitpunkte zwischen verschiedenen Strömungen der englischen Freimaurer. 1813 wurde ein Kompromiß geschlossen: Die Großloge akzeptierte den Royal Arch, während die Gegenbewegung darauf verzichtete, das Freimaurertum zu einer rein christlichen Angelegenheit zu machen. – Inzwischen gibt es einen speziell christlichen Zweig der britischen Freimaurer: Sie nennen sich erstaunlicherweise «The Knights Templar» – die Tempelritter!

41 All diese Gesten leiten sich aus den Legenden der Freimaurerei her. Daraus jedoch die Theorie aufzustellen, daß sich zum Beispiel während einer Gerichtsverhandlung Richter, Staatsanwalt und Angeklagter heimlich verständigen, ist illusorisch.

42 Unter dem Einfluß der *Discours* sollen sich die Hochgrade entwickelt haben, auch rote, schwarze und weiße Freimaurerei genannt.

Aufgrund seiner Unterstützung der Stuarts blieb es Ramsay nicht erspart, von manchen Kreisen als verkappter Jesuit verdächtigt zu werden.

43 Später übernahm sein Privatsekretär Louis-Claude de Saint-Martin die Leitung des Ordens und bildete das System völlig um.

Man unterscheidet heute zwischen Martinesisten, die nach dem alten System von Pasqualis arbeiten, und Martinisten, die sich auf Saint-Martin beziehen.

44 Ob sich die Kirche mit den Angriffen auf die Freimaurer einen großen Gefallen erwiesen hat, ist fraglich: Kirchentreue Katholiken zogen sich pflichtgemäß aus den Logen zurück, und die antiklerikale Strömung gewann die Oberhand. Schon im 19. Jahrhundert schaffte der Große Orient von Frankreich die Anrufung des «Großen Baumeisters aller Welten» ab und erlaubte offiziell die Aufnahme von Atheisten.

Anders in England, wo der regierende Monarch das weltliche Oberhaupt der Kirche ist und Mitglieder des Königshauses und des Klerus hervorragende Stellungen in den Logen einnehmen. Diese Logen haben bis heute einen eindeutig religiösen Einschlag.

Auch die protestantische Kirche in Deutschland hält an der prinzipiellen Vereinbarkeit einer parallelen Kirchen- und Logenmitgliedschaft fest. Es

gibt jedoch – speziell in den USA – auch streng calvinistische Protestanten, welche den Freimaurern gegenüber Bedenken hegen.
45 In diesem Fall geht die Kirche konform mit der Kommunistischen Internationalen. Diese beschloß bei einem Kongreß im Jahre 1922 ebenfalls die Unvereinbarkeit von Parteimitgliedschaft und Logenzugehörigkeit.
46 Er gründete später einen anderen Orden, der sich an den Martinisten orientierte.
47 Der Freiherr von Knigge und Johann Wolfgang von Goethe werden in manchen Schriften als Illuminaten bezeichnet.
48 Zur Zeit der Kreuzzüge heiratete eine Nonne, die Tochter des venezianischen Dogen Vitale Michiel, einen Mönch, den letzten Abkömmling der sonst ausgestorbenen Familie Giustiniani, um deren Fortbestehen zu garantieren. Nachdem das Paar mit zwölf Kindern gesegnet worden war, nahmen beide ihre kirchliche Karriere wieder auf.
49 In den Reiseführern findet man auch Hinweise auf die Templergräber von Inchinnan und eine Templerkirche in der Nähe von New Galloway.
In Schottland gibt es zudem eine Vereinigung, die sich «Scottish Knights Templar of the Chivralic Military Order of the Temple of Jerusalem» nennt und sich als Hüter der Relikte der jakobitischen Freimaurer versteht. Dieser Orden soll im Besitz von Informationen sein (zusammengefaßt in der Schrift *Stella Templum*), die so kontrovers seien, daß sie sich zur Veröffentlichung noch nicht eignen würden.
50 Die Sinclairs sollen jedes Jahr eine Versammlung in Kilwinning abgehalten haben. Ein Henry Sinclair wurde 1541 sogar zum Prior der Kartause ernannt.
51 Die Steine an sich sind schon lange bekannt. In Strachur wurden sie in die Kirchenwand integriert, in Kilfinan sind sie in einer Familiengruft untergebracht. In Keillmore, wo in früheren Zeiten ein großer Bootsanlegeplatz war, hat man sie in der aufgegebenen Kapelle aus dem 13. Jahrhundert aufgestellt, zusammen mit einem uralten keltischen Kreuz. Auch die Steine in Kilberry sind als Sehenswürdigkeit ausgeschildert. Die größte Ansammlung von solchen Grabsteinen befindet sich in Kilmartin, einem kleinen Dorf südlich des Loch Awe. Die Steine stammen nicht nur aus dem Ort selbst, sondern wurden aus den umliegenden Gebieten zusammengetragen.
Beeindruckend ist der Friedhof von Kilneuair, auf einer Anhöhe am Südostufer des Loch Awe. Die verfallene Kirchenruine und die wuchernde Vegetation geben einen stimmungsvollen Hintergrund für die außergewöhnlichen Grabplatten ab.
Es gibt noch weitere Fundstätten dieser Steine. Zahlreiche Steine im Freien sind durch die Unbilden des Wetters und vermutlich auch durch das Betreten unbekümmerter Friedhofsbesucher so abgenutzt, daß nicht mehr erkennbar ist, ob sie einst ein Relief besessen haben oder nicht.

52 Auch in der ehemaligen Johanniter-Komturei von Torphichen finden sich zahlreiche Grabsteine, die in dieses Schema passen, ebenso auf dem alten Friedhof der früheren Komturei Thankerton.

53 1743 kam ein englischer Freimaurer, Horace Walpole, zu einer ähnlichen Erkenntnis, halb im Spott sagte er, die Freimaurer hätten ein so schlechtes Ansehen in England, daß nur eine Verfolgung sie wieder populär machen könnte.

54 Manche Historiker berufen sich darauf, es sei den Templern verboten gewesen, das Schwert gegen andere Christen zu erheben. Dieses Gebot war in der Vergangenheit jedoch oft genug mißachtet worden; die Templer kämpften sogar mit den Johannitern – warum hätten sie sich dann nicht gegen die Männer des Königs wehren sollen?

55 Für die Katharer war das Kreuz das Symbol des Demiurgs, das bedeutet jedoch nicht, daß sie es verhöhnten.

56 In der ehemaligen Templerkirche von Garway sind einige Bilder unbekannten Alters in eine Wand gekratzt: ein Fisch, eine Schlange und dazwischen ein Symbol, das von Baigent und Leigh als geflügelte Pyramide interpretiert wird, aber ebenso den Schlangenkörper am Kreuz darstellen könnte.

57 Er war nicht der erste Papst, der einen solchen Treuebruch beging: Als Papst Honorius III. sich 1220 mit Kaiser Friedrich II. versöhnte, gab er gleichzeitig seine Parteigänger in Sizilien der kaiserlichen Willkür preis – zahlreiche unter ihnen schlossen sich daraufhin dem Tempel an.

58 Ricaut Bonmel schrieb im Jahre 1265 ähnliches: «Der Papst ist großzügig mit Ablässen für Karl und seine Franzosen, damit sie gegen die Lombarden [die Anhänger der Staufer] kämpfen, uns gegenüber zeigt er große Geldgier, denn er gewährt Ablässe und gibt unsere Kreuze für Kreuzer hin, und wer immer statt in Outremer lieber in der Lombardei Krieg führt – unser Legat ermöglicht es ihm, denn die Kleriker verkaufen Gott und die Ablässe für Bargeld.»

59 Sultan Saladin hätte dies bestätigt. Es heißt, daß eine geheimnisvolle Macht seine Männer zurückgehalten habe, als sie sich des Assassinenscheichs Sinan bemächtigen wollten – und wir wissen, daß die Assassinen ebenfalls Drogen nahmen.

Auch bei den antiken Initiationszeremonien in den ägyptischen und griechischen Tempeln wurden Drogen eingesetzt. Der Neophyte war jedoch geistig jahrelang auf den Prozeß vorbereitet worden.

Bibliographie

Andreas, Peter/Davies, Rose Lloyd: Das verheimlichte Wissen. Tempelgeheimnisse, verschollene Evangelien und das unbekannte Leben Jesu. Ansata, Interlaken 1984.
Baigent, Michael/Leigh, Richard: Der Tempel und die Loge. Das geheime Erbe der Templer in der Freimaurerei. Lübbe, Bergisch Gladbach 1990.
Bander, Peter: The Prophecies of St. Malachy and St. Columbkille. Colin Smythe, Gerrads Cross 1989.
Biedermann, Hans: Das verlorene Meisterwort. Bausteine zu einer Kultur- und Geistesgeschichte des Freimaurertums. Böhlau, Köln 1986.
Bitschnau, Otto: Das Leben der Heiligen Gottes. Benziger, Einsiedeln.
Bordonove, Georges: Les Templiers, les chevaliers du Christ. Fayard, Paris 1977.
Bradford, Ernle: Johanniter und Malteser. Die Geschichte des Ritterordens. Universitas, München 1991.
Bradford, Ernle: Kreuz und Schwert. Der Johanniter-/Malteser-Ritterorden. Ullstein, Berlin 1988.
Brunton, Paul: Geheimnisvolles Ägypten. Lübbe, Bergisch Gladbach 1992.
Bucher, Otto (Hrg.): Das Mittelalter. Langwiesche-Brandt. Ebenhausen 1965.
Charpentier, Louis: Macht und Geheimnis der Templer. Bundeslade – Abendländische Zivilisation – Kathedralen. Walter, Olten 1978.
Cherpillod, André: Le catharisme et la naissance de l'Inquisition. In: Etudes Mérovingiennes.
Dailliez, Laurent: Les Templiers, ces inconnus. Perrin, Paris 1972.
Demurger, Alain: Die Templer. Aufstieg und Untergang 1118–1314. Beck, München 1993.
Dumas, Alexandre: Joseph Balsamo. Editions Gallimard, Paris 1967.
Eco, Umberto: Das Foucaultsche Pendel. Hanser, München 1989.
Etudes Merovingiennes.
Fiebag, Johannes/Fiebag, Peter: Die Entdeckung des Grals. Auf den Spuren der Manna-Maschine, der Bundeslade und des Tempelordens. Goldmann, München 1992.
Fraser, Antonia (Hrg.): The Lives of the Kings and Queens of England. Weidenfeld & Nicholson, London 1975.

Frazer, James G.: Der goldene Zweig. Das Geheimnis von Glauben und Sitten der Völker. Rowohlt, Reinbek 1989.
Gillingham, John: Richard I. Weidenfeld & Nicholson, London 1973.
Girard-Augry, Pierre: Aux origines de l'ordre du Temple. Ed. Opéra, Nantes 1992.
Gordon, Stuart: The Encyclopedia of Myths and Legends. Headline Book Publishing, London 1994.
Ireland's Own, vom 19. 6. 1992.
Kelly, John N. D.: Altchristliche Glaubensbekenntnisse. Geschichte und Theologie. Vandenhoeck & Ruprecht, Göttingen 1993.
Knight, Stephen: The Brotherhood. Harper Collins, London 1987.
Kollek, Teddy/Pearlmann, Moshe: Jerusalem. Fischer, Frankfurt a. M. 1969.
Krück von Poturzyn, Maria J.: Der Prozeß gegen die Templer. Ein Bericht über die Vernichtung des Ordens. Ogham, Stuttgart 1982.
Lehmann, Johannes: Die Kreuzfahrer. Abenteurer Gottes. Bertelsmann, München 1976.
Lincoln, Henry/Baigent, Michael/Leigh, Richard: Das Vermächtnis des Messias. Auftrag und geheimes Wirken der Bruderschaft vom Heiligen Gral. Lübbe, Bergisch Gladbach 1987.
Lincoln, Henry/Baigent, Michael/Leigh, Richard: Der Heilige Gral und seine Erben. Ursprung und Gegenwart eines geheimen Ordens. Sein Wissen und seine Macht. Lübbe, Bergisch Gladbach 1987.
Longworth, Philip: Aufstieg und Fall der Republik Venedig. Lübbe, Bergisch Gladbach 1978.
Lukan, Karl: Das Weinviertelbuch. Kulturhistorische Wanderungen. Jugend und Volk, Wien 1992.
Mackie, J. D.: A history of Scotland. Penguin Books, London 1964.
Markale, Jean: Gisors et l'énigme des Templiers. Edition Pygmalion, Paris 1993.
Markale, Jean: Le Graal. Retz-Poche, Paris 1982.
McKerracher, Archie: Bruces Secret Weapon. In: The Scots Magazine. Juni 1991.
Miers, Horst E.: Lexikon des Geheimwissens. Goldmann, München.
Milger, Peter: Die Kreuzzüge. Krieg im Namen Gottes. Bertelsmann, München 1988.
Mittelalter in Daten. Literatur, Kunst, Geschichte 750–1520. Synoptische Darstellung. Hrg. von Joachim Heinzle. Beck, München 1993.
Montella, Carlo: Il meraviglioso viaggio di Dante. Nardini, Firenze 1985.
Monti, Gennaro Maria: Storia delle Crociate. I Dioscuri, Genova 1988.
Ness, J. A.: History of the Antient Mother Lodge of Scotland. Mother Kilwinning, Kilwinning 1989.
Neubecker Ottfried: Heraldik. Krüger, Frankfurt a. M. 1977.

Neubecker, Ottfried/Tobler, Robert: Heraldik. Wappen – Ihr Ursprung, Sinn und Wert. Battenberg, Augsburg 1990.
Pagels, Elaine: Adam, Eva und die Schlange. Die Theologie der Sünde. Rowohlt, Reinbek 1991.
Pagels, Elaine: Versuchung durch Erkenntnis. Die gnostischen Evangelien. Suhrkamp, Frankfurt a. M. 1991.
Plancy, Collin de (Hrg.): Dizionario infernale. I Dioscuri, Genova 1989.
Prawer, Joshia: Die Welt der Kreuzfahrer. Brockhaus, Wiesbaden 1974.
Prouteau, Henri: Littérature et Franc-Maçonnerie. Henri Veyrier, Paris 1991.
Quatriglio, Giuseppe: Mille anni in Sicilia. Ediprint, Siracusa 1986.
Ravenscroft, Trevor: Der Speer des Schicksals. Die Geschichte der heiligen Lanze. Universitas, München 1988.
Rivière, Patrick: Les Templiers et leurs mystères. De Vecchi, Paris 1992.
Runciman, Steven: Geschichte der Kreuzzüge. Beck, München 1989.
Schuster, Georg: Geheime Gesellschaften, Verbindungen und Orden. Fourier, Wiesbaden 1990.
Sède, Gérard de: La race fabuleuse. Ed. J'ai lu, Paris 1973.
Sède, Gérard de: La Rose-Croix. Ed. J'ai lu, Paris 1978.
Sède, Gérard de: Les Templiers sont parmi nous. René Julliard, Paris 1962.
Sède, Gérard de: Rennes-le-Château. Robert Laffont, Paris 1988.
Shah, Idries: Die Sufis. Botschaft der Derwische. Weisheit der Magier. Diederichs, München 1991.
Unterwegs in die Vergangenheit. Verlag Das Beste, Stuttgart 1984.
Vazart, Louis: Abrégé de l'Histoire des Francs. Vazard, Paris 1978.
Vazart, Louis: Dagobert II. Vazard, Suresnes 1983.
Wood, David: Genisis. The Baton Press, Tunbridge Wells 1985.
Zacharias, Gerhard: Satanskult und Schwarze Messe. Die Nachtseite des Christentums. Ein Beitrag zur Phänomenologie der Religion. Herbig, München 1990.
Zeisel, Johannes: Entschleierte Mystik. Hermann Bauer, Freiburg i. Br. 1984.
Zweig, Arnold: Erziehung vor Verdun. Fischer Taschenbuch, Frankfurt a. M. 1988.